Weber • Kaufmännische Buchführung von A–Z

Kaufmännische Buchführung von A–Z

- Richtig buchen und bilanzieren
- Zusammenhänge zwischen Buchungen und Bilanz
- Gewinn- und Verlustrechnung

3., aktualisierte Auflage

von

Manfred Weber

WRS VERLAG WIRTSCHAFT RECHT UND STEUERN

Die Deutsche Bibliothek – CIP-Einheitsaufnahme

Weber, Manfred:
Kaufmännische Buchführung von A – Z: richtig buchen und bilanzieren;
Zusammenhänge zwischen Buchungen und Bilanz; Gewinn- und Verlustrechnung / von Manfred Weber. – 3., aktualisierte Aufl. – Planegg/München: WRS,
Verl. Wirtschaft, Recht und Steuern, 1996
　(WRS-Betriebs-Praxis)
　ISBN 3-8092-1240-7
NE: HST

ISBN 3-8092-1240-7　　　　　　　　　　　　　　　　Bestell-Nr. 11.29

1. Auflage 1993 (ISBN 3-8092-0914-7)
2., aktualisierte Auflage 1995 (ISBN 3-8092-1142-7)
3., aktualisierte Auflage 1996
© 1996, WRS Verlag Wirtschaft, Recht und Steuern, GmbH & Co., Fachverlag
Postanschrift: Postfach 13 63, 82142 Planegg
Hausanschrift: Fraunhoferstraße 5, 82152 Planegg
Telefon (0 89) 8 95 17-0, Telefax (0 89) 8 95 17-2 50
Lektorat: Diplom-Volkswirt Bernhard Starz

Alle Rechte, auch die des auszugsweisen Nachdrucks, der fotomechanischen Wiedergabe (einschließlich Mikroskopie) sowie der Auswertung durch Datenbanken oder ähnliche Einrichtungen vorbehalten.

Satz: Satzstudio „Süd-West" GmbH, 82152 Planegg
Druck: Schoder Druck GmbH & Co. KG, 86368 Gersthofen

Vorwort zur dritten Auflage

Das Handbuch hat sich in dieser Konzeption bewährt. Die 3. Auflage erscheint deshalb inhaltlich und methodisch unverändert. Kleinere Korrekturen und neuere Entwicklungen in der Rechnungslegung in der EU und in den USA wurden berücksichtigt. Das Nachschlagewerk befindet sich damit auf dem neuesten Stand.

78733 Aichhalden/Schwarzwald,
im Herbst 1996   Manfred Weber

Vorwort

Das Ihnen vorliegende Buch ist ein übersichtliches und leicht verständliches Nachschlagewerk der kaufmännischen Buchführung und der Bilanzierung. Ziel dieses Buches ist es, Ihnen die betriebswirtschaftlichen Zusammenhänge zwischen Buchung und Jahresabschluß zu erklären. Es verdeutlicht die Auswirkungen betrieblicher Entscheidungen auf das Unternehmensergebnis und die Bilanz.

Folgende Themenbereiche werden behandelt:
- Finanzbuchhaltung mit Zahlungsverkehr, Einkaufs- und Verbuchungen einschließlich Debitoren und Kreditoren, Lohn-/Gehaltsbuchungen und Buchungen in den Anlage- und Bestandskosten
- Gewinn- und Verlustrechnung nach dem Gesamtkosten- und dem Umsatzkostenverfahren
- Bilanzierungs- und Bewertungsgrundsätze sowie Wahlrechte in der Handels- und Steuerbilanz
- Vorbereitung, Erstellung und Auswertung von Bilanzen und Jahresabschlüssen bei Kapital- und Personengesellschaften
- Schnittstelle und Übergabe von Daten an die Kostenrechnung
- Rechnungslegung in der Europäischen Gemeinschaft und in den USA
- Glossar, englische und französische Bilanzbegriffe

Das Buch ist aufgebaut wie ein Lexikon und ist damit konzipiert für den Praktiker in Industrie-, Handels- und Dienstleistungsunternehmen. Sowohl für Verkaufsleute wie auch Techniker, die nicht unmittelbar mit dem Rechnungswesen konfrontiert sind, aber Bescheid wissen sollten, ist dieses Buch eine nützliche Hilfe.

Die Form des Lexikons ermöglicht den schnellen Zugriff vom Problem über das Stichwort zum Inhalt. Der Leser erhält mit diesem Buch und seinen Praxis-Tips sowie Anwendungsbeispielen ein Hilfsmittel, um anstehende Fragen und Probleme aus der Buchhaltung, der Bilanzierung und der Betriebswirtschaftslehre schnell und zuverlässig zu lösen.

Im Blick auf den EG-Binnenmarkt und die zunehmende Internationalisierung auch der mittelständischen Unternehmen informiert dieses Buch über die Rechnungslegung im Ausland. In einer Kurzdarstellung werden die wichtigsten Unterschiede der Rechnungslegung in der EG und in den USA erklärt. Eine Zusammenstellung der englischen und französischen Bilanzbegriffe rundet dieses praktische Handbuch ab.

Aichhalden/Schwarzwald, im Sommer 1992　　　　　　　　Manfred Weber

Inhaltsverzeichnis

	Seite
Vorwort	5
So nutzen Sie dieses Buch	9
Alphabetische Übersicht	13
Lexikonteil	19
Anhang	309
– Rechnungslegung in der EU	311
– Rechnungslegung in den USA	321
– Die wichtigsten Bilanzbegriffe in 7 Sprachen	333
– Managertitel im Ausland	334
– Französische und englische Wirtschaftsbegriffe	335
Stichwortverzeichnis	349

So nutzen Sie dieses Buch

Warum Sie als Praktiker ein solches Nachschlagewerk brauchen

Wenn Sie kaufmännische Aufgaben erledigen, gleichgültig ob im Finanz- und Rechnungswesen, in der Materialwirtschaft und Logistik, im Marketing und Verkauf oder in der Personalwirtschaft, dann ergeben sich immer wieder Verbindungen zur Buchhaltung. Sie brauchen gewisse Buchhaltungskenntnisse, um bestimmte Dinge richtig nachvollziehen zu können. Das Ihnen vorliegende Buch zeigt die Auswirkungen betriebswirtschaftlicher Entscheidungen im Unternehmen auf das Unternehmensergebnis und die Bilanz. Es ist deshalb wichtig, im Bedarfsfall schnell nachschlagen zu können und Bescheid zu wissen. Dieses Buch ist deshalb nicht systematisch, sondern problemorientiert wie ein Lexikon aufgebaut.

Das Buch eignet sich aber auch für betriebliche Bildungsmaßnahmen von Auszubildenden und für Weiterbildungsmaßnahmen von Angestellten. Es werden die Buchungssystematik, die fachsprachliche Terminologie und die Zusammenhänge von betriebswirtschaftlichen Entscheidungen und Buchhaltung aufgezeigt.

Inhaltsverzeichnis

Vorwort

So nutzen Sie dieses Buch

Alphabetische Übersicht

Lexikonteil

Anhang
- Rechnungslegung in der EU
- Rechnungslegung in den USA
- Die wichtigsten Bilanzbegriffe in 7 Sprachen
- Managertitel im Ausland
- Französische und englische Wirtschaftsbegriffe

Stichwortverzeichnis

Sie gehen von dem zu lösenden Problem aus und suchen die Antwort. Dabei haben Sie mehrere Möglichkeiten des Zugriffs:
- Sie wählen die *alphabetische Übersicht,* die dem Lexikonteil vorangestellt ist. Die Hauptstichwörter sind in Fettschrift hervorgehoben, die Zahlen geben die Nummer des Stichwortes an. Sie schlagen also unter dem betreffenden Stichwort nach. Wird der Begriff in Normalschrift ausgewiesen, dann wird auf ein anderes Stichwort verwiesen und Sie sollten hier nachlesen.
- Die einzelnen Stichwörter können Sie auch in alphabetischer Reihenfolge überfliegen. Zu Beginn jedes Stichwortes steht eine Zusammenfassung.
- Das *ausführliche Stichwortverzeichnis* am Ende des Buches ist ein weiterer Einstieg.

Jedes Stichwort ist einheitlich aufgebaut, was dem Leser das Handling erleichtert. Der Sachverhalt wird zunächst definiert und danach erklärt. *„Buchung"* zeigt das sinnvolle Vorgehen beim Buchen. Die *„Darstellung auf Konten"* vertieft den Sachverhalt. Der *„Praxistip"* zeigt, worauf Sie achten sollten, und gibt Ihnen praktische Lösungshinweise.

Wenn Sie sich mit einem Thema intensiver beschäftigen möchten bzw. Unklarheiten auftreten, dann sollten Sie auf die *Verweis-* und *Hinweisstichwörter* achten. Diese Querverweise stellen die inhaltliche und methodische Verbindung zu anderen ähnlich gelagerten Themenbereichen her.

Wie das Nachschlagewerk zu einem Lehrbuch wird

Ein Lehrbuch achtet auf einen methodischen Aufbau, geht „Schritt für Schritt" vor. Es beginnt mit einfachen und grundsätzlichen Sachverhalten, später kommen schwierigere Themen. Wenn Sie dieses Lexikon als systematisches Lehrbuch verwenden wollen, dann könnten Sie nach dem folgenden Verfahren vorgehen. Sie lesen die Stichwörter in der aufgeführten Reihenfolge.

Buchführung

Einführung und Überblick
→Inventur und Inventar →Gesetzliche Grundlagen der Buchführung →Aufbewahrungsfristen →Mindestbuchführung

→Bestandskonten →Erfolgskonten →Umsatzsteuer →Eigenkapital →Privatkonto →Finanzbuchhaltung →Computergestützte Buchführung

Verbuchung laufender Geschäftsvorfälle
→Nachlässe →Einkaufsbuchungen →Lieferantenkonto →Kreditorenbuchhaltung
→Verkaufsbuchungen →Kundenskonto →Debitorenbuchhaltung
→Lohn und Gehalt →Steuern
→Lagerbuchhaltung
→Anlagegüter, Kauf und Verkauf →Abschreibungen →Geringwertige Wirtschaftsgüter (GWS) →Anlagen im Bau
→Wechselbuchungen

Besonderheiten von Handel und Industrie
→Kontenrahmen und Kontenplan →Einzelhandelskontenrahmen
→Großhandelskontenrahmen →Industriekontenrahmen
→Handelsbuchführung
→Rechnungswesen →Kostenrechnung →Sachliche Abgrenzung
→Kostenrechnerische Korrekturen
→Controlling

Jahresabschluß

Periodengerechte Gewinnermittlung
→Abschreibungen →Abschreibungen auf Sachanlagen →Abschreibungen auf Forderungen
→Rechnungsabgrenzungsposten →Rückstellungen →Betriebsübersicht

Bewertung und Erstellung
→Bewertungsgrundsätze →Bewertung →Herstellungskosten →Wiederbeschaffungswert
→Bilanz →Gewinn- und Verlustrechnung →Umsatzkostenverfahren
→Jahresabschluß →Anhang →Handelsbilanz →Steuerbilanz

Besonderheiten bei den einzelnen Gesellschaftsformen
→Personengesellschaften →GmbH: Rechnungslegung und Gewinnverwendung →AG: Rechnungslegung und Gewinnverwendung →Publizitätspflichten →Unternehmensbewertung

Auswertung
→Rücklagen →Fremdkapital →Finanzergebnis →Bilanzanalyse

Rechnungslegung im Ausland

Rechnungslegung in der EU
- EU-Richtlinien verändern die Rechnungslegung in den einzelnen Mitgliedsländern
- Rechnungslegung in Frankreich
- Aufbau der französischen Bilanz
- Fonds de roulement
- Rechnungslegung in Drittländern (Schweiz)

Rechnungslegung in den USA
- Zeitnahe Bewertung in den USA
- US-Bilanzgliederungsschema ist nach der Liquidität aufgebaut
- DUPONT-Bilanz sowie Gewinn- und Verlustrechnung
- Ford-Bilanz sowie Gewinn und Verlustrechnung
- US-Börsenaufsichtsbehörde verlangt amerikanischen Abschluß

Kleines Wörterbuch der Fachausdrücke
- Die wichtigsten Bilanzbegriffe in 7 Sprachen
- Managertitel im Ausland
- Französische und englische Wirtschaftsbegriffe alphabetisch

Alphabetische Übersicht

A

Abgrenzungsrechnung	→ 38 Kostenrechnerische Korrekturen
Abschreibungen 1	
Abschreibungen auf Forderungen 2	
Abschreibungen auf Sachanlagen 3	
Abschreibungsverfahren	→ 1 Abschreibungen
Agio	→ 52 Rücklagen
AG: Rechnungslegung und Gewinnverwendung 4	
Aktivkonten	→ 10 Bestandskonten
Anhang 5	
Anlagegitter	→ 8 Anlagenrechnung
Anlagegüter, Kauf und Verkauf 6	
Anlagen im Bau 7	
Anlagenrechnung 8	
antizipative Posten	→ 50 Rechnungsabgrenzungsposten
Anzahlungen	→ 7 Anlagen im Bau
Arbeitslosenversicherung	→ 44 Lohn und Gehalt
Aufbewahrungsfristen 9	
Aufwendungen	→ 28 Gewinn- und Verlustrechnung

B

Bestandskonten 10	
Bestätigungsvermerk	→ 36 Jahresabschluß
Betriebsübersicht 11	
Bewertung 12	
Bewertungsgrundsätze 13	
Bilanz 14	
Bilanzanalyse 15	
Bilanzgliederung	→ 14 Bilanz
Bilanzklarheit	→ 27 Gesetzliche Grundlagen
Bilanzkontinuität	→ 27 Gesetzliche Grundlagen
Bilanzmanipulation	→ 36 Jahresabschluß
Bilanzpolitik	→ 12 Bewertung
Bilanzwahrheit	→ 27 Gesetzliche Grundlagen
Boni	→ 46 Nachlässe

Alphabetische Übersicht

C

Computergestützte Buchführung	16
Controlling	17

D

Debitorenbuchhaltung 18
Disagio → 50 Rechnungsabgrenzungsposten

E

Eigenkapital 19
Einkaufsbuchungen 20
Einzelbewertung → 27 Gesetzliche Grundlagen
Einzelhandelskontenrahmen 21
Einzelwertberichtigung → 2 Abschreibungen auf Forderungen

Erfolgskonten 22
Ergänzungsbilanzen → 47 Personengesellschaften:...
Ergebnistabelle → 38 Kostenrechnerische Korrekturen
Erhaltene Anzahlungen → 40 Kreditorenbuchhaltung
Erlösberichtigungen → 41 Kundenskonto
→ 43 Lieferantenkonto
→ 46 Nachlässe
Erträge → 28 Gewinn- und Verlustrechnung

F

Finanzbuchhaltung 23
Finanzergebnis 24
Forderungsausfall → 2 Abschreibungen auf Forderungen

Fremdkapital 25

G

Geringwertige Wirtschaftsgüter 26
Gesamtkostenverfahren → 57 Umsatzkostenverfahren
Geschäftsführer → 29 GmbH: Rechnungslegung...
Gesetzliche Grundlagen 27
Gewinn- und Verlustrechnung 28

Alphabetische Übersicht

GmbH&Co KG	→	47	Personengesellschaften:...
GmbH: Rechnungslegung und Gewinnverwendung	29		
Größenklassen	→	49	Publizitätspflichten
Großhandelskontenrahmen	30		

H

Handelsbilanz	31		
Handelsbuchführung	32		
Hauptabschlußübersicht	→	11	Betriebsübersicht
Herstellungskosten	33		
Höchstwertprinzip	→	12	Bewertung
	→	31	Handelsbilanz

I

Imparitätsprinzip	→	13	Bewertungsgrundsätze
Industriekontenrahmen	34		
Inventur und Inventar	35		
Inventurverfahren	→	35	Inventur und Inventar

J

Jahresabschluß	36		
Jahresabschlußprüfung	→	36	Jahresabschluß

K

Kontenarten	→	37	Kontenrahmen und Kontenplan
Kontenklasse	→	37	Kontenrahmen und Kontenplan
Kontenrahmen und Kontenplan	37		
Kontenunterarten	→	37	Kontenrahmen und Kontenplan
Kostenrechnerische Korrekturen	38		
Kostenrechnung	39		
Krankenversicherung	→	44	Lohn und Gehalt
Kreditorenbuchhaltung	40		
Kundenskonto	41		

L

Lagerbuchhaltung	42

Alphabetische Übersicht

Lieferantenbuchhaltung	→	40	Kreditorenbuchhaltung
Lieferantenkonto	43		
Liquidität	→	15	Bilanzanalyse
Lohn und Gehalt	44		
Lohnsteuer	→	44	Lohn und Gehalt

M

Maßgeblichkeitsprinzip	→	13	Bewertungsgrundsätze
Materialverbrauch	→	38	Kostenrechnerische Korrekturen
	→	42	Lagerbuchhaltung
Mindestbuchführung	45		

N

Nachlässe	46		
Niederstwertprinzip	→	12	Bewertung
	→	31	Handelsbilanz

O

Offenlegungspflichten	→	49	Publizitätspflichten

P

Passivkonten	→	10	Bestandskonten
Pauschalwertberichtigung	→	2	Abschreibungen auf Forderungen
Personengesellschaften: Rechnungslegung und Gewinnverwendung	47		
Personenkonten	→	40	Kreditorenbuchhaltung
Pflichtangaben	→	5	Anhang
Privatkonto	48		
Prüfungspflichten	→	49	Publizitätspflichten
Publizitätspflichten	49		

R

Rabatte	→	46	Nachlässe
Rechnungsabgrenzungsposten	50		
Rechnungswesen	51		
Rentenversicherung	→	44	Lohn und Gehalt
Rücklagen	52		
Rückstellungen	53		

Alphabetische Übersicht

S

Sachbezug	→	44	Lohn und Gehalt
Sachliche Abgrenzung	54		
Selbsterstellte Anlagen	→	7	Anlagen im Bau
Skonto	→	41	Kundenskonto
	→	43	Lieferantenskonto
Sozialleistungen	→	44	Lohn und Gehalt
Sozialversicherung	→	44	Lohn und Gehalt
Speicherbuchführung	→	16	Computergestützte Buchführung
Steuerbilanz	55		
Steuern	56		
Stille Gesellschaft	→	47	Personengesellschaften:...

T

Teilwert	→	12	Bewertung
	→	55	Steuerbilanz
Teilwertabschreibung	→	55	Steuerbilanz
Testat	→	36	Jahresabschluß
transitorische Posten	→	50	Rechnungsabgrenzungsposten

U

Umsatzkostenverfahren 57
Umsatzsteuer 58
Unternehmensbewertung 59

V

Verbindlichkeiten	→	25	Fremdkapital
Verkaufsbuchungen	60		
Vorschuß	→	44	Lohn und Gehalt
Vorsichtsprinzip	→	27	Gesetzliche Grundlagen
Vorsteuer	→	58	Umsatzsteuer

W

Wechselbuchungen 61
Wiederbeschaffungswert 62

Z

Zahllast	→	58	Umsatzsteuer

Abschreibungen

Die verschiedenen Aktivposten der Bilanz eines Unternehmens sollen die tatsächlichen Werte zum Zeitpunkt des Bilanzstichtages zeigen. Wertminderungen von Vermögensgegenständen des Anlagevermögens (Gebäude, Maschinen) und des Umlaufvermögens (Forderungen, Kredite) werden durch die Abschreibungen berücksichtigt. Der Wertverbrauch wird als Abschreibungsaufwand in der Gewinn- und Verlustrechnung erfaßt und über die Umsatzerlöse für Fertigerzeugnisse verdient.

Abnutzbare und nicht abnutzbare Vermögensgegenstände

Die Vermögensgegenstände des *Anlagevermögens* lassen sich im Hinblick auf die Abnutzung in zwei Gruppen einteilen:

- *Nicht abnutzbares Anlagevermögen* wie unbebaute Grundstücke und Beteiligungen stehen dem Unternehmen auf Dauer zur Verfügung und erleiden in der Regel keine Wertminderung.
- *Abnutzbares Anlagevermögen* wie Gebäude, Maschinen und Fuhrpark können nur eine begrenzte Zeit genutzt werden, da sie einem ständigen Werteverzehr unterliegen. Das bewegliche Anlagevermögen (Betriebs- und Geschäftsausstattung, Maschinen, Fuhrpark) hat eine geringere Lebensdauer als das unbewegliche Anlagevermögen (Verwaltungsgebäude, Fertigungs- und Lagerhallen).

Abschreibungen auf Forderungen im Umlaufvermögen werden gesondert im nächsten Stichwort behandelt (→**Abschreibungen auf Forderungen**).

Abschreibungen berücksichtigen den Wertverlust

Abschreibungen erfassen die *Wertminderungen* bei den im Unternehmen eingesetzten Vermögensgegenständen des Anlage- und Umlaufvermögens. Gebäude und Maschinen erfahren durch die Nutzung und den Zeitablauf einen Wertverlust. Die Anschaffungs- und Herstellkosten von Anlagegegenständen sind entsprechend der Wertminderung auf die betriebliche Nutzungsdauer zu verteilen.

Die Abschreibungen führen zu einer Verringerung des Buchwerts der Anlagegüter. Die Wertminderung wird in der Gewinn- und Verlustrechnung als Aufwand berücksichtigt.

Nr. 1	Abschreibungen

Planmäßige und außerplanmäßige Abschreibungen

Die *planmäßige* Abschreibung berücksichtigt den zu erwartenden Wertverlust. Es handelt sich hier um die vorhersehbare Wertminderung.

Die *außerplanmäßige* Abschreibung tritt durch unerwartete Ereignisse ein, z. B. technischer Defekt oder Unfallschaden. Das Anlagegut erleidet eine unerwartete Wertminderung.

Direkte und indirekte Abschreibungen

Direkte Abschreibungen werden von den Anschaffungs- oder Herstellkosten des Anlagegutes bzw. der Forderung vorgenommen. Der Aktivposten der Bilanz wird durch die Abschreibung entsprechend niedriger bewertet.

Bei der *indirekten* Abschreibung wird ein entsprechender Wertberichtigungsposten auf der Passivseite der Bilanz gebildet. Die Aktivseite weist bei der indirekten Abschreibung die ungekürzten Beträge sämtlicher Vermögensgegenstände aus, während auf der Passivseite die Abschreibungsbeträge den jeweiligen Wertberichtigungsposten zugeführt werden (→**Abschreibungen auf Sachanlagen**).

Bilanzielle und kalkulatorische Abschreibungen

Die Anschaffungs- und Herstellkosten sind die Bezugsbasis für die *bilanzielle* Abschreibung. Die Buchwerte werden durch die Abschreibungen entsprechend vermindert. Die Wertminderung wird in der Gewinn- und Verlustrechnung als Aufwand erfaßt. Die bilanzielle Abschreibung vermindert den Gewinn, was wiederum insbesondere bei Kapitalgesellschaften zu einer Steuerersparnis führt.

Die Abnutzung der Anlagen erfolgt im Verlaufe von mehreren Jahren und wird durch die jährliche Abschreibung berücksichtigt. Der Gegenwert für die Abnutzung muß über den Erlös ins Unternehmen zurückfließen. Die während der Nutzungsdauer der Vermögensgegenstände in das Unternehmen zurückfließenden Abschreibungssummen dienen der Kapitalerhaltung. Die Unternehmen müssen für interne Zwecke die Anschaffungspreise durch Wiederbeschaffungspreise ersetzen, wenn der Grundsatz der Substanzerhaltung eingehalten werden soll. Die *kalkulatorischen* Abschreibungen sind so hoch zu bemessen, daß auch die jahrelangen Preissteigerungen für Ersatzinvestitionen enthalten sind. Kalkulatorische Kosten sollten deshalb auf der Grundlage gestiegener *Wiederbeschaffungskosten* berechnet werden.

| Abschreibungen | Nr. 1 |

Abschreibungsverfahren

Verschiedene Abschreibungsverfahren stehen zur Verfügung, um die Wertminderung der Anlagegegenstände zu erfassen. Die lineare Abschreibung mit gleichbleibenden Abschreibungsbeträgen und die geometrisch-degressive Abschreibung sind die wichtigsten Verfahren.

Lineare Abschreibung mit gleichbleibenden Beträgen

Bei der linearen Abschreibung wird stets derselbe Betrag abgeschrieben. Die Anschaffungs- und Herstellkosten werden bei der linearen Abschreibung in gleichen Beträgen auf die einzelnen Jahre der Nutzungsdauer verteilt.

Der jährliche Abschreibungsbetrag (A) ergibt sich aus dem Anschaffungs- oder Herstellungswert (B) dividiert durch die gewöhnliche Nutzungsdauer (n).

$$A = \frac{B}{n}$$

Beispiel: Lineare Abschreibung

Eine Maschine im Wert von 80 000 DM (B) soll in 5 Jahren (n) abgeschrieben werden.

Jährlicher Abschreibungsbetrag: $\frac{80\ 000\ DM}{5}$ = 16 000 DM

Die Durchführung planmäßiger Abschreibungen erfordert zu Beginn der Nutzung eines Wirtschaftsgutes die Aufstellung eines *Abschreibungsplanes*. Er enthält für den vorigen Beispielfall folgende Daten:

Jahr	Buchwert am Jahresanfang	jährliche Abschreibung
1	80 000	16 000
2	64 000	16 000
3	48 000	16 000
4	32 000	16 000
5	16 000	16 000

Die einfache Berechnung ist der Vorteil der linearen Abschreibungsmethode. Die einmal errechnete Abschreibungssumme kann über die gesamte Nutzungsdauer beibehalten werden. Die lineare Abschreibung

Nr. 1	Abschreibungen

berücksichtigt aber nicht, daß die Wertminderung in den ersten Jahren höher ist als später. Hinzu kommt, daß die Maschine in den letzten Jahren ihrer Nutzung reparaturanfälliger ist, also mehr Reparaturkosten anfallen.

Geometrisch-degressive Abschreibung mit fallenden Beträgen

Die degressive Abschreibungsmethode belastet die ersten Jahre der Nutzung stärker als die folgenden. Es wird jährlich immer der gleiche Prozentsatz vom jeweiligen Restbuchwert abgeschrieben. Die Abschreibungsbeträge fallen deshalb von Jahr zu Jahr, da der Abschreibungssatz (p) unverändert bleibt, aber der Restbuchwert kleiner wird.

Beispiel: Geometrisch-degressive Abschreibung

Angenommen, die vorige Maschine mit einem Wert von 80 000 DM und einer Lebensdauer von 5 Jahren würde mit einem Abschreibungssatz von 30% degressiv abgeschrieben. Der Abschreibungsplan sieht dann wie folgt aus:

Jahr	Buchwert am Jahresanfang	jährliche Abschreibungen	Restbuchwert
1	80 000	24 000	56 000
2	56 000	16 800	39 200
3	39 200	11 760	27 440
4	27 440	8 232	19 208
5	19 208	5 762	13 446

Die Formel zur Ermittlung des Restbuchwertes bei degressiver Abschreibung lautet:

$B_n = B_0 (1 - p/100)^n$
B_n = Restbuchwert
B_0 = Anschaffungswert oder Herstellkosten
p = Abschreibungssatz
n = Nutzungsdauer

$B_3 = 80\ 000\ DM\ (1 - 30/100)^3$
$B_3 = 80\ 000\ DM \times 0{,}7^3$
$B_3 = 80\ 000\ DM \times 0{,}343$
$B_3 = 27\ 440\ DM$

Die geometrisch-degressive Abschreibung erreicht theoretisch nie einen Restwert von Null. Es ist deshalb sinnvoll und steuerlich erlaubt, von der geometrisch-degressiven auf die lineare Abschreibung überzuwechseln.

| | Abschreibungen | Nr. 1 |

Vom Zeitpunkt des Übergangs ist die lineare Abschreibung aus dem Restbuchwert und der Restnutzungsdauer zu berechnen.

Der optimale Übergangszeitpunkt ist in dem Jahr, in dem die lineare Abschreibung höher ist als die fortgesetzte degressive Abschreibung.

$$\text{Übergangszeitpunkt} = \frac{\text{Restbuchwert}}{\text{Restnutzungsdauer}} > \text{degressive AfA}$$

In der folgenden Übersicht wird die geometrisch-degressive Abschreibung der linearen gegenübergestellt. So ist der optimale Zeitpunkt der Abschreibungsmethode am besten zu erkennen.

Jahr	Buchwert am Jahresanfang	degressive Abschreibung	lineare Abschreibung	optimale Abschreibung	Restbuchwert
1	80 000	24 000	16 000	24 000	56 000
2	56 000	16 800	14 000	16 800	39 200
3	39 200	11 760	13 067	13 067	26 133
4	27 440	8 232	13 720	13 067	13 066
5	19 208	5 762	19 208	13 066	0

Anmerkung: Die lineare Abschreibung berechnet sich aus dem Restbuchwert am Anfang des Jahres dividiert durch die Restnutzungsdauer.

Ab dem 3. Jahr wird die lineare Abschreibung gewählt, so daß dann jährlich 13 066,66 DM abgeschrieben werden. Am Ende des 5. Jahres wird dann der Restwert von Null erreicht.

Wenn Sie die geometrisch-degressive Abschreibung anwenden, dann müssen Sie zwei Dinge beachten:

1) Die geometrisch-degressive Abschreibung darf höchstens 30% betragen und nicht das Dreifache der linearen Abschreibung übersteigen.

2) Der Übergang von der geometrisch-degressiven Abschreibung zur linearen Abschreibung ist erlaubt (aber nicht umgekehrt).

Praxis-Tip

Sie können zwischen der linearen Abschreibung und der geometrisch-degressiven Abschreibung wählen. Sie müssen das genau überlegen und Ihre Entscheidung von Ihrer Gewinnsituation abhängig machen. Verdienen Sie gut und erzielen Sie hohe Gewinne, dann können Sie durch die degressive Abschreibung am Anfang viel abschreiben und damit den Gewinn reduzieren. Ist Ihr Gewinn dagegen bescheiden und rechnen Sie in Zukunft mit einer besseren Entwicklung, dann wäre die lineare Abschreibung zu empfehlen.

| Nr. 1 | Abschreibungen |

Arithmetisch-degressive Abschreibung im Steuerrecht nicht zulässig

Die arithmetisch-degressive (digitale) Abschreibung arbeitet nach dem System der arithmetischen Folgen. Die Abschreibungsbeträge und die Restbuchwerte vermindern sich jährlich um den gleichen Betrag.

Zur Berechnung der Abschreibungsquote ist zuerst die Summe der Jahre der Nutzungsdauer des Anlagegegenstandes zu ermitteln. Bei einer Nutzungsdauer von 5 Jahren ergibt sich 15 (1+2+3+4+5 = 15). Der Abschreibungssatz im 1. Jahr ist dann $5/15$, im 2. Jahr $4/15$, im dritten Jahr $3/15$ usw. Die Anschaffungskosten werden dann durch die Summe der Jahre der Nutzungsdauer geteilt, was den *Degressionsbetrag* ergibt.

$$\text{Degressionsbetrag (D)} = \frac{\text{Anschaffungswert (A)}}{\text{Summe der Jahresziffern der Nutzungsjahre (n)}}$$

Beispiel: Arithmetisch-degressive Abschreibung

Anschaffungswert einer Maschine 80 000 DM, Nutzungsdauer 5 Jahre

$$\text{Degressionsbetrag (D)} = \frac{80\,000\text{ DM}}{15} = 5\,333{,}33\text{ DM}$$

Abschreibungsplan

Jahr	Abschreibungssatz	Abschreibungsbetrag	Restbuchwert
1	$5/15$	26 666,66	53 333,33
2	$4/15$	21 333,33	32 000
3	$3/15$	16 000	16 000
4	$2/15$	10 666,66	5 333,33
5	$1/15$	5 333,33	0

Praxis-Tip

Diese Abschreibungsmethode, die vielfach in den USA angewendet wird, dürfen Sie bei Ihrer Handelsbilanz zugrunde legen. Die arithmetisch-degressive Abschreibung ist aber steuerrechtlich nicht zulässig.

Leistungsabschreibung

Bei der Abschreibung nach Leistungseinheiten wird der Anschaffungswert durch die geschätzte Leistungsmenge dividiert. Die jährliche Abschreibungsquote ergibt sich dann aus dem Quotient der Leistungsab-

Abschreibungen Nr. 1

gabe des betreffenden Jahres und dem gesamten Leistungsvorrat, z. B. in Beziehung zur geschätzten Gesamtleistung tatsächlicher Betriebsstunden einer Maschine.

Beispiel: Leistungsabschreibung

Anschaffungskosten der Maschine 80 000 DM, erwartete Gesamtleistung 10 000 Betriebsstunden, davon im 1. Jahr 3000, im 2. Jahr 2 000

$$\text{Abschreibungsbetrag für das 1. Jahr} = \frac{80\,000 \times 3\,000}{10\,000} = 24\,000 \text{ DM}$$

$$\text{Abschreibungsbetrag für das 2. Jahr} = \frac{80\,000 \times 2\,000}{10\,000} = 16\,000 \text{ DM}$$

Die Abschreibung kann auch nach der geschätzten Produktionsmenge und der jährlich erbrachten ermittelt werden.

Praxis-Tip

Nach der planmäßigen Nutzungsdauer oder geschätzten Produktionsmenge ist das Anlagegut abgeschrieben. Sollten Sie das Anlagegut weiterhin nutzen, dann können Sie aber *bilanziell* keine weiteren Abschreibungen vornehmen, da nach HGB die Periodenabschreibungen die Anschaffungs- oder Herstellungskosten nicht übersteigen dürfen.

Anders dagegen in der Betriebsbuchhaltung bei der Berechnung der *kalkulatorischen* Abschreibung, wo es um die genaue Ermittlung der Selbstkosten geht. Die Abschreibungskosten werden von dem Unternehmen wie die übrigen Kosten in die Verkaufspreise der Produkte einkalkuliert. Man spricht deshalb von der kalkulatorischen Abschreibung im Gegensatz zur bilanziellen Abschreibung in der Handelsbilanz und in der Steuerbilanz (→**Handesbilanz** →**Steuerbilanz**).

Finanzierung aus Abschreibungen

Das Unternehmen erhält die Gegenwerte der Abschreibungen aus den Verkaufserlösen wieder zurück. Die im Verlauf der Nutzung angesammelten finanziellen Mittel sollen nach Beendigung der Nutzungsdauer die *Ersatzinvestition* finanzieren.

Nr. 1	Abschreibungen

Praxis-Tip

Maschinen, Geräte und Anlagen verteuern sich im Zeitablauf. Sie müssen deshalb in der Kalkulation die Abschreibungen nicht aus den historischen Anschaffungswerten oder Herstellungskosten ermitteln, sondern auf die voraussichtlichen Wiederbeschaffungswerte ausrichten (→**Wiederbeschaffungswert**).

Ein Unternehmen verfügt vor Ersatzbeschaffung aus dem Abschreibungsrückfluß in Verbindung mit den Verkaufserlösen über liquide Mittel, die zur Finanzierung neuer Investitionen verwendet werden können. Die Abschreibungsrückflüsse werden bei größeren Unternehmen laufend für neue Investitionen verwendet, beispielsweise am Jahresende.

Was Sie bei einem Vergleich der verschiedenen Abschreibungsverfahren beachten sollten:

- Die *lineare* Abschreibung setzt eine gleichmäßige Beanspruchung des Anlagegutes während der gesamten Nutzung voraus. Starke Beschäftigungsschwankungen und rasche technische Entwicklungen können nicht berücksichtigt werden. Auch wird die höhere Reparaturanfälligkeit in den letzten Jahren nicht erfaßt. Ihr Vorteil ist die leichte rechnerische Handhabung.

- Die *geometrisch-degressive* Abschreibung und die *arithmetisch-degressive* Abschreibung berücksichtigen den technischen Fortschritt und den stärkeren Wertverlust in den ersten Jahren.

- Die *Leistungsabschreibung* erfaßt Beschäftigungsschwankungen. Sie berücksichtigt von allen Abschreibungsmethoden am besten die Wertminderung durch die Nutzung. Wird eine Anlage oder Maschine gleichmäßig über die Jahre ausgelastet, dann stimmt die Leistungsabschreibung mit der linearen Abschreibung überein.

Siehe auch:

→ Abschreibungen auf Forderungen → Gewinn- und Verlustrechnung
→ Abschreibungen auf Sachanlagen → Handelsbilanz
→ Anlagenrechnung → Herstellungskosten
→ Bewertung → Steuerbilanz
→ Geringwertige Wirtschaftsgüter → Wiederbeschaffungswert

Abschreibungen auf Forderungen

Das spezielle Ausfallrisiko einzelner Forderungen wird durch die Einzelwertberichtigung von bestimmten Forderungen erfaßt. Das allgemeine Kreditrisiko bei Forderungen wird durch die Pauschalwertberichtigung und die Bildung einer Wertberichtigung berücksichtigt. Ein fester Prozentsatz des gesamten Forderungsbestandes wird abgeschrieben. Die Höhe der Pauschalabschreibung soll das wahrscheinliche Ausfallrisiko abdecken.

Direkte Abschreibung bei der Einzelwertberichtigung von Forderungen

Forderungen aus Lieferungen und Leistungen

Die *Kundenforderungen* des Unternehmens erscheinen nach § 266 HGB im Umlaufvermögen unter „Forderungen und sonstige Vermögensgegenstände". Die Leistungsforderungen haben keine lange Laufzeit und werden im Umlaufvermögen zum Nennwert bewertet. Es spielt keine Rolle, ob ein Kauf-, Dienst- oder Werkvertrag die rechtliche Grundlage ist. Entscheidend ist, daß das Unternehmen seine Vertragsverpflichtung aus dem gegenseitigen Vertrag erfüllt hat, während der Schuldner seine Leistung, die Geldzahlung, noch nicht erbracht hat.

Außer den gesamten Kundenforderungen ist nach § 268 Abs. 4 HGB der Betrag zu nennen, der auf Forderungen mit einer *Laufzeit von über einem Jahr* entfällt.

Langfristige Forderungen sind im Anlagevermögen als „Sonstige Ausleihungen" auszuweisen. Die Gesamtlaufzeit ist entscheidend, nicht die restliche Laufzeit. Mindestens vier Jahre Gesamtlaufzeit sind Voraussetzung für den Ausweis unter der Position „Finanzanlagen".

Zweifelhafte Forderungen

Ein Ausfallrisiko kann bei Forderungen aus Lieferungen und Leistungen, Besitzwechseln, Schecks sowie den Darlehensforderungen bestehen. Bei Anzahlungen handelt es sich um Vorleistungen für schwebende Geschäfte. Für geleistete Anzahlungen besteht ebenfalls ein Ausfallrisiko.

Gefährdete Forderungen („Dubiose") sind von den einwandfreien Forderungen zu trennen. Die Aussonderung stellt zwar noch keine Abschreibung dar, aber es wird eine Verlustquelle offengelegt. Ein teilweiser oder vollständiger Ausfall ist möglich.

| Nr. 2 | Abschreibungen auf Forderungen |

| Beispiel: | Bildung zweifelhafter Forderungen |

Das Konkursverfahren gegen Heinz Seippel wurde eröffnet. Unsere Forderung beträgt 16 100 DM.

So wird gebucht:

Zweifelhafte
Forderungen   16 100 DM
                    an Forderungen   16 100 DM

Sollte der Kunde wider Erwarten den vollen Umfang der Forderung begleichen, z. B. durch eine Postüberweisung, dann wäre das Konto „Zweifelhafte Forderungen" auszugleichen.

So wird gebucht:

Postgiro   16 100 DM
                    an Zweifelhafte
                         Forderungen   16 100 DM

| Beispiel: | Uneinbringliche Forderungen ausbuchen |

Einwandfreie Forderungen sind zu ihrem Nennwert zu bewerten, zweifelhafte Forderungen sind zu ihrem wahrscheinlichen Wert anzusetzen und uneinbringliche Forderungen sind nach §§ 252, 253 HGB vollständig abzuschreiben und auszubuchen.

Der Gläubiger hat bei der Entstehung einer Forderung Umsatzsteuer zu entrichten. Der Ausfall der Forderung und die damit verbundene Abschreibung der Forderung bewirken, daß die an das Finanzamt geschuldete Umsatzsteuer nicht mehr zu entrichten ist. Die Umsatzsteuer ist folglich entsprechend zu korrigieren.

| Beispiel: | Uneinbringliche Forderung |

Der Konkursverwalter hat das Konkursverfahren gegen Heinz Seippel mangels Masse eingestellt. Unsere zweifelhafte Forderung über 16 100 DM wird vollständig uneinbringlich und ist ganz abzuschreiben. Die enthaltene Umsatzsteuer von 2 100 DM ist zu berichtigen.

Abschreibungen auf Forderungen | Nr. 2

So wird gebucht:

Abschreibungen auf Forderungen Umsatzsteuer	14 000 DM 2 100 DM		
	an Zweifelhafte Forderungen		16 100 DM

Teilweiser Verlust einer Forderung

Der *geschätzte Ausfall* ist bei zweifelhaften Forderungen am Bilanzstichtag abzuschreiben. Die Bonität jeder einzelnen zweifelhaften Forderung wird geprüft. Es erfolgt eine *Einzelbewertung* dieser Forderungen und dann eine *Einzelabschreibung*.

Die Berichtigung der Umsatzsteuer erfolgt aber erst, wenn der tatsächliche Forderungsausfall bekannt ist. Die Nettoforderung ist deshalb auch die Bezugsgröße für die Bemessung der Höhe der Abschreibung.

Die Durchführung der Abschreibung zum Bilanzstichtag kann direkt oder indirekt erfolgen. Die direkte Abschreibung ist aber üblich.

Beispiel: Teilabschreibung einer Forderung

Angenommen, die Firma Seippel stünde besser da. Es wäre zu einem Vergleich gekommen, und wir könnten mit einer Vergleichsquote von 50% rechnen. Die Gesamtforderung beträgt 16 100 DM (einschließlich 15% USt = 2 100 DM). Bei einer Vergleichsquote von 50% besteht noch eine Nettoforderung von 7 000 DM. Es ergibt sich ein Buchwert von 9 100 DM (7 000 DM Nettoforderung, 2 100 DM USt aus der Gesamtforderung). Es sind damit 7 000 DM abzuschreiben.

So wird gebucht:

Sobald wir den Konkursfall erfahren, spätestens zum Bilanzstichtag, ist die zweifelhafte Forderung offenzulegen.

Zweifelhafte Forderungen	16 100 DM		
	an Forderungen		16 100 DM

Am Bilanzstichtag ist die Abschreibung auf die Forderung vorzunehmen.

Abschreibungen auf Forderungen	7 000 DM		
	an Zweifelhafte Forderungen		7 000 DM

| Nr. 2 | Abschreibungen auf Forderungen |

Die Abschreibung auf Forderungen soll den Forderungsverlust erfassen. Die ausgewiesene Abschreibungssumme ist eine Schätzgröße. Der tatsächliche Forderungsverlust entspricht nur in Ausnahmefällen dem geschätzten.

Folgende Fälle sind möglich:
- Schätzung und späterer tatsächlicher Forderungsverlust stimmen überein.
- Die Schätzung ist höher als der eingetretene Forderungsausfall.
- Die Schätzung ist niedriger als der Forderungsverlust.

1. Fall: Schätzung und tatsächlicher Forderungsausfall stimmen überein

Nehmen wir an, daß der tatsächliche Forderungsverlust dem erwarteten entspricht. Es gehen auf dem Bankkonto 8 050 DM ein.

	brutto	netto	UST
Forderung insgesamt	16 100 DM	14 000 DM	2 100 DM
– Banküberweisung	8 050 DM	7 000 DM	1 050 DM
Forderungsausfall	8 050 DM	7 000 DM	1 050 DM

So wird gebucht:

1) Buchung des Zahlungseinganges auf Bankkonto

Bank   8 050 DM
            an Zweifelhafte
               Forderungen   8 050 DM

2) Umsatzsteuerberichtigung (8 050 DM gehen verloren, davon 1 050 DM Umsatzsteuer)

Umsatzsteuer   1 050 DM
            an Zweifelhafte
               Forderungen   1 050 DM

So sehen die Konten aus:

```
         Zweifelhafte Forderungen              Abschreibungen a. Ford.
Ford.    16 100 | Abschr. Ford.  7 000   Zweif. Ford.  7 000 |
               | 1) Bank        8 050
               | 2) USt         1 050                  Bank
         16 100 |               16 100   1) Zweif. Ford. 8 050 |

                                                  Umsatzsteuer
                                         2) Zweif. Ford  1 050 | Ford.  2 100
```

Abschreibungen auf Forderungen | Nr. 2

2. Fall: Schätzung ist höher als der tatsächliche Forderungsausfall

9 660 DM gehen auf dem Bankkonto ein. Dies entspricht einer Vergleichsquote von 60%, also mehr als erwartet.

	brutto	netto	UST
Forderung insgesamt	16 100 DM	14 000 DM	2 100 DM
– Banküberweisung	9 660 DM	8 400 DM	1 260 DM
Forderungsausfall	6 440 DM	5 600 DM	840 DM

So wird gebucht:

1) Buchung des Zahlungseinganges auf Bankkonto

Bank   9 660 DM
       an Zweifelhafte
       Forderungen   9 660 DM

2) Umsatzsteuerberichtigung (6 440 DM gehen verloren, davon 840 DM Umsatzsteuer)

Umsatzsteuer   840 DM
       an Zweifelhafte
       Forderungen   840 DM

3) Auflösung des Kontos „Zweifelhafte Forderungen"

Zweifelhafte
Forderungen   1 400 DM
       an Periodenfremder
       Ertrag   1 400 DM

So sehen die Konten aus:

Zweifelhafte Forderungen				Abschreibungen a. Ford.	
Ford.	16 100	Abschr. Ford.	7 000	Zweif. Ford.	7 000
3) per Ert.	1 400	1) Bank	9 660		
		2) USt	840	Bank	
	17 500		17 500	1) Zweif. Ford.	9 660

Periodenfremder Ertrag			Umsatzsteuer		
	3) Zweif. Ford.	1 400	2) Zweif. Ford	840	Ford.	2 100

3. Fall: Schätzung ist niedriger als der tatsächliche Forderungsverlust

Angenommen, es gehen nur 40% der Forderung auf dem Bankkonto ein (6 440 DM).

| Nr. 2 | Abschreibungen auf Forderungen |

	brutto	netto	UST
Forderung insgesamt	16 100 DM	14 000 DM	2 100 DM
− Banküberweisung	6 440 DM	5 600 DM	840 DM
Forderungsausfall	9 660 DM	8 400 DM	1 260 DM

So wird gebucht:

1) Buchung des Zahlungseinganges auf Bankkonto

Bank   6 440 DM
                an Zweifelhafte
                   Forderungen   6 440 DM

2) Umsatzsteuerberichtigung (9 660 DM gehen verloren, davon 1 260 DM Umsatzsteuer)

Umsatzsteuer   1 260 DM
                an Zweifelhafte
                   Forderungen   1 260 DM

3) Auflösung des Kontos „Zweifelhafte Forderungen"

Periodenfremder
Aufwand   1400 DM
                an Zweifelhafte
                   Forderungen   1400 DM

So sehen die Konten aus:

Zweifelhafte Forderungen		Abschreibungen a. Ford.	
Ford. 16 100	Abschr. Ford. 7 000	Zweif. Ford. 7 000	
	1) Bank 6 440		
	2) USt 1 260	Bank	
	3) per Aufw. 1 400	1) Zweif. Ford. 6 440	
16 100	16 100		

Periodenfremder Aufwand		Umsatzsteuer	
3) Zweif. Ford. 1 400		2) Zweif. Ford 1 260	Ford. 2 100

Indirekte Abschreibung bei der Pauschalwertberichtigung auf Forderungen

Die tägliche Betriebspraxis zeigt, daß ein bestimmter Prozentsatz der Forderungen ausfällt. Dieses *allgemeine Kreditrisiko* wird durch eine Abschreibung auf den gesamten Forderungenbestand berücksichtigt, wobei keine Bonitätsprüfung einzelner Forderungen durchgeführt wird.

Abschreibungen auf Forderungen | Nr. 2

Praxis-Tip

Die Höhe der Pauschalwertberichtigung ermitteln Sie aufgrund der Erfahrung mit Forderungsausfällen in den letzten 3–5 Jahren. Den gewonnenen Pauschalsatz wenden Sie auf den gesamten Forderungsbestand (Nettowert) an. Dieser Pauschalsatz darf aus steuerlicher Sicht 5% nicht übersteigen und muß rechnerisch überprüfbar sein.

Die *Pauschalwertberichtigung* erfolgt wie die Einzelwertberichtigung vom Nettowert der Forderung. Die in den Forderungen enthaltene Umsatzsteuer ist herauszurechnen.

Beispiel: Pauschalwertberichtigung

Der Forderungsbestand eines Unternehmens beträgt 3 450 000 DM. Eine Pauschalwertberichtigung von 2,5% ist zu ermitteln (→**Umsatzsteuer**).

Forderungsbestand, brutto	3 450 000 DM
– Umsatzsteuer 15%	450 000 DM
Forderungsbestand, netto	3 000 000 DM

2,5% Pauschalwertberichtigung aus 3 000 000 DM ergibt 75 000 DM.

Die Pauschalwertberichtigung auf den Gesamtbestand der Forderungen erfolgt in der Praxis meist *indirekt*. Die Habenbuchung wird bei der indirekten Abschreibung auf dem Konto „Wertberichtigungen auf Forderungen" (Delkredere) durchgeführt.

So wird gebucht:

Abschreibung auf Forderungen	75 000 DM	
	an Pauschalwertberichtigung auf Forderungen	75 000 DM

Die Wertberichtigung korrigiert den Wert der Forderungen. Das Konto „Wertberichtigungen auf Forderungen" ist das Gegenkonto zu Forderungen.

Gehen in der Folgeperiode alle Forderungen des Gesamtbestandes ein, dann verliert die gebildete Pauschalwertberichtigung auf Forderungen ihren Sinn und wird ertragserhöhend aufgelöst.

| Nr. 2 | Abschreibungen auf Forderungen |

So wird gebucht:

Pauschalwertberichtigungen auf
Forderungen
                                    an Periodenfremden Ertrag

Ist der Forderungsbestand im Vergleich zur Vorperiode gesunken, sind die Pauschalwertberichtigungen teilweise ertragserhöhend aufzulösen. Hat sich der Gesamtbestand der Forderungen aber *erhöht*, sind auch die Pauschalwertberichtigungen auf Forderungen entsprechend zu erhöhen.

| **Beispiel:** | Erhöhung des Forderungsbestandes |

Nehmen wir an, der Forderungsbestand sei von 3 450 000 DM (brutto) auf 5 060 000 DM (brutto) angestiegen. Die bisherige Pauschalwertberichtigung auf Forderungen betrug 75 000 DM, d. h. 2,5% von 3 450 000 DM. Der Forderungsbestand (brutto) liegt jetzt bei 5 060 000 DM (115%), was einen Nettoforderungsbestand von 4 400 000 DM (100%) ergibt. Dieser Summe entspricht eine Pauschalwertberichtigung von 110 000 DM. Die Pauschalwertberichtigung ist damit um 35 000 DM aufzustocken.

So wird gebucht:

Abschreibung auf
Forderungen   35 000 DM
                            an Pauschalwert-
                            berichtigung auf
                            Forderungen   35 000 DM

Kapitalgesellschaften dürfen nach § 266 HGB keinen passiven Ausweis von Wertberichtigungen auf Forderungen im Jahresabschluß vornehmen. Das Konto „Pauschalwertberichtigungen auf Forderungen" wird deshalb beim Jahresabschluß über das Konto „Forderungen" ausgebucht. Das Konto „Pauschalwertberichtigung auf Forderungen" wird im neuen Geschäftsjahr mit den Beträgen des Vorjahres fortgeführt.

So sehen die Konten aus:

Forderungen				Pauschalwertberichtigung (PWB) auf Forderungen			
AB	3 450 000	PWB	110 000	Forde-		AB	75 000
Zugänge	1 610 000	SB	4 950 000	rungen	110 000	Abschr.	35 000
	5 060 000		5 060 000		110 000		110 000

Abschreibungen auf Forderungen	
PWB	35 000

Abschreibungen auf Sachanlagen

Das Anlagevermögen eines Betriebes wird durch die Produktion von Gütern abgenutzt. Der Wert des Gebäudes, der technischen Aggregate sowie der Fahrzeuge wird von Jahr zu Jahr geringer. Um die Vermögenslage in der Schlußbilanz richtig darzustellen, ist die jährliche Wertminderung vom Anschaffungswert abzuziehen.

Diese Wertminderungen sind Kosten und werden in der Buchhaltung auf dem Konto „Abschreibungen" erfaßt. Das Steuerrecht spricht von „**A**bsetzung für **A**bnutzung", kurz **AfA**. Der um die Abschreibung verminderte Anschaffungswert heißt Buchwert.

Die Anschaffungskosten werden durch die jährlichen Abschreibungen auf die Jahre der Nutzung, die durchschnittliche Lebensdauer, umgelegt. Das bewegliche Anlagevermögen wie Betriebs- und Geschäftsausstattung, Maschinen und Anlagen sowie Fahrzeuge unterliegen einem schnelleren Werteverzehr als das unbewegliche Anlagevermögen in Form von Gebäuden.

Der Wertverlust bei Maschinen und technischen Anlagen hat verschiedene Ursachen:

- Verschleiß durch Gebrauch und Witterungseinflüsse, z. B. Korrosion,
- technische und wirtschaftliche Überholung; eine neue Maschine ist leistungsfähiger.

Unbebaute Grundstücke sowie der Grund und Boden von bebauten Grundstücken erfahren in der Regel keine Wertminderungen. Da ihr Wert nicht sinkt, ist auch keine Abschreibung möglich. Bei bebauten Grundstücken ist daher nur eine Abschreibung auf den Gebäudewert möglich.

Beteiligungen zählen ebenfalls zum nicht abnutzbaren Anlagevermögen. Abschreibungen auf Beteiligungen sind nur in Ausnahmefällen möglich, z. B. Vergleich oder Konkurs des betreffenden Unternehmens.

Um die Betriebsbereitschaft aufrechtzuerhalten, sind Ersatzinvestitionen im Anlagevermögen notwendig. Das Unternehmen muß die erforderlichen Geldmittel für die Ersatzinvestitionen über den Verkauf der Fertigerzeugnisse zurückbekommen.

Gesetzliche Grundlagen der Abschreibungen

Nach § 253 Abs. 1 und Abs. 2 HGB sind die Anschaffungs- oder Herstellungskosten von Vermögensgegenständen des Anlagevermögens, die zeitlich begrenzt sind, um Abschreibungen zu vermindern.

| Nr. 3 | Abschreibungen auf Sachanlagen |

Die Bewertungsvorschriften, die die Grundlage für die Abschreibung bilden, sind in den §§ 252–256 HGB geregelt. Für abnutzbare Anlagegüter sind bestimmte Beträge von den Anschaffungs- oder Herstellungskosten als Wertminderung abzuschreiben.

Der Gesetzgeber verlangt für Kapitalgesellschaften im § 268 Abs. 2 HGB, die Entwicklung der einzelnen Posten des Anlagevermögens in der Schlußbilanz oder im Anhang darzustellen. Das Bilanzrichtliniengesetz verlangt zusätzlich die Angabe der historischen Anschaffungswerte sowie die kumulierte Abschreibung.

Buchung der Abschreibungen

Die direkte Abschreibung erfolgt direkt auf den Anlagekonten. Die Restbuchwerte der Anlagegüter werden in der Schlußbilanz auf der Aktivseite ausgewiesen.

| Beispiel: | Direkte Abschreibung |

Ein Unternehmen kaufte zu Beginn des Jahres einen Pkw für 35 000 DM, der in 5 Jahren direkt abgeschrieben werden soll. Buchung am 31. 12.

So wird gebucht:

Abschreibungen
auf Fuhrpark   7 000 DM
                          an Fuhrpark   7 000 DM

So sehen die Konten aus:

```
           Fuhrpark                        Abschreibungen
Bank    35 000 | Abschreib.  7 000   Fuhrpark  7 000 | G+V       7 000
               | SB         28 000
        35 000 |            35 000

           SB                             G+V-Konto
Fuhrpark 28 000 |                  Abschr.  7 000 |
```

Auswirkungen im Vermögensbereich:

– Wertminderungen bei den Vermögensgegenständen werden erfaßt
– richtige Auswertung der Vermögensposten in der Bilanz ist gesichert

Auswirkungen im Erfolgsbereich:

– Erfassung des Vermögensverzehrs als Kosten bzw. Aufwand in der G+V-Rechnung
– Verringerung des Gewinns

Abschreibungen auf Sachanlagen | Nr. 3

Bei der indirekten Abschreibung bleibt der Anschaffungswert eines Anlagegutes in seiner ursprünglichen Höhe auf dem betreffenden Anlagekonto stehen. Die Abschreibungen werden auf der Passivseite auf dem Konto „Wertberichtigungen" ausgewiesen.

Beispiel: Indirekte Abschreibung

Das vorherige Beispiel soll jetzt indirekt verbucht werden.

So wird gebucht:

Abschreibungen
auf Sachanlagen   7 000 DM
              an Wertberichtigungen
                 auf Sachanlagen   7 000 DM

So sehen die Konten aus:

```
           Fuhrpark                      Abschreibungen auf Sachanlagen
Bank    35 000 | SB      35 000    Wertber. a. S.  7 000 | G+V      7 000


                                   Wertberichtigungen auf Sachanlagen
                                   SB              7 000 | Abschreibung.  7 000

           SB                              G+V-Konto
Fuhrpark  35 000 | Wertber. a. S.  7 000   Abschreibung  7 000 |
```

Anschaffungsnaher Aufwand und Erhaltungsaufwand bei Gebäuden

Der Bauherr kann nach erfolgter Fertigstellung eines Gebäudes die Abschreibung vornehmen, wobei er ein Wahlrecht zwischen der linearen und der degressiven Abschreibung hat. Der Käufer eines Gebäudes, der dieses repariert oder modernisiert, wodurch es einen höheren Nutzungswert hat, wird gleich behandelt.

Hauptkennzeichen von *anschaffungsnahem Herstellungsaufwand* ist, daß die Aufwendungen im Verhältnis zum Kaufpreis des Gebäudes hoch sind. Die Instandsetzungsaufwendungen müssen wie der Kaufpreis aktiviert und über die gesetzlich festgelegten Jahre verteilt abgeschrieben werden. Der sofortige Abzug als *Betriebsausgaben* für umfangreiche Instandsetzungs- und Modernisierungsaufwendungen ist damit nicht möglich.

Der Käufer eines ingangsetzungsbedürftigen Gebäudes wird damit gleichbehandelt wie derjenige, der ein bereits modernisiertes Gebäude

| Nr. 3 | Abschreibungen auf Sachanlagen |

erwirbt. Anschaffungsnaher Herstelleraufwand liegt auch vor, wenn der Vermögensgegenstand erweitert oder wesentlich verbessert wird.

Die laufende Instandhaltung und Instandsetzung eines Gebäudes wird als *Erhaltungsaufwand* bezeichnet und kann in dem betreffenden Jahr in voller Höhe als Betriebsausgaben angesetzt werden.

Praxis-Tip

Kleine und mittlere Unternehmen können bei der Anschaffung oder Herstellung beweglicher Wirtschaftsgüter des Anlagevermögens *Sonderabschreibungen* in Höhe von 20% der Anschaffungs- oder Herstellungskosten innerhalb von fünf Jahren vornehmen. Die Sonderabschreibung kann neben der normalen Absetzung für Abnutzung (AfA) wahrgenommen werden. Gewerbetreibende, Landwirte und Angehörige der freien Berufe können Sonderabschreibungen beanspruchen.

→ Abschreibungen
→ Abschreibungen auf Forderungen
→ Anlagenrechnung
→ Bewertung

→ Geringwertige Wirtschaftsgüter
→ Handelsbilanz
→ Steuerbilanz

Aktiengesellschaft: Rechnungslegung und Gewinnverwendung

Der Gesetzgeber stellt an den Jahresabschluß der Aktiengesellschaft strenge Anforderungen. Das Aktiengesetz verlangt die Bildung einer gesetzlichen Rücklage aus dem Jahresüberschuß (→**Rücklagen**). Die Zuständigkeiten der einzelnen Organe der AG bei der Gewinnverwendung sind klar geregelt.

Erstellung des Jahresabschlusses eine Aufgabe des Vorstands

Der Vorstand leitet und vertritt die AG nach außen. Die regelmäßige Unterrichtung des Aufsichtsrats über die Geschäftslage (§ 90 AktG), die Erstellung des Jahresabschlusses (§ 242 HGB) und die Einberufung der Hauptversammlung (§ 121 AktG) gehören ebenfalls zu seinen Pflichten.

Der Jahresabschluß besteht nach § 242 Abs. 3 HGB für alle Kaufleute aus der →**Bilanz** sowie der →**Gewinn- und Verlustrechnung**. Die Erstellung des Jahresabschlusses hat bei der AG innerhalb von drei Monaten nach Ablauf des Geschäftsjahres zu erfolgen (§ 264 Abs. 1 HGB). Der Jahresabschluß der AG ist um einen →**Anhang** zu erweitern, der Geschäftsverlauf ist im *Lagebericht* zu erläutern.

Der Jahresabschluß wird bei der AG durch den Vorstand und den Aufsichtsrat für verbindlich erklärt (§ 172 AktG). Die *Feststellung* des Jahresabschlusses obliegt bei der GmbH den Gesellschaftern (→**GmbH: Rechnungslegung**).

Anforderungen an den Jahresabschluß von Kapitalgesellschaften

Der Jahresabschluß von Kapitalgesellschaften hat wie der von Einzelkaufleuten und Personengesellschaften nach § 243 Abs. 1 HGB den Grundsätzen ordnungsmäßiger Buchführung (GoB) zu entsprechen (→**Gesetzliche Grundlagen der Buchführung**).

Außer den GoB gilt nach § 246 HGB der Grundsatz der *Vollständigkeit* sowie ein *Verrechnungsverbot* von Aktiv- und Passivposten sowie von Aufwendungen und Erträgen (→**Jahresabschluß**).

Die Anforderungen an die Kapitalgesellschaften gehen aber noch weiter. Der Jahresabschluß hat „unter Beachtung der Grundsätze ordnungsmäßiger Buchführung ein den tatsächlichen Verhältnissen entsprechen-

| Nr. 4 | AG: Rechnungslegung und Gewinnverwendung |

des Bild der Vermögens-, Finanz- und Ertragslage der Kapitalgesellschaft zu vermitteln" (§ 264 Abs. 2 Satz 1 HGB). Diese Anforderung verlangt den Ausweis sämtlicher Posten der Bilanz sowie der Gewinn- und Verlustrechnung entsprechend den §§ 266, 275 HGB. Eine weitere Untergliederung und die Hinzufügung von Posten ist erlaubt.

Im Hinblick auf die *Vergleichbarkeit* sind Kapitalgesellschaften gehalten, die einmal gewählte Form der Darstellung und der Gliederung beizubehalten (§ 265 Abs. 1 HGB). Die Angabe der Vorjahreswerte bei allen Posten der Bilanz sowie der Gewinn- und Verlustrechnung dient ebenfalls diesem Ziel.

Gesellschaften anderer Rechtsformen (z. B. Personengesellschaften) werden nach dem *Publizitätsgesetz* ab einer bestimmten Größe mit den Kapitalgesellschaften gleichgestellt. Die Bilanz und die Gewinn- und Verlustrechnung werden im Anhang erläutert und durch weitere Informationen ergänzt (→**Publizitätspflichten**).

Geschäftsbericht mit Lagebericht und freiwilligen Angaben

Aktiengesellschaften müssen neben dem Jahresabschluß, bestehend aus der Bilanz und der Gewinn- und Verlustrechnung, einen Geschäftsbericht veröffentlichen.

Der *Lagebericht* ist ein wesentlicher Teil des Geschäftsberichts, da hier der Vorstand Auskunft über den Verlauf des Geschäftsjahres gibt. Die Situation der Gesellschaft und ihre Entwicklung werden im Lagebericht verbal dargestellt. Auch auf das Zustandekommen einzelner Bilanzpositionen wird Bezug genommen.

Folgende Themenschwerpunkte werden meistens im Lagebericht behandelt:

- Allgemeine Entwicklung
- Umsatz und Ergebnis
- Finanzierung und Bilanzstruktur
- Investitionen
- Mitarbeiter
- Forschung und Entwicklung
- Ausblick
- Vorschlag zur Gewinnverwendung

Die Unternehmen machen im Geschäftsbericht noch weitere *freiwillige Angaben,* die meistens als „Informationen zu den Unternehmensbereichen" bezeichnet werden. Hier wird die Entwicklung in den einzelnen Sparten dargestellt und die Entwicklung einzelner Produktgruppen näher erläutert. Der Geschäftsverlauf bei den Beteiligungsgesellschaften kann dargestellt werden. Ein anderer Schwerpunkt können „Maßnahmen des

AG: Rechnungslegung und Gewinnverwendung — Nr. 4

Unternehmens zum Umweltschutz" oder „Energieeinsparung im Unternehmen" sein.

Prüfung von Jahresabschluß und Geschäftsbericht durch Abschlußprüfer

Die Einhaltung der Gliederungs- und Bewertungsvorschriften des Handelsgesetzbuches sowie des Aktiengesetzes wird bei Kapitalgesellschaften durch Abschlußprüfer, bei Aktiengesellschaften durch Wirtschaftsprüfer, überprüft. Die Abschlußprüfer haben auch dafür zu sorgen, daß die Angaben im Lagebericht und die weiteren Informationen realistisch sind.

Zuständigkeiten der einzelnen Organe der AG bei der Rechnungslegung und Gewinnverwendung

Der *Vorstand* hat in den ersten drei Monaten nach Ablauf des Geschäftsjahres den Jahresabschluß mit Anhang sowie Lagebericht aufzustellen (§ 264 Abs. 1 HGB).

Der *Wirtschaftsprüfer* prüft, ob die zwingenden Gliederungs- und Bewertungsvorschriften des Handelsgesetzbuches (§§ 266 ff. HGB) und des Aktiengesetzes (§§ 150 ff. AktG) eingehalten worden sind. Der Wirtschaftsprüfer erstellt den Prüfungsbericht und erteilt den Bestätigungsvermerk.

Jahresabschluß, Lagebericht und Prüfungsbericht sind dem *Aufsichtsrat* zur Kontrolle und Genehmigung vorzulegen (§§ 170 ff. AktG). Genehmigt der Aufsichtsrat den aufgestellten Jahresabschluß, dann gilt dies als Feststellung des Jahresabschlusses.

Jahresabschluß und Lagebericht sind dann beim Handelsregister einzureichen und bei Großunternehmen im Bundesanzeiger zu veröffentlichen.

Die *Hauptversammlung* beschließt über die Verwendung des Gewinns und entlastet Vorstand und Aufsichtsrat.

Gewinnverteilung bei der Aktiengesellschaft

Ausgangspunkt der Gewinnverteilung der Aktiengesellschaft ist der von der Buchhaltung ermittelte *vorläufige Jahresüberschuß*. Ein Verlustvortrag aus dem Vorjahr ist abzuziehen.

Es ergibt sich dann der Vorläufige Jahresüberschuß nach Abzug des Verlustvortrages, von dem wiederum die Zuweisung in die gesetzliche Gewinnrücklage abgezogen wird. Der Jahresüberschuß nach Zuweisung in die gesetzliche Gewinnrücklage ist Bezugsbasis für die Berechnung

| Nr. 4 | AG: Rechnungslegung und Gewinnverwendung |

der Vorstandstantieme. Es erfolgt dann die Einstellung in andere Gewinnrücklagen. Wird die Dividende an die Aktionäre abgezogen, dann verbleibt der Gewinn- bzw. Verlustvortrag.

Vom vorläufigen Jahresüberschuß zum Gewinnvortrag

1   Vorläufiger Jahresüberschuß laut Buchhaltung
2 − Verlustvortrag des Vorjahres

3 = Vorläufiger Jahresüberschuß nach Abzug des Verlustvortrages
4 − Zuweisung in die gesetzliche Gewinnrücklage

5 = Jahresüberschuß nach Zuweisung in die gesetzliche Gewinnrücklage
6 − andere Gewinnrücklagen

7 = Jahresüberschuß nach Zuweisung aller Gewinnrücklagen
8 − Dividende

9 = Gewinnvortrag

Jahresüberschuß = Positionen 1 bis 9
Bilanzgewinn = Positionen 5 bis 9

Buchungen zur Gewinnverteilung

Der Gewinn der Aktiengesellschaft kann einbehalten oder an die Aktionäre ausgeschüttet werden. Die Hauptversammlung entscheidet über die Gewinnverwendung meistens vier bis sechs Monate nach dem Ende des Geschäftsjahres. Der Vorstand weiß deshalb nicht genau bei der Aufstellung des Jahresabschlusses, welcher Teil des Gewinns dem Konto „Rücklagen" zugeführt und wieviel an die Aktionäre ausgeschüttet wird.

Der Überschuß der Erträge über die Aufwendungen des abgelaufenen Geschäftsjahres ist der Erfolg bzw. der Jahresüberschuß. Der Gewinn des Geschäftsjahres wird bis zum Gewinnverwendungsbeschluß der Hauptversammlung auf das Konto „Jahresüberschuß" gebucht. Die Aktiengesellschaft verfügt bis zur Entscheidung der Hauptversammlung über die Gewinnverwendung über drei Eigenkapitalkategorien: Grundkapital, Rücklagen, Jahresüberschuß (→**Rücklagen**).

So wird gebucht:

Umbuchung des Jahresüberschusses

G+V-Konto

                        an Jahresüberschuß
                        (= Bilanzergebnis)

AG: Rechnungslegung und Gewinnverwendung — Nr. 4

Die Buchung zum Ausgleich eines Verlustvortrages lautet:

Jahresüberschuß
(oder Bilanzergebnis)
          an Ergebnisvortrag aus früheren Perioden (= Verlustvortrag)

Die Zuweisung in die gesetzliche Rücklage kann der Vorstand bereits veranlassen.

Jahresüberschuß
          an Gesetzliche Rücklage

Die Verwendung des Bilanzgewinns beschließt die Hauptversammlung, wobei der Gewinnverwendungsvorschlag des Vorstands Ausgangsbasis ist. Körperschaftsteuer ist an das Finanzamt für einbehaltene und ausgeschüttete Gewinne zu entrichten. Kapitalertragsteuer ist für an die Aktionäre ausgeschüttete Gewinne zu leisten. Ein Gewinnvortrag kann geplant sein.

So wird gebucht:

Buchungen der Gewinnverwendung

Zuführungen zu den Gewinnrücklagen

Jahresüberschuß
          an Satzungsmäßige Rücklage
             Andere Rücklagen

Zuweisungen an die Aktionäre und an das Finanzamt

Jahresüberschuß
          an Verbindlichkeiten gegenüber Gesellschaftern (Dividende)
             Sonstige Verbindlichkeiten gegenüber Finanzamt

Buchung des Gewinnvortrags

Jahresüberschuß
          an Gewinnvortrag (= Ergebnisvortrag aus früheren Perioden)

Die Verbindlichkeiten an die Aktionäre sowie an das Finanzamt werden später durch Überweisungen aus dem Bankkonto beglichen. Die Konten

| Nr. 4 | AG: Rechnungslegung und Gewinnverwendung |

der verschiedenen Gewinnrücklagen sowie der Gewinnvortrag werden in das Schlußbilanzkonto übertragen.

So wird gebucht:

Gesetzliche Rücklage
Satzungsmäßige Rücklage
Andere Rücklagen
                      an Schlußbilanzkonto

Gewinnvortrag
                      an Schlußbilanzkonto

→ Anhang   → Gewinn- und Verlustrechnung
→ Bilanz   → Jahresabschluß
→ Gesetzliche Grundlagen   → Publizitätspflichten
→ GmbH: Rechnungslegung...   → Rücklagen

Anhang

Der Anhang soll sicherstellen, daß der Jahresabschluß von Kapitalgesellschaften ein richtiges Bild der Vermögens-, Finanz- und Ertragslage des Unternehmens vermittelt. Der Jahresabschluß soll auch den Vergleich mit früheren Perioden zulassen.

Es gibt Pflichtangaben, die von allen Kapitalgesellschaften verlangt werden. Bestimmte Angaben können nur im Anhang gemacht werden, bei anderen Angaben hat der Bilanzierende ein Wahlrecht, ob er sie in der Bilanz bzw. der Gewinn- und Verlustrechnung oder im Anhang macht.

Kleine Kapitalgesellschaften brauchen die Gewinn- und Verlustrechnung nicht offenzulegen (→Publizitätspflichten). Der Anhang der kleinen Kapitalgesellschaft braucht deshalb die Angaben zur Gewinn- und Verlustrechnung nicht zu enthalten.

Pflichtangaben in der Bilanz oder im Anhang

Es handelt sich hier um Pflichtangaben, die alle Kapitalgesellschaften machen müssen. Der Bilanzierende hat aber ein Wahlrecht, ob er die Angaben in der Bilanz oder im Anhang macht.

Die *Entwicklung* der einzelnen Posten *des Anlagevermögens* ist in der Bilanz oder im Anhang, dem sog. →**Anlagespiegel,** darzustellen (§ 268 Abs. 2 HGB). Die gesamten Anschaffungs- und Herstellungskosten sind die Ausgangsbasis, die Nettobuchwerte am Jahresende das Ergebnis. Nettobuchwerte am Jahresende abzüglich Nettobuchwerte am Jahresanfang ergeben die Abschreibungen des betreffenden Geschäftsjahres.

Die *Abschreibungen* des Geschäftsjahres sind entweder in der Bilanz bei den betreffenden Posten oder im Anhang anzugeben (§ 268 Abs. 2 HGB).

Wenn der Rückzahlungsbetrag einer Verbindlichkeit höher als der Auszahlungsbetrag ist, dann darf der Differenzbetrag auf der Aktivseite ausgewiesen werden (§ 250 Abs. 3 HGB). Das *aktivierte Disagio* ist in den Rechnungsabgrenzungsposten auf der Aktivseite gesondert auszuweisen oder im Anhang zu berücksichtigen (§ 268 Abs. 6 HGB).

Eventualverbindlichkeiten aus der Begebung und Übertragung von Wechseln, Bürgschaften, Wechsel- und Scheckbürgschaften und aus

| Nr. 5 | Anhang |

Gewährleistungsverträgen sind unter der Bilanz oder im Anhang anzugeben (§§ 251 und 268 Abs. 7 HGB).

Passivposten für Steuern vom Einkommen und Ertrag sind als *Sonderposten mit Rücklagenanteil* auszuweisen. Sie sind zulässig, soweit sie das Steuerrecht erlaubt. In der Bilanz oder im Anhang sind sie zu vermerken.

Verbindlichkeiten mit einer *Restlaufzeit von mehr als 5 Jahren* und durch *Pfandrecht* gesicherte Verbindlichkeiten sind in der Bilanz oder im Anhang anzugeben (§ 285 Abs. 1 HGB).

Eine *Rückstellung für zu niedrige Steuern* früherer Geschäftsjahre ist in der Bilanz oder im Anhang gesondert anzugeben (§ 274 Abs. 1 HGB).

Pflichtangaben in Gewinn- und Verlustrechnung oder im Anhang

Der Bilanzierende muß diese Pflichtangaben machen, aber er kann entscheiden, ob er sie in der Gewinn- und Verlustrechnung oder im Anhang macht. Der Bilanzierende hat ein Wahlrecht, wo er die Angaben macht.

Außerplanmäßige Abschreibungen in der Handelsbilanz auf Gegenstände des Anlagevermögens (§ 253 Abs. 2 HGB) und auf Gegenstände des Umlaufvermögens (§ 252 Abs. 3 HGB) sind in der Gewinn- und Verlustrechnung gesondert auszuweisen oder im Anhang zu vermerken (§ 277 Abs. 3 HGB).

Zuführungen zum Sonderposten mit Rücklageanteil sind nach § 281 Abs. 2 HGB im Posten „Sonstige betriebliche Aufwendungen" der Gewinn- und Verlustrechnung getrennt auszuweisen oder im Anhang anzugeben. Erträge aus der Auflösung des Sonderpostens mit Rücklageanteil sind in der Position „Sonstige betriebliche Erträge" gesondert auszuweisen oder im Anhang zu erklären.

Die nach steuerlichen Vorschriften vorgenommenen Abschreibungen auf das Anlage- und das Umlaufvermögen sind wahlweise in der Gewinn- und Verlustrechnung oder im Anhang anzugeben (§ 281 Abs. 2 HGB).

Pflichtangaben nur im Anhang

Die folgenden Pflichtangaben sind von allen Kapitalgesellschaften im Anhang zu machen:

Zusätzliche Angaben sind im Anhang zu machen, falls der Jahresabschluß kein den tatsächlichen Verhältnissen entsprechendes Bild vermittelt (§ 264 Abs. 2 HGB).

Wird die Form der Darstellung in der Bilanz oder in der Gewinn- und

Anhang | **Nr. 5**

Verlustrechnung geändert, also die *formale Bilanzkontinuität unterbrochen,* dann ist dies im Anhang anzugeben und zu begründen (§ 264 Abs. 2 HGB).

Erläuterungen sind im Anhang zu machen, wenn der Betrag eines Postens der Bilanz oder der Gewinn- und Verlustrechnung mit der betreffenden Jahresabschlußposition des Vorjahres *nicht vergleichbar* ist (§ 265 Abs. 2 HGB). Eine Erklärung ist im Anhang auch erforderlich, wenn ein Vorjahresbetrag angepaßt wird.

Hat ein Unternehmen *mehrere Geschäftszweige,* die ihren Jahresabschluß nach verschiedenen Gliederungsvorschriften erstellen, dann ist der Jahresabschluß nach der für einen Geschäftszweig vorgeschriebenen Gliederung zu erstellen (§ 265 Abs. 4 HGB). Dies ist im Anhang zu vermerken.

Bestimmte Posten der Bilanz (arabische Zahlen) und der Gewinn- und Verlustrechnung können im Jahresabschluß nach § 265 Abs. 7 HGB zusammengefaßt werden. Die *zusammengefaßten Posten* sind im Anhang gesondert auszuweisen.

Außerordentliche Aufwendungen und *außerordentliche Erträge,* die zur Beurteilung der Ertragslage wichtig sind, müssen im Anhang erläutert werden (§ 277 Abs. 4 HGB).

Bestimmte Posten der Bilanz und der Gewinn- und Verlustrechnung und die angewandten Bilanzierungs- und Bewertungsmethoden sind im Anhang zu erklären (§ 284 Abs. 2 HGB).

Gleichartige Vermögensgegenstände des Vorratsvermögens können nach § 240 Abs. 4 HGB zu Gruppen zusammengefaßt und zum gewogenen Durchschnitt bewertet werden. Nach § 256 HGB ist auch eine Bewertung nach Lifo und Fifo möglich. Entstehen stille Reserven durch die Anwendung von Verbrauchsfolgeverfahren, dann ist dies im Anhang zu vermerken (§ 284 Abs. 2 HGB).

Fremdwährungspositionen und ihre Umrechnung sind im Anhang anzugeben (§ 284 Abs. 2 HGB).

Werden *Fremdkapitalzinsen* in die Herstellungskosten eingerechnet, dann ist dies im Anhang zu vermerken (§ 284 Abs. 2 HGB).

§ 285 HGB verlangt weitere Angaben im Anhang:

– Die in der Bilanz ausgewiesenen Verbindlichkeiten sind im Anhang näher zu erklären. (Welcher Betrag entfällt auf Verbindlichkeiten mit einer Restlaufzeit von mehr als fünf Jahren, und welcher Betrag ist durch Pfandrechte abgesichert?)
– Gründe für die planmäßige Abschreibung des Geschäfts- und Firmenwertes
– Vorschüsse und Kredite an Mitglieder von Vorstand und Aufsichtsrat

| Nr. 5 | Anhang |

- Beteiligungsverhältnisse an Unternehmen mit Nennung von Namen, Anteil am Kapital
- Höhe der Ertragsteuern auf die gewöhnliche Geschäftstätigkeit und das außerordentliche Ergebnis
- Sonstige finanzielle Verpflichtungen, die zur Beurteilung der Finanzlage wichtig sind (und nicht bereits wie die Wechsel- und Scheckbürgschaften unter der Bilanz vermerkt oder auf der Passivseite als Verbindlichkeiten ausgewiesen sind)
- Die durchschnittliche Zahl der Beschäftigten getrennt nach Gruppen bei größeren Kapitalgesellschaften
- Bezüge der Geschäftsführung und der Aufsichtsorgane.

Besonderheiten bei mittelgroßen Kapitalgesellschaften

Der Umfang der Offenlegung des Jahresabschlusses hängt bei Kapitalgesellschaften von ihrer Größe ab. Anhand der drei Kriterien Umsatz, Bilanzsumme und Zahl der Arbeitnehmer bestimmt § 267 HGB, ob eine Kapitalgesellschaft klein, mittelgroß oder groß ist (→**Publizitätspflichten**).

Mittelgroße Kapitalgesellschaften erstellen ihre Bilanz nach dem ausführlichen Bilanzgliederungsschema des § 266 HGB. Sie können aber für die Veröffentlichung das verkürzte Gliederungsschema für kleine Kapitalgesellschaften wählen (→**Bilanz**).

Machen mittelgroße Kapitalgesellschaften von dieser Möglichkeit Gebrauch, müssen sie weitere Angaben im Anhang machen (§ 327 Abs. 2 HGB). Die Höhe des Geschäfts- oder Firmenwertes ist zu nennen. Einzelwerte aus den Bilanzpositionen „Sachanlagen" und „Finanzanlagen" müssen im Anhang angegeben werden. Ferner muß die Höhe der Verbindlichkeiten gegenüber verbundenen Unternehmen und Beteiligungsgesellschaften vermerkt werden.

→ AG: Rechnungslegung...
→ Bilanz
→ Bilanzanalyse
→ Gewinn- und Verlustrechnung

→ GmbH: Rechnungslegung...
→ Jahresabschluß
→ Publizitätspflichten

Anlagegüter | Nr. 6

Anlagegüter, Kauf und Verkauf

Der Kauf von Anlagegütern ist auf den entsprechenden Bestandskonten zu buchen. Die Anschaffungskosten werden um Nebenkosten der Beschaffung erhöht, während Rabatte und Skonti die Anschaffungskosten vermindern.

Verkaufspreis und Buchwert stimmen beim Verkauf gebrauchter Anlagegüter meist nicht überein. Liegt der Verkaufswert über dem Buchwert, fällt ein Ertrag an. Wird beim Verkauf der Buchwert nicht erzielt, entsteht ein Verlust.

Kauf von Anlagegütern

Anlagegüter werden bei der Beschaffung zu ihren *Anschaffungskosten* erfaßt. Der Kauf eines Anlagegutes löst einen Aktivtausch aus. Beim Kauf einer Maschine nimmt das Konto „Maschinen" zu, das Konto „Bank" ab. Der Kreditkauf führt zwar zu einer Bilanzverlängerung (Aktiv-Passivmehrung), aber auch er hat keine Erfolgsauswirkungen.

Die Anschaffungskosten beinhalten zunächst den Nettopreis des Anlagegutes. Die ausgewiesene Umsatzsteuer ist als Vorsteuer zu berücksichtigen. Nachlässe wie Rabatte und Skonti sind abzuziehen.

Die beim Erwerb des Anlagegutes anfallenden Kosten (z. B. für Vermittlung, Transport) sind als Anschaffungsnebenkosten zu aktivieren (§ 255 Abs. 1 HGB) und werden auf den jeweils vorgesehenen Anlagekonten gebucht. Die Anschaffungsnebenkosten sind nach Handelsrecht über die gesamte Dauer der Nutzung des Anlagegutes abzuschreiben.

Finanzierungsaufwendungen wie Zinsen, Diskont und Disagio können nicht als Anschaffungsnebenkosten berücksichtigt werden.

Anschaffungspreis	Listenpreis ohne Umsatzsteuer (Mit Umsatzsteuer nur, wenn kein Vorsteuerabzug vorgenommen werden darf.)
– Abzüge	Rabatte (auch Boni) Skonti Zuschüsse, Subventionen
+ Anschaffungsnebenkosten	Kosten für Vermittlung und Beurkundung Grunderwerbsteuer, Zölle Versicherung Transportkosten Fundamentierungs- und Montagekosten bei Maschinen
= Anschaffungskosten	

| Nr. 6 | Anlagegüter |

Beispiel: Kauf einer Maschine

Ein Unternehmen kauft eine Maschine zu einem Listenpreis von 200 000 DM zuzüglich 15% USt. Ein Rabatt von 10% wird gewährt. Der Spediteur verlangt für den Transport 4 000 DM +15% USt.

Die Zahlungsbedingungen des Lieferers lauten: Zahlung innerhalb von 3 Wochen, dann Skonto 2%.

So wird gebucht:

1) Kauf der Maschine

Maschinen	180 000 DM		
Vorsteuer	27 000 DM		
		an Verbindlichkeiten	207 000 DM

2) Speditionsrechnung

Maschinen	4 000 DM		
Vorsteuer	600 DM		
		an Bank	4 600 DM

3) Zahlung des Maschinenkaufs durch Banküberweisung

Verbindlichkeiten	207 000 DM		
		an Bank	202 860 DM
		Maschinen	3 600 DM
		Vorsteuer	540 DM

So sehen die Konten aus:

Maschinen				Verbindlichkeiten			
1) Verbindl.	180 000	3) Verbindl.	3 600	3) Bank, Masch.		1) Masch.,	
2) Bank	4 000			Vorsteuer	207 000	Vorst.	207 000

Vorsteuer				Bank			
1) Verbindl.	27 000	3) Verbindl.	540			2) Masch.,	
2) Vorsteuer	600					Vorst.	4 600
						3) Verb.	202 860

Verkauf von gebrauchten Anlagegütern

Die jährliche Abschreibung soll den Wertverlust des Anlagegutes erfassen. Beim Ausscheiden des Anlagegutes aus dem Unternehmen, sei es Verkauf oder Verschrottung, entscheidet sich, inwieweit die Abschreibung und der daraus resultierende Buchwert realistisch sind.

Anlagegüter | Nr. 6

Folgende Fälle sind möglich:

- Nettoverkaufspreis und Buchwert stimmen überein
- Nettoverkaufspreis übersteigt den Buchwert
- Nettoverkaufspreis ist niedriger als der Buchwert

Beispiel: Verkauf eines Lkw

Ein Unternehmen hat einen Lkw für 90 000 DM erworben. Bei einer geschätzten Nutzungsdauer von 6 Jahren sind jährlich 15 000 DM abzuschreiben. Der Buchwert beträgt nach 4 Jahren 30 000 DM.

1. Fall: Verkaufspreis entspricht dem Buchwert

Angenommen, der Lkw wird zu 34 500 DM einschließlich 15% USt verkauft. 34 500 DM (115%) entspricht einem Verkaufspreis (netto) von 30 000 DM.

So wird gebucht:

Bank	34 500 DM		
		an Fuhrpark	30 000 DM
		USt	4 500 DM

Das Konto „Fuhrpark" ist jetzt ausgeglichen.

2. Fall: Verkaufspreis ist höher als der Buchwert

In diesem Fall wird der Lkw für 42 550 DM veräußert. Beim Verkauf entsteht ein *außerordentlicher Ertrag*.

Restbuchwert des Lkw	30 000 DM
Verkauf des Lkw	37 000 DM
+ Umsatzsteuer 15%	5 550 DM
Nettoverkaufswert	37 000 DM
− Buchwert	30 000 DM
außerordentlicher Ertrag	7 000 DM

So wird gebucht:

Bank	42 550 DM		
		an Fuhrpark	30 000 DM
		Erträge aus Vermögensabgängen	7 000 DM
		USt	5 550 DM

Nr. 6	Anlagegüter

3. Fall: Verkaufspreis ist niedriger als der Buchwert

Der Lkw wird zum Preis von 28 750 DM verkauft, was einem Verkaufspreis (netto) von 25 000 DM entspricht. Der Verkaufspreis (netto) liegt unter dem Buchwert, wodurch ein *außerordentlicher Aufwand* entsteht.

Buchwert	30 000 DM
– Nettoverkaufswert	25 000 DM
= *außerordentlicher Aufwand*	*5 000 DM*

So wird gebucht:

Bank	28 750 DM		
Verluste aus Vermögensabgängen	5 000 DM		
		an Fuhrpark	30 000 DM
		USt	3 750 DM

Bei der Verwendung von EDV-Programmen oder zur einfacheren Umsatzsteuerverprobung ist in allen Fällen anders zu buchen. Der Erlös aus dem Verkauf von Anlagegütern wird auf ein separates Erlöskonto gebucht. In einer zweiten Buchung wird das Wirtschaftsgut ausgebucht. Der daraus resultierende außerordentliche Ertrag oder Verlust ist nicht mehr auf einem Konto zu erkennen. Für das vorstehende Beispiel ergeben sich folgende Buchungen.

So wird gebucht:

Bank	28 750 DM		
		an Erlöse aus Anlagenverkauf	25 000 DM
		USt	3 750 DM
Anlagenabgang (bei Buchverlust)	30 000 DM		
		an Fuhrpark	30 000 DM

So sehen die Konten aus:

```
            Fuhrpark                          Anlagenabgang (bei Buchverlust)
EB     30 000 | Anlagen-                Fuhrpark   30 000 |
               | abgang    30 000
       30 000 |            30 000
       ══════              ══════
            Bank                              Erlöse aus Anlagenverkauf
Erlöse aus                                              | Bank      25 000
Anlagenverkauf
+ USt    28 750 |
            Umsatzsteuer
              | Bank        3 750
```

Anlagen im Bau | Nr. 7

Anlagen im Bau

Anschaffungsaufwendungen für Investitionen, die am Bilanzstichtag noch nicht fertiggestellt sind, werden auf dem Konto „Anlagen im Bau" erfaßt.

Anlagen im Bau sind Gebäude, sonstige Bauten, Maschinen, Transportanlagen und andere Anlagegüter, deren Herstellung noch nicht beendet ist. Es ist unerheblich, ob die Herstellung durch das eigene oder fremde Unternehmen erfolgt. Alle entstehenden Aufwendungen werden gesondert auf dem Konto „Anlagen im Bau" erfaßt und aktiviert (z. B. Konto 095 im IKR). Damit wird auch deutlich, daß die Anlagen im Bau nicht der Abschreibung unterliegen.

Ist die Anlage fertiggestellt, werden die auf das Konto „Anlagen im Bau" übertragenen Aufwendungen auf das entsprechende Anlagekonto umgebucht. Das betreffende Anlagekonto zeigt die Herstellkosten des neuen Wirtschaftsguts. Die Herstellkosten sind die Bemessungsgrundlage für die Abschreibung (AfA).

Beispiel: Fremderstellung eines Betriebsgebäudes

Ein Unternehmen läßt eine Produktionshalle von fremden Firmen erstellen. Es sind bereits Aufwendungen in Höhe von 240 000 DM zuzüglich 15% = 36 000 DM angefallen, die mit Banküberweisungen ohne Inanspruchnahme von Skonto beglichen wurden.

So wird gebucht:

Buchung während des Jahres

Anlagen im Bau	240 000 DM		
Vorsteuer	36 000 DM		
		an Bank	276 000 DM

Weitere Kosten von 550 000 DM zuzüglich 15% = 82 500 DM sind im Jahr der Fertigstellung entstanden.

Buchung im Jahr der Fertigstellung

Anlagen im Bau	550 000 DM		
Vorsteuer	82 500 DM		
		an Verbindlichkeiten	632 500 DM

Nr. 7	**Anlagen im Bau**

Nach Fertigstellung der Anlage werden die angefallenen Aufwendungen im Konto „Anlagen im Bau" auf das jeweils in Frage kommende Anlagekonto übertragen, z. B. Gebäude. Der Zeitpunkt der Fertigstellung ist maßgebend für den Beginn der Abschreibung (AfA).

Umbuchung bei Fertigstellung

Grundstücke
und Gebäude   790 000 DM
                    an Anlagen im Bau   790 000 DM

So sehen die Konten aus:

```
         Anlagen im Bau                          Bank
Bank   240 000 | Grundst. +              Anlagen+
Verb.  550 000 | Gebäude   790 000       Vorst.       276 000
       790 000 |           790 000

           Vorsteuer                     Verbindlichkeiten
Bank    36 000 |                         Anlagen i. Bau
Verb.   82 500 |                         + Vorst.      632 500

       Grundstücke und Gebäude
Anlagen
im Bau 790 000 |
```

Anzahlungen auf Anlagen

Geleistete Anzahlungen auf Anlagen sind vertragsmäßige Vorausleistungen. Solche Vorschußzahlungen sind häufig bei:

- Bauvorhaben, infolge der langen Realisierungsphase
- Anlagegüter, die eine Sonder- oder Spezialanfertigung erfordern
- Anlagegüter aus dem Ausland

Geleistete Anzahlungen liegen vor, sobald der Auszahlungsbetrag nicht mehr im Vermögen des Abnehmers ist, z. B. Belastung des Bankkontos. Anzahlungen auf Anlagen werden wie „Anlagen im Bau" gesondert geführt und in der Bilanz nach § 266 Abs. 2 HGB im Sachvermögen ausgewiesen (z. B. IKR Konto 090 „Geleistete Anzahlungen auf Sachanlagen"). Liegen Rechnungen mit aufgeführtem Ausweis der Umsatzsteuer vor und wurde bereits bezahlt, dann kann die USt als Vorsteuer verrechnet werden.

Das Konto „Anzahlungen auf Anlagen" wird über das Schlußbilanzkonto abgeschlossen, wenn das Anlagegut am Bilanzstichtag noch nicht im Unternehmen ist. Die *Umbuchung* auf das betreffende Anlagekonto erfolgt, wenn das Anlagegut geliefert wird.

Anlagen im Bau — Nr. 7

Beispiel: Kauf einer anzufertigenden Spezialmaschine

Kauf einer für das Unternehmen anzufertigenden Spezialmaschine zu einem Preis von 300 000 DM zuzüglich 15% USt. Ein Drittel des Kaufpreises (netto) ist bei der Auftragserteilung fällig, der Rest bei Auslieferung.

So wird gebucht:

Buchung der Anzahlung mit Bankscheck

Anzahlungen auf Sachanlagen	100 000 DM		
	an Bank		100 000 DM

Buchung bei Lieferung und Restzahlung

Maschinen	300 000 DM		
Vorsteuer	45 000 DM		
	an Anzahlungen auf Sachanlagen		100 000 DM
	Bank		245 000 DM

So sehen die Konten aus:

```
     Geleist. Anzahlungen auf Sachanl.              Bank
Bank    100 000 | Maschinen   100 000       Anzahlung Masch.   100 000
                                             + Vorst.           245 000

              Maschinen                            Vorsteuer
Anzahlung  100 000 |                        Bank   45 000 |
Bank       200 000 |
```

Praxis-Tip

Geleistete Anzahlungen sind wie Forderungen zu bewerten. Der gezahlte Betrag gilt, solange mit einer planmäßigen Abwicklung des Auftrags zu rechnen ist. In Sonderfällen können aber erhöhte Abschreibungen vorgenommen werden für:

- Wirtschaftsgüter, die dem Umweltschutz dienen § 7 d EStG
- Wirtschaftsgüter, die der Forschung und Entwicklung dienen
- Abnutzbare Wirtschaftsgüter des Anlagevermögens privater Krankenhäuser § 7 f EStG
- Bewegliche Wirtschaftsgüter des Anlagevermögens von kleinen und mittleren Betrieben § 7 g EStG

Nr. 7	Anlagen im Bau

Selbsterstellte Anlagen sind aktivierbare Eigenleistungen

Industriebetriebe sind oft in der Lage, Anlagen in *Eigenleistung* zu errichten, die für das Unternehmen selbst und nicht für den Verkauf bestimmt sind. Die aufgewendeten Materialien und Löhne sind Herstellungskosten. Den Aufwandskonten steht ein Vermögenszuwachs gegenüber.

Die buchhalterische Erfassung erfolgt einmal auf dem jeweiligen *Anlagenkonto*. Den angefallenen Herstellkosten steht ein Ertrag gegenüber, der auf dem Konto „Selbsterstellte Anlagen" oder „Innerbetriebliche Leistungen" erfaßt wird. Der IKR spricht von aktivierten Eigenleistungen.

Beispiel:	Herstellung eines Förderbandes

Ein Industrieunternehmen stellt in Eigenleistung ein Förderband her. Die Herstellkosten betragen 170 000 DM.

So wird gebucht:

Buchung der anfallenden Herstellkosten

Aufwandskonten   170 000 DM
                         an Verbindlichkeiten
                         bzw. Zahlungskonto 170 000 DM

Buchung der Aktivierung der Eigenleistung

Technische Anlagen   170 000 DM
                         an Aktivierte
                         Eigenleistungen   170 000 DM

Das Konto „Aktivierte Eigenleistungen" wird über das Gewinn- und Verlustkonto abgeschlossen.

Praxis-Tip

Aktivierungspflichtige innerbetriebliche Eigenleistungen liegen vor, sobald die Herstellkosten über 800 DM (netto) liegen und ein selbständiges Wirtschaftsgut mit einer Nutzungsdauer von über einem Jahr vorliegt. Auch werterhöhende Instandhaltungsarbeiten sind zu aktivieren.

Nicht aktivierungspflichtige innerbetriebliche Eigenleistungen sind Reparaturen der eigenen Handwerker an Maschinen oder am Gebäude.

Anlagenrechnung

Die Anlagenrechnung oder Anlagenbuchhaltung informiert über den Bestand, den Zugang und den Abgang einzelner Wirtschaftsgüter sowie das gesamte Sachanlagevermögen. Aus der Anlagenbuchhaltung wird ferner die Höhe der Abschreibungen ermittelt. Das Anlagengitter wird aus der Anlagenkartei abgeleitet.

Die Anlagenbuchhaltung ist eine Nebenbuchhaltung, in der für die Hauptbuchhaltung folgende Anlagenkonten verwaltet werden:

- Grundstücke, Gebäude
- Technische Anlagen und Maschinen
- Fuhrpark
- Betriebs- und Geschäftsausstattung

Für jedes Anlagegut oder Gruppen von gleichartigen Gegenständen wird eine *Anlagenkarte* oder *Anlagendatei* geführt. Folgende Angaben werden meist erfaßt:

- Art des Gegenstands
- Fabrikat
- Hersteller
- Anschaffungs- bzw. Herstellungskosten
- Nutzungsdauer
- Abschreibungsmethode
- Abschreibungssatz
- Standort im Betrieb (Kostenstelle)

Aufgaben der Anlagenbuchhaltung

Die Anlagenrechnung ermittelt die *Abschreibungen:*

- bilanzielle Abschreibung für die Handelsbilanz
- Abschreibung für Abnutzung (AfA) für die Steuerbilanz
- kalkulatorische Abschreibung für die Kostenrechnung

Tochtergesellschaften ermitteln in der Regel selbständig die Höhe der Abschreibungen. Die anfallende Abschreibungssumme müssen sie aber der Anlagenrechnung der Muttergesellschaft melden, damit die aggregierte Abschreibungssumme für die konsolidierte Bilanz errechnet werden kann.

Die Anlagenbuchführung erfaßt die *Entwicklung* des Anlagevermögens:

- Bestand
- Zugang

Nr. 8	Anlagenrechnung

- Abgang
- Fortschreibung

Die aktivierten Ausgaben der Anlagegüter und die Höhe der selbsterstellten innerbetrieblichen Leistungen werden festgehalten.

Praxis-Tip

Eigentum wird rechtlich nach BGB durch Einigung, Übergabe und Zahlung des Kaufpreises erworben.

Wirtschaftlicher Eigentümer eines Wirtschaftsgutes ist derjenige, der das Wirtschaftsgut für eine bestimmte Zeit im Unternehmen nutzen kann. Der juristische Eigentümer – so oft beim Leasing – hat während dieser vertraglich vereinbarten Zeit keine Einwirkungsrechte auf das Wirtschaftsgut.

Der wirtschaftliche Eigentümer erfaßt die in Frage kommenden Anlagegüter in der Handelsbilanz und auch in der Steuerbilanz.

- Gegenstände, die zur Sicherung an die Bank übereignet worden sind, werden in der Bilanz des Sicherungsgebers (z. B. Industrieunternehmen) und nicht bei der Bank erfaßt.

- Die Bilanzierung von Leasinggegenständen hängt davon ab, ob der Leasingnehmer nach dem Vertrag wirtschaftlicher Eigentümer geworden ist. Wenn dies zu bejahen ist, dann erscheinen die Leasinggegenstände in der Bilanz des Leasingnehmers.

Die Anlagenrechnung hält auch die Höhe und den *Verlauf von laufenden Investitionen* fest (→**Anlagen im Bau**). Bei großen Unternehmen wird eine Gliederung der laufenden Investitionen nach Sparten und Projekten praktiziert. Die Anlagenrechnung verfolgt auch, inwieweit genehmigte Investitionsprojekte in der Durchführung die vorgeplante Höhe überschreiten. Nach Durchführung der Investition läßt sich exakt feststellen, inwieweit der Kostenvoranschlag über- oder gar unterschritten wurde.

Anlagengitter zeigt die Entwicklung des Anlagevermögens

Die Bilanz der Kapitalgesellschaft soll nach § 264 HGB dem außenstehenden Bilanzleser ein richtiges Bild der Vermögens-, Finanz- und Ertragslage der betreffenden Gesellschaft vermitteln. Die Bilanz zeigt den Stand des Anlagevermögens zu einem bestimmten Stichtag. Für den externen Bilanzanalytiker ist aber auch die *Entwicklung des Anlagevermögens* während der Geschäftsperiode wichtig.

| Anlagenrechnung | Nr. 8 |

Das *Anlagengitter* wird in § 268 Abs. 2 HGB definiert und gilt nur für Kapitalgesellschaften. Einzelkaufleute und Personengesellschaften brauchen kein Anlagengitter aufzustellen, es sei denn, sie fallen unter das Publizitätsgesetz (→**Publizitätspflichten**).

Praxis-Tip

Kapitalgesellschaften müssen die Entwicklung der einzelnen Posten des Anlagevermögens in der Bilanz oder im Anhang darstellen. Es besteht ein Ausweiswahlrecht.

Das Anlagengitter (früher Anlagenspiegel) geht von den Werten der Eröffnungsbilanz aus und zeigt die Veränderungen bis der Wert der Schlußbilanz erreicht wird. Umschichtungen im Anlagevermögen während der Geschäftsperiode werden ebenfalls gezeigt.

    Gesamte Anschaffungs- oder Herstellungskosten aller zu Beginn des Geschäftsjahres vorhandenen Vermögensgegenstände
+ Zugänge im Berichtsjahr
− Abgänge im Berichtsjahr
± Umbuchungen im Berichtsjahr
+ Zuschreibungen im Berichtsjahr
− Gesamte oder kumulierte Abschreibungen aller am Abschlußstichtag vorhandenen Vermögensgegenstände

= Buchwert in der Schlußbilanz.

Die ursprünglichen Anschaffungswerte bzw. Herstellungskosten werden im Anlagengitter ausgewiesen. Es sind alle im Unternehmen vorhandenen Vermögensgegenstände in dieser Summe enthalten, auch wenn sie bereits voll abgeschrieben sind. Die aufgelaufenen Abschreibungen (= kumulierte Abschreibungen) bilden den Gegenposten. Der Nettobuchwert am Jahresende ergibt sich, wenn von den ursprünglichen Anschaffungswerten bzw. Herstellungskosten die kumulierten Abschreibungen abgezogen werden.

Der Aufbau des Anlagengitters

Spalte	Bezeichnung	Erklärungen
0	Bilanzposition	Bilanzpositionen des Anlagevermögens, z. B. Gebäude, Maschinen
1	Anschaffungs- bzw- Herstellungskosten	Die zu Beginn des Berichtsjahres vorhandenen Anlagegüter werden in dieser Spalte ausgewiesen. Diese werden zu den ursprünglichen Anschaffungs- bzw. Herstellungskosten bewertet.

Nr. 8	Anlagenrechnung	

Spalte	Bezeichnung	Erklärungen
2	Zugänge	Zugänge während des Berichtsjahres sind in dieser Spalte auszuweisen. Dies gilt für angeschaffte und selbst hergestellte Wirtschaftsgüter. Die Investitionen sind zu den Anschaffungs- bzw. Herstellungskosten zu bewerten.
3	Abgänge	Die Abgänge während des Jahres – sei es Verkauf oder Verschrottung – sind zu den historischen Anschaffungs- bzw. Herstellungskosten anzusetzen.
4	Umbuchungen	Die Spalte „Umbuchungen" erfaßt Vermögensgegenstände, die von einer Bilanzposition auf eine andere Position übertragen werden, z. B. Anlagen im Bau werden fertiggestellt und der jeweiligen Bilanzposition zugeordnet.
5	Zuschreibungen	Werterhöhungen bei Bilanzansätzen im abgelaufenen Geschäftsjahr sind hier auszuweisen. Zuschreibungen sind das Gegenstück zu den Abschreibungen. Es handelt sich bei den Zuschreibungen um reine Werterhöhungen, realwirtschaftlich hat sich nichts geändert. Eine Werterhöhung liegt z. B. vor, wenn eine außerplanmäßige Abschreibung wieder rückgängig gemacht wird. Die Zuschreibungen werden im folgenden Jahr mit den Abschreibungen verrechnet, da im Anlagengitter keine Spalte „kumulierte Zuschreibungen" vorgesehen ist.
6	Kumulierte Abschreibungen	Die gesamten planmäßigen und außerplanmäßigen Abschreibungen sind hier auszuweisen: kumulierte Abschreibungen aus der Vorjahresbilanz + Abschreibungen im Berichtsjahr − kumulierte Abschreibungen von im Berichtsjahr ausgeschiedenen Vermögensgegenständen = kumulierte Abschreibungen des Berichtsjahres

Anlagenrechnung | **Nr. 8**

Spalte	Bezeichnung	Erklärungen
7	Abschreibungen	= Wertminderungen des laufenden Jahres/ Die Abschreibungen auf geringwertige Wirtschaftsgüter sind enthalten.
8	Buchwert des Geschäftsjahres	Der Buchwert am Ende des Geschäftsjahres, der auch in der Schlußbilanz steht, ergibt sich aus: Anschaffungs- oder Herstellkosten (Spalte 1) + Zugänge (Spalte 2) − Abgänge (Spalte 3) ± Umbuchungen (Spalte 4) − kumulierte Abschreibungen (Spalte 6) = Buchwert des Berichtsjahres
9	Buchwert Vorjahr	Buchwert des Vorjahres (entsprechender Wert der Spalte 8 des Vorjahres)

0	1	2	3	4	5	6	7	8	9
Anlagevermögen	Anschaffungs-/ Herstellungsk. +	Zugänge +	Abgänge −	Umbuchungen ±	Zuschreibungen +	kumulierte Abschr. −	Abschr. im lauf. Jahr −	Buchwert Jahresende +	Buchwert Vorjahr +
Techn. Anlagen Masch.	4 611	511	153	34	7	3 482	42	1 528	1 214

Angaben in Tausend DM

Die Position „Zugänge" wird im folgenden Jahr der Position „Anschaffungswert bzw. Herstellungskosten" hinzugerechnet. Die Position „kumulierte Abschreibungen" enthält bereits die Abschreibungen des Berichtsjahres. Scheidet ein Anlagegut aus dem Unternehmen aus, erscheint es mit seinem Anschaffungswert bzw. seinen Herstellungskosten in der Spalte „Abgänge". Die Abgänge sind im nächsten Jahr von der Spalte 1 „Anschaffungs- bzw. Herstellungskosten" abzuziehen.

| Nr. 8 | Anlagenrechnung |

Praxis-Tip

Kleine und mittlere Unternehmen erstellen das Anlagengitter meist aufgrund der Daten der Anlagenkartei. Größere Unternehmen fertigen das Anlagengitter oft anhand der Daten der Buchhaltung an. Dies setzt im Kontenplan bestimmte Konten voraus, insbesondere die Konten

- „kumulierte Abschreibungen"
- „Zugänge"
- „Abgänge"

Werden die Daten des Anlagengitters über die Buchhaltung gewonnen, sind bestimmte Vorgänge zuvor buchhalterisch zu erfassen.

So wird gebucht:

Anlagenzugang

Am Jahresanfang wird eine Maschine über 50 000 DM zuzüglich 15% MWSt gegen Bankscheck angeschafft.

Anlagenzugang	50 000 DM		
Vorsteuer	7 500 DM		
		an Bank	57 500 DM

Abschreibung eines Anlagenzuganges

Auf vorige Maschine erfolgt am Jahresende eine Abschreibung von 12,5%.

Abschreibungen	6 250 DM		
		an Abschreibung (kumuliert)	6 250 DM

Anlagenzugang auf Anlagenkonto umbuchen:

Der bereits dargestellte Anlagenzugang wird zu Beginn des neuen Jahres auf das in Frage kommende Anlagenkonto gebucht, und zwar mit den ursprünglichen Anschaffungs- bzw. Herstellungskosten.

Technische Anlagen und Maschinen	50 000 DM		
		an Anlagenzugang	50 000 DM

Anlagenabgang:

Ein Pkw mit einem ursprünglichen Anschaffungswert von 25 000 DM fällt aus und wird verschrottet. Der Pkw war bereits auf 5 000 DM abge-

Anlagenrechnung Nr. 8

schrieben. Es ist folglich eine außerplanmäßige Abschreibung von 5 000 DM vorzunehmen.

Außerplanmäßige Abschreibung auf Sachanlagen	5 000 DM	
	an Abschreibungen (kumuliert)	5 000 DM

Die Verschrottung führt zur endgültigen Ausbuchung des Pkw.

Abschreibung (kumuliert)	25 000 DM	
	an Anlagenabgang	25 000 DM

Zu Beginn des neuen Jahres wäre zu buchen:

Anlagenabgang	25 000 DM	
	an Fuhrpark	25 000 DM

Anlagen im Bau:

Eine Anlage im Bau über 40 000 DM wird erstmals erfaßt:

Anlagenzugang	40 000 DM	
	an Selbsterstellte Anlagen	40 000 DM

Wird der Zugang im nächsten Jahr aktiviert:

Anlagen im Bau	40 000 DM	
	an Anlagenzugang	40 000 DM

Praxis-Tip

Als externer Bilanzanalytiker können Sie aus dem Anlagengitter folgendes erfahren:

- Höhe der Investitionen im Berichtsjahr
  Die Höhe der Investitionen oder die mengenmäßige Veränderung ergibt sich aus der Differenz von Zugängen abzüglich Abgängen.
- Höhe der gesamten Abschreibungen („Abschreibungen kumuliert")
- Höhe des Nettobuchwertes am Bilanzstichtag

| Nr. 8 | Anlagenrechnung |

Planmäßige Abschreibungen erfassen die vorhersehbare Wertminderung bei den Gegenständen des Anlagevermögens, die eine begrenzte Lebensdauer aufweisen. Planmäßige Abschreibungen sind deshalb bei Grund und Boden nicht zulässig.

Die Anschaffungs- oder Herstellungskosten sind auf die Jahre der Nutzung zu verteilen. Die Absetzung für Abnutzung (AfA) des Steuerrechts entspricht der planmäßigen Abschreibung des Handelsrechts. Die AfA-Tabellen berücksichtigen bei der Festlegung der Nutzungsdauer die technische und wirtschaftliche Abnutzung.

Außerplanmäßige Abschreibungen kommen bei allen Vermögensgegenständen des Anlagevermögens in Betracht. Es können außerplanmäßige Abschreibungen vorgenommen werden, um Vermögensgegenstände auf den niedrigeren Wert abzuschreiben, der ihnen am Bilanzstichtag entspricht. Dieses Wahlrecht gibt es bei einer dauernden Wertminderung nicht, es besteht Abschreibungspflicht (§ 253 Abs. 2 Satz 3 HGB).

Das Steuerrecht kennt die Abschreibung für außergewöhnliche technische oder wirtschaftliche Abnutzung (§ 7 Abs. 1 EStG) und die Teilwertabschreibung (§ 6 Abs. 1 EStG). Sie entspricht der außergewöhnlichen Abschreibung des Handelsrechts.

Erhöhte Abschreibungen treten an die Stelle der planmäßigen Abschreibungen, sind also höher als die mindestens vorzunehmenden Absetzungen für Abnutzungen. *Sonderabschreibungen* werden dagegen zusätzlich zu den planmäßigen Abschreibungen vorgenommen. Erhöhte Absetzungen und Sonderabschreibungen führen bei den Gegenständen des Anlagevermögens in der Steuerbilanz zu niedrigeren Wertansätzen.

→ Abschreibungen
→ Abschreibungen auf Sachanlagen
→ Anhang
→ Anlagegüter, Kauf und Verkauf
→ Anlagen im Bau

→ Finanzbuchhaltung
→ Geringwertige Wirtschaftsgüter (GWG)
→ Handelsbilanz
→ Inventur und Inventar
→ Steuerbilanz

Aufbewahrungsfristen

Buchführungspflicht (§ 238 HGB) sowie Aufbewahrung der Buchungsunterlagen (§ 257 HGB) stehen in enger Verbindung. Gespeicherte Daten müssen jederzeit auf dem Bildschirm lesbar gemacht oder ausgedruckt werden können (→Computergestützte Buchführung).

Buchungsbelege sind wie Geschäftsbriefe sechs Jahre aufzubewahren. Das Inventar und die zu seinem Verständnis erforderlichen Unterlagen müssen zehn Jahre aufbewahrt werden. Eine Aufbewahrungsfrist von zehn Jahren gilt auch für Jahresabschlüsse, Lageberichte und die dazu notwendigen Unterlagen (§ 257 HGB).

Der Beleg bildet die Grundlage für die Buchführung, auf ihm erfolgt üblicherweise auch die Kontierung. Buchführungspflicht und die Aufbewahrungspflicht von Unterlagen aus der Buchhaltung und dem Geschäftsverkehr erfüllen rechtspolitische Zwecke. Diese Unterlagen haben Beweiskraft und erleichtern die Schlichtung von Konfliktfällen, wenn die Gerichte angerufen werden.

Die im folgenden aufgeführten Unterlagen brauchen nach Ablauf der Fristen nicht mehr aufbewahrt zu werden.

Es gibt aber folgende Ausnahmen:

- das Finanzamt hat eine Außenprüfung begonnen
- es liegt nur eine vorläufige Steuerfestsetzung vor
- es wurde mit steuer-, straf- oder bußgeldrechtlichen Ermittlungen begonnen
- der Steuerzahler benötigt die Unterlagen noch zur Absicherung einer Beweislage
- die Unterlagen sind für einen Antrag des Steuerzahlers noch wichtig
- andere Gründe.

Aufbewahrungsfristen von Unterlagen

Unterlagen mit einer Aufbewahrungsfrist von *6 Jahren*	Unterlagen mit einer Aufbewahrungsfrist von *10 Jahren*
Abrechnungsunterlagen Akkreditive Aktenvermerke Angebote Ausfuhrunterlagen	Anlagekartei Arbeitsanweisungen – für die EDV-Buchführung – Bilanzen

Nr. 9 Aufbewahrungsfristen

Unterlagen mit einer Aufbewahrungsfrist von *6 Jahren*	Unterlagen mit einer Aufbewahrungsfrist von *10 Jahren*
Ausgangsrechnungen BAB Bankbelege Bankbürgschaften Beitragsabrechnung zur Sozialversicherung Betriebsübersicht – kein Bilanzersatz – Bewertungsunterlagen Bewirtungsunterlagen Buchungsbelege Depotauszüge Eingangsrechnungen Essensmarkenabrechnungen Fahrtkostenunterlagen Fahrtberichte Gehaltslisten Geschäftsbriefe Geschenknachweise Grundbuchauszüge Gutschriftanzeigen Handelsbriefe Handelsregisterauszüge Kalkulationsunterlagen Kassenberichte Kontoauszüge Kreditunterlagen Lagerbuchführungsunterlagen Lieferscheine Lohnbelege Mahnbescheide Quittungen Rechnungen Reisekostenabrechnungen Registrierkassenstreifen Schriftverkehr Telefonkostennachweise Versandunterlagen Verträge Zahlungsanweisungen Zollbelege	Datenträger – für Bilanz – Debitorenliste – falls Bilanzunterlage – Depotauszüge – wenn Inventarunterlage – Eröffnungsbilanz Gewinn- und Verlustrechnung Inventar Jahresabschluß Handelsbücher Kontenpläne Konzernabschluß Konzernberichte Lagebericht Organisationsunterlagen für EDV-Buchführung Rechnungen – bei Offene-Posten-Buchhaltung – Sachkonten Verbindlichkeiten (Zusammenfassung)

Bestandskonten

Die Bilanz zeigt auf der linken Seite die Vermögensposten (= Aktiva) und auf der rechten Seite das Kapital (= Passiva). Die Aktivkonten auf der Sollseite der Bilanz und die Passivkonten auf der Passivseite der Bilanz werden als Bestandskonten bezeichnet, weil sie Bestände ausweisen. Erfolgswirksame Geschäftsvorgänge verändern das Eigenkapital. Aufwendungen wie Personalkosten vermindern das Eigenkapital, Erträge vermehren es.

Eröffnung und Abschluß der Bestandskonten

Die Eröffnungsbilanz steht am Beginn eines Geschäftsjahres. Die Bilanz wird in Konten aufgelöst und für jeden Bilanzposten ein entsprechendes *Konto* eingerichtet. Die Buchhaltung erfaßt alle Veränderungen der Bestände während eines Geschäftsjahres auf den Konten.

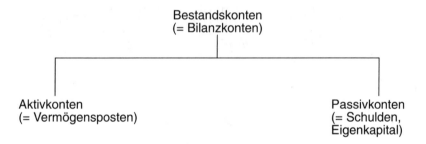

Die *Aktivkonten* werden von der Aktivseite der Bilanz abgeleitet. Zugänge vermehren die Anfangsbestände und werden auf der Sollseite erfaßt. Abgänge verringern die Anfangsbestände und erscheinen auf der Habenseite.

Die *Passivkonten* werden von der Passivseite der Bilanz aus eröffnet. Zugänge sind im Haben zu berücksichtigen, Abgänge im Soll.

Aktiv- und Passivkonten sind Bestandskonten, die von den Anfangsbeständen der Eröffnungsbilanz abgeleitet werden.

Die Geschäftsvorfälle werden auf den Konten gebucht. Am Ende der Periode werden die Konten abgeschlossen, d. h. der Saldo jedes Kontos ermittelt.

Nr. 10 Bestandskonten

Aktiva	Eröffnungsbilanz		Passiva
Geschäftsausst.	20 000	Eigenkapital	120 000
Waren	120 000	Darlehensschulden	40 000
Forderungen	35 000	Verbindlichkeiten	30 000
Bank	15 000		
	190 000		190 000

Aktivkonten   **Passivkonten**

S	Geschäftsausstatt.		H	S	Eigenkapital		H
AB	20 000	SB	*25 000*	SB	*120 000*	AB	*120 000*
Bank	5 000						
	25 000		25 000				

S	Waren		H	S	Darlehensschulden		H
AB	120 000	Ford.	5 000	SB	*40 000*	AB	*40 000*
Verb.	10 000	SB	*125 000*				
	130 000		130 000				

S	Forderungen		H	S	Verbindlichkeiten		H
AB	35 000	SB	*40 000*	SB	*40 000*	AB	30 000
Waren	5 000					Waren	10 000
	40 000		*40 000*		40 000		40 000

S	Bank		H
AB	15 000	Gesch.	5 000
		SB	*10 000*
	15 000		15 000

Aktiva	Schlußbilanz		Passiva
Geschäftsausstattung	25 000	Eigenkapital	120 000
Waren	125 000	Darlehensschulden	40 000
Forderungen	40 000	Verbindlichkeiten	40 000
Bank	10 000		
	200 000		200 000

Die Endbestände der Vermögens- und Kapitalkonten werden in die Schlußbilanz übertragen. Die Vermögenskonten erscheinen auf der Sollseite, die Endbestände der Schulden und des Eigenkapitals auf der Habenseite. Die Summen von Aktiv- und Passivseite der Schlußbilanz sind gleich.

Betriebsübersicht

Die Betriebsübersicht, auch als Hauptabschlußübersicht oder Abschlußtabelle bezeichnet, ermöglicht eine zusammenfassende Übersicht über den Vermögens- und Kapitalaufbau sowie die Aufwendungen und Erträge der zurückliegenden Geschäftsperiode. **Sie zeigt auf einem Blatt in tabellarischer Übersicht das gesamte Zahlenwerk eines Buchführungsabschnittes der doppelten kaufmännischen Buchführung.**

Betriebsübersicht eine andere Form des Abschlusses

Die Betriebsübersicht ist eine andere Form des Abschlusses und ermöglicht die Ermittlung des Geschäftserfolges außerhalb der Konten. Diese geben lediglich die Umsatzzahlen an und bleiben frei von Abschlußbuchungen, wodurch auf den bereits vorhandenen Konten weiter gebucht werden kann.

Die Betriebsübersicht kann mehrere Aufgaben erfüllen:

- Gewinnermittlung während des Geschäftsjahres

  Die Geschäftsleitung kann mit Hilfe der Betriebsübersicht mehrmals im Jahr *Zwischenabschlüsse* oder *regelmäßige Monatsabschlüsse* erstellen lassen. Die Betriebsübersicht gewährt einen schnellen Einblick in die geschäftliche Entwicklung, wobei keine umfangreichen Abschlußarbeiten vorgenommen werden müssen.

- Fehlerkontrolle

  Vor dem Abschluß der Konten kann sie als *Hauptabschlußübersicht* bestimmte Buchungsfehler aufdecken. Sie überprüft als *Probeabschluß* Fehler in der Buchhaltung.

- Vorbereitung des Jahresabschlusses

  Die Betriebsübersicht hilft ferner den Jahresabschluß vorzubereiten. Im Rahmen der *Bilanzpolitik* können mit der Hauptabschlußübersicht als Probeabschluß alternative Gewinnausweisstrategien aufgezeigt werden. Die vom Gesetzgeber erlaubten Bewertungsspielräume können aufgezeigt werden. Die Unternehmensleitung kann dann entscheiden, welche Alternative beim endgültigen Jahresabschluß ihren Zielen am besten entspricht.

| Nr. 11 | Betriebsübersicht |

Aufbau der Betriebsübersicht

Die Betriebsübersicht ist eine tabellarische Darstellung des Abschlusses in Form von Spaltenpaaren. Senkrecht stehen die Konten (Grundstücke, Maschinen, Warenverbindlichkeiten usw.), waagrecht sind Summenbilanz, Saldenbilanz etc. aufgeführt. Alle Konten, auf denen in der Geschäftsperiode Buchungen erfolgten, sind in der Betriebsübersicht auszuweisen. Die Konten der Eröffnungsbilanz und der Erfolgsrechnung sind zu berücksichtigen.

Die acht- und die sechsspaltige Betriebsübersicht sind zu unterscheiden. Bei der achtspaltigen Betriebsübersicht kommen die Spalten „Eröffnungsbilanz" und „Umsätze" vor der Spalte „Summenbilanz".

Struktur der achtspaltigen Betriebsübersicht

Vorspalte	Konten	
Spalte 1	*Eröffnungsbilanz*	Die Werte der Eröffnungsbilanz sind hier einzutragen. Summe der Aktivseite muß gleich der der Passivseite sein.
Spalte 2	*Umsätze*	Diese Spalte zeigt alle Soll- und Habenumsätze auf den einzelnen Konten in der betreffenden Periode.
Spalte 3	*Summenbilanz*	Zusammenfassung der Zahlen von Spalte 1 und Spalte 3.
Spalte 4	*Saldenbilanz I*	Der Saldo von Soll- und Habenseite ist zu bilden.
Spalte 5	*Umbuchungen*	Die Durchführung der vorbereitenden Abschlußbuchungen erfolgt in dieser Spalte.
Spalte 6	*Saldenbilanz II*	Die Berücksichtigung der Umbuchungen führt zur Saldenbilanz II.
Spalte 7	*Schlußbilanz (Inventurbilanz)*	Die Schlußbilanz wird aus der Saldenbilanz II abgeleitet (Ausnahme Eigenkapitalkonto).
Spalte 8	*Gewinn- und Verlustrechnung*	Übernahme der Aufwendungen und Erträge aus der Saldenbilanz II.

Betriebsübersicht | Nr. 11

Abschluß in der Betriebsübersicht

Summenbilanz

Die sechsspaltige Betriebsübersicht beginnt mit der Spalte „Summenbilanz". Die Soll- und Habensummen der Bestands- und Erfolgskonten werden im Grundbuch ermittelt und in die Summenbilanz übertragen. Die Summenbilanz ist die erste Spalte in der sechsspaltigen Betriebsübersicht.

Saldenbilanz I

Die Saldenbilanz I entwickelt sich aus der Summenbilanz. Sie übernimmt die Beträge, die sich aus der Saldierung der einzelnen Konten der Summenbilanz ergeben. Die Addition der einzelnen Beträge der Saldenbilanz muß zu gleichgroßen Summen im Soll und Haben führen.

Umbuchungen

Die Spalte „Umbuchungen" erfaßt die *vorbereitenden Abschlußbuchungen:*

- Berücksichtigung von Bestandsveränderungen an unfertigen und fertigen Erzeugnissen im Industriebetrieb
- Umbuchung des Wareneinsatzes im Handel
- Differenzen zwischen Istbestand der Inventur und dem Buchbestand über das Konto „Bestandsdifferenzen" ausbuchen
- Verbuchung der Abschreibungen. Die planmäßigen und außerplanmäßigen Abschreibungen auf Anlagen und Forderungen sind durchzuführen.
- Bezugskosten, Erlösberichtigungen sowie Nachlässe sind Unterkonten, die über die jeweiligen Hauptkonten abzuschließen sind.
- Zeitliche Abgrenzungen vornehmen
- Rückstellungen buchen
- Konto „Vorsteuer" auf Konto „Umsatzsteuer" übertragen
- Privateinlagen bzw. -entnahmen verbuchen
Die Einlagen und Entnahmen des Unternehmers oder der Gesellschafter einer OHG und KG sind über das Konto „Eigenkapital" abzurechnen.

Saldenbilanz II

Die Zahlen der Saldenbilanz II werden aus den Zahlen der Saldenbilanz I unter Berücksichtigung der in der Umbuchungsspalte vorgenommenen Umbuchungen ermittelt.

| Nr. 11 | Betriebsübersicht |

Schlußbilanz

Die Schlußbilanz oder Inventurbilanz übernimmt aus der Saldenbilanz II die endgültigen Bilanzwerte der Bestandskonten. Die Summen der Aktiva und Passiva stimmen noch nicht, da die Veränderungen des Eigenkapitalkontos noch nicht berücksichtigt sind.

Erfolgsrechnung (= G+V-Rechnung)

Die Erfolgsrechnung entsteht aus der Saldenbilanz II und ermittelt die Differenz zwischen Aufwand und Ertrag. Die Aufwendungen führen zu Kapitalminderungen und stehen links, rechts stehen die Erträge (Kapitalmehrungen). Der Saldo der beiden Seiten ist der Reingewinn bzw. Reinverlust.

Ermittlung des Endkapitals

Anfangskapital	DM
− Privatentnahmen (bzw. + Privateinlagen)	DM
	DM
+ Reingewinn (bzw. -Reinverlust)	DM
Endkapital	DM

Der Unternehmensgewinn wird in der Schlußbilanz als Saldo von Aktiva und Passiva und in der Erfolgsrechnung als Saldo von Aufwendungen und Erträgen ermittelt.

| Beispiel: | Betriebsübersicht |

Zuerst sind die Endbeträge vom Hauptbuch (kursiv dargestellt) in die Summenbilanz zu übertragen. Danach sind die Sollposten und Habenposten der Summenbilanz zu addieren. Saldenbilanz I ist dann zu ermitteln.

Folgende vorbereitenden Abschlußbuchungen sind durchzuführen:

- Abschreibungen auf Maschinen 10% vom Anschaffungswert 400 000 DM
- Abschluß des Privatkontos
- Ermittlung der Umsatzsteuerzahllast

Sie können dann die Saldenbilanz II ermitteln, die die Vorstufe für die Schlußbilanz und die Erfolgsbilanz ist. Am Ende steht die Ermittlung des Eigenkapitals.

Betriebsübersicht Nr. 11

```
S           Maschinen              H    S          Eigenkapital           H
EB         300 000                                              EB      370 000

           300 000                                                      370 000


S          Verbindlichk.           H    S           Rohstoffe            H
                       EB        80 000  EB       30 000  Rohstk.     30 000
                       Rohst.            Verb.    10 000
                       Vorst.    11 400
                                 91 400           40 000              30 000


S            Privat                H    S         Rohstoffkosten         H
Ba.         2 000                       Rohst.    30 000

            2 000                                 30 000


S          Verkaufserlöse          H    S         Abschreibungen         H
                       Fo.      140 000

                                140 000


S            Bank                  H    S          Forderungen           H
EB        50 000   Fertl.       40 000  EB        70 000   BA         4 000
Fo.        4 000   Priv.         2 000  Vk. +
                                        MwSt.    159 600
          54 000                42 000           229 600              4 000


S          Vorsteuer               H    S          Umsatzsteuer          H
Verb.      1 400                                            Fo.      19 600

           1 400                                                     19 600


S         Fertigungslöhne          H
Ba.       40 000

          40 000
```

Nr. 11 Betriebsübersicht

Konten	Summenbilanz S	H	Saldenbilanz S	H	Vorber. Abschlußbuchung S	H	Saldenbilanz II S	H	Schlußbilanz S	H	G+V Rechnung S	H
Maschinen	300 000		300 000			40 000	260 000		260 000			
Eigenkapital		370 000		370 000	2 000			368 000		368 000		
Bank	54 000	42 000	12 000				12 000		12 000			
Forderungen	229 600	4 000	225 600				225 600		225 600			
Verbindlichkeiten		91 400		91 400				91 400		91 400		
Rohstoffe	40 000	30 000	10 000				10 000		10 000			
Vorsteuer	1 400		1 400			1 400						
Umsatzsteuer		19 600		19 600	1 400			18 200		18 200		
Privat	2 000		2 000			2 000						
Rohstoffkosten	30 000		30 000				30 000				30 000	
Fertigungslöhne	40 000		40 000				40 000				40 000	
Abschreibungen					40 000		40 000				40 000	
Verkaufserlöse		140 000		140 000				140 000				140 000
	697 000	697 000	621 000	621 000	43 400	43 400	617 600	617 600	507 600	477 600	110 000	140 000
Betriebsergebnis										30 000	30 000	
									507 600	507 600	140 000	140 000

Ermittlung des Endkapitals

Anfangskapital	370 000 DM
− Privatentnahmen	2 000 DM
	368 000 DM
+ Betriebsergebnis	30 000 DM
Endkapital	398 000 DM

Bewertung

Durch eine Bewertung werden Vermögensteile und Schulden mit Geldwerten beziffert. Anschaffungswert bzw. Herstellungskosten sowie Börsen- und Marktpreis sind Wertansätze im Handelsrecht. Niederstwertprinzip für Aktiva und das Höchstwertprinzip für Passiva dienen dem Gläubigerschutz. Bilanzierungs- und Bewertungswahlrechte ermöglichen eine gezielte Bilanzpolitik. Die Bewertungsspielräume sind in der Handelsbilanz erheblich größer als in der Steuerbilanz (→Handelsbilanz, →Steuerbilanz).

Bewertung im Handelsrecht

§ 253 HGB nennt für das Vermögen und die Schulden folgende Wertansätze:

- **Anlagevermögen**

  Vermögensgegenstände des Anlagevermögens sind zum *Anschaffungswert* oder zu den *Herstellungskosten,* vermindert um Abschreibungen, zu bewerten. Der Anschaffungswert ergibt sich aus Anschaffungspreis zuzüglich Anschaffungsnebenkosten (Frachten, Provisionen, Montagekosten) vermindert um die Anschaffungspreisminderung von Rabatt und Skonto (→**Anlagegüter, Kauf und Verkauf**).

  Vom Unternehmen selbst erstellte Anlagen sind zu den Herstellungskosten zu bewerten (→**Anlagen im Bau**).

- **Umlaufvermögen**

  Vermögensgegenstände des Umlaufvermögens sind zu bewerten:

  Anschaffungswert oder *Herstellungskosten* und *Börsen-* oder *Marktpreis* (→**Handelsbilanz**). Der Börsenpreis oder Marktpreis würde beim Verkauf an der Börse oder auf dem Markt an einem bestimmten Tag erzielt. Man spricht deshalb auch vom Tageswert. Börsen- und Marktpreis besitzen eine hohe Objektivität.

- **Verbindlichkeiten**

  Verbindlichkeiten sind zu ihrem Rückzahlungsbetrag anzusetzen (→**Handelsbilanz**). Auch drohende Verluste und ungewisse Verbindlichkeiten (Rückstellungen) sind auszuweisen (→**Rückstellungen**).

| Nr. 12 | Bewertung |

Gemildertes Niederstwertprinzip beim Anlagevermögen

Das Anlagevermögen beinhaltet nur Wirtschaftsgüter, die auf Dauer dem Unternehmen dienen sollen und nicht zum Verkauf bestimmt sind. Es sind dies Grundstücke, Gebäude, Maschinen und Finanzanlagen.

Das gemilderte Niederstwertprinzip läßt ein Wahlrecht zu, wenn die Wertminderung nur vorübergehend ist.

Abnutzbare und nicht abnutzbare Wirtschaftsgüter des Anlagevermögens sind zu bilanzieren, wobei zur Auswahl stehen:

- Anschaffungs- oder Herstellungskosten vermindert um Abschreibungen ergeben die *fortgeführten Anschaffungs- oder Herstellkosten*
- *Tageswert* (Börsen- oder Marktpreis)

1. Fall: Fortgeführte Anschaffungs- bzw. Herstellkosten sind niedriger als der Tageswert

Der Bilanzierende hat *keine Wahlmöglichkeit;* die fortgeführten Anschaffungs- bzw. Herstellungskosten sind die absolute Obergrenze.

2. Fall: Fortgeführte Anschaffungs- bzw. Herstellungskosten sind höher als der Tageswert

Der Bilanzierende hat nach dem gemilderten Niederstwertprinzip ein *Bewertungswahlrecht.* Er kann die fortgeführten Anschaffungs- bzw. Herstellungskosten beibehalten oder eine außerplanmäßige Abschreibung auf den niedrigeren Tageswert vornehmen.

Das dargestellte Bewertungswahlrecht hat der Bilanzierende aber nicht immer. Es gibt zwei Ausnahmen:

1) Der niedrigere Tageswert ist *längerfristig* niedrig, dann muß dieser Wertansatz genommen werden.
2) Der Bilanzierende ist eine *Kapitalgesellschaft,* dann ist an den fortgeführten Anschaffungs- bzw. Herstellungskosten festzuhalten, wenn der Tageswert vorübergehend unter den Anschaffungs- oder Herstellungskosten liegt. Hiervon ausgenommen sind lediglich Finanzanlagen und Wertpapiere des Anlagevermögens.

Kapitalgesellschaften werden hier nicht gleich behandelt wie alle übrigen Kaufleute, denen der Gesetzgeber die Bildung von stillen Reserven durch Bewertungswahlrechte zuläßt. Kapitalgesellschaften ist in der Bilanzpolitik auch untersagt, nach § 279 Abs. 1 HGB den „niedrigeren Wert nach vernünftiger kaufmännischer Beurteilung" zu wählen (→**Personengesellschaften: Rechnungslegung und Gewinnverwendung**).

Bewertung | **Nr. 12**

Für Kapitalgesellschaften besteht auch ein grundsätzliches *Wertaufholungsgebot* nach § 280 Abs. 1 HGB. Es besagt, daß außerplanmäßige Abschreibungen von Gegenständen des Anlagevermögens bzw. Gegenständen des Umlaufvermögens zu einem früheren Bilanzstichtag nicht beibehalten werden dürfen, wenn die Gründe für die Abschreibungen nicht mehr bestehen. Dies ist z. B. der Fall, wenn eine Forderung an einen Kunden wegen dessen Liquiditätsschwierigkeiten abgeschrieben worden ist und er durch Aufnahme eines neuen Gesellschafters in die Lage versetzt wird, seine Verpflichtungen in vollem Umfang zu erfüllen.

Strenges Niederstwertprinzip beim Umlaufvermögen

Liegen mehrere mögliche Wertansätze am Bilanzstichtag vor, dann ist der niedrigste anzusetzen. Das strenge Niederstwertprinzip wird in der Handelsbilanz und in der Steuerbilanz beim Umlaufvermögen angewendet. Stehen die Wertansätze Anschaffungskosten und Tageswert am Bilanzstichtag zur Auswahl, dann ist stets der niedrigere von beiden anzusetzen. Es besteht kein Wahlrecht.

Beispiel: Bewertung von Wertpapieren

Ein Unternehmen hat zur vorübergehenden Geldanlage Aktien zum Kurs von 500% für insgesamt 1 Mio DM gekauft. Anschaffungsnebenkosten in Höhe von 1 000 DM sind angefallen. Der Tageswert der Wertpapiere beträgt am Bilanzstichtag 1,2 Mio DM.

Der Wertpapierbestand ist am Bilanzstichtag zu den Anschaffungskosten zuzüglich den Anschaffungsnebenkosten zu bilanzieren, also 1 001 000 DM.

Praxis-Tip

Die *Anschaffungskosten* (zuzüglich Anschaffungsnebenkosten) dürfen somit nie überschritten werden, wodurch der *Ausweis von Buchgewinnen* vermieden wird.

Bei den Wirtschaftsgütern des Umlaufvermögens gilt das strenge Niederstwertprinzip. Hat der zu bewertende Vermögensgegenstand am Bilanzstichtag einen Börsen- oder Marktpreis und einen fortgeführten Anschaffungswert, dann muß zwingend der niedrigere der beiden Wertansätze genommen werden.

| Nr. 12 | Bewertung |

> **Beispiel:** Anwendung des strengen Niederstwertprinzips

	1. Fall	2. Fall
Anschaffungs- bzw. Herstellungskosten	8 000 DM	7 000 DM
Börsen- oder Marktpreis	9 000 DM	5 000 DM
Wertansatz in der Bilanz	7 000 DM	6 000 DM

Die fortgeführten Anschaffungs- bzw. Herstellungskosten liegen im 1. Fall mit 7 000 DM unter dem Börsen- oder Marktpreis. Der Bilanzierende muß den Wertansatz in der Bilanz von 7 000 DM beibehalten.

Das strenge Niederstwertprinzip verlangt im 2. Fall zwingend, daß der niedrigere von den beiden Werten, also der Börsen- oder Marktpreis von 5 000 DM angesetzt wird. Der Bilanzierende muß die Differenz zwischen Wertansatz in der Bilanz und Börsen- oder Marktpreis durch eine *außerplanmäßige Abschreibung* ausgleichen.

Praxis-Tip

Gibt es für einen Vermögensgegenstand keinen Börsen- oder Marktpreis, dann ist der sogenannte beizulegende Wert heranzuziehen. Der Wert des betreffenden Vermögensgegenstandes wird durch Zu- bzw. Abschläge eines Vergleichsobjektes ermittelt.

Der so ermittelte Wert tritt an die Stelle des Börsen- oder Marktpreises. Ist er höher als die Anschaffungskosten, dann ist der Wert der Anschaffungskosten beizubehalten. Wäre der sogenannte beizulegende Wert dagegen niedriger, dann käme er als Bilanzansatz in Frage. Eine außerordentliche Abschreibung wäre vorzunehmen.

Werden Aktien und festverzinsliche Wertpapiere zur kurzfristigen Geldanlage erworben, dann sind sie im Konto „Wertpapiere des Umlaufvermögens" zu erfassen, einschließlich der Anschaffungsnebenkosten von Bankprovision und Maklergebühr.

So wird gebucht:

Die Buchung für den Kauf von Aktien lautet:

Wertpapiere des
Umlaufvermögens   an Bank

| Bewertung | Nr. 12 |

Beim späteren Verkauf der Aktien wird gebucht:

Bank
an Wertpapiere des Umlaufvermögens

Ein etwaiger Kursgewinn erschiene im Haben des Kontos „Erträge aus Wertpapieren des Umlaufvermögens". Entsprechend wäre ein Kursverlust im Soll des Kontos „Verluste aus dem Abgang von Wertpapieren des Umlaufvermögens".

Praxis-Tip

Die verfolgte Absicht beim Kauf von Aktien und festverzinslichen Wertpapieren ist entscheidend dafür, ob sie im Umlaufvermögen oder im Anlagevermögen auszuweisen sind. Ist eine langfristige Anlage geplant, dann erfolgt die Buchung auf dem Konto „Wertpapiere des Anlagevermögens". Liegt gar eine Beteiligungsabsicht zugrunde, dann ist auf das Konto „Beteiligungen" zu buchen.

Während für Wertpapiere des Anlagevermögens das gemilderte Niederstwertprinzip gilt, ist für Wertpapiere des Umlaufvermögens das strenge Niederstwertprinzip anzuwenden.

Höchstwertprinzip für Passiva

Schulden sind nach § 253 Abs. 1 HGB zu dem jeweiligen Höchstwert zu bilanzieren. Bei der Bilanzierung von Verbindlichkeiten und Rückstellungen ist der jeweils höhere Wert anzusetzen.

Beispiel: Darlehen in ausländischer Währung

Eine Darlehensschuld über 2 Mio $ ist am Bilanzstichtag zu passivieren. Bei der Aufnahme der Schuld notierte der US-Dollar 1,50 DM, am Bilanzstichtag 1,60 DM.

Am Bilanzstichtag muß die Schuld zum höheren Kurs, dem *Tageskurs* von 1,60 DM, bilanziert werden. Dies entspricht einem Wert von 3,2 Mio DM (1 $ = 1,60 DM, folglich 2 Mio $ = 3,2 Mio DM). Eine Bewertung zum Anschaffungskurs von 1,50 DM hätte lediglich einen Wert von 3 000 000 DM ergeben.

| Nr. 12 | Bewertung |

Bewertung im Steuerrecht

Die *Absetzung für Abnutzung (AfA)* im Steuerrecht entspricht der planmäßigen Abschreibung im Handelsrecht. Die Steuergesetzgebung hat Richtzahlen für die Nutzungsdauer der Wirtschaftsgüter des Anlagevermögens herausgegeben, um willkürliche Unterbewertungen über zu hohe Abschreibungen zu vermeiden, z. B. Registrierkasse 5 Jahre, Transportbänder 7 Jahre, Umzäunungen aus Draht 10 Jahre und aus Mauerwerk 20 Jahre.

Das Steuerrecht läßt die lineare Abschreibung (§ 7 EStG) und die degressive Abschreibung zu, verboten ist allerdings die arithmetisch-degressive (digitale) Abschreibung. Der Abschreibungsprozentsatz der geometrisch-degressiven Abschreibung darf 30% und den dreifachen Satz des entsprechenden linearen Abschreibungssatzes nicht überschreiten (→**Abschreibungen**).

Ein Bewertungswahlrecht besteht bei den geringwertigen Wirtschaftsgütern des Anlagevermögens (→**Geringwertige Wirtschaftsgüter**).

Teilwert ein steuerlicher Wertansatz

Abnutzbare und nichtabnutzbare Wirtschaftsgüter des Anlagevermögens sind mit den Anschaffungs- bzw. Herstellungskosten zu bewerten. Der Wertverschleiß der abnutzbaren Wirtschaftsgüter des Anlagevermögens wird durch Abschreibungen (AfA) erfaßt, wodurch die fortgeführten Anschaffungs- bzw. Herstellungskosten entstehen.

Im Steuerrecht besteht die Möglichkeit einer außerplanmäßigen oder außerordentlichen Abschreibung auf den niedrigeren *Teilwert* sowohl bei abnutzbaren als auch bei nichtabnutzbaren Wirtschaftsgütern (→**Steuerbilanz**). Der Teilwert ist ein steuerlicher Wertansatz und entspricht dem Wert, den ein Erwerber für das einzelne Wirtschaftsgut im Rahmen des Gesamtkaufpreises entrichten würde.

Eine Abschreibung auf den niedrigeren Teilwert ist möglich, wenn der Buchwert über dem Marktwert, dem Wiederbeschaffungswert, liegt (→**Wiederbeschaffungswert**). Eine Teilwertabschreibung kommt auch bei Gütern des Umlaufvermögens in Betracht, z. B. den Warenbeständen, wenn die Wiederbeschaffungskosten der Waren stark gefallen sind oder die Waren nur zu stark herabgesetzten Preisen verkauft werden können. Der Teilwert der Warenbestände liegt unter den Anschaffungs- oder Herstellungskosten.

Bilanzpolitik durch Bilanzierungs- und Bewertungswahlrechte

Bilanzpolitik bedeutet gezielte Beeinflussung des Jahresabschlusses, um den Vermögens- und Gewinnausweis besser oder schlechter darzustellen. Handelsrecht und Steuerrecht gewähren in bestimmten Fällen dem Unternehmen *Bilanzierungs- und Bewertungswahlrechte.* Der Bilanzierende kann dann entscheiden, ob eine getätigte Ausgabe als Aufwand bzw. Betriebsausgabe in der Gewinn- und Verlustrechnung erfaßt oder als Vermögensposten bilanziert wird. Das Ausmaß der Bilanzierungs- und Bewertungswahlrechte bestimmt, inwieweit Bilanzpolitik betrieben werden kann.

Praxis-Tip

Im Steuerrecht besteht ein Wahlrecht für Sonderabschreibungen und erhöhte Abschreibungen, von dem der Unternehmer Gebrauch machen kann. Die planmäßige AfA dagegen *muß* vorgenommen werden. Außerdem sind die AfA-Sätze der Finanzverwaltung anzuwenden. Hunderte von Wirtschaftsgütern sind in der allgemeinen AfA-Tabelle und den branchenbezogenen Tabellen aufgelistet. Sie zeigen die betriebsgewöhnliche Nutzungsdauer, aus der dann der jeweilige jährliche lineare Abschreibungssatz abgeleitet wird.

Eine Nutzungsdauer von 10 Jahren wird beispielsweise Büroeinrichtungen zugrundegelegt, was wiederum einen jährlichen AfA-Satz von 10% ergibt. Büromaschinen werden ebenso wie Benzinmotoren mit einer Lebensdauer von 5 Jahren bzw. einem jährlichen Abschreibungssatz von 20% veranschlagt. Transportanlagen wie Förderbänder und Rollbahnen werden mit jährlich 14%, Wasseraufbereitungsanlagen mit 7%, Kälte- und Heißluftanlagen mit 10% abgeschrieben.

Die angegebenen Werte sind Richtzahlen für das Finanzamt und die Steuerbilanz. Rechnet ein Unternehmen mit einer abweichenden Nutzungsdauer, dann müssen nachweisbare Gründe vorliegen, z. B. überdurchschnittlich hohe Beanspruchung und damit kürzere Laufzeiten.

Ziel der Bilanzpolitik kann sein, über einen möglichst niedrigen Gewinn die Steuerbelastung niedrig zu halten. Das Unternehmen stellt sich schlechter dar, als es in Wirklichkeit ist. Andererseits kann ein möglichst hoher Gewinnausweis angestrebt und die höhere Steuerbelastung in Kauf genommen werden, etwa um über einen großen Gewinnausweis die Kreditgeber zur Hergabe weiterer Kredite zu animieren. Befindet sich ein Unternehmen in der Krise und hat bereits einen Verlustvortrag, dann will man die bestehenden Schwierigkeiten nicht in vollem Umfang sichtbar machen. Man will sich möglichst günstig darstellen. Es besteht die Gefahr, daß das Unternehmen gegen das Imparitätsprinzip verstößt (→**Bewertungsgrundsätze**).

„Falschbilanzierung" ist ein völlig anderer Sachverhalt. Es liegt ein Verstoß gegen das Prinzip der Bilanzwahrheit vor.

| Nr. 12 | **Bewertung** |

Beispiele:

- Ein Unternehmen weist in der Bilanz mehrere Forderungen in großer Höhe gegen Schuldner aus, die inzwischen uneinbringlich geworden sind, um den Tatbestand der Überschuldung nicht zu erfüllen.
- Die Sachgründung einer GmbH wird in der Eröffnungsbilanz verschleiert und als Bargründung dargestellt.
- Falschbilanzierung liegt auch vor, wenn wichtige Teile des Anlagevermögens in der Bilanz verschwiegen werden, damit sie beim späteren beabsichtigten Konkursantrag nicht unter die Konkursmasse fallen.

→ Abschreibungen
→ Abschreibungen auf Sachanlagen
→ Anlagegüter, Kauf und Verkauf
→ Anlagen im Bau
→ Bewertungsgrundsätze

→ Geringwertige Wirtschaftsgüter
→ Handelsbilanz
→ Personengesellschaften: Rechnungslegung…
→ Steuerbilanz
→ Wiederbeschaffungswert

❑

Bewertungsgrundsätze

Die „Allgemeinen Bewertungsgrundsätze" werden durch die Grundsätze ordnungsmäßiger Buchführung (GoB) ergänzt. Der Grundsatz der kaufmännischen Vorsicht und der Gläubigerschutz stehen im Handelsrecht im Vordergrund. Die Bewertungsspielräume des Bilanzierenden sind in der Steuerbilanz geringer als in der Handelsbilanz (→Bewertung).

Allgemeine Bewertungsgrundsätze

Folgende allgemeine Bewertungsgrundsätze sind nach § 252 HGB zu beachten:

- **Grundsatz der Bilanzidentität oder Bilanzgleichheit**

  Die Wertansätze in der Eröffnungsbilanz und in der letzten Schlußbilanz müssen übereinstimmen.

- **Going-concern-Prinzip**

  In der Bewertung wird von der Fortführung der Unternehmung ausgegangen. Der Grundsatz des fortbestehenden Unternehmens ist für die Bewertungspraxis wichtig, da bei der Auflösung eines Unternehmens bei den Vermögensteilen Veräußerungspreise anzusetzen wären.

- **Grundsatz der Einzelbewertung**

  Vermögensgegenstände und Schulden sind am Abschlußstichtag einzeln zu bewerten. Von diesem Grundsatz darf abgewichen werden, wenn die Einzelbewertung nicht oder nur unter schwierigen Bedingungen möglich ist (§ 256 HGB Bewertungsvereinfachungsverfahren). Die Gruppenbewertung ist bei Vorräten erlaubt.

- **Prinzip der Vorsicht**

  Drohende Verluste müssen am Abschlußstichtag ausgewiesen werden, auch wenn sie noch nicht eingetreten sind. Gewinne dürfen nur ausgewiesen werden, wenn sie am Abschlußstichtag bereits eingetreten sind (*Realisationsprinzip*).

- **Grundsatz der Periodenbegrenzung**

  Aufwendungen und Erträge sind dem Geschäftsjahr der wirtschaftlichen Verursachung zuzurechnen, unabhängig vom Zeitpunkt der Zahlung.

- **Prinzip der Bewertungskontinuität oder Bewertungsstetigkeit**

  Die im vorhergegangenen Jahresabschluß angewandten Bewertungsmethoden sind beizubehalten.

Nr. 13	Bewertungsgrundsätze

Die Allgemeinen Bewertungsgrundsätze sind verbindlich und nur in begründeten Ausnahmefällen darf abgewichen werden (§ 252 Abs. 2 HGB). Sie werden durch die Grundsätze ordnungsmäßiger Buchführung (GoB) ergänzt (→**Gesetzliche Grundlagen der Buchführung**).

Bewertungsgrundsätze des Handelsrechts

Eine niedrige Bewertung des Vermögens dient dem *Gläubigerschutz,* da die Vermögensverhältnisse nicht besser dargestellt werden, als sie in Wirklichkeit sind. Eine möglichst hohe Bewertung von Verbindlichkeiten und Rückstellungen erreicht, daß das Haftungspotential der Gesellschaft nicht günstiger erscheint, als es tatsächlich ist. Beides führt auch zu einem niedrigeren Gewinn.

Der Grundsatz der kaufmännischen Vorsicht und der Gläubigerschutz ergänzen sich und führen zum *Imparitätsprinzip,* d. h., Gewinne und Verluste sind unterschiedlich zu behandeln. Gewinne dürfen in der Handelsbilanz erst ausgewiesen werden, wenn sie bereits realisiert sind. Verluste müssen ausgewiesen werden, wenn sie am Bilanzstichtag auch noch nicht eingetreten sind. (→**Handelsbilanz**).

Die Gläubigerschutzvorschriften berücksichtigen in gewisser Hinsicht auch die *Teilhaberschutzinteressen.* Die Teilhaber sind aber auch an einer Rendite ihrer Kapitaleinlage interessiert. Sie sind deshalb gegen eine willkürliche Unterbewertung von Vermögenspositionen bzw. eine willkürliche Überbewertung von Verbindlichkeiten und von Risiken, da dies zu einem unangemessen niedrigen Gewinnausweis führt.

Bewertungsgrundsätze des Steuerrechts

Die Steuerbilanz wird von der Handelsbilanz abgeleitet. Es gilt grundsätzlich das *Maßgeblichkeitsprinzip* der Handelsbilanz für die Steuerbilanz. Die handelsüblichen Bewertungsvorschriften sind der Ausgangspunkt für die Steuerbilanz. Der Entscheidungsspielraum des Bilanzierenden ist in der Steuerbilanz begrenzt. Mindestwertansätze bei Aktiva und Höchstwertansätze bei Passiva sollen verhindern, daß Gewinne in nachfolgende Geschäftsjahre verlagert werden können (→**Steuerbilanz**).

Die Finanzverwaltung erwartet von der Steuerbilanz eine einheitliche Bemessungsgrundlage für die Besteuerung der Erträge. (→**Steuern**).

→ Abschreibungen → Herstellungskosten
→ Bewertung → Steuerbilanz
→ Bilanzanalyse → Handelsbilanz

Bilanz

Die Gliederung der zu veröffentlichenden Bilanzen richtet sich bei Kapitalgesellschaften nach § 266 HGB. Große Kapitalgesellschaften müssen bei der Veröffentlichung ihrer Bilanz das vollständige Gliederungsschema nach § 266 Abs. 2 und Abs. 3 HGB anwenden. Kleine Kapitalgesellschaften brauchen nur eine verkürzte Bilanz zu veröffentlichen (→Jahresabschluß, →Publizitätspflichten).

Die Gewinn- und Verlustrechnung ist von Kapitalgesellschaften nach § 275 HGB in Staffelform zu erstellen (→Gewinn- und Verlustrechnung).

Bilanzgliederung für kleine Kapitalgesellschaften

Kleine Kapitalgesellschaften legen ihrer Bilanz zwar das Gliederungsschema des § 266 HGB zugrunde, da aber nur die mit Buchstaben und römischen Zahlen bezeichneten Posten übernommen werden, entsteht eine *verkürzte Bilanz*. Die vorgeschriebene Kurzform gestattet nur einen begrenzten Einblick in die Vermögens- und Finanzlage der betreffenden Gesellschaft.

Bilanzgliederungsschema kleiner Kapitalgesellschaften	
Aktiva	Passiva

A. *Anlagevermögen*
  I. Immaterielle Vermögens-
     gegenstände
  II. Sachanlagen
  III. Finanzanlagen
B. *Umlaufvermögen*
  I. Vorräte
  II. Forderungen und sonstige
      Vermögensgegenstände
  III. Wertpapiere
  IV. Flüssige Mittel
C. *Rechnungsabgrenzungs-
posten*
	A. *Eigenkapital*
	  I. Gezeichnetes Kapital
	  II. Kapitalrücklage
	  III. Gewinnrücklagen
	  IV. Gewinn-/Verlustvortrag
	  V. Jahresüberschuß/Jahres-
	     fehlbetrag
	B. *Rückstellungen*
	C. *Verbindlichkeiten*
	D. *Rechnungsabgrenzungs-
	posten*

Bilanzgliederung für große Kapitalgesellschaften

Große Kapitalgesellschaften müssen ihre Bilanz nach dem ausführlichen Bilanzgliederungsschema des § 266 HGB aufbauen. Dieses Gliede-

Nr. 14 | Bilanz

rungsschema mit seiner tiefen Gliederung zeigt die Vermögens- und Finanzanlage der betreffenden Gesellschaft. Mittelgroße Kapitalgesellschaften erstellen ihre Bilanz nach dem ausführlichen Gliederungsschema, können für die Veröffentlichung aber das Bilanzgliederungsschema der kleinen Kapitalgesellschaften wählen. Es sind dann aber noch weitere Angaben wahlweise in der Bilanz oder im Anhang zu machen (→**Anhang**).

Bilanzgliederung für große Kapitalgesellschaften

Aktiva

A. *Anlagevermögen*
   I. Immaterielle Vermögensgegenstände
      1. Konzessionen, gewerbliche Schutzrechte und ähnliche Rechte und Werte sowie Lizenzen an solchen Rechten und Werten
      2. Geschäfts- oder Firmenwert
      3. geleistete Anzahlungen
   II. Sachanlagen
      1. Grundstücke, grundstücksgleiche Rechte und Bauten einschließlich der Bauten auf fremden Grundstücken
      2. technische Anlagen und Maschinen
      3. andere Anlagen, Betriebs- und Geschäftsausstattung
      4. geleistete Anzahlungen und Anlagen im Bau
   III. Finanzanlagen
      1. Anteile an verbundenen Unternehmen
      2. Ausleihungen an verbundene Unternehmen
      3. Beteiligungen
      4. Ausleihungen an Unternehmen, mit denen ein Beteiligungsverhältnis besteht
      5. Wertpapiere des Anlagevermögens
      6. sonstige Ausleihungen

Passiva

A. *Eigenkapital*
   I. Gezeichnetes Kapital
   II. Kapitalrücklage
   III. Gewinnrücklagen
      1. gesetzliche Rücklage
      2. Rücklage für eigene Anteile
      3. Satzungsmäßige Rücklage
      4. andere Rücklagen
   IV. Gewinnvortrag/Verlustvortrag
   V. Jahresüberschuß/Jahresfehlbetrag

B. *Rückstellungen*
   1. Rückstellungen für Pensionen und ähnliche Verpflichtungen
   2. Steuerrückstellungen
   3. Sonstige Rückstellungen

Bilanz | Nr. 14

B. Umlaufvermögen	C. Verbindlichkeiten
I. Vorräte	1. Anleihen
1. Roh-, Hilfs- und Betriebs-	– davon konvertibel
stoffe	– davon mit einer Restlaufzeit
2. unfertige Erzeugnisse,	bis zu einem Jahr
unfertige Leistungen	2. Verbindlichkeiten gegenüber
3. fertige Erzeugnisse und	Kreditinstituten
Waren	– davon mit einer Restlaufzeit
4. geleistete Anzahlungen	bis zu einem Jahr
II. Forderungen und sonstige	3. erhaltene Anzahlungen auf
Vermögensgegenstände	Bestellungen – soweit nicht
1. Forderungen aus Lieferun-	bei den Vorräten abgesetzt –
gen und Leistungen	4. Verbindlichkeiten aus Liefe-
– davon mit einer Restlauf-	rungen und Leistungen
zeit von mehr als einem	– davon mit Restlaufzeit bis zu
Jahr	einem Jahr
2. Forderungen gegen ver-	5. Verbindlichkeiten aus der
bundene Unternehmen	Annahme gezogener und der
– davon mit einer Restlauf-	Ausstellung eigener Wechsel
zeit von mehr als einem	– davon mit Restlaufzeit bis zu
Jahr	einem Jahr
3. Forderungen gegen ver-	6. Verbindlichkeiten gegenüber
bundene Unternehmen, mit	verbundenen Unternehmen
denen ein Beteiligungsver-	– davon mit Restlaufzeit bis zu
hältnis besteht	einem Jahr
– davon mit einer Restlauf-	7. Verbindlichkeiten gegenüber
zeit von mehr als einem	Unternehmen, mit denen ein
Jahr	Beteiligungsverhältnis besteht
4. sonstige Vermögens-	8. sonstige Verbindlichkeiten
gegenstände	– davon aus Steuern
III. Wertpapiere	– davon im Rahmen der sozia-
1. Anteile an verbundenen	len Sicherheit
Unternehmen	– davon mit einer Restlaufzeit
2. eigene Anteile	bis zu einem Jahr
3. sonstige Wertpapiere	
IV. Schecks, Kassenbestand,	
Bundesbank- und Postgiro-	
konten, Guthaben bei Kredit-	
instituten	
C. Rechnungsabgrenzungsposten	D. Rechnungsabgrenzungsposten

Was steht nicht in der Bilanz?

Es gibt bestimmte Geschäftsvorfälle, die *außerhalb* der Bilanz zu erfassen sind, insbesondere:

● **Eventualverpflichtungen**

    Verbindlichkeiten sind Verpflichtungen aus Verträgen und damit stets in der Bilanz auszuweisen. Aber auch Haftungsverhältnisse wie Bürg-

Nr. 14	Bilanz

schaften, sogenannte Eventualverbindlichkeiten, sind offenzulegen. Sie werden in einer Summe *unter* der Bilanz angegeben. Dazu zählen Kautionen, also Garantien, die ein Unternehmen für andere Firmen übernimmt, z. B. für eine Tochtergesellschaft. Gerät die betreffende Gesellschaft in Zahlungsschwierigkeiten, muß gehaftet werden. Verbindlichkeiten aus Gewährleistungsverträgen zählen ebenso wie die Wechsel- und Scheckbürgschaften zu den Eventualverbindlichkeiten.

● **Schwebende Geschäfte**
Verpflichtungen aus schwebenden Verträgen dürfen ebenfalls nicht bilanziert werden, z. B. Leasingnehmer ist wirtschaftlicher Eigentümer geworden und hat schwebende Verbindlichkeiten aus dem Leasingvertrag. Schwebende Verbindlichkeiten können auch bei bestimmten Termingeschäften entstehen.

● **Treuhandgeschäfte**
Für einen Kunden wird ein Geschäft vermittelt. Es können Verpflichtungen eintreten, wenn der Kunde bestimmte Vorschriften nicht einhält.

Wodurch unterscheiden sich Bankbilanzen von „normalen Bilanzen"?

Bankbilanzen sind auf der *Aktivseite* nach der *Liquidität* gegliedert. Sie beginnen mit der Bilanzposition „Kasse". Es folgen Schecks, Wechsel und Guthaben bei anderen Banken. Dann sind Schatzwechsel, Anleihen, Schuldverschreibungen und Aktien auszuweisen. Die Forderungen an Kunden sind in der Bankbilanz eine besonders wichtige Position, da sie das Aktivgeschäft der Bank, die Kreditgewährung an Privatpersonen und an die Wirtschaft, zeigen. Erst dann folgen Grundstücke und Gebäude, Betriebs- und Geschäftsausstattung.

Die *Passivseite* der Bilanz beginnt mit den Verbindlichkeiten gegenüber Kreditinstituten. Diese können entweder täglich fällig sein oder erst nach einer bestimmten Laufzeit. Es folgen dann die täglich fälligen Guthaben (=Sichtgelder), die Termingelder und die Spareinlagen. Die Positionen „Rückstellungen", „Grundkapital", „Rücklagen" sowie „Gewinn" stehen am Ende der Passivseite.

Die wichtigste Ertragskomponente in der *Gewinn- und Verlustrechnung* einer Bank ist die Position „Zinsüberschuß", die Differenz von Sollzinsen aus dem Kreditgeschäft und den Habenzinsen aus dem Passivgeschäft. Kommissionen fallen im Devisen- und Wertpapierhandel an. Der Betriebsaufwand gliedert sich in Personalaufwand, Sachaufwand und Steuern.

Bilanzanalyse

Bilanzanalyse ist die Auswertung der Bilanz sowie der Gewinn- und Verlustrechnung in formaler und materieller Hinsicht zur Beurteilung eines Unternehmens. Die einzelnen Positionen von Bilanz und Gewinn- und Verlustrechnung werden entsprechend gegliedert, gruppiert und zueinander in Beziehung gesetzt, um einen Einblick in den Vermögens- und Kapitalaufbau, die Liquiditätsverhältnisse, den Stand und die Entwicklung der Ertragslage und die allgemeine Unternehmensentwicklung zu erhalten. Die Auswertung der Bilanz und der Gewinn- und Verlustrechnung ist ein wichtiger Teil bei der Kreditwürdigkeitsprüfung der Banken.

Bewertung und Auswertung von Bilanzen

Bewertungsvorschriften in der Bilanz sollen gewährleisten, daß die Vermögens- und Schuldposten in der Handelsbilanz gebührend berücksichtigt werden. Vermögensgegenstände sind nach dem Niederstwertprinzip mit dem niedrigsten Wert zu bilanzieren. Schulden sind entsprechend dem Höchstwertprinzip zu ihrem höchsten Wert anzusetzen (→**Bewertung**). Es gilt der Grundsatz der Maßgeblichkeit der Handelsbilanz für die Steuerbilanz.

Das *Anlagevermögen* umfaßt nicht abnutzbare und abnutzbare Anlagegüter. Die Anschaffungs- oder Herstellkosten abnutzbarer Anlagegüter sind um planmäßige Abschreibungen zu vermindern. Außer der Abschreibungspflicht gilt hier das Niederstwertprinzip. Nicht abnutzbare Anlagegüter (z. B. Grundstücke, Beteiligungen, Wertpapiere) sind höchstens zu den Anschaffungskosten zu bilanzieren. Erst bei einer dauernden Wertminderung ist auf den niedrigeren Tageswert abzuschreiben (gemildertes Niederstwertprinzip).

Gegenstände des *Umlaufvermögens* sind höchstens zu ihren Anschaffungs- oder Herstellkosten in der Bilanz zu bewerten. Liegt der Tageswert niedriger, dann ist dieser anzusetzen. Es ist also der niedrigere von beiden Bewertungsansätzen zu nehmen (strenges Niederstwertprinzip).

Schulden sind nach § 253 HGB zu ihrem Höchstwert zu passivieren.

Die *Bilanzauswertung* berücksichtigt Monats-, Quartals- und hauptsächlich Jahresbilanzen. Die Analyse der Hauptpositionen und der einzelnen Positionen der Jahresbilanz sollte in absoluten Zahlen und in Prozentzahlen erfolgen. Ein Bilanzzeitvergleich mit dem Vorjahr in absoluten Zahlen zeigt eine Ausweitung oder Schrumpfung der Bilanzsumme. Ein Zeitver-

Nr. 15 Bilanzanalyse

gleich in Gliederungszahlen, wobei jede Bilanzposition in % der Bilanzsumme angegeben wird, zeigt Änderungen in der Bilanzstruktur, z. B. Zunahme der Anlagenintensität, Verhältnis von Eigen- zu Fremdkapital.

Beispiel: Bilanz in absoluten Zahlen und in Prozentzahlen

Aktiva	31. 12. 1996	
	DM	%
A. Anlagevermögen		
I. Immaterielle Vermögensgegenstände	–	
II. Sachanlagen		
1. Bebaute Grundstücke	5 400 000	27,0
2. Technische Anlagen und Maschinen	4 600 000	23,0
3. Betriebs- und Geschäftsausstattung	800 000	4,0
4. Geleistete Anzahlungen und Anlagen im Bau	400 000	2,0
	11 200 000	56,0
III. Finanzanlagen		
1. Beteiligungen	1 400 000	7,0
2. Wertpapiere des Anlagevermögens	160 000	0,8
3. Sonstige Ausleihungen	40 000	0,2
	1 600 000	8,0
(Summe Anlagevermögen)	*12 800 000*	*64,0*
B. Umlaufvermögen		
I. Vorräte		
1. Roh-, Hilfs- und Betriebsstoffe	200 000	1,0
2. Unfertige Erzeugnisse	400 000	2,0
3. Fertige Erzeugnisse	1 400 000	7,0
4. Geleistete Anzahlungen	400 000	2,0
	2 400 000	12,0
II. Forderungen und sonstige Vermögensgegenstände		
1. Forderungen aus Lieferungen u. Leistungen	2 300 000	11,5
2. Forderungen gegen Unternehmen, mit denen ein Beteiligungsverhältnis besteht	180 000	0,9
3. Sonstige Vermögensgegenstände	20 000	0,1
	2 500 000	12,5
III. Wertpapiere		
Sonstige Wertpapiere	1 400 000	7,0

Bilanzanalyse | **Nr. 15**

IV. Schecks, Kassenbestand, Bundesbank- u. Postscheckguthaben, Guthaben bei Banken	880 000	4,4
(Summe Umlaufvermögen)	7 180 000	35,9
C. Rechnungsabgrenzungposten	20 000	0,1
	20 000 000	100,0

Aktiva	31. 12. 1996	
	DM	%
A. Eigenkapital		
I. Grundkapital	5 000 000	25,0
II. Kapitalrücklage	1 100 000	5,5
III. Gewinnrücklagen		
1. Gesetzliche Rücklage	500 000	2,5
2. Satzungsgemäße Rücklagen	3 600 000	18,0
	4 100 000	20,5
IV. Gewinnvortrag	800 000	4,0
V. Jahresüberschuß	800 000	4,0
(Summe Eigenkapital)	11 800 000	59,0
B. Rückstellungen		
1. Rückstellungen für Pensionen	1 100 000	5,5
2. Sonstige Rückstellungen	500 000	2,5
	1 600 000	8,0
C. Verbindlichkeiten		
1. Verbindlichkeiten gegenüber Kreditinstituten	4 200 000	21,0
2. Verbindlichkeiten aus Lieferungen u. Leist.	1 700 000	8,5
3. Wechselverbindlichkeiten	400 000	2,0
4. Erhaltene Anzahlungen	80 000	0,4
5. Sonstige Verbindlichkeiten	140 000	0,7
	6 520 000	32,6
D. Rechnungsabgrenzungsposten	80 000	0,4
	20 000 000	100,0

Hinweis: Die Position „Verbindlichkeiten gegenüber Kreditinstituten" mit 4,2 Mio DM gliedert sich in einen langfristigen und einen kurzfristigen Kredit. Für das langfristige Darlehen von 2,4 Mio DM mit einer Laufzeit von 15 Jahren ist eine Grundschuld zugunsten der Hausbank eingetragen. Der Kontokorrentkredit war am 31. 12. 1996 mit 1,8 Mio DM beansprucht (Kreditlinie 2,5 Mio).

Vermögen und Kapital

Die Aktivseite der Bilanz zeigt die *Vermögenslage* eines Unternehmens mit seiner Trennung in Anlage- und Umlaufvermögen. Außerdem wird angezeigt, wie sich jede Hauptposition weiter gliedert, z. B. sich der

| Nr. 15 | **Bilanzanalyse** |

Prozentsatz der Vorräte in Roh-, Hilfs- und Betriebsstoffe sowie unfertige Erzeugnisse, fertige Erzeugnisse bzw. Waren und geleistete Anzahlungen aufspaltet.

Einige Kennzahlen verschaffen bereits einen Überblick. Die jeweilige Bilanzposition ist in Relation zum gesamten Vermögen, also der Bilanzsumme, zu setzen. Die Werte des Beispielfalles sind daneben kursiv aufgeführt.

$$\text{Anlagenintensität} = \frac{\text{Sachanlagen}}{1\% \text{ Gesamtvermögen}} = \frac{11\,200\,000}{200\,000} = 56\%$$

$$\text{Vorratsintensität} = \frac{\text{Vorräte}}{1\% \text{ Gesamtvermögen}} = \frac{2\,400\,000}{200\,000} = 12\%$$

$$\text{Forderungsintensität} = \frac{\text{Kundenforderungen}}{1\% \text{ Gesamtvermögen}} = \frac{2\,500\,000}{200\,000} = 12{,}5\%$$

Anlagen-, Vorrats- und Forderungsintensität werden außer von betriebsindividuellen Momenten vom Wirtschaftszweig bestimmt. Vorratsintensiv ist beispielsweise der Schmuckhandel, anlagenintensiv die Elektrizitätswirtschaft, die Chemische Industrie, der Bergbau, der Fahrzeugbau. Anzahlungen von Kunden spielen im Schiffbau und im Baugewerbe eine wichtige Rolle, Darlehen an Kunden bei Brauereien.

Eine Analyse des *Kapitalaufbaus* zeigt, wie sich das Gesamtkapital in Eigen- und Fremdkapital gliedert und wie sich langfristiges und kurzfristiges Fremdkapital zusammensetzen.

Grundkapital (Stammkapital), Rücklagen und Gewinnvortrag gehören zum *Eigenkapital*. Der aus früheren Berichtsjahren stammende Gewinnvortrag ist dem Eigenkapital zuzuordnen. Ein Verlustvortrag mindert das Eigenkapital. Wenn keine Informationen über die Gewinnverwendung vorliegen, dann wird der Jahresüberschuß zum Eigenkapital hinzugerechnet. Liegt dagegen bereits ein Gewinnverwendungsbeschluß vor, dann ist nur die für die Rücklagen bestimmte Summe dem Eigenkapital zuzurechnen. Der zur Ausschüttung vorgesehene Betrag ist dagegen eine kurzfristige Verbindlichkeit, weil diese Mittel an die Gesellschafter bzw. Aktionäre abfließen.

Die *Eigenkapitalquote* zeigt, wieviel Prozent des Gesamtkapitals auf das Eigenkapital entfällt. Sie beträgt in unserem Beispiel 59%.

Verbindlichkeiten, Rückstellungen und Rechnungsabgrenzungsposten zählen zum *Fremdkapital*. Darlehen von Kreditinstituten und sonstigen Kapitalgebern, die eine Laufzeit von mindestens vier Jahren haben, sind *langfristige* Verbindlichkeiten. Ein Unternehmen kann mit Anleihen, Darlehen und meistens auch Pensionsrückstellungen mehrere Jahre arbeiten und deshalb auch zur Finanzierung des Anlagevermögens heranziehen.

Bilanzanalyse | Nr. 15

Das *kurzfristige* Fremdkapital wird in einem Zeitraum bis zu einem Jahr fällig. Verbindlichkeiten aus Warenlieferungen und Leistungen, Wechselverbindlichkeiten, Kontokorrentkredite, erhaltene Anzahlungen, sonstige Verbindlichkeiten und Rechnungsabgrenzungsposten sind kurzfristiges Fremdkapital.

Rückstellungen sind juristisch Fremdkapital, da ihnen Zahlungsverpflichtungen zugrunde liegen. Die Höhe und der Fälligkeitstermin sind meistens nicht genau bestimmt. Rückstellungen für schwebende Verbindlichkeiten, die dem Grunde, aber nicht der Höhe nach feststehen, sind beim kurzfristigen Fremdkapital zu erfassen, z. B. Rückstellungen für Steuern. Eine Sonderstellung nehmen Pensionsrückstellungen ein, die vielfach erst in vielen Jahren fällig werden. Pensionsrückstellungen haben infolge ihrer langfristigen Verwendbarkeit „eigenkapitalähnlichen Charakter".

Wertberichtigungen auf Anlagevermögen und Forderungen sind weder dem Eigen- noch dem Fremdkapital zuzuordnen, sondern sie sind Korrekturposten der Aktivseite und sind von den entsprechenden Positionen auf der Aktivseite abzusetzen.

„*Stille Reserven*" oder „Stille Rücklagen" sind aus der Bilanz nicht zu ersehen. Sie sind versteckte Gewinne, die erst beim Verkauf von Vermögensgegenständen bzw. der Auflösung von Passivposten anfallen. Mögliche in den Bilanzpositionen steckende stille Reserven sind in der Bilanzanalyse – falls bekannt – offenzulegen und dann in der Kennzahlenrechnung zu berücksichtigen. Überbewertungen von Aktiva und Unterbewertungen von Passiva sind das Gegenstück zu den stillen Reserven.

Die *Gegenüberstellung von Eigenkapital und Fremdkapital* ist eine wichtige Relation, die in der betriebswirtschaftlichen Literatur wie auch in der Industriepraxis und im Kreditgeschäft der Banken beachtet wird. Die sog. „klassische Regel" setzt eine Relation von mindestens 1:1 voraus, d. h., die Schulden sollen nicht größer als das Eigenkapital sein. Im Kreditgeschäft der Banken sind Relationen von 1:3 aber keine Seltenheit. Für die Beurteilung in konkreten Fällen spielt außerdem die Branche eine wichtige Rolle, aber auch die Fristigkeit des Fremdkapitals und die Höhe der stillen Reserven.

Im Modellfall beträgt die Summe des Eigenkapitals 11,8 Mio DM. Werden die Rückstellungen für Pensionen – infolge ihrer langen Verwendbarkeit – dem Eigenkapital zugerechnet, dann ergibt sich eine Summe von 12,9 Mio DM. Das Fremdkapital beträgt 7,1 Mio DM (Verbindlichkeiten 6,52 Mio DM, Rechnungsabgrenzungsposten 0,08 Mio DM, sonstige Rückstellungen 0,5 Mio DM).

Wenn das Eigenkapital (EK) größer als das Fremdkapital (FK) ist, dann liegt die Relation von EK:FK über 1. Im Beispiel ergibt sich eine Relation von 12 900 000 : 7 100 000. Die Relation beträgt 1,8. Es liegt im Modellfall

Nr. 15 | Bilanzanalyse

eine solide Finanzierung vor, zumal über die Hälfte der Verbindlichkeiten gegenüber Kreditinstituten eine lange Laufzeit hat.

Dieselbe Aussage wie die Relation von Eigenkapital zu Fremdkapital macht der *Verschuldungsgrad* oder *Verschuldungskoeffizient,* allerdings mit umgekehrtem Verhältnis.

$$\text{Verschuldungsgrad} = \frac{\text{Fremdkapital (FK)}}{\text{Eigenkapital (EK)}}$$

Im Beispiel ergibt sich ein Verschuldungsgrad von 0,55 bzw. 55% (7,1 Mio DM dividiert durch 12,9 Mio DM). Ist der Verschuldungskoeffizient kleiner als 1, dann ist das Eigenkapital größer als das Fremdkapital.

Beim *Anspannungsgrad* wird das Fremdkapital zum Gesamtkapital in Beziehung gesetzt.

$$\text{Anspannungsgrad} = \frac{\text{Fremdkapital}}{1\% \text{ des Gesamtkapitals}} = \frac{7\,100\,000}{200\,000} = 35,5\%$$

Neben dem Verhältnis von Eigenkapital zu Fremdkapital ist die Zusammensetzung von Fremdkapital wichtig. Langfristiges Fremdkapital steht dem Unternehmen oft wie Eigenkapital zur Verfügung.

Finanzierung und Liquidität

Die Dauerexistenz der Unternehmung ist neben der Gewinnerzielung von ständiger Zahlungsbereitschaft abhängig. Das Unternehmen muß zu jeder Zeit seinen finanziellen Verpflichtungen nachkommen können.

Die Aufteilung der Passivseite der Bilanz in eigene Mittel, langfristige und kurzfristige Verbindlichkeiten finden ihre Ergänzung in einer Gliederung der Aktivseite nach *Liquiditätsgesichtspunkten.*

Kasse, Postscheck- und Bankguthaben, Schecks und Kundenwechsel, Warenforderungen und sonstige Forderungen zählen zu den liquiden Vermögenswerten. Über den Kassenbestand oder das Postscheckguthaben kann wesentlich leichter verfügt werden als über Kundenwechsel, die erst in 90 Tagen fällig sind und nicht von Bezogenen erster Qualität sind. Zur Barliquidität sind auch die jederzeit veräußerbaren Wertpapiere des Umlaufvermögens zu rechnen.

Rohstoffe, unfertige und fertige Erzeugnisse sind weniger liquide. Der Fertigwarenbestand ist in der Regel erst innerhalb von Wochen oder gar Monaten zu verflüssigen. Vorräte sind aber grundsätzlich den kurzfristigen Vermögenswerten zuzurechnen.

Bilanzanalyse | Nr. 15

Beteiligungen und Forderungen an Gesellschafter gehören zum mittel- und langfristigen Vermögen. Das Sachanlagevermögen ist noch schwieriger zu verflüssigen.

Die Beurteilung der Liquidität aus der Bilanz erfolgt mit *Liquiditätskennzahlen*. Es liegt der Gedanke zugrunde, daß das finanzielle Gleichgewicht gesichert ist, wenn für die Zahlungsverpflichtungen entsprechende flüssige Mittel oder flüssig zu machende Vermögensgegenstände vorhanden sind. Bei der Liquiditätsberechnung mit den Kennzahlen liegt eine Unterdeckung bei einem Ergebnis unter 100% bzw. kleiner 1 vor. Überdeckungen liegen bei Werten über 100% bzw. größer 1 vor.

$$\text{Liquidität I (= Barliquidität)} = \frac{\text{flüssige Mittel} \times 100\%}{\text{kurzfristiges Fremdkapital}}$$

$$\text{Liquidität II} = \frac{(\text{flüssige Mittel} + \text{Forderungen}) \times 100\%}{\text{kurzfristiges Fremdkapital}}$$

$$\text{Liquidität III} = \frac{\text{Umlaufvermögen} \times 100\%}{\text{kurzfristiges Fremdkapital}}$$

Liquiditätskennzahlen haben mehr relative als absolute Aussagekraft. Sie zeigen im Bilanzzeitvergleich zweier Jahre Entwicklungstendenzen des Unternehmens. Der Betriebsvergleich mit einem anderen Unternehmen des gleichen Wirtschaftszweiges ist eine andere Bezugsbasis.

Liquiditätskennzahlen lassen sich im Beispielfall anwenden. Das kurzfristige Fremdkapital ist allerdings zuvor zu ermitteln. Aus der Position „Verbindlichkeiten" ist das langfristige Darlehen in Höhe von 2,4 Mio DM herauszurechnen, die Rechnungsabgrenzungsposten und die sonstigen Rückstellungen sind einzubeziehen.

	Verbindlichkeiten laut Bilanz	6 520 000 DM
−	langfristige Bankschulden	2 400 000 DM
=	kurzfristige Verbindlichkeiten	4 120 000 DM
+	Rechnungsabgrenzungsposten	80 000 DM
+	sonstige Rückstellungen	500 000 DM
=	kurzfristiges Fremdkapital	4 700 000 DM

$$\text{Liquidität I} = \frac{(880\,000 + 1\,400\,000) \times 100\%}{4\,700\,000} = 48{,}5\%$$

$$\text{Liquidität II} = \frac{(2\,280\,000 + 2\,500\,000) \times 100\%}{4\,700\,000} = 101{,}7\%$$

$$\text{Liquidität III} = \frac{7\,180\,000 \times 100\%}{4\,700\,000} = 152{,}8\%$$

Nr. 15	Bilanzanalyse

Liquidität II und Liquidität III erreichen Werte von über 100% und damit Überdeckungen. Bei der Liquidität I oder Barliquidität liegt mit 48,5% aber eine Unterdeckung vor. Es braucht damit aber keine Liquiditätsanspannung vorliegen. Das Unternehmen besitzt übrigens noch eine Liquiditätsreserve von 800 000 DM in Form eines nicht voll ausgenutzten Kontokorrentkredites. Eine volle Deckung oder gar Überdeckung wird bei der Barliquidität in der Praxis auch nur selten erreicht.

Liquiditätskennzahlen sind hier in ihrer Aussagekraft begrenzt, da die exakten Fälligkeitstermine von Verbindlichkeiten und Forderungen nicht wie im betrieblichen Finanzplan bekannt sind.

Die Prüfung der *Solidität der Finanzierung* nach der Kapitalherkunft auf der Passivseite und nach der Mittelverwendung auf der Aktivseite der Bilanz ist vertikale Bilanzanalyse. Die Zusammenhänge zwischen Finanzierung und Vermögensaufbau werden in der *horizontalen* Bilanzanalyse aufgezeigt. Die Gegenüberstellung von Vermögens- und Kapitalaufbau ist wichtiger als die Relation von Eigen- zu Fremdkapital. Die Verweildauer der verschiedenen Vermögenspositionen im Unternehmen ist mit der Kapitalbindungsdauer in Einklang zu bringen.

Das Prinzip der Fristenentsprechung, der Fristenkongruenz, wird in der *goldenen Bilanzregel* berücksichtigt. Das Anlagevermögen ist langfristig im Unternehmen und folglich mit Eigenkapital zu finanzieren.

$$\text{Anlagendeckung } I = \frac{\text{Eigenkapital} \times 100\%}{\text{Anlagevermögen}}$$

Der Grundsatz wurde später erweitert. Langfristig im Unternehmen arbeitendes Vermögen ist mit langfristigen Mitteln zu finanzieren. Das Anlagevermögen und das dauernd gebundene Umlaufvermögen, der sogenannte eiserne Bestand, müssen mit Mitteln finanziert werden, die dem Unternehmen langfristig zur Verfügung stehen. Für die Finanzierung von Sach- und Finanzanlagen kommen deshalb nur Eigenkapital und langfristiges Fremdkapital in Betracht.

$$\text{Anlagendeckung } II = \frac{(\text{Eigenkapital} + \text{langfristiges Fremdkapital}) \times 100\%}{\text{Anlagevermögen}}$$

Für unser Modellbeispiel errechnet sich folgende Anlagendeckung:

$$\text{Anlagendeckung I} = \frac{12\,900\,000 \times 100\%}{12\,800\,000} = 100{,}8\%$$

$$\text{Anlagendeckung II} = \frac{(12\,900\,000 + 2\,400\,000) \times 100\%}{12\,800\,000} = 119{,}5\%$$

Bilanzanalyse | **Nr. 15**

Der Sachverhalt der *Sachanlagendeckung* kommt auch im folgenden Schema bezogen auf das Modellbeispiel zum Ausdruck:

	Eigenkapital (= eigene Mittel)	12 900 000 DM
+	langfristiges Fremdkapital (= langfristige Mittel)	2 400 000 DM
=	langfristige Mittel	15 300 000 DM
–	langfristige Forderungen, Beteiligungen	1 600 000 DM
=	Verfügbare Mittel für Sachanlagen	13 700 000 DM
–	Sachanlagen	11 200 000 DM
=	Über-/Unterdeckung	2 500 000 DM

Ein positiver Saldo ergibt eine Überdeckung, d. h., die dem Unternehmen langfristig zur Verfügung stehenden Mittel reichen aus, um das Sachanlagevermögen zu finanzieren. Bei einem negativen Saldo (Unterdeckung) finanzieren die langfristigen Mittel nicht das ganze Anlagevermögen, das Umlaufvermögen ist kleiner als das kurzfristige Fremdkapital. Eine Finanzierung, bei der die kurzfristig fälligen Verbindlichkeiten die kurzfristig fälligen Forderungen übersteigen, ist riskant. Die Angabe der Über- oder Unterdeckung in Prozent des Sachanlagevermögens zeigt, in welcher Relation die Größen zueinander stehen.

Es sollte jedoch nach der Goldenen Bilanzregel in der weitesten Fassung nicht nur das Anlagevermögen mit langfristigen Mitteln finanziert werden, sondern auch der Teil des Umlaufvermögens, der entweder zur Aufrechterhaltung der Produktion oder kurzfristig nicht verflüssigt werden kann.

Beispiel: | **Bilanzzeitvergleich in absoluten Zahlen und in Prozentzahlen in 1 000 DM**

Aktiva	31. 12. 1995		31. 12. 1996	
	DM	%	DM	%
A. *Anlagevermögen*				
I. Sachanlagen	8 900	52,3	11 200	56,0
II. Finanzanlagen	100	0,6	1 600	8,0
(Summe Anlagevermögen)	9 000	52,9	12 800	64,0
B. *Umlaufvermögen*				
I. Vorräte	1 800	10,6	2 400	12,0
II. Forderungen	2 010	11,8	2 500	12,5
III. Wertpapiere	2 190	12,9	1 400	7,0
IV. flüssige Mittel	1 990	11,7	880	4,4
(Summe Umlaufvermögen)	7 990	47,0	7 180	35,9
C. *Rechnungsabgrenzungsposten*	10	0,1	20	0,1
	17 000	100,0	20 000	100,0

Nr. 15	Bilanzanalyse

Passiva	31.12.1995		31.12.1996	
	DM	%	DM	%
A. Eigenkapital	11 000	64,7	11 800	59,0
B. Rückstellungen	1 450	8,5	1 600	8,0
C. Verbindlichkeiten	4 500	26,5	6 250	32,6
D. Rechnungsabgrenzungsposten	50	0,3	80	0,4
	17 000	100,0	20 000	100,0

Der vorliegende Bilanzzeitvergleich zeigt eine Zunahme der Bilanzsumme zum 31.12.1996 um 3 Mio DM auf 20 Mio DM. Die Expansion ist hauptsächlich auf Investitionen in Sach- und Finanzanlagen zurückzuführen.

Die Gliederungszahlen (Prozentzahlen) zeigen Veränderungen in der *Bilanzstruktur*. Die getätigten Investitionen haben die Sachanlagenintensität erhöht (1995 52,3%, 1996 56%). Die größte Veränderung ist bei den Finanzanlagen festzustellen (1995 0,6%, 1996 8%).

Der Erwerb der Beteiligung und die Investitionen in Sachanlagen wurden mit flüssigen Mitteln, Vermögensumschichtungen im Umlaufvermögen und durch Bankkredite finanziert. Flüssige Mittel wurden abgebaut, Wertpapiere des Umlaufvermögens veräußert und die Bankkredite erhöht. Die Fremdfinanzierung hat auf der Passivseite zu einem Rückgang der Eigenkapitalquote von 64,7 auf 59% geführt.

Ertragslage aufzeigen und beurteilen

Die Bilanz zeigt den Vermögensaufbau und die Kapitalstruktur zu einem bestimmten Stichtag, dem Bilanzstichtag. Die Gewinn- und Verlustrechnung ist dagegen eine *Zeitraumrechnung*.

Die Analyse der Gewinn- und Verlustrechnung hat das Ziel, die Ertragslage des Unternehmens aufzuzeigen. Umsatzniveau, Abschreibungsvolumen, Höhe des Materialeinsatzes und der Personalaufwendungen sowie die Entstehung des Gewinns bzw. Verlustes sind zu ersehen.

Im Gegensatz zum internen ist es für den externen Bilanzanalytiker zuweilen schwierig zu erkennen, in welchem Umfang der Bilanzgewinn (Verlust) im Rahmen der normalen betrieblichen Tätigkeit (Fertigungsprozeß) entstanden ist und welche Rolle Finanztransaktionen und Sondereinflüsse gespielt haben.

Gesamtleistung, Rohergebnis, Finanzergebnis und Jahresüberschuß

Die Gewinn- und Verlustrechnung ist nach § 275 HGB in *Staffelform* nach dem Gesamtkostenverfahen oder dem in den angelsächsischen Ländern praktizierten Umsatzkostenverfahren aufzustellen. Die Gliederung nach Positionen und ihre Reihenfolge wird in § 275 HGB festgelegt, wobei allerdings weitere Untergliederungen erlaubt sind.

Der Jahresüberschuß/-fehlbetrag wird nach dem Gesamtkostenverfahren bezogen auf unseren Beispielfall wie folgt ermittelt:

Bilanzanalyse | **Nr. 15**

	1996 in 1 000 DM	
1. Umsatzerlöse	27 340	
2. Erhöhung des Bestands an fertigen und unfertigen Erzeugnissen	600	
3. Andere aktivierte Eigenleistungen	70	
4. sonstige betriebliche Erträge	1 090	
		29 100
5. Materialaufwand		
a) Aufwendungen für Roh-, Hilfs- und Betriebsstoffe und für bezogene Leistungen	–10 350	
b) Aufwendungen für bezogene Leistungen	–890	
	–11 240	
6. Personalaufwand		
a) Löhne und Gehälter	–9 370	
b) Soziale Abgaben und Aufwendungen für Altersversorgung und für Unterstützung davon Altersvorsorge 120	–1 320	
	–10 690	
7. Abschreibungen auf Sachanlagen	–2 540	
8. Sonstige betriebliche Aufwendungen	–2 200	
		–26 670
(Betriebsergebnis)		2 430
9. Erträge aus Beteiligungen	310	
10. Erträge aus anderen Wertpapieren und Ausleihungen des Finanzanlagevermögens	5	
11. Sonstige Zinsen und ähnliche Erträge	90	
12. Abschreibungen auf Finanzanlagen und Wertpapiere des Umlaufvermögens	–28	
13. Zinsen und ähnliche Aufwendungen	–150	227
14. *Ergebnis der gewöhnlichen Geschäftstätigkeit*		2 657
15. Außerordentliche Erträge	10	
16. Außerordentliche Aufwendungen	–30	
17. Außerordentliches Ergebnis		–20
18. Steuern vom Einkommen und vom Ertrag		–1 723
19. Sonstige Steuern		–114
20. *Jahresüberschuß*		800

Die *Gesamtleistung* ergibt sich aus den Positionen 1 bis 4. Große Kapitalgesellschaften müssen Umsatzerlöse, Bestandsveränderungen, aktivierte Eigenleistungen und sonstige betriebliche Erträge einzeln aufführen. Der Gesetzgeber erlaubt den kleinen und mittleren Kapitalgesellschaften, die Posten 1 bis 5 zusammen als Rohergebnis auszuweisen.

Nr. 15	Bilanzanalyse

Die eigentliche Betriebsleistung des Unternehmens wird unter den *Umsatzerlösen* ausgewiesen. Umsatzerlöse sind die Summe der Rechnungsbeträge für die verkauften Waren und Dienstleistungen, vermindert um Rabatte, Boni, Skonti und Mehrwertsteuer.

„Sonstige betriebliche Erträge" sind wie „Sonstige betriebliche Aufwendungen" ein Sammelposten. Sonstige betriebliche Erträge sind z. B. die Vermietung von Werkswohnungen, Erlöse der Kantine oder Buchgewinne aus Anlageverkäufen. Die Erträge aus der Auflösung nicht mehr benötigter Rückstellungen fallen auch unter diese Position.

Der *ordentliche Betriebserfolg* (= Betriebsergebnis) ergibt sich, wenn von der Gesamtleistung (Positionen 1 bis 4) der *Betriebsaufwand* abgezogen wird. Der Betriebsaufwand umfaßt Materialaufwand, Personalaufwand, Abschreibungen und Sonstige betriebliche Aufwendungen.

Das *Finanzergebnis* wird aus den Positionen 9 bis 13 gebildet. Es umfaßt Erträge aus Beteiligungen (Pos. 9), aus Wertpapieren und Ausleihungen (Pos. 10) sowie sonstige Zinsen (Pos. 11). Die Abschreibungen auf Finanzanlagen und auf Wertpapiere des Umlaufvermögens sind in Pos. 12 und die Zinsaufwendungen in Pos. 13 berücksichtigt.

Außerordentliche Erträge und Aufwendungen sind nach dem Bilanzrichtliniengesetz (BiRiLiG) als gesonderte Posten auszuweisen. Die „Außerordentlichen Erträge und Aufwendungen" sind zwar unternehmensbedingt, aber nach ihrer Art und Höhe ungewöhnlich und unregelmäßig.

Die Position *„Steuern vom Einkommen und Ertrag"* umfaßt Körperschaftsteuer und Gewerbeertragsteuer. Die Höhe der Steuer hängt vom Erfolg und der Gewinnverteilungspolitik ab.

Der Gewinn einer Periode zeigt sich in einem Überschuß der Erträge über die Aufwendungen und wird in der Gewinn- und Verlustrechnung als *Jahresüberschuß* ausgewiesen. Entsprechend entsteht mit einem Verlust ein *Jahresfehlbetrag*. Wenn zusätzlich der Gewinn- oder Verlustvortrag des Vorjahres sowie die Einstellungen bzw. die Entnahmen aus den Gewinnrücklagen berücksichtigt werden, dann erhält man den *Bilanzgewinn* bzw. *Bilanzverlust*.

    Jahresüberschuß/-fehlbetrag
+ Gewinnvortrag (abzüglich Verlustvortrag)
− Zuweisung zu den Gewinnrücklagen (zuzüglich Entnahme)

= Bilanzgewinn (= Bilanzverlust)

Der Bilanzanalytiker kann bei der Gewinn- und Verlustrechnung wie bei der Bilanz eine Auswertung in absoluten und in Prozentzahlen durchführen. Der Vergleich der wichtigsten Aufwands- und Ertragspositionen zeigt vor allen Dingen Strukturveränderungen.

❑

Computergestützte Buchführung

Die Grundsätze ordnungsmäßiger Buchführung (GoB) gelten auch für computergestützte Buchführungssysteme. Die gespeicherten Daten müssen jederzeit auf dem Bildschirm angezeigt bzw. ausgedruckt werden können. Computergestützte Buchführungssysteme müssen ebenfalls die vom Gesetzgeber geforderten Aufbewahrungsfristen für Unterlagen beachten (→Aufbewahrungsfristen).

Unterschiedliche EDV-Buchführungsverfahren

- Die *EDV-Buchführung mit vollständigem Ausdruck* wird auch als konventionelle EDV-Buchführung bezeichnet, da alle Buchführungsdaten in zeitlicher und sachlicher Folge ausgedruckt werden.

- Die *EDV-Buchführung mit verdichtetem Ausdruck* weist nicht mehr alle Einzelbeträge aus. Zu- und Abgänge werden nicht als Einzelbeträge ausgedruckt, es erscheint nur der Saldo.

- Die *EDV-Speicherbuchführung*, die auch den Dialogbetrieb mit dem PC als Terminal erlaubt, ist durch eine Speicherung der Geschäftsvorfälle im EDV-System gekennzeichnet. Der Ausdruck aller gespeicherten Daten erfolgt nicht mehr. Buchungen und Kontenlisten werden nur auf Wunsch lesbar gemacht bzw. ausgedruckt.

Die programm- und datentechnische Sicherung der EDV-Buchführung vor unerlaubten Handlungen und anderen Gefahren muß den Sicherheitsbedürfnissen angepaßt werden. Unternehmen, die *Buchhaltungsprogramme auf dem Personal Computer (PC)* abwickeln, müssen im Hinblick auf die Dokumentation die gleichen Anforderungen erfüllen wie EDV-Anwender mit einem großen integrierten System.

Grundsätze ordnungsmäßiger Speicherbuchführung (GoS)

Die Aufbewahrung von Bild- und Datenträgern ermöglicht dem Buchführungspflichtigen eine im wesentlichen papierlose Abwicklung seiner Buchführung. Die Bilanz und die Gewinn- und Verlustrechnung müssen allerdings nach wie vor auf Papier ausgedruckt werden.

Die *Grundsätze ordnungsmäßiger Speicherbuchführung (GoS)* wurden im Hinblick auf die Überprüfbarkeit von EDV-Buchführungssystemen entwickelt. Das Belegprinzip, die Datensicherung, die Dokumentation, die Aufbewahrungsfristen und die Wiedergabe von Datenträgern sind hier geregelt.

| Nr. 16 | Computergestützte Buchführung |

Systemrevision und Programmrevision

Die Systemrevision prüft den manuellen und maschinellen Arbeitsablauf. Auch schwierige Arbeitsabläufe können auf die Phasen Eingabe, Verarbeitung und Ausgabe zurückgeführt werden.

Fehlerquellen können bereits bei der Datenerfassung auftreten, die sich mit der Umsetzung der Daten in maschinell lesbare Datenträger befaßt. Alle Daten, die über den Bildschirm in die EDV eingegeben werden, müssen durch Belege oder Genehmigungsvermerke verantwortlicher Stellen des Unternehmens abgesichert sein. Es muß auch gewährleistet sein, daß die jeweiligen Daten nur einmal und richtig eingegeben werden.

Bei der Prüfung der Verarbeitungsphase sind programmierbare Kontrollen manuellen Kontrollen vorzuziehen. Um unbefugte Eingriffe in den Programmablauf zu verhindern, ist Sorge dafür zu tragen, daß Programmierer von der Verarbeitung des konkreten Datenmaterials ausgeschlossen bleiben.

Die Programme sind Gegenstand der *Programmrevision*. Es geht um die Frage, ob die verwendeten Programme die Eingabedaten entsprechend den vorgegebenen Instruktionen richtig verarbeiten. Die nachträglichen Ergebnisdaten lassen sich nur aus dem Zusammenwirken von Ursprungsdaten und dem zugehörigen Programm für die Zwecke der Prüfung rekonstruieren. Der Revisor bildet vielfach fiktive Fälle, an Hand derer er das Programm prüft. Die Testfälle sollten alle Programmfunktionen ansprechen.

EDV-Buchführung und das Finanzamt

Wenn die Buchführung und das Rechnungswesen über die EDV abgewickelt werden, dann kann der Betriebsprüfer des Finanzamts entsprechende *Ausdrucke* verlangen, da er sonst die Buchführung des Unternehmens nicht nachvollziehen kann.

Die Außenprüfung des Finanzamts soll bei Großbetrieben eine „Anschlußprüfung" sein, d. h., jede Prüfung soll lückenlos an den vorhergehenden Prüfungszeitraum anschließen. Für Mittel-, Klein- und Kleinstbetriebe gilt, daß der Prüfungszeitraum nicht über die letzten drei Besteuerungszeiträume vor der Steuererklärung der Ertragsteuern zurückreicht. Bei diesem Kreis von Unternehmen bleiben damit regelmäßig Besteuerungszeiträume ungeprüft.

→ Aufbewahrungsfristen → Rechnungswesen

Controlling

Controlling ist ein Führungsinstrument, das durch die Vernetzung von Information, Planung, Koordination und Kontrolle eine langfristige Gewinnoptimierung anstrebt. Die Unternehmensziele können mit Hilfe des Controlling besser erreicht werden, da eine laufende Überwachung der Geschäftsentwicklung über Soll-/Ist Vergleiche erfolgt. Auftretende Gefahren werden frühzeitig angezeigt, wodurch rechtzeitig Gegenmaßnahmen eingeleitet werden können, um das gewünschte Ziel zu erreichen. Controlling ist deshalb als ein sich selbst steuerndes Regelkreissystem zu verstehen.

Der Plan-Ist-Vergleich mit Abweichungsanalysen ist ein wichtiges Führungsinstrument im strategischen und operativen Controlling. Die Vollkostenrechnung wird um die Deckungsbeitragsrechnung ergänzt. Artikel- und Kundendeckungsbeiträge lassen sich errechnen. Artikelrangfolgen liefern dem Verkauf wichtige Hinweise für seine Aktivitäten.

Die isolierte Betrachtung von Einzelbereichen wird durch ganzheitliches Denken verhindert. Die Koordination von Controlling und Marketing zeigt die vielfältigen Wechselbeziehungen innerhalb des Unternehmens und mit den Märkten. Kurzfristige Gewinne dürfen nicht zu Lasten der langfristigen Unternehmenssicherung und auf Kosten der Umwelt durchgesetzt werden.

Am Anfang steht das Unternehmensleitbild und die Zielformulierung

Die historische Entwicklung eines Unternehmens bewirkt bestimmte Denkmuster und Verhaltensweisen der Führungspersönlichkeiten. Die *Unternehmensphilosophie* und die Charaktere der leitenden Personen führen zu einem bestimmten *Unternehmensverhalten*. Eine Unternehmenskultur entsteht, wenn eine Identifikation der Mitarbeiter mit dem Unternehmen gelingt.

Die *Zielformulierung* stellt Fragen nach dem Sinn des Unternehmens, z. B. ordentliche Rendite, gute Produkte, sichere Arbeitsplätze, wenig Umweltverschmutzung. Die Zielformulierung soll die Motivation der Mitarbeiter erhöhen und die langfristige Gewinn- und Liquiditätssicherung ermöglichen.

| Nr. 17 | Controlling |

Strategisches und operatives Controlling

Strategisches Controlling geht über den klassischen Planungshorizont von drei Jahren hinaus und befähigt das Management frühzeitig, Strukturveränderungen, z. B. Nachfrageänderungen, Ablösung bestimmter Technologien, Beschränkungen bei bestimmten Ressourcen, zu erkennen. Qualitative Veränderungen im Umfeld und in der Umwelt werden durch das strategische Controlling aufgezeigt. Die Fähigkeit, Veränderungen früher als die Konkurrenz zu erkennen, ist zu entwickeln. Forschung und Entwicklung müssen durch Innovationen gegensteuern.

Operatives Controlling mit einem Zeithorizont von 1 bis 3 Jahren (Einjahres-, Zweijahres- und Dreijahresplanung) ist ein Steuerungsinstrument zur Verwirklichung der Unternehmensziele. Es ermöglicht eine aktive Gewinnsteuerung, wenn Artikel mit einem hohen Deckungsbeitrag bevorzugt verkauft werden. Operatives Controlling beseitigt Erfolgsengpässe, plant und sichert Teilziele und steuert die Gewinnsicherung bis zum Zeithorizont der rollierenden Planung.

Instrumente des Controlling

Controlling umfaßt zunächst die Instrumente des herkömmlichen Rechnungswesens, wodurch eine Gewinnsteuerung und die Aufdeckung von Schwachstellen in der Beschaffung, Fertigung, Verkauf und in der Administration möglich sind. Die kurzfristige Erfolgsrechnung, die Deckungsbeitragsrechnung, der Cash-flow, die Break-even-point-Analyse und Kennzahlen sind wichtige Instrumente des Controlling. Der Cash-flow ist eine Hilfsgröße zur Abschätzung der Finanz- und Ertragskraft eines Unternehmens. Während Abschreibungen das Ergebnis der Gewinn- und Verlustrechnung belasten, führen sie in der Finanzplanung nicht zu Ausgaben.

Das Controlling-Konzept ist ein betriebswirtschaftliches *Berichts- und Steuerungssystem* für interne Zwecke und umfaßt:

- Ziele und eine langfristige Planung
- Planung, mit einer globalen Finanzvorschau verbunden
- Vergleich von Ist- und Planergebnissen, quartalsweise oder monatlich
- Abweichungen von Ist und Plan sind zu erklären und notwendige Konsequenzen zu ziehen.

Controlling ist ohne Deckungsbeitragsrechnung nicht möglich

Die *Vollkostenrechnung* erfaßt alle anfallenden Kosten und verteilt sie auf die jeweiligen Kostenträger. Sie berücksichtigt auch Bestandsveränderungen und aktivierungspflichtige Eigenleistungen. Die gesamte Unter-

Controlling | Nr. 17

nehmensleistung wird nach dem Gesamtkostenverfahren bzw. dem Umsatzkostenverfahren berechnet und das Betriebsergebnis festgestellt.

Die Vollkostenrechnung geht von Vollbeschäftigung aus und strebt zumindest Kostendeckung bei den einzelnen Produkten an. Die Vollkostenrechnung eignet sich bei *Unterbeschäftigung* des Unternehmens nicht als Grundlage für betriebswirtschaftliche Entscheidungen. Die Vollkostenrechnung belastet nämlich bei Unterbeschäftigung die einzelnen Erzeugnisse ebenfalls mit anteiligen Leerkosten, was die Produkte unsachgemäß verteuert. Die Folge können Fehlentscheidungen sein. Produkte mit Verlust werden aus dem Fertigungsprogramm gestrichen oder Zusatzaufträge, die unter den Selbstkosten liegen, nicht hereingenommen. Mit einer Vollkostenrechnung kann nicht erkannt werden, ob diese Produkte noch positive Deckungsbeiträge erwirtschaften.

Die *Deckungsbeitragsrechnung* belastet die Kostenträger nur mit den direkt zurechenbaren Kosten, die Fixkosten werden „en bloc" ins Betriebsergebnis übernommen. Die direkt zurechenbaren Kostenarten sind Einzelkosten, die sich einer bestimmten Bezugsgröße direkt zurechnen lassen, z. B. einzelnen Produkten oder bestimmten Kostenstellen.

Der *Deckungsbeitrag* ist die Summe, die ein Kostenträger (z. B. ein Produkt, ein Auftrag, ein Kunde, ein Verkaufsbezirk) zur Deckung der fixen Kosten bzw. zur Gewinnerzielung beiträgt. Der Deckungsbeitrag ergibt sich, wenn vom Erlös die direkt zurechenbaren Kosten abgezogen werden.

Die Deckungsbeitragsrechnung ist ein Führungsinstrument, das gerade bei Unterbeschäftigung eine wichtige Hilfe ist. Solange ein Produkt im Sortiment einen Deckungsbeitrag erzielt, trägt es auch zur Deckung der fixen Kosten bei. Der Verkauf kennt somit seine kurzfristige Preisuntergrenze. Es ist der Preis, der nur die variablen Kosten deckt (= Deckungsbeitrag I = 0).

Beispiel: Deckungsbeitrag I und II von Produkt A und B

	Produkt A	Produkt B	Summe
Nettoumsatz – variable Kosten	720 000 390 000	260 000 115 000	980 000 505 000
= *Deckungsbeitrag I* – erzeugnisfixe Kosten	330 000 230 000	145 000 70 000	475 000 300 000
= *Deckungsbeitrag II* – unternehmensfixe Kosten	100 000	75 000	175 000 105 000
= Betriebsergebnis			70 000

Nr. 17	Controlling

Erzeugnisfixe Kosten des Produkts A sind beispielsweise die fixen Kosten für Werkzeugmaschinen bzw. Industrieroboter, die bei der Herstellung des Produkts A eingesetzt werden. Das Produkt A erreicht in unserem Beispiel einen positiven Deckungsbeitrag II von 100 000 DM und trägt damit zur Deckung der unternehmensfixen Kosten bzw. zur Gewinnerzielung bei.

Das Verhältnis von *Deckungsbeitrag zum Nettoumsatz* (Bruttoumsatz vermindert um MwSt und Erlösschmälerungen) des Produkts zeigt, wieviel Prozent vom Umsatz der Deckungsbeitrag beträgt. Die Geschäftsleitung kann mit der Deckungsbeitragsrechnung die Sortimentsgestaltung und -steuerung nach den rentabelsten Produkten betreiben.

Beispiel: Produktrangliste auf der Basis von Nettoumsatzerlösen

	Produkt A	Produkt B
Nettoumsatzerlöse	720 000	260 000
Deckungsbeitrag II	100 000	75 000
Deckungsbeitrag II in % der Nettoumsatzerlöse	13,88	28,84
Rangfolge	2	1

Praxis-Tip

Das Produkt mit dem höchsten Deckungsbeitrag II sollte im Mehrproduktunternehmen gefördert werden. Noch genauer ist das Kriterium Deckungsbeiträge II in Prozent der Verkaufserlöse (Nettoumsatzerlöse). Die Größe wird auch als relativer Deckungsbeitrag bezeichnet. Eine Produktrangliste zeigt jetzt die rentabelsten Erzeugnisse. Die Ertragslage des Unternehmens wird verbessert, wenn der Verkauf dieser Erzeugnisse intensiviert wird.

Jahresabschluß kein kurzfristiges Lenk- und Steuerungsinstrument

Die *Finanzbuchhaltung* kontiert die Belege entsprechend dem betrieblichen Kontenplan, der aus dem jeweiligen Kontenrahmen abgeleitet ist. Der Kontenrahmen ist nach Gesichtspunkten der Branche und den gesetzlichen Vorschriften zur Erstellung der Bilanz sowie der Gewinn- und Verlustrechnung aufgebaut. Die Finanzbuchhaltung ist eine Ist-Rechnung, ein hauptsächlich für Dritte konzipiertes Berichtswesen.

Controlling | Nr. 17

Kurzfristige Erfolgsrechnung

Die kurzfristige Erfolgsrechnung wird im Gegensatz zur jährlichen bilanziellen Erfolgsermittlung in kürzeren Zeitabschnitten erstellt. Sie kann als Produktergebnisrechnung erstellt werden. Die kurzfristige Erfolgsrechnung als Teilkostenrechnung kann als Steuerungsinstrument genutzt werden.

Das Umsatzkostenverfahren eignet sich für diesen Zweck besser als das Gesamtkostenverfahren. Die Umsätze der Abrechnungsperiode und ihre Kosten ermittelt das Umsatzkostenverfahren. Das *Umsatzkostenverfahren auf Teilkostenbasis* mit Plan- und Istkosten ist ein wichtiges Instrument der kurzfristigen Erfolgsrechnung.

Controlling auch für kleine und mittelständische Unternehmen

Mittelständische Unternehmen können aus den Zahlen der Finanzbuchhaltung heraus ein entscheidungsorientiertes Controlling-Konzept entwickeln, das organisatorische, produkt- und marktbezogene Gegebenheiten flexibel berücksichtigen kann. Das Berichtswesen soll der Geschäftsleitung zeigen, ob die Entwicklung des Unternehmens entsprechend dem Jahresplan verläuft.

Planung steht meist an erster Stelle im Aufgabengebiet eines Controllers. Hier unterscheidet er sich maßgebend vom *Revisor,* wo der reine Kontrollaspekt und die Ordnungsmäßigkeit im Vordergrund stehen.

Die vielen Konten der Gewinn- und Verlustrechnung der Finanzbuchhaltung sind für eine betriebswirtschaftlich entscheidungsorientierte Ergebnisrechnung zu verdichten und anders darzustellen. Die Zahl der Kostenarten sollte aus Gründen der Übersichtlichkeit begrenzt bleiben.

Praxis-Tip

Gewinnsteuerung ist nur möglich, wenn die Globalgröße „Gewinn" bzw. „Verlust" in ihre Bestandteile aufgelöst wird:

- Erträge bzw. Leistungen
- Kosten.

Der nächste Schritt ist eine verursachungsgerechte Zuordnung der Kosten zu den Leistungen. Fertigungsmaterial, Fertigungslöhne und Sondereinzelkosten sind durch die Leistungserstellung verursacht und können einem bestimmten Produkt bzw. Kundenauftrag direkt zugeordnet werden. Kostenträger und -stellen werden in der Deckungsbeitragsrechnung nur mit den direkt zurechenbaren Kosten belastet.

Nr. 17	Controlling

Die Kostenarten sind zunächst nach ihrer wertmäßigen Bedeutung zu bestimmen. Kostenarten, die voneinander abhängen, können zusammengefaßt werden, z. B. Sozialkosten und Löhne, Sozialkosten und Gehälter. Die wichtigsten Kostenarten sind einzeln aufzuführen, unwichtige Kostenarten können zusammengefaßt werden. Wichtig ist, daß alle betriebsbedingten Aufwendungen der Finanzbuchführung in das Controlling-Konzept übernommen werden.

Wichtige Konten der Finanzbuchführung für die betriebswirtschaftliche Steuerung und Ergebnisrechnung

Aufwendungen

- Aufwendungen für Roh-, Hilfs- und Betriebsstoffe
- Löhne und Sozialkosten
- Gehälter und Sozialkosten
- Abschreibungen
- Raumkosten
- Restliche Aufwendungen
- Kalkulatorische Kosten

Ertragskonten

- Erlöskonten nach Produktgruppen

Hinweis: Kalkulatorische Kosten erscheinen nicht in der Gewinn- und Verlustrechnung der Finanzbuchführung (→**Kostenrechnerische Korrekturen**).

Für die betriebswirtschaftlich-entscheidungsorientierte Steuerung ist von großer Bedeutung, wie sich die aufgeführten Kostenarten bei einer Steigerung der Produktion verändern. Die fixen Kosten in Fertigung, Einkauf, Verkauf und Verwaltung fallen an, unabhängig, ob Verkaufsauf-träge vorhanden sind oder nicht. Die fixen Kosten sind deshalb Kosten der Betriebsbereitschaft, z. B. Abschreibungen auf das Anlagevermögen, Mieten.

Bei den fixen Kosten oder den Bereitschaftskosten kann man später noch entscheiden, ob sie sich einem einzelnen Produkt zuordnen lassen, z. B. Abschreibung für eine Anlage in der Fertigung. Neben diesen bestimmten Produkten zuordenbaren fixen Kosten gibt es solche, die mit keinem bestimmten Produkt in Verbindung stehen, z. B. Abschreibung auf das Verwaltungsgebäude.

Von den Bereitschaftskosten sind die *variablen Kosten* oder die *Leistungskosten* zu unterscheiden, die sich mit einer Änderung der Fertigungsmenge ebenfalls verändern.

Aufteilung betrieblicher Aufwendungen in fixe und variable Kosten

Aufwandskonten	variable Kosten (= Leistungskosten)	fixe Kosten (= für Produkte)	fixe Kosten (= allgemein)
Roh-, Hilfs- und Betriebsstoffe	×		
Löhne und Sozialkosten	×		
Gehälter und Sozialkosten		×	×
Abschreibungen der Maschinen		×	
Abschreibungen des Verwaltungsgeb.			×
Werbe- und Reisekosten		×	×

Industriebetriebe mit Fließband- und automatischer Fertigung weisen hohe fixe Kosten auf. Die verstärkte Technisierung der industriellen Produktion hat das Ansteigen der Fixkosten zur Folge. Kleine Lohnfertiger haben dagegen relativ hohe variable Kosten, z. B. hoher Materialanteil und hohe Lohnkosten. Sie können sich deshalb ziemlich flexibel an veränderte Kapazitäten anpassen.

Betriebswirtschaftliche Einheiten innerhalb des Unternehmens bilden

Großunternehmen werden schon seit vielen Jahren in Sparten oder Bereiche gegliedert, um überschaubarer zu sein. Für die betriebswirtschaftliche Unternehmens- und Gewinnsteuerung ist es auch für kleine und mittlere Unternehmen sinnvoll, die rechtliche Einheit des Unternehmens betriebsintern in Bereiche zu gliedern. Diese „selbständigen" Leistungseinheiten, sogenannte *Profit-Center*, erbringen Leistungen und verursachen Kosten. Ein Profit-Center kann damit auch Deckungsbeiträge erwirtschaften.

Die Verwaltung des Unternehmens wird als *Kosten-Center* geführt. Es erbringt Leistungen für die übrigen Unternehmenseinheiten. Ein Kosten-Center verursacht Kosten, erbringt dagegen keine Deckungsbeiträge. Die Wirtschaftlichkeit des Kosten-Centers muß über die Vorgabe von Kosten und ihre Einhaltung kontrolliert werden.

Zwischen den einzelnen Profit-Centern können – bedingt durch Kostenstruktur und Wettbewerbssituation – große Unterschiede hinsichtlich der

Nr. 17	Controlling

erwirtschafteten Deckungsbeiträge bestehen. Jedes Profit-Center wird wie ein selbständiges Unternehmen geführt. Die Betriebserfolge der einzelnen Profit-Center oder Bereiche sind mit der Gewinn- und Verlustrechnung der Finanzbuchführung abzustimmen.

Nach welchen Kriterien können Profit-Center gebildet werden?

Das Unternehmen kann nach verschiedenen Kriterien aufgeteilt werden:

- Produktgruppen und Produkte
- Kundengruppen und Kunden
- Verantwortungsbereiche

Die Gliederung eines Unternehmens nach *Produktgruppen und Produkten* ist naheliegend und ist gerade für Industrieunternehmen empfehlenswert. Gleiche oder ähnliche Produkte werden aus denselben Rohstoffen und mit den gleichen Fertigungsverfahren hergestellt. Es treten deshalb auch ähnliche Kostenstrukturen und Vertriebsprobleme auf.

Eine Einteilung nach *Kunden* kann sinnvoll sein, wenn für bestimmte Kunden und Kundengruppen spezielle Problemlösungen erbracht werden. Die Gliederung nach *Verantwortungsbereichen* empfiehlt sich, wenn beispielsweise im Handel eine regionale Einteilung des Vertriebsgebietes erfolgt. Eine regionale Einteilung ist in der Industrie auch zu empfehlen, wenn Werke an verschiedenen Standorten bestehen.

Gesamtplanung und Einzelpläne

Der *Jahresplan* für das Gesamtunternehmen wird erstmals anhand der Gewinn- und Verlustrechnung des abgelaufenen Jahres erstellt. Wahrscheinliche Veränderungen des kommenden Jahres und gewünschte Ziele verändern die vorgefundenen Ausgangsdaten zu den neuen Planwerten des Umsatzes und der Kosten. Der Jahresplan wird zu Quartals- und Monatsplänen aufgeschlüsselt.

Der Jahresplan der folgenden Jahre, das gewollte bzw. machbare Jahresergebnis, wird über Absatzmengen, Preise, Umsätze und Kosten ermittelt. Der Jahresplan des Gesamtunternehmens wird in *Teilpläne* für die Bereiche des Unternehmens aufgeteilt. Die Führungskräfte erhalten so für ihren Bereich Zielvorgaben. Die Istwerte eines Abrechnungszeitraumes werden mit den Planwerten verglichen. Die *Analyse der Abweichungen* zwischen Plan- und Istwerten hat entscheidende Bedeutung im Controlling. Der Ursachenermittlung folgen dann konkrete Gegenmaßnahmen.

Debitorenbuchhaltung

Die Debitorenbuchhaltung wird auch als Kundenbuchhaltung oder Verkaufsbuchhaltung bezeichnet. Sie ist eine Nebenbuchhaltung der Finanzbuchhaltung und erfaßt alle mit Rechnungen an Kunden zusammenhängenden Buchungen. Die Debitorenbuchhaltung verwaltet die Personenkonten der Kunden. Jeder Kunde erhält eine bestimmte Kundennummer zugewiesen.

Debitorenbuchhaltung führt die Personenkonten der Kunden

Die Debitorenbuchhaltung oder Kundenbuchhaltung erfaßt und überwacht die Außenstände (Forderungen). Das Unternehmen hat seine Vertragsverpflichtungen aus dem gegenseitigen Vertrag (Kauf-, Dienst- oder Werkvertrag) bereits erfüllt, während der Schuldner seine Verpflichtung, die Geldzahlung, noch nicht geleistet hat. Für jeden Kunden im In- und Ausland wird ein eigenes Konto, ein *Personenkonto,* angelegt, auf dem dann Rechnungsausgänge, Gutschriften und Zahlungseingänge erfaßt werden (→**Verkaufsbuchungen,** →**Kundenskonto,** →**Abschreibungen auf Forderungen**).

Praxis-Tip

Bei einer Prüfung der Debitoren durch die Innenrevision sollten von verschiedenen Konten die Salden zumindest in Stichproben auf ihre rechnerische Richtigkeit hin geprüft werden.

Die Preisnachlässe im weitesten Sinne sind bei der Prüfung der Kundenforderungen vom Revisor einzubeziehen (→**Nachlässe**).

Buchungen, die Warenrücksendungen betreffen, verdienen besondere Aufmerksamkeit. Hier ist auch gegebenenfalls an Hand von Lieferscheinen zu prüfen, ob die Waren tatsächlich im Fertigwarenlager eingegangen sind.

Das Sachkonto „Forderungen aus Lieferungen und Leistungen" der Hauptbuchhaltung untergliedert sich in eine mehr oder weniger große Zahl von Kundenkonten (Personenkonten).

Monatlich, vierteljährlich oder jährlich wird eine Saldenliste erstellt, die den Bestand der Forderungen zu einem bestimmten Tag anzeigt. Wirtschaftsprüfer verlangen im Rahmen der Jahresabschlußprüfung häufig die Einholung von Saldenbestätigungen über die Höhe der Forderungen und Verbindlichkeiten.

Nr. 18	Debitorenbuchhaltung

Debitorenbuchhaltung und Hauptbuchhaltung

Die Hauptbuchhaltung verfügt nur über summarische Auskünfte. Die Gesamthöhe der Kundenforderungen der Debitorenbuchhaltung, die sich durch Addition der einzelnen Personenkonten ergibt, muß mit dem Sachkonto „Forderungen aus Lieferungen und Leistungen" übereinstimmen. Dies ist eine Kontrollmöglichkeit für die Debitorenbuchhaltung und die Hauptbuchhaltung.

Die *Kundenforderungen* des Unternehmens erscheinen nach § 266 HGB im Umlaufvermögen unter „Forderungen und sonstigen Vermögensgegenständen" in Position 1. Außer den gesamten Kundenforderungen ist nach § 268 Abs. 4 HGB der Betrag anzugeben, der auf Forderungen mit einer Laufzeit von über einem Jahr entfällt. Der externe Bilanzanalytiker kann durch diesen gesonderten Ausweis die Finanzverhältnisse und Liquiditätssituation genauer beurteilen.

Währungsforderungen werden zu dem Kurs (Geldkurs) umgerechnet, der beim Zeitpunkt der Erstverbuchung galt. Ist der Stichtagskurs am Bilanzstichtag niedriger, so wird dieser angewandt. Kursgewinne dürfen erst bei der Zahlung der Forderungen verbucht werden (→**Bewertung**). Bei Währungsforderungen sind das Bonitätsrisiko des Schuldners und das jeweilige Länderrisiko zu berücksichtigen.

Praxis-Tip

Worauf Sie bei einer Bonitätsprüfung achten sollten:

- Das Kreditrisiko ist bei einigen wenigen Salden höher als bei vielen kleinen und mittleren Salden.
- Das Risiko steigt mit zunehmendem Alter der Forderungen.
- Forderungen in ausländischer Valuta beinhalten in der Regel ein größeres Kreditrisiko.

Forderungen gegen verbundene Unternehmen, die als Tochterunternehmen in den Konzernabschluß einbezogen sind, müssen nach § 266 HGB gesondert ausgewiesen werden. Wieviel davon auf Forderungen mit einer Laufzeit von einem Jahr entfällt, ist anzugeben. Forderungen gegen Unternehmen, mit denen ein Beteiligungsverhältnis besteht, sind gleich zu behandeln.

→ Abschreibungen auf Forderungen
→ Bewertung
→ Finanzbuchhaltung
→ Handelsbilanz
→ Handelsbuchführung
→ Kreditorenbuchhaltung
→ Kundenskonto
→ Nachlässe
→ Verkaufsbuchungen

Eigenkapital

Eigenkapital (Reinvermögen) ist die Differenz aus Vermögen und Schulden. Die Bewertung des Eigenkapitals erfolgt zum Nennwert. Das Eigenkapital wird durch Einlagen der Gesellschafter sowie durch einbehaltene Gewinne erhöht. Verluste und Privatentnahmen bei Einzelunternehmer und Personengesellschaften vermindern es.

Reinvermögen entspricht dem Eigenkapital

Das Reinvermögen oder Eigenkapital erhält man, wenn vom Vermögen die Schulden abgezogen werden. Die Buchwerte aller aktiven Vermögensteile vermindert um die Schulden entsprechen bilanziell dem Eigenkapital. Es ist der Wert des Unternehmens zum Buchwert.

Eigenkapital entspricht der Gesamtsumme, die der Eigentümer des Unternehmens an Geld- und Sachwerten investiert hat und ist die Haftungsbasis für Fremdkapital.

Eigenkapitalkonten bei Personengesellschaften

Das gesamte Eigenkapital wird bei der *Einzelunternehmung* vom Unternehmer aufgebracht. Die Eigenkapitalkonten bestehen bei der Einzelunternehmung aus dem Eigenkapitalkonto und dem Privatkonto des Unternehmers.

Bei den *Personengesellschaften* OHG und KG zählen die Kapitalkonten der Gesellschafter und die Privatkonten der entnahmeberechtigten Gesellschafter zu den Kapitalkonten. Die Kapital- und Privatkonten der OHG-Gesellschafter sowie der Komplementäre bei der KG zählen zu den Kapitalkonten. Diese Gesellschafter haften alle mit ihrem gesamten Vermögen für die Schulden der Gesellschaft. Dagegen ist beim Kommanditisten der KG, der nur mit seiner Kapitaleinlage haftet, nur das Kapitalkonto zu berücksichtigen.

Bei den Personengesellschaften wird der Gewinn auf die Kapitalkonten der Gesellschafter übertragen. Die Differenz zwischen zugebuchtem Gewinnanteil und Privatentnahmen ist offene Selbstfinanzierung. Die verdeckte Selbstfinanzierung entsteht durch überhöhte Abschreibungen, was zu einem überhöhten Aufwand und damit zu einem niedrigeren Gewinn führt. Die Bildung überhöhter Rückstellungen (z. B. Steuerrückstellungen) führt ebenfalls zu einem überhöhten Aufwand. Die Schulden werden auf der Passivseite überhöht ausgewiesen. In Höhe der verdeckten Selbstfinanzierung entstehen stille Rücklagen, was zusätzliches Eigenkapital bedeutet (→**Rücklagen**).

Nr. 19	Eigenkapital

Eigenkapitalkonto bei Kapitalgesellschaften

Das Eigenkapital wird in der Bilanz bei Kapitalgesellschaften in mehreren Posten gesondert ausgewiesen. § 266 HGB sieht folgende Gliederung vor:

- Gezeichnetes Kapital
- Kapitalrücklage
- Gewinnrücklage
- Gewinnvortrag (Verlustvortrag)
- Jahresüberschuß (Jahresfehlbetrag)

Das *Gezeichnete Kapital* ist das Nennkapital der Kapitalgesellschaften, bei der Aktiengesellschaft das *Grundkapital* (§ 152 Abs. 1 AktG) und bei der GmbH das *Stammkapital* (§ 42 Abs. 1 GmbHG). Sollte es nicht voll eingezahlt sein, dann sind die ausstehenden Einlagen auf der Aktivseite vor dem Anlagevermögen gesondert auszuweisen (→**Aktiengesellschaft: Rechnungslegung und Gewinnverwendung,** →**GmbH: Rechnungslegung und Gewinnverwendung**).

Die *Kapitalrücklage* enthält das sog. Agio. Es entsteht bei der Aktienausgabe, wenn zum Nominalbetrag des Anteils ein Aufgeld verlangt wird.

Gezeichnetes Kapital und Kapitalrücklage werden aus dem Vermögen der Gesellschafter gebildet, während *Gewinnrücklagen* durch einbehaltene Gewinne entstehen. Aktiengesellschaften müssen nach § 150 AktG eine *gesetzliche Rücklage* bilden. Jährlich sind 5% des Jahresüberschusses der gesetzlichen Rücklage zuzuführen, solange, bis diese 10% des Grundkapitals erreicht (→**Rücklagen**).

Jahresüberschuß bzw. *Jahresfehlbetrag* ist der in der Gewinn- und Verlustrechnung ausgewiesene Gewinn bzw. Verlust.

Nicht ausgeschütteter Gewinn wird im Rahmen des Eigenkapitals gesondert als *Gewinnvortrag* ausgewiesen. Dieser Betrag steht dann im neuen Geschäftsjahr zur Disposition, kann ausgeschüttet oder mit entstandenen Verlusten verrechnet werden. Entsprechend kann ein *Verlustvortrag* mit entstandenen Gewinnen des neuen Geschäftsjahres verrechnet werden.

→ Bilanz
→ Bilanzanalyse
→ Erfolgskonten
→ Fremdkapital

→ Handelsbilanz
→ Publizitätspflichten
→ Privatkonto
→ Rücklagen

Einkaufsbuchungen

Industrieunternehmen kaufen bei ihren Lieferanten unterschiedliche Stoffe und Produkte, die sie für die Fertigung oder zur Ergänzung ihres Verkaufssortimentes benötigen. Die Kreditorenbuchhaltung muß die im Einkauf anfallenden Bezugskosten, Rücksendungen und die nachträglichen Lieferrabatte erfassen. Sie werden im IKR als Unterkonten den jeweils in Frage kommenden Bestandskonten „Rohstoffe", „Hilfsstoffe" usw. zugeordnet.

Sofortrabatte führen zu keinen Buchungen

Sofortrabatte werden gleich bei der Rechnungsausstellung gewährt. Mengen-, Wiederverkäufer- und Sonderrabatte sind die wichtigsten Formen. Der Listenpreis wird um den Sofortrabatt gekürzt und ergibt den Nettozieleinkaufspreis. Sofortrabatte werden im Einkauf und auch im Verkauf nicht gebucht.

Beispiel:	Zieleinkauf von Hilfsstoffen	
	Listenpreis	20 000 DM
	− 5% Sonderrabatt	1 000 DM
	Zieleinkaufspreis (netto)	19 000 DM
	+ 15% USt	2 850 DM
	Zieleinkaufspreis (brutto)	21 850 DM

So wird gebucht:

Hilfsstoffe	19 000 DM	
Vorsteuer	2 850 DM	
	an Verbindlichkeiten	21 850 DM

Bezugskosten erhöhen die Anschaffungskosten

Kosten für Verpackung, Rollgeld, Fracht, Einfuhrzoll und Transportversicherung sind *Anschaffungsnebenkosten*. Sie werden direkt auf den jeweiligen Bestandskonten oder den entsprechenden Unterkonten gesondert erfaßt. Die getrennte Erfassung ermöglicht ein aussagefähigeres Rechnungswesen und eine Überwachung der Wirtschaftlichkeit des Einkaufs.

| Nr. 20 | Einkaufsbuchungen |

Angenommen, es fielen im vorigen Beispiel noch Transportkosten an, die mit Bankscheck bezahlt wurden:

Frachtkosten	340 DM
+ USt 15%	51 DM
Frachtkosten inklusive MwSt	391 DM

So wird gebucht:

Bezugskosten für Hilfsstoffe	340 DM	
Vorsteuer	51 DM	
an Bank		391 DM

Das Konto „Bezugskosten für Hilfsstoffe" wird am Jahresende bzw. am Schluß der Geschäftsperiode auf das Konto „Hilfsstoffe" übertragen:

Hilfsstoffe	340 DM	
an Bezugskosten für Hilfsstoffe		340 DM

So sehen die Konten aus:

Hilfsstoffe		Verbindlichkeiten	
Verbindlichk. 19 000		Hilfsst. + Vorst.	21 850
Bezugskosten 340			

Bezugskosten für Hilfsstoffe		Bank	
Bank 340	Hilfsstoffe 340	Bezugsk. + Vorst.	391

Vorsteuer	
Verb. 2 850	
Bank 51	

Bezugskosten des Umlaufvermögens können damit wie die des Anlagevermögens aktiviert werden.

Rücksendungen führen zu Stornobuchungen

Sind Roh-, Hilfs- und Betriebsstoffe oder Fremdbauteile falsch geliefert oder weisen sie Mängel auf, dann werden sie zurückgeschickt. Der Bestand vermindert sich, und die Vorsteuer ist anteilig zu kürzen.

Einkaufsbuchungen | Nr. 20

Beispiel: Einkauf und Rücksendung von Rohstoffen

Bei der Lieferung von Rohstoffen für die Produktion im Wert von 25 000 DM wird festgestellt, daß Rohstoffe in Höhe von 5 000 DM beschädigt sind.

So wird gebucht:

Buchung bei Rechnungseingang

Rohstoffe	25 000 DM	
Vorsteuer	3 750 DM	
an Verbindlichkeiten		28 750 DM

Buchung bei Rücksendung

Verbindlichkeiten	5 750 DM	
an Rohstoffe		5 000 DM
an Vorsteuer		750 DM

So sehen die Konten aus:

Rohstoffe			Verbindlichkeiten		
Verb.	25 000	Verb. 5 000	Rohst. + Vorst.	5 700	Rohst. + Vorst. 28 750

Vorsteuer		
Verb.	3 750	Verb. 750

Nachlässe im Einkauf

Preisnachlässe im Einkauf sind:

- Preisabschlag infolge Mängelrüge
- nachträgliche Rabatte (Boni)
- Skonti

Nachlässe führen zu einer Verminderung der Anschaffungs- bzw. Einstandspreise. Sie werden meistens auf speziellen Unterkonten gebucht. Die Vorsteuer ist wieder zu berichtigen.

Angenommen, wir erhalten für den getätigten Einkauf im vorigen Beispiel einen Bonus von 4%.

Nr. 20	Einkaufsbuchungen

So wird gebucht:

Verbindlichkeiten	1 150 DM		
	an Nachlässe für Rohstoffe		1 000 DM
	an Vorsteuer		150 DM

Das Konto „Nachlässe für Rohstoffe" ist auf das Konto „Rohstoffe" zu übertragen.

Nachlässe für Rohstoffe	1 000 DM		
	an Rohstoffe		1 000 DM

So sehen die Konten aus:

Rohstoffe				Verbindlichkeiten			
Verbind.	25 000	Nachl.	1 000	Nachl. Roh. + Vorst.	1 150	Rohst. + Vorst.	28 750

Nachlässe für Rohstoffe			
Rohst.	1 000	Verb.	1 000

Vorsteuer			
Verb.	3 750	Verb.	150

Der *Lieferantenskonto,* der bei vorzeitiger Zahlung vom Lieferant gewährt wird, ist ebenfalls ein Preisnachlaß. Der Skontoabzug führt bei den bezogenen Stoffen oder Waren zu einer Verringerung der Bemessungsgrundlage der Umsatzsteuer. Eine Minderung der Anschaffungskosten bewirkt auch eine Minderung der Vorsteuer. Die ursprünglich gebuchte Vorsteuer ist anteilsmäßig zu berichtigen.

Nettoverfahren und Bruttoverfahren bei Nachlässen

Der Lieferant gewährt den Bonus oder die Umsatzrückvergütung auf den Nettowert der innerhalb eines gewissen Zeitraumes bezogenen Materialien. *Boni* und *Skonti* führen damit umsatzsteuerlich zu einer nachträglichen Verringerung der Bemessungsgrundlage. Die ursprünglich errechneten Vorsteuerabzüge sind deshalb im nachhinein zu berichtigen.

Das *Nettoverfahren* verlangt, daß bei jeder Minderung der Anschaffungskosten gleichzeitig die Vorsteuer entsprechend gekürzt wird. PC-Buchhaltungsprogramme errechnen meist bei Eingabe des Bruttobetrages automatisch die anteilige Steuer heraus.

Einkaufsbuchungen | Nr. 20

Anders beim *Bruttoverfahren*. Anschaffungskostenminderung und Vorsteuerminderung werden in der Praxis aus Gründen der Arbeitsersparnis oft summarisch auf das jeweilige Konto, z. B. „Nachlässe für Rohstoffe", gebucht. Die Steuerberichtigung erfolgt am Monatsende, wenn die Zahllast ermittelt wird. Der Vorsteueranteil wird aus der Summe Bruttonachlässe herausgerechnet und dann auf das Konto „Vorsteuer" gebucht.

Der Nettobetrag (= Gesamtbetrag ohne Umsatzsteuer) ist die Bezugsbasis für die Umsatzsteuer. Der Nettobetrag ist folglich 100% und der Gesamtbetrag 115%.

Entsprechend verhält es sich bei den Nachlässen. Die Nettonachlässe (= Bruttonachlässe ohne Umsatzsteuer) sind 100%, die Bruttonachlässe folglich 115%, bei Zugrundelegung eines Steuersatzes von 15%.

Angenommen, die Bruttonachlässe betragen 9 200 DM.

115% – 9 200
15% – 1 200

$$\text{Berechnung des Vorsteueranteils} = \frac{\text{Bruttonachlässe} \times 15}{115}$$

Der errechnete Vorsteuerbetrag ist beispielsweise vom Konto „Nachlässe für Rohstoffe" abzusetzen und auf das Konto „Vorsteuer" zu buchen.

So wird gebucht:

Nachlässe für Rohstoffe
an Vorsteuer

Bestandskonten und ihre Unterkonten im IKR

Bestandskonten mit entsprechenden Unterkonten	Erklärungen zu den Konten
200 Rohstoffe	Rohstoff ist das Material, aus dem das Endprodukt des betreffenden Industrieunternehmens vorwiegend besteht, z. B. Stahl im Fahrzeugbau, Blech in der EBM-Industrie, Chemiefaser in der Textilindustrie.
2001 Bezugskosten für Rohstoffe	Das Konto „Bezugskosten" erfaßt die Transportkosten und wird am Ende der Geschäftsperiode auf das Konto „200 Rohstoffe/Fertigungsmaterial" ins Soll übertragen.

Nr. 20	Einkaufsbuchungen

2002 Nachlässe	Preisnachlässe auf Rohstoffe (Rabatte, Boni, Skonti) werden auf dem Konto „2002 Nachlässe" erfaßt und am Schluß des Geschäftsjahres auf das Konto „Rohstoffe" ins Haben gebucht. Das Konto „Nachlässe" ist dann ausgeglichen.
201 Vorprodukte/ Fremdbauteile	Es handelt sich hier um vorgefertigte Teile oder Aggregate von anderen Unternehmen, insbesondere Zulieferern. Lenkungen, Stoßdämpfer und Antiblockiersysteme sind Beispiele in der Automobilindustrie.
2011 Bezugskosten	Abschluß erfolgt über Konto „201 Vorprodukte/Femdbauteile" im Soll.
2012 Nachlässe	Konto „Nachlässe" wird auf Konto „201 Vorprodukte/Fremdbauteile" ins Haben übertragen.
202 Hilfsstoffe	Hilfsstoffe ergänzen die Rohstoffe und sind nicht der Hauptbestandteil eines Produktes. Schrauben wären ein Beispiel für Hilfsstoffe in der Möbelindustrie und im Fahrzeugbau.
2021 Bezugskosten	Abschluß über Konto „202 Hilfsstoffe"
2022 Nachlässe	Übertrag auf Konto „202 Hilfsstoffe" ins Haben
203 Betriebsstoffe	Betriebsstoffe werden zur Fertigung benötigt, gehen aber nicht in das Endprodukt ein, z. B. Treibstoffe, Öle, Schmiermittel.
2031 Bezugskosten	Abschluß über Konto „203 Betriebsstoffe"
2032 Nachlässe	Konto „2032 Nachlässe" wird über Konto „203 Betriebsstoffe" ausgebucht.
228 Handelswaren	Handelswaren werden vom Industrieunternehmen ohne Be- oder Verarbeitung verkauft. Sie sollen das Verkaufssortiment abrunden.
2281 Bezugskosten	Hier werden nur die Bezugskosten gebucht, die beim Transport, Zoll oder der Versicherung der Handelswaren angefallen sind. Am Jahresende erfolgt eine Umbuchung auf Konto „228 Handelswaren".
2282 Nachlässe	Nachlässe für Handelswaren werden am Ende des Geschäftsjahres auf das Konto „228 Handelswaren" ins Haben gebucht.

→ Umsatzsteuer

Einzelhandelskontenrahmen

Im Einzelhandel gibt es zwei Kontenrahmen:
- Kontenrahmen für den Einzelhandel
- Einzelhandels-Kontenrahmen (EKR)

Beide Kontenrahmen sind nach dem Zehnersystem aufgebaut (→Kontenrahmen und Kontenplan). Die Anordnung der Konten erfolgt beim Kontenrahmen für den Einzelhandel wie beim Großhandelskontenrahmen nach dem Prozeßgliederungsprinzip (→Großhandelskontenrahmen). Der Einzelhandels-Kontenrahmen (EKR) ist nach dem Abschlußgliederungsprinzip aufgebaut (→Industriekontenrahmen).

Kontenrahmen für den Einzelhandel

Der Kontenrahmen für den Einzelhandel ist wie andere Kontenrahmen nach dem Zehnersystem aufgebaut. Der Kontenrahmen gliedert sich in 10 Kontenklassen, die durch einstellige Zahlen charakterisiert sind. Jede Kontenklasse wird in 10 Kontengruppen aufgeteilt. Kontengruppen sind durch zweistellige Zahlen definiert.

Kontenklasse	Konteninhalt
Klasse 0:	Anlage- und Kapitalkonten
Klasse 1:	Finanzkonten
Klasse 2:	Abgrenzungskonten
Klasse 3:	Wareneinkaufskonten
Klasse 4:	Konten der Kostenarten
Klasse 5:	frei für Kostenstellenrechnung
Klasse 6:	frei für Konten der Kosten von Nebenbetrieben
Klasse 7:	frei
Klasse 8:	Erlöskonten
Klasse 9:	Abschlußkonten

Der auf das jeweilige Einzelhandelsunternehmen zugeschnittene *Kontenplan* wird aus dem Kontenrahmen für den Einzelhandel bzw. dem Einzelhandels-Kontenrahmen EKR abgeleitet (→**Kontenrahmen und Kontenplan**). Die Kontengruppen werden dann bei Bedarf in jeweils 10 Kontenarten (dreistellige Ziffern) aufgeteilt. Letztere werden bei Großbetrieben weiter in Kostenunterarten unterteilt (vierstellige Ziffern).

| Nr. 21 | Einzelhandelskontenrahmen |

Kontennummer	Bezeichnung
einstellig (0–9)	Kontenklasse
zweistellig (00–99)	Kontengruppe
dreistellig (000–999)	Kontenart
vierstellig (0000–9999)	Kontenunterart

Kontenklassenanordnung nach dem Prozeßgliederungsprinzip

Der Kontenrahmen für den Einzelhandel ist wie der Großhandelskontenrahmen nach dem *Prozeßgliederungsprinzip* aufgebaut (→**Großhandelskontenrahmen**).

Die Reihenfolge der Kontenklassen im Kontenrahmen entspricht dem Werteflußim Unternehmen:

- Vorbereitung der Leistungserstellung: Kontenklassen 0–2
- Realisierung der Leistungserstellung: Kontenklassen 3–7
- Verkauf der Leistungserstellung: Kontenklasse 8
- Abschlußkonten: Kontenklasse 9

Bestandskonten und Abgrenzungskonten

Die Kontenklassen 0 und 1 sind für die Bestandskonten vorgesehen. Klasse 0 beinhaltet die Anlage- und Kapitalkonten, auf denen relativ wenig Bewegung stattfindet, woher auch der Name „ruhende Konten" kommt. Kontenklasse 1 umfaßt die Finanzkonten, die für die Abwicklung der laufenden Geschäfte benötigt werden.

Bestandskonten (= Bilanzkonten)	
Klasse 0	Klasse 1
Anlage- und Kapitalkonten	Finanzkonten
• bebaute und unbebaute Grundstücke • Maschinen, Transporteinrichtungen • Betriebs- und Geschäftsausstattung • Konzessionen, Patente, Lizenzen, Marken- und ähnliche Rechte • Beteiligungen und andere Wertpapiere des Anlagevermögens	• Kasse, Postscheck • Banken und Sparkassen • Besitzwechsel • Wertpapiere • Forderungen auf Grund von Warenlieferungen und Leistungen • Sonstige Forderungen (Vorsteuer) • Verbindlichkeiten auf Grund von Warenlieferungen und Leistungen

Einzelhandelskontenrahmen Nr. 21

Bestandskonten (= Bilanzkonten)	
Klasse 0	*Klasse 1*
Anlage- und Kapitalkonten	Finanzkonten
● Langfristige Forderungen ● Langfristige Verbindlichkeiten ● Kapital und Rücklagen ● Wertberichtigungen, Rückstellungen, Jahresabgrenzungsposten	● Schuldwechsel ● Sonstige Verbindlichkeiten (Umsatzsteuer) ● Privatkonten

Die Abgrenzungskonten der Klasse 2 grenzen die betriebsfremden und außerordentlichen Aufwendungen und Erträge vom eigentlichen Betriebszweck ab:

- außerordentliche und betriebsfremde Aufwendungen, z. B. Verluste aus Schadensfällen
- außerordentliche und betriebsfremde Erträge, z. B. Erträge aus Einrichtungsverkäufen
- Haus- und Grundstücksaufwendungen und -erträge, z. B. Reparaturen, Abschreibungen auf Gebäude

Wareneinkaufskonten, Kostenarten und Erlöskonten

Die eigentliche Betriebstätigkeit des Einzelhandels beginnt mit der Kontenklasse 3, den *Wareneinkaufskonten*. In dieser Kontenklasse werden Warenbezugs- und -nebenkosten geführt, die in Verbindung zu den Wareneinkäufen stehen:

- Fracht
- Verpackung
- Zölle
- Sonstige Beschaffungsspesen

Die Aufwendungen, die dem eigentlichen Betriebszweck dienen, die *Kosten,* werden in der Kontenklasse 4 erfaßt:

- Löhne, Gehälter, Unternehmerlohn, gesetzliche und freiwillige soziale Aufwendungen
- Miete oder Mietwert
- Sachkosten für Geschäftsräume, z. B. Heizung, Beleuchtung, Reinigung
- Steuern, Abgaben, Beiträge
- Sachkosten für Werbung
- Sachkosten für Warenzustellung
- Zinsen
- Abschreibungen auf Geschäftsgebäude

| Nr. 21 | Einzelhandelskontenrahmen |

- Sonstige Geschäftsausgaben, z. B. Büromaterial, Telefonkosten
- Sonstige Einzelkosten, z. B. Vertreterprovision

Die Kontenklassen 5, 6 und 7 sind für die Kostenstellenrechnung, die Kosten für Nebenbetriebe und andere Zwecke freigehalten.

Die Kontenklasse 8 ist für *Warenverkäufe* vorgesehen:

- Warenverkäufe (mit weiteren Untergliederungen nach Waren- und Erlösgruppen)
- Erlösschmälerungen, z. B. Gutschriften, Skonti, Boni

Abschlußkonten

Die Kontenklasse 9 beinhaltet die *Abschlußkonten:*

- Abgrenzungssammelkonto
- Jahresgewinn- und -verlustkonto
- Jahresbilanz (Eröffnungs- und Schlußbilanzkonto)

Einzelhandels-Kontenrahmen (EKR)

Der Einzelhandels-Kontenrahmen (EKR) wurde von der Hauptgemeinschaft des Deutschen Einzelhandels (HDE) entwickelt und ist nach dem Abschlußgliederungsprinzip strukturiert. Der EKR ist wie der Industriekontenrahmen (IKR) nach den Gliederungsvorschriften der Bilanz (§ 266 HGB) und der Gewinn- und Verlustrechnung (§ 275 HGB) der Kapitalgesellschaften des HGB aufgebaut (→**Industriekontenrahmen**).

Die Bestimmungen des Dritten Buches des HGB sind seit 1987 für Kapitalgesellschaften in vollem Umfang zwingend und sind im EKR voll berücksichtigt. Geschäftsbuchführung und Betriebsbuchführung erfolgen beim Einzelhandelskontenrahmen wie beim IKR in zwei Rechnungskreisen. Der Rechnungskreis I beinhaltet die Geschäftsbuchführung bzw. Finanzbuchführung und umfaßt die Kontenklassen 0–8. Das ermittelte Ergebnis ist das Unternehmensergebnis (= Gesamtergebnis).

Die Kontenklasse 9 ist für den Rechnungskreis II, die Betriebsbuchhaltung (= Kosten- und Leistungsrechnung), vorgesehen.

Aufbau des Einzelhandels-Kontenrahmens (EKR)

Der Einzelhandels-Kontenrahmen (EKR) ist wie der Kontenrahmen für den Einzelhandel nach dem Zehnersystem aufgebaut. Er gliedert sich in 10 Kontenklassen, die sich wiederum in 10 Kontengruppen untergliedern. Kontenklassen und Kontengruppen sind für den betrieblichen *Kontenplan* verbindlich (→**Kontenrahmen und Kontenplan**). Die weitere Untertei-

Einzelhandelskontenrahmen | Nr. 21

lung in Kontenarten und Kontenunterarten wird den Unternehmen freigestellt.

Die Kontenklassen 0–4 sind wie beim Industriekontenrahmen für die Bestandskonten vorgesehen. Die Ergebniskonten erscheinen in den Kontenklassen 5–7.

Die Kontenklasse 8 ist für Ergebnisrechnungen, Eröffnung und Abschluß, vorgesehen:

- Eröffnungsbilanzkonto
- Schlußbilanzkonto
- Gewinn- und Verlustkonto

Die *Kosten- und Leistungsrechnung,* der Rechnungskreis II, erfolgt in der Kontenklasse 9. Die Kosten- und Leistungsrechnung wird in der Praxis nur selten in der Klasse 9 in Kontenform dargestellt, meist wird sie statistisch-tabellarisch mit dem Betriebsabrechnungsbogen (BAB) durchgeführt. Der Rechnungskreis II ermittelt das Neutrale Ergebnis und das Betriebsergebnis (→**Industriekontenrahmen**).

Die 10 Kontenklassen des Einzelhandels-Kontenrahmens (EKR)			
Bestands-konten (= Bilanz-konten)	Aktiva (= Vermögens-konten)	Konten-klasse 0:	Immaterielle Vermögens-gegenstände und Sachanlagen (Konzessionen, gewerbliche Schutzrechte; Grundstücke und Bauten; Betriebs- und Geschäftsausstattung)
		Konten-klasse 1:	Finanzanlagen (z. B. Beteiligungen)
		Konten-klasse 2:	Umlaufvermögen und aktive Rechnungsabgrenzung (Waren; Forderungen aus Lieferungen und Leistungen; Vorsteuer; Wertpapiere; Flüssige Mittel; aktive Rechnungsabgrenzung)
	Passiva (= Kapital-konten)	Konten-klasse 3:	Eigenkapital und Rückstellungen (auch Rücklagen, Jahresüberschuß bzw. -fehlbetrag)
		Konten-klasse 4:	Verbindlichkeiten und passive Rechnungsabgrenzung (Verbindlichkeiten gegenüber Banken und Lieferanten; Schuldwechsel; Umsatzsteuer; passive Rechnungsabgrenzung)

Nr. 21 | Einzelhandelskontenrahmen

Die 10 Kontenklassen des Einzelhandels-Kontenrahmens (EKR)			
Ergebnis-konten (= Erfolgs-konten)	Erträge	Konten-klasse 5:	Erträge (Umsatzerlöse; Sonst. betriebliche Erträge; Erträge aus Beteiligungen und Wertpapieren; Zinserträge; außerordentliche Erträge)
	Aufwen-dungen	Konten-klasse 6:	Betriebliche Aufwendungen (Aufwendungen für Waren; Löhne und Gehälter; Abschreibungen; Mieten und Gebühren; Aufwendungen für Kommunikation – Reisen, Werbung; Beiträge)
		Konten-klasse 7:	Weitere Aufwendungen (Steuern; Abschreibungen auf Finanzanlagen und Wertpapiere; Zinsen und ähnliche Aufwendungen)
Abschlußkonten		Konten-klasse 8:	Eröffnung/Abschluß
Rechnungskreis II		Konten-klasse 9:	Kosten- und Leistungsrechnung

→ Großhandelskontenrahmen
→ Industriekontenrahmen

→ Kontenrahmen
 und Kontenplan

☐

Erfolgskonten | Nr. 22

Erfolgskonten

Die Buchführung ist eine Bestandsrechnung und eine Erfolgsrechnung. Die Erfolgsrechnung umfaßt Aufwands- und Ertragskonten.

Aufwands- und Ertragskonten sind Unterkonten des Eigenkapitalkontos

Der Kaufmann betreibt Geschäfte wegen des Gewinns. Der Einkauf von Waren, die Lagerhaltung und der Warenverkauf sind erfolgswirksame Geschäftsvorfälle, die zu einem positiven oder negativen Erfolg führen und damit das Eigenkapital verändern.

Erträge, die das Eigenkapital vermehren, werden beim Verkauf von Gütern und Leistungen erzielt. *Aufwendungen* sind bewerteter Verbrauch von Gütern und Dienstleistungen, die das Eigenkapital vermindern. Die erfolgswirksamen Wertzuflüsse in das Unternehmen, insbesondere die Umsatzerlöse, sollten sowohl die Aufwendungen abdecken, als auch einen angemessenen Gewinn ermöglichen.

Erträge könnten direkt als Eigenkapitalerhöhung und Aufwendungen als Eigenkapitalminderung auf dem Konto „Eigenkapital" gebucht werden. Die Zinsbelastung im folgenden Beispiel ist ein Aufwand, wodurch der Vermögensbestand (Bank) und das Eigenkapital vermindert werden. Der Mietertrag erhöht dagegen den Vermögensbestand (Kasse) und damit das Eigenkapital. Der Ertrag führt zu einer Bilanzverlängerung, der Aufwand zu einer Bilanzverkürzung.

Beispiel: Direkte Verbuchung von Aufwand und Ertrag über das Eigenkapitalkonto

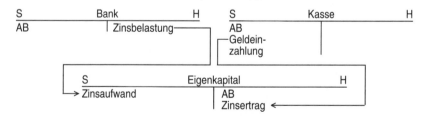

Die unmittelbare Verbuchung von Aufwendungen und Erträgen auf dem Eigenkapitalkonto ist angesichts der vielen Buchungen unübersichtlich und würde später die Ertragsanalyse erschweren.

Nr. 22 — Erfolgskonten

Verbuchung der Aufwands- und Ertragskonten

Die Erfolgskonten sind Unterkonten des Eigenkapitalkontos und werden über den Umweg des G+V-Kontos auf das Eigenkapitalkonto übertragen.

Beispiel: Abschluß der Erfolgskonten mit Gewinn

```
            Aufwendungen                                Erträge

         Mietaufwendungen                           Zinserträge
Post       22 400 | G+V      22 400──┐  ┌─G+V      17 100 | Bank      17 100

         Allgem. Verwaltungsk.                     Provisionserträge
Bank       11 100 | G+V      11 100──┤  ┌─G+V      62 400 | Bank      62 400

           Werbekosten
Kasse      7 700 | G+V        7 700──┤
                         Gewinn- und Verlustkonto (G+V)
   Mietaufwend.    22 400 ←┐  ┌→Zinsertr.              17 100
   Allgem. Verw.   11 100 ←┤  └→Provis.                62 400
   Werbekosten     7 700 ←┘
  ┌Gewinn          38 300
  │                79 500                              79 500

  │      S              Eigenkapital                H
  │      SB             158 300    AB           120 000
  │                                Gewinn        38 300←┘
  │                     158 300                 158 300
```

☐

Finanzbuchhaltung

Die Finanzbuchhaltung erfaßt den Leistungs- und Geldverkehr mit der Außenwelt. Die Kostenrechnung registriert innerbetriebliche Wirtschaftsvorgänge.

Finanzbuchführung als Grundlage für das Rechnungswesen

Die Finanz- oder Geschäftsbuchführung bildet die Grundlage für das betriebliche Rechnungswesen. Kosten- und Leistungsrechnung, betriebswirtschaftliche Statistik und Planungsrechnung bauen auf dem Zahlenmaterial der Buchhaltung auf (→**Rechnungswesen**). Aufgabe der Finanzbuchhaltung ist es, alle wirtschaftlich bedeutsamen Geschäftsvorfälle fortlaufend, vollständig und richtig zu erfassen.

Es gilt der Grundsatz „Keine Buchung ohne Beleg". Die Belege der Buchhaltung sind fortlaufend zu numerieren und 6 Jahre aufzubewahren. Fremdbelege wie Lieferantenrechnungen, Bankbelege oder Quittungen resultieren von den Außenbeziehungen des Unternehmens. Eigenbelege wie Materialentnahmescheine oder Lohnlisten halten innerbetriebliche Vorgänge fest.

Die Geschäftsvorfälle werden im *Grundbuch* (Journal, Tagebuch) in zeitlicher und im Hauptbuch in sachlicher Ordnung festgehalten. Es gehört zur Ordnungsmäßigkeit der Buchführung, daß die Geschäftsvorfälle nicht nur auf Konten festgehalten werden, sondern vorher oder gleichzeitig ist eine Aufzeichnung in chronologischer Reihenfolge notwendig.

Alle Geschäftsvorfälle während des Geschäftsjahres werden im Grundbuch oder Journal fortlaufend festgehalten unter Angabe von:

- Buchungsdatum
- Belegnummer
- Buchungstext (z. B. Forderungen aus Lieferungen und Leistungen an Verkaufserlöse)
- Soll-Betrag
- Haben-Betrag

Zum Jahresende sind die vorbereitenden Abschlußbuchungen und die Abschlußbuchungen durchzuführen. Das Journal ist die Grundlage für das Hauptbuch und die Buchung auf den Konten. Auf das Journal wird auch später zurückgegriffen, wenn Unklarheiten auftreten.

Die Buchung der Geschäftsvorfälle nach sachlichen Gesichtspunkten erfolgt im *Hauptbuch*. Die Veränderungen bei einzelnen Vermögens- und Kapitalkonten werden jetzt sichtbar. Für jeden Geschäftsvorfall wird auf dem betreffenden Konto das zugrunde liegende Gegenkonto genannt. Dies ermöglicht ein Wiederfinden des Buchungssatzes.

| Nr. 23 | Finanzbuchhaltung |

Zeitliche und sachliche Ordnung in der Buchhaltung

Geschäftsvorfall ———→ Beleg ——→ Journal ——→ Hauptbuch

Kauf von Rohstoffen ———→ Eingangsrechnung
Verkauf von Erzeugnissen → Ausgangsrechnung
Lohnzahlung ——————→ Lohnliste
Auszahlung aus der
Kasse ———————————→ Kassenbeleg
Reiseabrechnung ————→ Beleg der Verkaufsleitung

zeitliche Ordnung
= chronologische Erfassung der Geschäftsfälle im Journal

sachliche Ordnung
= Erfassung der Geschäftsfälle auf Konten

Aufwendungen und Erträge sind detailliert zu ermitteln, und in der Gewinn- und Verlustrechnung ist der Erfolg des Geschäftsjahres zu berechnen. Die Bilanz ist aus dem Bestand an Vermögen und Schulden am Ende des Geschäftsjahres zu erstellen.

Hauptbuchhaltung und Nebenbuchhaltungen

Die Nebenbuchhaltungen unterstützen die Hauptbuchhaltung. Die Grundsätze ordnungsmäßiger Buchführung (GoB) gelten auch für die Nebenbuchhaltungen.

FINANZBUCHHALTUNG

HAUPTBUCHHALTUNG	NEBENBUCHHALTUNGEN
(Bilanzbuchhaltung) Bilanz sowie Gewinn- und Verlustrechnung – nach Handels- und Steuerrecht erstellen; – Verwaltung der Beteiligungen	● Kontokorrentbuchhaltung – Debitorenbuchhaltung (= Kundenbuchhaltung) – Kreditorenbuchhaltung (= Lieferantenbuchhaltung) ● Lagerbuchhaltung ● Anlagenrechnung ● Lohn- und Gehaltsbuchhaltung ● Wechselbuchhaltung
→ Jahresabschluß → Handelsbilanz → Steuerbilanz → Kostenrechnung → Debitorenbuchhaltung	→ Kreditorenbuchhaltung → Lagerbuchhaltung → Anlagenrechnung → Lohn und Gehalt → Wechselbuchungen

Finanzergebnis

Finanzergebnis und Betriebsergebnis bilden zusammen das „Ergebnis der gewöhnlichen Geschäftstätigkeit" (→Gewinn- und Verlustrechnung). Das Finanzergebnis beinhaltet die Erträge und Aufwendungen aus Finanzanlagen und Wertpapieren des Umlaufvermögens.

Finanzanlagen und Wertpapiere des Umlaufvermögens

Die Beziehungen zu Unternehmen, mit denen eine Unternehmensverbindung oder ein Beteiligungsverhältnis besteht, sollen nach dem Bilanzrichtlinien-Gesetz (BiRiLiG) deutlich gezeigt werden.

Wertpapiere und Ausleihungen zählen zu den *Finanzanlagen*. Das Bilanzgliederungsschema nach § 266 HGB weist die Finanzanlagen bei kleinen Kapitalgesellschaften global aus (→**Bilanz**). Mittelgroße und große Kapitalgesellschaften erstellen ihren Jahresabschluß nach dem ausführlichen Bilanzgliederungsschema. Die Finanzanlagen sind hier detailliert ausgewiesen.

§ 266 HGB gliedert die Finanzanlagen wie folgt:

1. Anteile an verbundenen Unternehmen
2. Ausleihungen an verbundene Unternehmen
3. Beteiligungen
4. Ausleihungen an Unternehmen, mit denen ein Beteiligungsverhältnis besteht
5. Wertpapiere des Anlagevermögens
6. sonstige Ausleihungen

Verbundene Unternehmen sind wirtschaftlich mehr oder weniger fest mit einem anderen Unternehmen verbunden, wenn sie auch in rechtlicher Hinsicht selbständig sind. Die Abhängigkeit wird bei einem in Mehrheitsbesitz stehenden Unternehmen vermutet. Die Verbindung kann auf tatsächlichen Verhältnissen oder auf einem Beherrschungs- oder Gewinnabführungsvertrag beruhen. Das HGB knüpft in § 271 Abs. 2 HGB an § 15 AktG an.

Das *Konzernverhältnis* ist eine Sonderform der Unternehmensverbindung, da hier eine Gruppe von abhängigen Unternehmen miteinander unter einer gemeinsamen Leitung verbunden ist.

Beteiligungen liegen nach dem Aktiengesetz (§ 20 Abs. 1 AktG) vor, „sobald einem Unternehmen mehr als der vierte Teil der Aktien einer Aktiengesellschaft mit Sitz im Inland gehört". Dies wären also 25%. Der Begriff „Beteiligungen" wird im Handelsrecht weiter gefaßt. Eine Beteili-

Nr. 24	Finanzergebnis

gung liegt nach § 271 Abs. 1 HGB bereits bei Erreichen von 20% der Nennbeträge einer Kapitalgesellschaft vor, während es früher – laut Aktiengesetz – 25% waren. Die Einflußnahme auf die Geschäftsführung der Beteiligungsgesellschaft wird auch nicht mehr verlangt.

Die *Wertpapiere* des Umlaufvermögens sind nach § 266 HGB unter der Position III im Umlaufvermögen zu erfassen.

§ 266 HGB gliedert die „Wertpapiere" folgendermaßen:

1. Anteile an verbundenen Unternehmen
2. eigene Anteile
3. sonstige Wertpapiere

Die Wertpapiere können im Depot einer Bank hinterlegt sein. Der Depotauszug und die Aufzeichnungen der Finanzabteilung sind dann der Nachweis. Der Depotauszug gilt auch als Nachweis für Wertpapiere des Anlagevermögens.

Praxis-Tip

Werden Wertpapiere im Unternehmen aufbewahrt, dann sind sie in gewissen Abständen von der Revisionsabteilung zu erfassen. Der Prüfer muß dann Beteiligungen sowie Wertpapiere des Anlagevermögens und des Umlaufvermögens wie den Kassenbestand aufnehmen. Er hat über die Aufnahme ein Protokoll zu erstellen.

Der Revisor hat auch zu beachten, daß Coupons, Zins- und Erneuerungsscheine vorhanden sind. Die Erträge aus den Beteiligungen und den Wertpapieren sind ebenso wie die Verbuchung zu prüfen.

Ausweis der Aufwendungen und Erträge des Finanzbereichs in der Gewinn- und Verlustrechnung

Die Gewinn- und Verlustrechnung (→**Gewinn- und Verlustrechnung**) nach dem Gesamtkostenverfahren (§ 275 HGB) sieht für *Erträge* aus dem Finanzbereich die Positionen 9 bis 11 vor:

9. Erträge aus Beteiligungen
   – davon aus verbundenen Unternehmen
10. Erträge aus anderen Wertpapieren und Ausleihungen des Finanzanlagevermögens
    – davon aus verbundenen Unternehmen
11. sonstige Zinsen und ähnliche Erträge
    – davon aus verbundenen Unternehmen

Die *Aufwendungen* des Finanzbereichs werden in der Gewinn- und Verlustrechnung nach dem Gesamtkostenverfahren (§ 275 HGB) in den Positionen 12 und 13 ausgewiesen:

Finanzergebnis | Nr. 24

12. Abschreibungen auf Finanzanlagen und auf Wertpapiere des Umlaufvermögens
13. Zinsen und ähnliche Aufwendungen, davon an verbundene Unternehmen

Die Gewinn- und Verlustrechnung nach dem Umsatzkostenverfahren (§ 275 HGB) weist die Erträge des Finanzwesens in identischer Formulierung in den Positionen 8 bis 10 aus; die Aufwendungen werden entsprechend in den Positionen 11 und 12 ausgewiesen (→**Umsatzkostenverfahren**).

Erträge aus Finanzanlagen

Gewinnanteile aus Beteiligungen werden auf dem Konto *„Erträge aus Beteiligungen"* (Posten Nr. 9) erfaßt. Die laufenden Erträge aus Beteiligungen an Kapitalgesellschaften und Personengesellschaften sind auf diesem Konto zu buchen:

- Dividenden von Kapitalgesellschaften
- Gewinne von Personengesellschaften und stillen Gesellschaften
- Zinsen aus beteiligungsähnlichen Darlehen
- Erträge aus Beherrschungsverträgen (§ 291 Abs. 1 AktG)

Die Erträge von Beteiligungen, die aus verbundenen Unternehmen stammen, sind in ihrem Gesamtbetrag zu nennen.

Das Konto *„Erträge aus anderen Wertpapieren und Ausleihungen des Finanzanlagevermögens"* (Posten Nr. 10) beinhaltet die Erträge aus anderen Wertpapieren und Ausleihungen des Finanzanlagevermögens, die nicht zu den Beteiligungen gehören. Es werden die Dividendenerträge aus Aktien des Anlagevermögens und die Zinserträge aus Ausleihungen des Anlagevermögens berücksichtigt, z. B. Kreditgewährung an verbundene Unternehmen und Beteiligungsgesellschaften, langfristige Ausleihungen an fremde Unternehmen.

Sonstige Zinsen und ähnliche Erträge

Erträge aus Beteiligungen sowie aus Wertpapieren und Ausleihungen des Finanzanlagevermögens sind in den Positionen 9 und 10 zu erfassen. Die Erträge aus Wertpapieren des Umlaufvermögens sind dagegen hier zu buchen.

Die Position 11 *„Sonstige Zinsen und ähnliche Erträge"* berücksichtigt folgende Buchungsfälle:

- Dividenden aus Wertpapieren des Umlaufvermögens
- Zinserträge aus Guthaben bei Kreditinstituten
- Erträge aus Darlehen

| Nr. 24 | Finanzergebnis |

- Erträge aus Schuldscheinen
- Diskonterträge
- Zinserträge aus Agio, Disagio und Damnum

Vermittlungsprovisionen für die Beschaffung von Krediten, Mahnkosten, Spesen und Erlöse aus dem Verkauf von Bezugsrechten sind dagegen nicht auf dem Konto „Sonstige Zinsen und ähnliche Erträge" zu buchen.

Abschreibungen auf Finanzanlagen und Wertpapiere des Umlaufvermögens

Folgende Buchungsfälle sind auf dem Konto „Abschreibungen auf Finanzanlagen und Wertpapiere des Umlaufvermögens" (Posten Nr. 12) zu berücksichtigen:

- Abschreibungen auf Finanzanlagen
- Abschreibungen auf Wertpapiere des Umlaufvermögens
- Verluste beim Abgang von Finanzanlagen
- Verluste beim Verkauf von Wertpapieren des Umlaufvermögens

Zinsen und ähnliche Aufwendungen

Zusammenfassungen von Erträgen und Aufwendungen sind nach § 246 Abs. 2 HGB stets unzulässig. Die Anwendung des Bruttoprinzips läßt deshalb eine Saldierung von Zinsaufwendungen und Zinserträgen nicht zu.

Folgende Fälle sind unter dem Konto „Zinsen und ähnliche Aufwendungen" (Posten Nr. 13) zu buchen:

- Zinsen für Kredite – insbesondere Bankkredite, Hypotheken, Darlehen, Lieferantenkredite, Verzugszinsen –
- Diskontbeträge für Wechsel
- Kreditprovisionen, Überziehungsprovisionen, Kreditbereitstellungsprovisionen, Umsatzprovisionen, Bürgschaftsprovisionen
- Abschreibungen auf aktiviertes Agio, Disagio und Damnum

Bankspesen und Vermittlungsprovisionen für Kredit sind dagegen nicht unter „Zinsen und ähnlichen Aufwendungen" zu buchen. Skonti und Preisnachlässe sind ohnehin hier nicht zu erfassen (→**Nachlässe**, →**Kundenskonto**).

→ Bilanz
→ Gewinn- und Verlustrechnung
→ Kundenskonto

→ Nachlässe
→ Umsatzkostenverfahren

❑

Fremdkapital

Zur Finanzierung eines Unternehmens in Anspruch genommene und noch nicht getilgte Kredite sind Fremdkapital. Es wird nach der Fristigkeit in langfristiges und kurzfristiges Fremdkapital eingeteilt. Ferner kann nach den Gläubigergruppen gegliedert werden in Verbindlichkeiten gegenüber Banken, Verbindlichkeiten aus Lieferungen und Leistungen und sonstige Verbindlichkeiten (Finanzamt, Sozialversicherungsträger, Mitarbeiter).

Eigenkapital und Fremdkapital

Das Eigenkapital steht dem Unternehmen in der Regel unbefristet und ohne Auflagen zur Verfügung. Mit dem langfristigen Fremdkapital (Darlehen, Anleihen, vielfach auch den Pensionsrückstellungen) kann das Unternehmen meistens viele Jahre arbeiten, und es kann wie das Eigenkapital zur Finanzierung des Anlagevermögens herangezogen werden.

Analyse der Kapitalstruktur durch Zuordnung einzelner Bilanzpositionen

Eine Analyse der Passivseite der Bilanz muß zunächst ermitteln, welche Positionen dem Eigenkapital und welche dem Fremdkapital zuzurechnen sind. Dann ist das langfristige und kurzfristige Fremdkapital zu bestimmen.

Zum *Eigenkapital* gehören: Grundkapital (Stammkapital), Rücklagen und Gewinn, auch Gewinnvortrag (→**Eigenkapital,** →**Rücklagen**).

Dem *Fremdkapital* sind zuzuordnen (→**Bilanzanalyse**)

- Verbindlichkeiten gegenüber Kreditinstituten
- Verbindlichkeiten aus Lieferungen und Leistungen
- Wechselschulden
- erhaltene Anzahlungen auf Bestellungen
- sonstige Verbindlichkeiten
- passive Rechnungsabgrenzungsposten

An die Aktionäre auszuschüttender Gewinn ist dem Fremdkapital zuzuordnen (→**Aktiengesellschaft: Rechnungslegung und Gewinnverwendung**). Alle Bankverbindlichkeiten sind unter „Verbindlichkeiten gegenüber Kreditinstituten" auszuweisen. Es sind aber nach § 268 Abs. 5 Satz 1 HGB die Beträge gesondert anzugeben, die eine Restlaufzeit bis zu einem Jahr haben.

Nr. 25	Fremdkapital

Praxis-Tip

Die „Sonstigen Verbindlichkeiten" sind wie die „Sonstigen Vermögensgegenstände" ein Sammel- und Restposten. Die Verschiedenartigkeit der zu behandelnden Buchungsfälle verlangt Sorgfalt.

Das Gliederungsschema der Bilanz sieht in § 266 HGB vor, daß die geschuldeten Steuern der Firma und die Verbindlichkeiten für die soziale Sicherheit der Arbeitnehmer hier zu buchen sind.

Beispiele für „Sonstige Verbindlichkeiten" sind:

- Gehälter und Löhne, die noch nicht ausbezahlt wurden
- fällige Provisionen
- in der Lohn- und Gehaltsabrechnung vom Unternehmen einbehaltene Abgaben (Arbeitnehmeranteil zur Renten-, Kranken- und Arbeitslosenversicherung)
- vom Unternehmen zu tragende Sozialkosten (Arbeitgeberanteil zur Sozialversicherung)
- Steuerschulden der Gesellschaft (sofern nicht eine Rückstellung gebildet wurde)
- einbehaltene und abzuführende Steuern (Lohnsteuer, Kirchensteuer, Kapitalertragsteuer)
- nicht abgehobene Dividenden

Rückstellungen für schwebende Verbindlichkeiten, die dem Grunde, aber nicht der Höhe nach feststehen, sind beim kurzfristigen Fremdkapital zu erfassen, z. B. Rückstellungen für Steuern. Eine Sonderstellung nehmen Pensionsrückstellungen ein, da sie vielfach erst in vielen Jahren fällig werden (→**Rückstellungen**).

Wertberichtigungen auf Anlagevermögen und Forderungen sind weder dem Eigen- noch dem Fremdkapital zuzuordnen, sondern sie sind Korrekturposten der Aktivseite und sind von den entsprechenden Positionen auf der Aktivseite abzusetzen (→**Abschreibungen auf Forderungen**).

Fremdkapital nach der Fristigkeit

Verbindlichkeiten entstehen beim Bezug von Stoffen, Waren und Dienstleistungen. Der Kauf von Anlagegütern und die Kreditaufnahme sind andere Gründe für die Entstehung von Verbindlichkeiten.

Zu den *kurzfristigen Verbindlichkeiten* zählen:

- Verbindlichkeiten aus Lieferungen und Leistungen
- Schuldwechsel (Tratten, Akzepte, Solawechsel)
- Verbindlichkeiten gegenüber Kreditinstituten mit einer Laufzeit bis zu 4 Jahren

Fremdkapital | **Nr. 25**

- Erhaltene Anzahlungen von Kunden
- Sonstige Verbindlichkeiten (gegenüber Mitarbeitern des Unternehmens, gegenüber dem Finanzamt, gegenüber sonstigen Gläubigern)

Langfristige Verbindlichkeiten, die eine Laufzeit von mindestens vier Jahren aufweisen, sind insbesondere:

- Anleihen, auch Wandelschuldverschreibungen
- Verbindlichkeiten gegenüber Kreditinstituten (insbesondere Bankdarlehen mit festen monatlichen bzw. vierteljährlichen Zins- und Tilgungsraten, auch Annuitätentilgung)
- Sonstige langfristige Verbindlichkeiten sind Schuldscheindarlehen, Hypotheken- und Rentenschulden gegenüber Versicherungen

„Dringlichkeit" bei den Passiva und „Liquiditätswert" bei den Aktiva

Ein Unternehmen kann mit Eigenkapital und meistens auch dem langfristigen Fremdkapital über viele Jahre arbeiten. Anders ist die Situation beim kurzfristigen Fremdkapital, das in einem Zeitraum bis zu einem Jahr fällig ist. Darlehen und Anleihen mit kurzer Restlaufzeit sind dem kurzfristigen Fremdkapital zuzuordnen, wenn sie auch ursprünglich langfristige Finanzierungsmittel waren.

Eine Aufteilung der Passivseite der Bilanz in Eigenkapital, langfristiges und kurzfristiges Fremdkapital entspricht einer Gliederung der Aktivseite nach *Liquiditätsgesichtspunkten.* Entscheidend ist dabei, wie leicht die einzelnen Vermögenswerte in Bargeld umgewandelt werden können. Zu den liquiden Vermögenswerten, die in der Finanzdisposition unmittelbar verfügbar sind, gehören: Kassenbestand, Postscheckguthaben, Giroeinlagen bei Banken, Schecks und Kundenwechsel. Es handelt sich hier um die *Kassenliquidität* oder die liquiden Mittel erster Ordnung.

Zu den liquiden Mitteln zweiter Ordnung *(einzugsbedingte Liquidität)* zählen kurzfristige Forderungen aus Warenlieferungen und Leistungen, Aktien und Obligationen sowie gegebenenfalls leicht verkäufliche Warenvorräte. Die Warenforderungen sollten nach Fristigkeit und Bonität gegliedert werden.

Zu den liquiden Mitteln dritter Ordnung *(umsatzbedingte Liquidität)* gehören die gesamten Roh-, Hilfs- und Betriebsstoffe sowie fertige und unfertige Erzeugnisse. Die zur Aufrechterhaltung der Fertigung notwendigen Warenvorräte, der sogenannte eiserne Bestand, kann nicht berücksichtigt werden.

Roh- und Hilfsstoffe sind in der Regel leichter zu veräußern als fertige und unfertige Erzeugnisse. Der Fertigwarenbestand dürfte normalerweise erst innerhalb von einigen Wochen oder Monaten zu verflüssigen sein. Der eiserne Bestand ist wie das zur Aufrechterhaltung der Produktion

| Nr. 25 | **Fremdkapital** |

notwendige und nicht zu veräußernde Anlagevermögen zu behandeln. Diese letzte Gruppe wird als illiquide bezeichnet, weil sie erst bei der Betriebsaufgabe verkauft werden kann. Sie ist deshalb nur in der Liquidationsbilanz zu berücksichtigen.

Liquidität I und Liquidität II

Die Angabe von Liquidität I und Liquidität II in Prozentzahlen der kurzfristigen Verbindlichkeiten zeigt, in welchem Verhältnis die Größen zueinander stehen. Eine negative Liquidität II entsteht, wenn die kurzfristig liquidierbaren Vermögenswerte einschließlich Warenvorräte kleiner sind als die kurzfristig fälligen Verbindlichkeiten, d. h., das gesamte Umlaufvermögen ist kleiner als das kurzfristige Fremdkapital. Ein mehr oder weniger großer Teil des Anlagevermögens ist also mit kurzfristigem Fremdkapital finanziert.

Die *Goldene Bilanzregel* verlangt, daß das gesamte Anlagevermögen durch Eigenkapital finanziert wird. Dieser Finanzierungsgrundsatz wurde später dahin umgestaltet, daß nicht nur das Anlagevermögen, sondern ebenfalls das dauernd gebundene Umlaufvermögen durch Eigenkapital und durch langfristiges Fremdkapital finanziert werden muß.

Die Goldene Bilanzregel in der zweiten Version berücksichtigt, daß langfristig im Unternehmen investiertes Vermögen mit langfristigen Mitteln, also Eigenkapital und langfristiges Fremdkapital, zu finanzieren ist.

Praxis-Tip

Ein hoher Anteil des Anlagevermögens am Gesamtvermögen erfordert einen hohen Anteil an Eigenkapital bzw. langfristiges Fremdkapital am Gesamtkapital. Umgekehrt kann in einer Branche mit hohem Umlaufvermögen auch in größerem Umfang mit kurzfristigem Fremdkapital gearbeitet werden.

Damit werden spezifische Aspekte der einzelnen Wirtschaftszweige in diesem Finanzierungsgrundsatz berücksichtigt, und er ist eine wertvolle Hilfe für die Praxis.

→ Bilanz
→ Bilanzanalyse
→ Kreditorenbuchhaltung

→ Eigenkapital
→ Rückstellungen

Geringwertige Wirtschaftsgüter

Abnutzbare, bewegliche Wirtschaftsgüter des Anlagevermögens, die selbständig nutzbar sind, heißen geringwertige Wirtschaftsgüter, sofern die Anschaffungskosten für das einzelne Anlagegut unter 800 DM (netto) liegen. Sie können im Wirtschaftsjahr der Anschaffung oder Herstellung in voller Höhe abgeschrieben werden.

Das Steuerrecht enthält für geringwertige Wirtschaftsgüter (GWG) ein *Bewertungswahlrecht*. Sie können entweder in voller Höhe sofort abgesetzt oder der jährlichen Abschreibung unterworfen werden (§ 6 Abs. 2 EStG). Dies gilt auch für den Fall, daß geringwertige Wirtschaftsgüter als Einlage bei der Eröffnung eines Betriebes eingebracht werden. Da die geringwertigen Wirtschaftsgüter regelmäßig einer mehrjährigen Nutzungsdauer unterliegen, führt die sofortige Abschreibung zur Bildung *stiller Reserven*.

Erfassung der geringwertigen Wirtschaftsgüter in der Buchhaltung

Geringwertige Wirtschaftsgüter des Anlagevermögens können im Jahr der Anschaffung als Aufwand verbucht werden. Sie müssen aber zunächst auf den Vermögenskonten „Geringwertige Anlagen und Maschinen" oder als „Geringwertige Wirtschaftsgüter der Betriebs- und Geschäftsausstattung" erfaßt werden und können dann am Jahresende direkt abgeschrieben werden.

Die geringwertigen Wirtschaftsgüter sind in der Handelsbilanz im *Anlagenspiegel* als Zugang und als Abschreibung auszuweisen. Davon ausgenommen sind Anlagegüter mit Anschaffungs- und Herstellungskosten von unter 100 DM. Sie können gleich als Materialaufwand gebucht werden.

| Beispiel: | Kauf von Kopiergeräten |

Für verschiedene Fachabteilungen des Unternehmens werden fünf Kopiergeräte zu je 828 DM (einschließlich MwSt von 15% = 108 DM) gegen Bankscheck eingekauft.

| Nr. 26 | Geringwertige Wirtschaftsgüter |

So wird gebucht:

Geringwertige Wirtschaftsgüter der Betriebs- und Geschäftsausstattung	3 600 DM	
Vorsteuer	540 DM	
an Bank		4 140 DM

Am Jahresende werden die Kopierer voll abgeschrieben.

Abschreibungen auf Geringwertige Wirtschaftsgüter (GWG)	3 600 DM	
an Geringwertige Wirtschaftsgüter der Betriebs- und Geschäftsausstattung		3 600 DM

So sehen die Konten aus:

Geringwertige Wirtschaftsgüter der Betriebs- und Geschäftsausstattung (GWG)		Bank	
Bank 3 600	Abschr. GWG 3 600		GWG + Vorst. 4 140

Vorsteuer		Abschreibung GWG	
Bank 540		GWG	3 600

Wenn Sie die Möglichkeit der Sofortabschreibung von geringwertigen Wirtschaftsgütern *nicht* wählen, dann müssen Sie die geringwertigen Wirtschaftsgüter auf die betreffenden Anlagekonten buchen, z. B. Geschäftsausstattung, Maschinen. Die geringwertigen Wirtschaftsgüter sind dann jährlich entsprechend der Nutzungsdauer abzuschreiben.

Praxis-Tip

Das Bewertungswahlrecht für geringwertige Wirtschaftsgüter gilt auch für Steuerpflichtige, die ihren Gewinn durch Gegenüberstellung der Betriebseinnahmen und der Betriebsausgaben nach § 4 Abs. 3 EStG ermitteln. Selbständige und nebenberuflich Tätige können diese Vergünstigung also ebenfalls nutzen.

Gesetzliche Grundlagen der Buchführung

Der Kaufmann (Vollkaufmann) ist nach § 238 HGB verpflichtet, Bücher zu führen und eine Bilanz zu erstellen. Eine ordnungsgemäße Buchführung dient dem Schutz der Gläubiger des Unternehmens. Wer nach dem Handelsrecht zur Buchführung verpflichtet ist, hat auch nach Steuerrecht § 140 AO (Abgabenordnung) Bücher zu führen. Die Finanzverwaltung verlangt in § 141 AO auch von Minderkaufleuten und Handwerkern eine steuerliche Buchführungs- und Aufzeichnungspflicht.

Gesetzliche Vorschriften für alle Kaufleute

Das Handelsgesetzbuch (HGB) regelt seit 1986 Fragen der Buchführung und des Jahresabschlusses im neuen Dritten Buch in den §§ 238 bis 339. Der erste Abschnitt des Dritten Buches enthält die für *alle Kaufleute* geltenden Vorschriften.

Gesetzliche Vorschriften für Kapitalgesellschaften

Der zweite Abschnitt des Dritten Buches gilt nur für die *Kapitalgesellschaften* und enthält ergänzende Vorschriften. Die deutschen Rechnungslegungsvorschriften wurden aufgrund des Bilanzrichtlinien-Gesetzes an die Rechnungslegungsvorschriften anderer EG-Länder angepaßt. Der *Jahresabschluß* der Kapitalgesellschaft und der *Lagebericht* ist in den §§ 264 bis 289 HGB geregelt.

Der *Konzernabschluß* und der *Konzernlagebericht* werden in den §§ 290–315 HGB behandelt, z. B. Anwendungsbereich, Konsolidierungskreis, Konzernanhang, Konzernlagebericht.

Die *Prüfung* von Jahresabschluß und Lagebericht von Kapitalgesellschaften ist in den §§ 316 bis 324 HGB geregelt, z. B. Gegenstand der Prüfung, Abschlußprüfer, Prüfungsbericht.

Der dritte Abschnitt des dritten Buches regelt in den §§ 336 bis 339 HGB den Jahresabschluß von *Genossenschaften*.

Grundsätze ordnungsmäßiger Buchführung

Der Kaufmann ist verpflichtet, die Bücher so zu führen, daß ein sachverständiger Dritter innerhalb einer angemessenen Zeit einen Überblick

| Nr. 27 | Gesetzliche Grundlagen der Buchführung |

über die Handelsgeschäfte und die Lage des Vermögens erhält (§ 238 HGB). Die Entstehung und Abwicklung der Geschäftsvorfälle muß nachträglich zu überprüfen sein. Die Eintragungen müssen nach § 239 HGB vollständig, richtig, zeitgerecht und geordnet vorgenommen werden.

Viele Einzelvorschriften im Handels- und Steuerrecht beziehen sich auf Sachverhalte der Buchhaltung und Bilanzierung. Ist im Gesetz keine spezielle Regelung vorgesehen, dann ist nach den *„Grundsätzen ordnungsmäßiger Buchführung" (GoB)* vorzugehen. Die GoB entwickelten sich aus der Bilanzierungspraxis, handels- und steuerrechtlichen Vorschriften, der Rechtsprechung, Erkenntnissen der Fachliteratur und Empfehlungen der Verbände. Auch die internationalen Rechnungslegungsgrundsätze des International Accounting Standards Committee (IASC), die auf ausländische Verhältnisse zugeschnitten sind, können Hinweise liefern.

Der *Jahresabschluß*, bestehend aus Bilanz sowie Gewinn- und Verlustrechnung, ist nach § 243 Abs. 1 HGB nach den GoB zu erstellen. Der Jahresabschluß soll ein Bild der tatsächlichen Vermögens-, Finanz- und Ertragslage des Unternehmens vermitteln (§ 264 Abs. 2 HGB).

Bilanzklarheit

Die Bilanz hat hinsichtlich ihres äußeren Bildes klar und übersichtlich zu sein (§ 243 HGB). Die Gliederungsvorschriften des Aktienrechts dienen diesem Zweck. Die einzelnen Posten der Bilanz und der Gewinn- und Verlustrechnung müssen klar und verständlich sein und in einer sinnvollen Weise einander folgen. Die Posten dürfen nicht weggelassen oder zusammengezogen werden. Für Forderungen und Verbindlichkeiten besteht ein Saldierungsverbot.

Rücklagen, Wertberichtigungen und Rückstellungen dürfen nach dem Grundsatz der Bilanzklarheit nicht als Verbindlichkeiten ausgewiesen werden.

Die Zahlen der Buchhaltung und des Jahresabschlusses müssen nachprüfbar sein, und bestimmte formale Vorschriften sind einzuhalten:

- Eintragungen und Buchungen in den Handelsbüchern dürfen nur in einer lebenden Sprache erfolgen (§ 239 Abs. 1 HGB).
- Abkürzungen (Ziffern, Buchstaben, Symbole) sind eindeutig zu erklären (§ 239 Abs. 1 HGB).
- Jahresabschluß hat in deutscher Sprache und in DM zu erfolgen (§ 244 HGB).
- Geschäftsvorfälle müssen zeitnah gebucht werden, in der Kassenbuchführung täglich (§ 239 Abs. 2 HGB).

Gesetzliche Grundlagen der Buchführung | Nr. 27

- Ursprünglicher Inhalt einer Eintragung muß nach § 239 Abs. 3 HGB feststellbar bleiben, wenn eine Eintragung oder Aufzeichnung abgeändert wird, z. B. durch Radieren von geschriebenen Daten bzw. Löschen oder Überspielen von gespeicherten Daten.
- Buchungen müssen durch Belege überprüft werden können („keine Buchung ohne Beleg").
- Belege sind fortlaufend zu numerieren und aufzubewahren.
- Aufzeichnungen auf Datenträgern müssen während der Dauer der Aufbewahrungsfrist jederzeit in einer angemessenen Frist lesbar gemacht werden können (§ 239 Abs. 4 HGB).
- Geschäftsjahr darf die Dauer von 12 Monaten nicht überschreiten (§ 240 Abs. 2 HGB).

Bilanzwahrheit

Der Jahresabschluß hat den GoB in formaler Hinsicht zu entsprechen und einen sicheren Einblick in die Vermögens- und Ertragslage des Unternehmens zu ermöglichen. Die Bilanz zeigt die Vermögenslage und den Kapitalaufbau zu einem bestimmten Stichtag. Die Gewinn- und Verlustrechnung informiert über die Ertragslage. Die Aufwandsstruktur sowie aperiodische und einmalige Erträge werden offengelegt.

Die Bilanz muß *vollständig* sein, alle Vermögensgegenstände und Schulden sind in den Bilanzpositionen zu berücksichtigen (§ 246 Abs. 1 HGB). Die wirtschaftliche Zugehörigkeit zum Unternehmen ist für die Bilanzierungsfähigkeit entscheidend.

Der Grundsatz der *Richtigkeit* besagt, daß die Vermögensteile und Schulden richtig bewertet werden. Rückstellungen sind beispielsweise nach § 253 Abs. 1 HGB in der Höhe anzusetzen, die einer vernünftigen kaufmännischen Beurteilung entspricht.

Die GoB, die für alle Vollkaufleute gelten, stimmen nicht völlig mit den aktienrechtlichen Bewertungsvorschriften überein. Kleinen und mittleren GmbHs, die unter das Publizitätsgesetz fallen, wird weiterhin die Bildung stiller Reserven in gewissem Umfang erlaubt.

Bilanzkontinuität

Die Übereinstimmung der Schlußbilanz mit der Anfangsbilanz des folgenden Geschäftsjahres wird als *formelle* Bilanzkontinuität oder Bilanzverknüpfung bezeichnet und ergibt sich aus den GoB. Gleiche Benennung und inhaltliche Abgrenzung der Bilanzpositionen sowie Beibehaltung des Abschreibungsverfahrens gehören ebenfalls zur formellen Bilanzkontinuität. Gleiche Geschäftsvorfälle sind in den folgenden Jahren auf den gleichen Konten zu buchen, wenn nicht sachliche Gründe für eine Änderung sprechen.

| Nr. 27 | Gesetzliche Grundlagen der Buchführung |

Ein einmal gewählter Wertansatz in der Bilanz und seine Fortführung in den Folgejahren wird als *materielle* Bilanzkontinuität bezeichnet.

Einzelbewertung

§ 252 HGB verlangt, daß Vermögensgegenstände und Schulden zum Abschlußstichtag einzeln bewertet werden. Es ist vorsichtig zu bewerten. Der Grundsatz der Vorsicht findet bei der Einzelbewertung Anwendung.

Das Prinzip der Einzelbewertung kann aber durchbrochen werden:

- Gleichartige Gegenstände des Vorratsvermögens können mit dem gewogenen Durchschnittswert bewertet werden (§ 240 Abs. 4 HGB).
- Die Bewertung zu Festpreisen ist bei Vermögensgegenständen des Sachanlagevermögens sowie der Roh-, Hilfs- und Betriebsstoffe erlaubt (§ 240 Abs. 3 HGB).
- Pauschalwertberichtigungen auf Forderungen und die Bildung von Rückstellungen bei Lieferungen mit Rückgaberecht sind weitere Ausnahmen.

Vorsichtsprinzip

Die Vorsicht ist ein wichtiges Prinzip der GoB. Die Vermögens-, Finanz- und Ertragslage sind vernünftig zu beurteilen. Chancen und Risiken sind nach den GoB zu berücksichtigen (§ 251 HGB). Der Kaufmann sollte bei der Darstellung seines Vermögens und seiner Schulden aber eher pessimistisch als optimistisch sein.

Nach § 252 Abs. 4 HGB sind vorhersehbare Risiken und Verluste, die am Bilanzstichtag entstanden sind, auszuweisen. Ein Gewinn darf dagegen nach dem *Realisationsprinzip* erst ausgewiesen werden, wenn er am Bilanzstichtag bereits entstanden ist.

Das *Maßgeblichkeitsprinzip* besagt, daß die Steuerbilanz eine aus der Handelsbilanz abzuleitende Bilanz ist (§ 5 Abs. 1 EStG). Die handelsrechtlichen Bilanzierungsvorschriften und Wertansätze gelten auch in der Steuerbilanz, wenn steuerrechtliche Vorschriften nicht zwingend etwas anderes vorschreiben. So besteht ein Aktivierungswahlrecht im Handelsrecht für Material-, Fertigungs- und Verwaltungsgemeinkosten bei der Bewertung von unfertigen und fertigen Erzeugnissen, während steuerlich ein Aktivierungsgebot besteht.

→ Aufbewahrungsfristen → Publizitätspflichten
→ Handelsbilanz → Steuerbilanz
→ Jahresabschluß

Gewinn- und Verlustrechnung

Die Gewinn- und Verlustrechnung (G+V-Rechnung) kann prinzipiell in Kontoform oder in Staffelform erstellt werden. Der Gesetzgeber hat für die Veröffentlichung bei Kapitalgesellschaften (AG, GmbH) die Staffelform vorgeschrieben (§ 275 HGB).

Gewinn- und Verlustrechnung in Kontoform

Die Erfolgskonten werden am Ende der Rechnungsperiode über das Gewinn- und Verlustkonto abgeschlossen. Der Reingewinn bzw. -verlust wird auf das Eigenkapitalkonto übertragen (→**Erfolgskonten**, →**Eigenkapital**).

Aufwendungen sind der Werteverzehr eines Unternehmens an Gütern, Dienstleistungen und Abgaben in der Rechnungsperiode. Die Kostenrechnung gliedert die gesamten Aufwendungen des Unternehmens in betriebsbezogene Aufwendungen (= Kosten) und unternehmensbezogene Aufwendungen (= neutrale Aufwendungen).

Erträge sind Wertzuflüsse in das Unternehmen in einer Abrechnungsperiode aus dem Verkauf der eigenen oder fremden Erzeugnisse und erbrachten Dienstleistungen. Die Erträge werden für die Kostenrechnung in betriebsbezogene Erträge (= Leistungen) und unternehmensbezogene Erträge (= neutrale Erträge) eingeteilt. Die betriebsbezogenen Erträge und die betriebsbezogenen Aufwendungen werden als Leistungen und Kosten in die Kosten- und Leistungsrechnung übernommen.

Das Gewinn- und Verlustkonto erfaßt als Abschlußkonto die Aufwendungen und Erträge einer Buchhaltungsperiode. *Gewinn* entsteht, wenn die Erträge größer als die Aufwendungen sind. Der Saldo „Gewinn" wird auf der Aufwandsseite eingesetzt. Bei *Verlust* sind die Aufwendungen größer als die Erträge.

Soll	Gewinn- und Verlustkonto	*Haben*
Aufwendungen Aufwendungen für Rohstoffe Löhne und Gehälter Soziale Abgaben Abschreibungen auf Anlagen Abschreibungen auf Forderungen Zinsen Steuern Außerordentliche Aufwendungen „Gewinn"		*Erträge* Umsatzerlöse Bestandsmehrungen Eigenleistungen Mieterträge Erträge aus dem Abgang von Vermögensgegenständen Zinserträge („Verlust")

| Nr. 28 | Gewinn- und Verlustrechnung |

G+V-Rechnung nach dem Gesamtkostenverfahren nach § 275 HGB

Die Gewinn- und Verlustrechnung (G+V-Rechnung) ist nach § 275 HGB bei Kapitalgesellschaften in *Staffelform* zu erstellen. Die Staffelform ermöglicht den Ausweis von Zwischensummen und Zwischenergebnissen, was ein Vorteil gegenüber der Kontenform ist.

G+V-Rechnung in Staffelform nach dem Gesamtkostenverfahren		
	Berichtsjahr	Vorjahr
1. Umsatzerlöse	+_____	_____
2. Erhöhung oder Verminderung des Bestands an fertigen und unfertigen Erzeugnissen	+_____	_____
3. andere aktivierte Eigenleistungen	+_____	_____
4. sonstige betriebliche Erträge	+_____	_____
(Summe Pos. 1–4)		
5. Materialaufwand:		
a) Aufwendungen für Roh-, Hilfs- und Betriebsstoffe und für bezogene Waren	–_____	_____
b) Aufwendungen für bezogene Leistungen	–_____	_____
6. Personalaufwand:		
a) Löhne und Gehälter	–_____	_____
b) soziale Abgaben und Aufwendungen für Altersversorgung und für Unterstützung – davon für Altersversorgung _____	–_____	_____
7. Abschreibungen		
a) auf immaterielle Vermögensgegenstände des Anlagevermögens und Sachanlagen sowie auf aktivierte Aufwendungen für die Ingangsetzung und Erweiterung des Gewerbebetriebs	–_____	_____
b) auf Vermögensgegenstände des Umlaufvermögens, soweit diese die in der Kapitalgesellschaft üblichen Abschreibungen überschreiten	–_____	_____

Gewinn- und Verlustrechnung | Nr. 28

G+V-Rechnung in Staffelform nach dem Gesamtkostenverfahren

	Berichtsjahr	Vorjahr
8. sonstige betriebliche Aufwendungen	–	
(Summe Pos. 5–8)		
(Summe Betriebsergebnis Pos. 1–4 minus Pos. 5–8)		
9. Erträge aus Beteiligungen – davon aus verbundenen Unternehmen _____	+	
10. Erträge aus anderen Wertpapieren und Ausleihungen des Finanzanlagevermögens – davon aus verbundenen Unternehmen _____	+	
11. sonstige Zinsen und ähnliche Erträge – davon aus verbundenen Unternehmen _____	+	
12. Abschreibungen auf Finanzanlagen und auf Wertpapiere des Umlaufvermögens	–	
13. Zinsen und ähnliche Aufwendungen – davon an verbundene Unternehmen _____	–	
(Summe Pos. 9–13 = Finanzergebnis)	+	
14. *Ergebnis der gewöhnlichen Geschäftstätigkeit* (= Betriebsergebnis + Finanzergebnis)	+	
15. außerordentliche Erträge	+	
16. außerordentliche Aufwendungen	–	
17. *außerordentliches Ergebnis* (= Pos. 15+16)	+	
(Ergebnis vor Steuern = Betriebs- und Finanzergebnis sowie außerordentliches Ergebnis)	+	
18. Steuern vom Einkommen und Ertrag	–	
19. Sonstige Steuern	–	
20. *Jahresüberschuß/Jahresfehlbetrag*	+	

Die Bezeichnungen und die Reihenfolge entsprechen dem Gesetzestext nach § 275 Abs. 2 HGB. Die Gegenüberstellung von Berichtsjahr und Vorjahr wird im § 275 HGB nicht vorgenommen, ist aber in den Geschäftsberichten üblich.

Nr. 28 Gewinn- und Verlustrechnung

Gesamtleistung, Rohergebnis, Betriebsergebnis und Finanzergebnis

Die *Gesamtleistung* ergibt sich bei Anwendung des Gesamtkostenverfahrens aus den Posten 1 bis 4. Kleine und mittelgroße Kapitalgesellschaften (→**Publizitätspflichten**) dürfen die Posten 1 bis 5 zusammenfassen und als *Rohergebnis* ausweisen.

Das *Betriebsergebnis* umfaßt die betrieblichen Erträge (Posten 1 bis 4) und die betrieblichen Aufwendungen (Posten 5 bis 8).

Das *Finanzergebnis* wird in den Positionen 9 bis 13 gebildet. Die Erträge aus den Finanzanlagen und Abschreibungen sind hier erfaßt (→**Finanzergebnis**).

Betriebsergebnis und Finanzergebnis bilden zusammen das *Ergebnis der gewöhnlichen Geschäftstätigkeit* (= Position 14).

Außerordentliches Ergebnis

Außerordentliche Erträge (Position 15) und außerordentliche Aufwendungen (Position 16) bilden das *außerordentliche Ergebnis*.

Außerordentliche Aufwendungen stehen im IKR nicht mit der betrieblichen Leistungserstellung in Verbindung (→**Sachliche Abgrenzung**). Sie haben im Rahmen der Geschäftstätigkeit des Unternehmens einen einmaligen Charakter, z. B. Sanierungsmaßnahmen, Verluste aus Beteiligungsverkauf, Aufwendungen für einen Sozialplan. Aufwendungen, die auf höhere Gewalt zurückzuführen sind, kommen hier ebenfalls in Betracht, z. B. Überschwemmungen, Brand, Verlust durch Gesetzesänderungen.

Außerordentliche Erträge sind Nebenerlöse, die in keinem direkten Zusammenhang mit der Verwertung der betrieblichen Leistung stehen.

Ergebnis vor Steuern und Jahresüberschuß bzw. -fehlbetrag

Das Ergebnis der gewöhnlichen Geschäftstätigkeit und das außerordentliche Ergebnis ergeben zusammen das *Ergebnis vor Steuern*. Das Ergebnis vor Steuern vermindert um „Steuern vom Einkommen und Ertrag" (Position 18) sowie den „Sonstigen Steuern" (Position 19) ergibt den *Jahresüberschuß* bzw. *Jahresfehlbetrag*.

→ Anhang
→ AG: Rechnungslegung und Gewinnverwendung
→ Bilanz
→ Bilanzanalyse

→ GmbH: Rechnungslegung
→ Handelsbilanz
→ Jahresabschluß
→ Publizitätsverpflichtungen
→ Steuerbilanz

❑

GmbH: Rechnungslegung und Gewinnverwendung

Die Gesellschaft mit beschränkter Haftung (GmbH) ist durch das BiRiLiG in die allgemeinen Rechnungslegungs- und Prüfungspflichten der Kapitalgesellschaften einbezogen worden (→Publizitätspflichten).

Die Einordnung in Größenklassen nach § 267 HGB hat für die GmbH in der Praxis große Bedeutung. Für kleine, mittelgroße oder große Gesellschaften gelten unterschiedliche Bestimmungen für die Prüfung und Offenlegung des Jahresabschlusses.

Die GmbH ist als eigene Rechtspersönlichkeit (= juristische Person) selbständiger Träger von Rechten und Pflichten, kann Eigentum erwerben und vor Gericht klagen und verklagt werden. Sie ist eine Handelsgesellschaft, die zu den Kapitalgesellschaften zählt.

Die *Gründung* erfolgt durch mehrere Personen, seit 1981 kann auch ein Gesellschafter allein eine GmbH gründen (Ein-Mann-GmbH). Der Gesellschaftsvertrag muß notariell beurkundet und von allen Gesellschaftern unterzeichnet sein (§ 2 GmbHG). Die GmbH ist mit der Eintragung ins Handelsregister entstanden. Die Wirkung der Eintragung ins Handelsregister ist *konstitutiv,* begründet die Kaufmannseigenschaft, und zwar als Vollkaufmann.

Das *Stammkapital* (= gezeichnetes Kapital) beträgt mindestens 50 000 DM (§ 5 GmbHG). Die Anmeldung der GmbH ins Handelsregister darf erst erfolgen, wenn ein Viertel der Stammeinlage eingezahlt ist, mindestens jedoch 25 000 DM (§ 7 GmbHG). Das Stammkapital gliedert sich in *Stammeinlagen,* die Mindesteinlage beträgt 500 DM.

Der *Geschäftsanteil* ist der Anteil des Gesellschafters am Reinvermögen der GmbH, wobei auch stille Reserven und Schulden berücksichtigt sind. Die *Haftung* des Gesellschafters ist auf den Wert seiner Stammeinlage begrenzt. Der Gesellschaftsvertrag kann über die Stammeinlage hinaus eine Nachschußpflicht vorsehen.

Geschäftsführer und Gesellschafterversammlung

Ein oder mehrere *Geschäftsführer* vertreten die GmbH. Gesellschafter oder Dritte können Geschäftsführer sein (§ 6 GmbHG). Die Geschäftsführer werden durch Gesellschaftsvertrag oder durch die Gesellschafter ernannt und auch abberufen. Gesellschafter-Geschäftsführer können auf Lebenszeit eingestellt werden.

Nr. 29 | GmbH: Rechnungslegung und Gewinnverwendung

Oft gilt die sogenannte Gesamtvertretung, wonach die GmbH-Geschäftsführer die GmbH nur gemeinsam vertreten dürfen. Möglich ist auch, daß es in einem mehrköpfigen Geschäftsführergremium einen Vorsitzenden gibt, der über Sonderrechte und -pflichten verfügt.

Praxis-Tip

Übt ein Gesellschafter-Geschäftsführer eine konkurrierende Tätigkeit zur Gesellschaft als selbständiger Unternehmer aus – und war dies schon bei der Gründung der GmbH durch die Mitgesellschafter bekannt –, dann liegt keine Verletzung des Wettbewerbsverbots vor.

Der angestellte GmbH-Geschäftsführer genießt nicht den arbeitsrechtlichen Schutz eines Leitenden Angestellten, auch in der Haftung werden an den Geschäftsführer strenge Anforderungen gestellt. Die Sorgfalt des ordentlichen Geschäftsführers gilt als Maßstab.

Das höchste Organ der GmbH ist die *Gesellschafterversammlung*. Die Gesellschafter nehmen hier ihre Rechte wahr und können den Geschäftsführern Anordnungen erteilen.

Aufgaben und Zuständigkeiten der Gesellschafterversammlung

- Feststellung des Jahresabschlusses
- Gewinnverwendung (Ausschüttung oder Einbehaltung)
- Bildung von Rückstellungen und Zuführungen zu den Rücklagen
- Entlastung der GmbH-Geschäftsführer
- Bestellung und Abberufung von Geschäftsführern

Die Gesellschafterversammlung billigt mit der *Entlastung* eines Geschäftsführers seine Arbeit in der zurückliegenden Periode. Die Gesellschafterversammlung kann dann keine Schadenersatzansprüche geltend machen aufgrund eines Fehlverhaltens. Der GmbH-Geschäftsführer kann sein Amt sofort niederlegen, fristlos kündigen und Schadenersatz verlangen, wenn ihm die „Entlastung" aus eindeutig unsachlichen Gründen verweigert worden ist.

Bei der GmbH sind die Gesellschafter den Geschäftsführern übergeordnet. Die Geschäftsführer müssen nach § 37 GmbHG von den Gesellschaftern auferlegte Beschränkungen einhalten, die im Gesellschaftsvertrag oder durch Beschlüsse der Gesellschafter festgelegt sind. Der Vorstand der AG besitzt nach § 76 Abs. 1 AktG eine stärkere Position, da er die Geschäfte unter eigener Verantwortung leiten kann.

Die sofortige Abberufung eines GmbH-Geschäftsführers durch die Gesellschafterversammlung aus wichtigem Grund bedeutet normalerweise fristlose Kündigung des Anstellungsvertrages. Die Abberufung ist sofort wirksam. Der GmbH-Geschäftsführer kann gegen diesen Beschluß

GmbH: Rechnungslegung und Gewinnverwendung | **Nr. 29**

gerichtlich vorgehen. Die GmbH muß dann den Nachweis führen, daß tatsächlich ein wichtiger Grund vorliegt, der die Abberufung rechtfertigt.

Gesellschaften mit über 500 Arbeitnehmern benötigen nach dem BetrVG einen *Aufsichtsrat*. Die Satzung der GmbH kann aber schon früher die Bildung eines Aufsichtsrates vorsehen. Werden 2 000 Arbeitnehmer erreicht, gilt das Mitbestimmungsgesetz.

Die Aufgaben des Aufsichtsrats der GmbH sind mit dem der AG vergleichbar:

- Prüfung und Kontrolle der Geschäftsführung
- Prüfung des Jahresabschlusses und des Lageberichts
- Prüfung der Gewinnverwendung

Rechnungslegung der GmbH

Gesetzliche Rücklagen gibt es bei der GmbH nicht. Kapital- und Gewinnrücklagen werden in der Bilanz der GmbH getrennt vom gezeichneten Kapital ausgewiesen (→**Eigenkapital,** →**Rücklagen**).

Kapitalgesellschaften müssen wie Einzelkaufleute und Personengesellschaften die für alle Kaufleute im dritten Buch des HGB §§ 238–263 geltenden Vorschriften einhalten (→**Jahresabschluß von Personengesellschaften**).

Kapitalgesellschaften sind nach § 264 Abs. 1 HGB verpflichtet, ihren Jahresabschluß in den ersten drei Monaten nach Ablauf des Geschäftsjahres aufzustellen (→**AG: Rechnungslegung und Gewinnverwendung**).

Der Jahresabschluß der GmbH weist vielfach den Gewinn des Geschäftsjahres zunächst in voller Höhe in der Bilanz aus. Die Gesellschafterversammlung beschließt dann im neuen Geschäftsjahr über die Gewinnverwendung. Der Gewinn wird nach der Höhe der Stammanteile verteilt.

Offenlegungs- und Prüfungspflichten der GmbHs in Abhängigkeit zur Größe

Umfang der Offenlegung und Prüfung des Jahresabschlusses bestimmen sich nach der Unternehmensgröße (§ 267 HGB, § 42 a GmbHG). Kleine, mittelgroße und große Kapitalgesellschaften werden in § 267 HGB nach den Merkmalen *Umsatz, Bilanzsumme* und *Arbeitnehmer* näher präzisiert (→**Publizitätspflichten**).

Der Jahresabschluß der Kapitalgesellschaften mit Lagebericht ist innerhalb einer Frist von drei Monaten nach Abschluß des Geschäftsjahres aufzustellen (§ 264 Abs. 1 HGB). Kleine Kapitalgesellschaften im Sinne von § 267 HGB dürfen sich sechs Monate Zeit lassen.

Nr. 29 | GmbH: Rechnungslegung und Gewinnverwendung

Offenlegungspflichten			
Offenlegung	kleine GmbH	mittelgroße GmbH	große GmbH
Bilanz	+	+	+
G+V-Rechnung	–	+	+
Anhang: Jahresergebnis, Verwendungsvorschlag sowie Beschluß	+	+	+
Lagebericht	–	+	+
Bestätigungsvermerk	–	+	+
Aufsichtsratsbericht	–	+	+
Veröffentlichung (Handelsregister = HR Bundesanzeiger = BA)	HR	HR	HR BA
+ = Offenlegungspflicht		– = keine Offenlegungspflicht	

Kleine und mittelgroße GmbHs müssen die offenzulegenden Unterlagen beim Handelsregister einreichen. Ein Hinweis hat im Bundesanzeiger zu erfolgen. Die Anforderungen hinsichtlich *Offenlegung* und Prüfung sind bei mittleren GmbHs einfacher als bei den großen. Die mittleren GmbHs brauchen die Bilanz nicht in vollem Umfang nach § 266 HGB zu gliedern wie es die großen GmbHs und die Aktiengesellschaften müssen. Auch für die Gewinn- und Verlustrechnung gibt es für mittlere GmbHs Erleichterungen (→**Bilanz**, →**Gewinn- und Verlustrechnung,** →**Publizitätspflichten**).

Praxis-Tip

Die gesetzlich vorgeschriebene Offenlegung des Jahresabschlusses der GmbH ist für die Geschäftsführer eine Pflicht. Wird sie nicht erfüllt, droht den Geschäftsführern Zwangsgeld. Die GmbH-Geschäftsführer, die wichtige Pflichten verletzen, haften der Gesellschaft für entstandenen Schaden. Ab 1995 gilt die Publizität auch der GmbH & Co KG, die nach Bilanzrichtliniengesetz den Personengesellschaften zugeordnet wird (→**Jahresabschluß von Personengesellschaften**).

Große GmbHs müssen wie börsennotierte Aktiengesellschaften den Jahresabschluß und den Lagebericht im Handelsregister einreichen und im Bundesanzeiger veröffentlichen.

Große GmbHs unterliegen der *Prüfungspflicht* durch Wirtschaftsprüfer. Mittelgroße GmbHs genießen Erleichterungen im Umfang der Prüfungspflicht durch außenstehende Prüfer. Der Jahresabschluß und der Lagebericht sind nach ihrer Aufstellung den Gesellschaftern vorzulegen.

GmbH: Rechnungslegung und Gewinnverwendung | Nr. 29

Gewinnverteilung bei der GmbH

Bei der GmbH verstreichen meist mehrere Monate zwischen der *Aufstellung* des Jahresabschlusses und der *Verwendung* des Jahresergebnisses. Das Jahresergebnis wird deshalb in der Schlußbilanz in voller Höhe gesondert ausgewiesen.

Das Stammkapital der GmbH erscheint auf der Passivseite der Bilanz zum vollen Nennwert als „Gezeichnetes Kapital". Noch ausstehende Einlagen auf das Stammkapital sind auf der Aktivseite als Bilanzposition darzustellen.

Die Gesellschafterversammlung beschließt im neuen Geschäftsjahr über die *Verwendung* des Jahresergebnisses. Die Gesellschafter müssen in den ersten 8 Monaten über die Feststellung des Jahresabschlusses und die Ergebnisverwendung beschließen (§ 42 a GmbHG). Der Jahresüberschuß der GmbH wird zuzüglich eines Gewinnvortrags (bzw. abzüglich eines Verlustvortrags) an die Gesellschafter, in der Regel im Verhältnis der Geschäftsanteile, aufgeteilt. Der Gesellschaftsvertrag kann eine andere Verteilungsbasis vorsehen, auch die Bildung von Gewinnrücklagen und eines Gewinnvortrags kann verlangt werden. Werden Teile des Jahresüberschusses den Gewinnrücklagen zugeführt, liegt eine offene Selbstfinanzierung durch Gewinnthesaurierung vor.

Beispiel: Verwendung des Jahresergebnisses

Die Hessische Maschinenbau GmbH hat ein Stammkapital von 25 Mio DM, Gewinnrücklagen von 7 Mio DM und einen Gewinnvortrag von 450 000 DM. Die Gesellschaft weist zum 31. 12. in der Gewinn- und Verlustrechnung einen Jahresüberschuß von 3 700 000 DM aus. Die Gewinnverwendung erfolgt im nächsten Jahr. Laut Beschluß der Gesellschafterversammlung sollen 10% des Stammkapitals als Gewinn an die Gesellschafter ausgeschüttet und 1 Mio DM den Gewinnrücklagen zugeführt werden. Der restliche Gewinn ist als Gewinnvortrag auszuweisen.

Gewinnverwendungsrechnung (ohne Steuer)

	Jahresüberschuß	3 700 000 DM
+	Gewinnvortrag (alt)	450 000 DM
	Jahresüberschuß einschließlich Gewinnvortrag	4 150 000 DM
–	Zuführung zu den Gewinnrücklagen	1 000 000 DM
=	Bilanzgewinn	3 150 000 DM
–	Gewinnausschüttung an Gesellschafter 10% von 25 Mio DM	2 500 000 DM
=	Gewinnvortrag (neu)	650 000 DM

| Nr. 29 | GmbH: Rechnungslegung und Gewinnverwendung |

So wird gebucht:

Jahresüberschuß laut Gewinn- und Verlustrechnung und Gewinnvortrag auf Konto „Bilanzergebnis" übertragen:

G+V-Konto	3 700 000 DM		
Gewinnvortrag	450 000 DM		
		an Bilanzergebnis	4 150 000 DM

Zuführung zu den Gewinnrücklagen

Bilanzergebnis	1 000 000 DM		
		an Gewinnrücklagen	1 000 000 DM

Zuweisung an die Gesellschafter

Bilanzergebnis	2 500 000 DM		
		an Gewinnanteil an jeweilige Gesellschafter insgesamt	2 500 000 DM

Buchung des Gewinnvortrags

Bilanzergebnis	650 000 DM		
		an Gewinnvortrag	650 000 DM

Praxis-Tip

Bezahlt die GmbH für den Gesellschafter-Geschäftsführer Studienreisen oder tätigt der Gesellschafter-Geschäftsführer Nebengeschäfte mit der GmbH, dann prüft das Finanzamt, ob nicht eine verdeckte Gewinnausschüttung vorliegt.

Eine etwaige sog. verdeckte Gewinnausschüttung prüft das Finanzamt auch, wenn ein GmbH-Geschäftsführer oder ein GmbH-Gesellschafter einen Beratervertrag mit der GmbH abgeschlossen hat.

Gewinne aus einer verdeckten Gewinnausschüttung muß der Gesellschafter versteuern, und die GmbH darf sie nicht als Betriebsausgabe absetzen. Die GmbH hat bei Bejahung einer verdeckten Gewinnausschüttung Rückgewährungsansprüche gegen den begünstigten Gesellschafter.

→ AG: Rechnungslegung und Gewinnverwendung
→ Bilanz
→ Eigenkapital
→ Gewinn- und Verlustrechnung
→ Jahresabschluß
→ Personengesellschaften: Rechnungslegung...
→ Publizitätspflichten
→ Rücklagen

Großhandelskontenrahmen

Der Kontenrahmen für den Groß- und Außenhandel ist nach dem Prozeßgliederungsprinzip aufgebaut, berücksichtigt aber die durch das Bilanzrichtliniengesetz notwendigen Änderungen. Die sachliche Abgrenzung wird beim Kontenrahmen des Großhandels wie beim Gemeinschaftskontenrahmen (GKR) im Rahmen der Buchführung durchgeführt.

Finanz- und Betriebsbuchhaltung bilden eine Einheit

Die Finanz- und Betriebsbuchhaltung (= Kosten- und Leistungsrechnung) bilden beim Kontenrahmen für den Großhandel wie beim Gemeinschaftskontenrahmen (GKR) eine Einheit. Die Trennung von betrieblichen und neutralen Aufwendungen und Erträgen, die sachliche Abgrenzung, erfolgt in der Buchhaltung durch eine entsprechende Zuordnung zu unterschiedlichen Kontenklassen. Man spricht deshalb auch vom *Einkreissystem,* da Finanz- und Betriebsbuchhaltung miteinander verbunden sind. Es gibt also nicht die scharfe Trennung von Finanzbuchführung und Betriebsbuchführung wie beim Industriekontenrahmen (→**Industriekontenrahmen**).

Die Kostenrechnung wird in der Praxis meistens losgelöst von der Finanzbuchführung durchgeführt. Die Anwendung des Betriebsabrechnungsbogens (BAB), ein tabellarisches bzw. statistisches Verfahren, ist weniger arbeitsaufwendig.

Aufbau des Kontenrahmens des Großhandels

Der Kontenrahmen des Großhandels enthält alle Konten, die von den Großhandelsbetrieben der verschiedenen Fachsparten benötigt werden. Der Großhandelskontenrahmen ist wie alle Kontenrahmen nach dem Zehnersystem aufgebaut und enthält 10 Kontenklassen, die wieder in 10 Kontengruppen untergliedert sind. Jede Kontengruppe hat 10 Kontenarten mit jeweils 10 Kontenunterarten (→**Kontenrahmen und Kontenplan**).

Die Reihenfolge der Kontenklassen im Kontenrahmen des Großhandels entspricht dem *Prozeßgliederungsprinzip,* also dem Wertefluß im Unternehmen (→**Einzelhandelskontenrahmen**).

Der Kontenrahmen beginnt mit der Entstehung des Unternehmens, den Anlage- und Kapitalkonten. Es folgen die Finanzkonten, die zur Abwicklung der laufenden Geschäfte benötigt werden. Aufwendungen und Erträge, die nicht in Verbindung mit dem eigentlichen Betriebszweck stehen, werden in den Abgrenzungskonten erfaßt. Die Betriebstätigkeit im Großhandel beginnt mit dem Wareneinkauf, den Wareneinkaufskonten.

| Nr. 30 | Großhandelskontenrahmen |

In Verbindung damit stehen die Boni und Skonti sowie die Kostenkonten. Die Verkaufserlöse erscheinen in den Warenverkaufskonten. Am Ende des Geschäftsjahres werden die Konten abgeschlossen, auf die Bilanzkonten sowie die Gewinn- und Verlustkonten übertragen.

Die 10 Kontenklassen des Kontenrahmens für den Groß- und Außenhandel nach BiRiLiG

Kontenklasse 0: Anlage- und Kapitalkonten
Kontenklasse 1: Finanzkonten
Kontenklasse 2: Abgrenzungskonten
Kontenklasse 3: Wareneinkaufskonten
Warenbestandskonten
Kontenklasse 4: Konten der Kostenarten
Kontenklasse 5: Konten der Kostenstellen
Kontenklasse 6: Konten für Umsatzkostenverfahren
Kontenklasse 7: frei
Kontenklasse 8: Warenverkaufskonten (Umsatzerlöse)
Kontenklasse 9: Abschlußkonten

Quelle: Bundesverband des Deutschen Groß- und Außenhandels e.V. (BGA), Bonn

Kontenklassen und -gruppen des Großhandelskontenrahmens

Kontenklasse 0: Anlage- und Kapitalkonten

Vermögensteile sowie Eigenkapital und Schulden werden hier erfaßt, die alle langfristig dem Unternehmen dienen:

- 00 Ausstehende Einlagen
- 01 Immaterielle Vermögensgegenstände
- 02 Grundstücke
  (Bebaute und unbebaute Grundstücke)
- 03 Anlagen, Maschinen, Betriebs- und Geschäftsausstattung
  (einschließlich Fahrzeuge)
- 04 Finanzanlagen
- 05 Wertberichtigungen
- 06 Eigenkapital
- 07 Sonderposten mit Rücklageanteil und Rückstellungen
- 08 (langfristige) Verbindlichkeiten
- 09 Rechnungsabgrenzungsposten

Diese Konten heißen auch ruhende Konten, da auf ihnen während des Jahres wenig gebucht wird.

Kontenklasse 1: Finanzkonten

Die Kontenklasse 1 beinhaltet die Konten des Zahlungsverkehrs (z. B.

Großhandelskontenrahmen | **Nr. 30**

Kasse, Bank) sowie die Forderungen und Verbindlichkeiten aus Lieferungen und Leistungen. Das Privatkonto sowie die Konten „Vorsteuer" und „Umsatzsteuer" werden hier ebenfalls erfaßt.

Kontenklasse 2: Abgrenzungskonten

Die Abgrenzung der außerordentlichen und betriebsfremden Aufwendungen und Erträge vom eigentlichen Betriebszweck, dem Warenhandelsgeschäft, wird in der Kontenklasse 2 durchgeführt.

- 20 außerordentliche und sonstige Aufwendungen
  (z. B. Verluste aus Anlageverkäufen)
- 21 Zinsen und ähnliche Aufwendungen
- 22 Steuern vom Einkommen und Vermögensteuer
- 23 Forderungsverluste
- 24 außerordentliche und sonstige Erträge
- 25 Erträge aus Beteiligungen, Wertpapieren und Ausleihungen des Finanzanlagevermögens
- 26 Sonstige Zinsen und ähnliche Erträge
- 27 Sonstige betriebliche Erträge
- 28 Verrechnete kalkulatorische Kosten
- 29 Abgrenzung innerhalb des Geschäftsjahres
  291 Im Laufe des Jahres abgerechnete Aufwendungen
  292 Im Laufe des Jahres abgerechnete Erträge

Die Abgrenzungskonten ermöglichen eine klare Trennung zwischen Gesamterfolg und Betriebserfolg.

Kontenklasse 3: Wareneinkaufskonten, Warenbestandskonten

Die Wareneinkaufskonten und die dazugehörigen Bezugskosten (Frachtkosten, Zölle) sowie Rücksendungen, Nachlässe, Boni und Lieferantenskonti werden in dieser Kontenklasse gebucht.

Warenbestände und Warenbestandsveränderungen werden ebenfalls in Kontenklasse 3 erfaßt.

Kontenklasse 4: Konten der Kostenarten

Alle Aufwendungen, die dem Betriebszweck dienen, werden in der Kontenklasse 4 erfaßt.

Die Kontenklasse ermöglicht eine Beobachtung der Entwicklung der einzelnen Kostenarten und ist die Grundlage für die Kostenrechnung und Kalkulation.

Kontenklasse 5: Konten der Kostenstellen

Hier sind branchen- und betriebsindividuelle Aufteilungen möglich. Der Kontenrahmen für den Groß- und Außenhandel nach BiRiLiG nennt:

Nr. 30	Großhandelskontenrahmen

- Einkauf
- Lager
- Vertrieb
- Verwaltung
- Fuhrpark
- Be- und Verarbeitung

Kontenklasse 6: Konten für Umsatzkostenverfahren

Der Kontenrahmen für den Groß- und Außenhandel nach BiRiLiG nennt hier die Konten für das Umsatzkostenverfahren.

Der frühere Kontenrahmen für den Großhandel sah die Erfassung der Kosten eines Nebenbetriebes des Großhandelsunternehmens in dieser Kontenklasse vor.

Kontenklasse 7: frei

Kontenklasse 8: Warenverkaufskonten (Umsatzerlöse)

Die Warenverkäufe werden in der Kontenklasse 8 gebucht. Die Verkaufserlöse können nach Warengruppen unterteilt werden.

Die Erlösminderungen (Rücksendungen, Nachlässe, Boni, Kundenskonti) werden hier ebenfalls gebucht. Der Eigenverbrauch ist hier zu erfassen.

Kontenklasse 9: Abschlußkonten

Die Kontenklasse 9 enthält:

- 91 Eröffnungsbilanz
- 92 Warenabschluß
- 93 Gewinn- und Verlustkonto
- 94 Schlußbilanzkonto

Kontenplan berücksichtigt betriebsindividuelle Gegebenheiten

Die Unternehmen entwickeln aus dem jeweiligen Kontenrahmen den für ihre Verhältnisse zugeschnittenen Kontenplan. Veränderungen der Nummern der Kontenklassen und Kontengruppen dürfen aber nicht erfolgen.

Nicht benötigte Konten des Kontenrahmens entfallen im betrieblichen Kontenplan, zusätzliche können aufgenommen werden. Letzteres ist bei größeren Unternehmen unumgänglich, beispielsweise, wenn mehrere Bankverbindungen bestehen.

→ Kontenrahmen und Kontenplan   → Einzelhandelskontenrahmen

Handelsbilanz

Die Handelsbilanz eines Unternehmens ist für die Öffentlichkeit bestimmt. Aktionäre, Kreditgeber, Arbeitnehmer, Lieferanten, Kunden und Konkurrenten können sich an Hand der Bilanz genauer über das Unternehmen informieren.

Die Bewertungsvorschriften des Handelsrechts sollen sowohl die Überbewertung als auch die willkürliche Unterbewertung der Wirtschaftsgüter verhindern. Der Grundsatz der kaufmännischen Vorsicht gilt für die Wertansätze in der Handelsbilanz und soll Unterbewertungen ausschließen. Das Prinzip der Vorsicht dient dem Schutz der Gläubiger.

Willkürliche Unterbewertungen zum Nachteil der Kapitaleigner, insbesondere der Aktionäre bei der AG, werden durch die Einführung von Mindestvorschriften und unteren Wertgrenzen verhindert.

Grundsatz der kaufmännischen Vorsicht in der Handelsbilanz

Das Prinzip der kaufmännischen Vorsicht genießt in der Handelsbilanz einen höheren Stellenwert als die Richtigkeit des Wertansatzes. Der Grundsatz der kaufmännischen Vorsicht findet seinen Niederschlag im *Imparitätsprinzip,* wonach Gewinne in der Handelsbilanz erst ausgewiesen werden dürfen, wenn sie bereits realisiert sind. Verluste dagegen müssen schon ausgewiesen werden, wenn sie noch nicht eingetreten sind.

Das *Niederstwertprinzip* für Aktiva und das *Höchstwertprinzip* für Passiva sind ebenfalls Ausdruck der kaufmännischen Vorsicht. Das strenge Niederstwertprinzip wird in der Handels- und in der Steuerbilanz im Umlaufvermögen angewandt, während im Anlagevermögen das gemilderte Niederstwertprinzip gilt.

Bewertung des Anlagevermögens
Immaterielle Anlagengegenstände

Immaterielle Wirtschaftsgüter sind nicht körperlich zu erfassen, z. B. Patente, Lizenzen, Markenrechte, Urheberrechte, Gebrauchsmuster. Immaterielle Vermögensgegenstände des Anlage- und des Umlaufvermögens sind mit den Anschaffungskosten zu aktivieren, sofern sie entgeltlich erworben wurden. Der Wert der immateriellen Wirtschaftsgüter

Nr. 31	Handelsbilanz

des Anlagevermögens ist durch planmäßige Abschreibungen zu vermindern.

Für selbst hergestellte Wirtschaftsgüter des Anlagevermögens besteht ein *Aktivierungsverbot*. Die Aufwendungen für selbst hergestellte immaterielle Wirtschaftsgüter des Anlagevermögens sind deshalb als Aufwand zu verbuchen.

Der Firmenwert (= Geschäftswert, Goodwill) ist der Mehrwert, den ein Unternehmen über sein Reinvermögen (Substanzwert) erzielt. Unternehmenswert abzüglich Substanzwert ergibt den Firmenwert. Der Kundenkreis, die Organisation und die Qualität der Produkte zeigen sich im Firmenwert. Für den erworbenen (derivativen) Firmenwert besteht ein Bilanzierungswahlrecht. Wird der derivative Firmenwert aktiviert, muß er in den folgenden vier Jahren zu *mindestens* einem Viertel abgeschrieben werden. Die Abschreibungen der einzelnen Jahre dürfen also auch höher sein. Ein weiteres Bewertungswahlrecht wurde durch das BiRiLiG geschaffen. Der derivative Firmenwert kann auch planmäßig über die voraussichtliche Nutzungsdauer verteilt abgeschrieben werden (§ 255 Abs. 4 HGB). Eine solche längere Abschreibungsdauer muß von Kapitalgesellschaften im Anhang begründet werden (§ 285 Nr. 13 HGB).

Sachanlagen

Vermögensgegenstände des Anlagevermögens, deren Nutzung zeitlich begrenzt ist, sind nach § 253 Abs. 1 und 2 höchstens zu den Anschaffungs- oder Herstellungskosten, vermindert um Abschreibungen, anzusetzen. Die Nutzung der Sachanlagen ist zeitlich begrenzt, weil sie einem technischen und wirtschaftlichen Verschleiß ausgesetzt sind. Die voraussichtliche Nutzungsdauer ist festzulegen und bildet die Basis für die jährliche Abschreibung.

Ergibt sich am Bilanzstichtag dauerhaft ein niedriger Wert, dann ist dieser anzusetzen und außerplanmäßige Abschreibungen sind vorzunehmen (§ 253 Abs. 2 HGB). Wäre die Wertminderung nur vorübergehender Natur, dann hat der Bilanzierende bei den Sachanlagen ein Bewertungswahlrecht.

Finanzanlagen

Die Beziehungen zu verbundenen Unternehmen und Unternehmen, mit denen ein Beteiligungsverhältnis besteht, sollen bereits nach dem Bilanzrichtliniengesetz im Gliederungsschema der Bilanz ersichtlich sein (→**Finanzergebnis**).

Verbundene Unternehmen sind ungeachtet ihrer rechtlichen Selbständigkeit wirtschaftlich mehr oder weniger fest mit einem anderen Unternehmen verbunden. Die Abhängigkeit wird bei einem im Mehrheitsbesitz stehenden Unternehmen vermutet. Die Verbindung kann auf tatsächlichen Verhältnissen oder auf einem Beherrschungs- oder Gewinnabführungsvertrag beruhen.

Das Konzernverhältnis ist eine Sonderform der Unternehmensverbindung, da hier eine Gruppe von abhängigen Unternehmen miteinander unter einer gemeinsamen Leitung verbunden ist.

Eine Beteiligung liegt nach § 271 Abs. 1 HGB vor, wenn 20% der Nennbeträge einer Kapitalgesellschaft erreicht werden, früher waren es 25%.

Abschreibungen auf Finanzanlagen und auf Wertpapiere des Umlaufvermögens sind in der Gewinn- und Verlustrechnung getrennt in Position 12 „Abschreibungen auf Finanzanlagen und Wertpapiere des Umlaufvermögens" auszuweisen.

Bewertung des Umlaufvermögens

Strenges Niederstwertprinzip beim Umlaufvermögen

Die Wirtschaftsgüter des Umlaufvermögens sind wie die Vermögensgegenstände des Anlagevermögens höchstens zu den Anschaffungs- oder Herstellungskosten zu bilanzieren. Das strenge Niederstwertprinzip gilt beim Umlaufvermögen. Dieses muß zum Börsen- oder Marktpreis bilanziert werden, wenn dieser am Bilanzstichtag niedriger ist als die Anschaffungs- oder Herstellkosten. Gibt es keinen Börsen- oder Marktpreis, ist ein Schätzwert anzusetzen.

Gegenstände des Umlaufvermögens können unter Umständen auch zu einem niedrigeren als nach dem Niederstwertprinzip sich ergebenden Wert in der Bilanz bewertet werden. Voraussetzung ist, daß in einem Zeitraum von ein bis zwei Jahren eine weitere Wertminderung erwartet wird. Der Wertansatz in der Bilanz braucht dann bei eintretenden Preisschwankungen nicht geändert zu werden.

Vorräte

Roh-, Hilfs- und Betriebsstoffe sowie fremdbezogene Fertigteile werden angeschafft. Für den Wertansatz gleichartiger Vermögensgegenstände des Vorratsvermögens sind verschiedene Verfahren möglich:

- Das Fifo-Verfahren („fifo" = first in, first out) unterstellt, daß die zuerst angeschafften oder hergestellten Vorräte zuerst verbraucht oder veräußert werden. Die Bewertung des Schlußbestandes erfolgt zu „derzeitigen" Anschaffungskosten. Bei steigenden Preisen werden die Vorräte durch das Fifo-Verfahren überbewertet, weil die zuletzt eingekauften Vorräte für die Gesamtbewertung zugrunde gelegt werden.

Nr. 31	Handelsbilanz

- Im Lifo-Verfahren („lifo" = last in, first out) wird angenommen, daß die zuletzt angeschafften oder hergestellten Vorräte zuerst verbraucht oder veräußert werden. Die Bewertung des Schlußbestandes wird zu den „historischen" Anschaffungskosten bewertet.

  Bei steigenden Preisen führt das Lifo-Verfahren zu einem niedrigen Bilanzansatz, da die Vorräte jetzt zu den niedrigen Preisen der Anfangsbestände bewertet werden. Das Lifo-Verfahren führt damit bei steigenden Preisen zu stillen Reserven und entspricht dem Grundsatz der Vorsicht.

- Das Verfahren des gewogenen Durchschnitts erfaßt die Anschaffungskosten der Anfangsbestände und der Zugänge während der Periode mit den jeweiligen Mengeneinheiten (m, kg). Der gewogene Durchschnittspreis ergibt sich, wenn die gewichteten Werte durch die gewichteten Mengeneinheiten dividiert werden.

Forderungen

Uneinbringliche Forderungen werden im Rahmen der Einzelabschreibung einzeln abgeschrieben. Für den Forderungsbestand wird ein bestimmter Prozentsatz abgeschrieben, Pauschalwertberichtigung (→**Abschreibungen auf Forderungen**).

Bewertung der Passiva

Eigenkapital

Das Eigenkapital oder Reinvermögen ergibt sich, wenn von der Summe des Vermögens die Summe der Schulden abgezogen wird. Es entspricht dem rechnerischen Wert des Unternehmens, seinem Buchwert (→**Eigenkapital**).

Das gezeichnete Kapital ist das Nennkapital, also das Grundkapital bei der Aktiengesellschaft bzw. das Stammkapital bei der GmbH. Gezeichnetes Kapital und Kapitalrücklage werden aus dem Vermögen der Gesellschafter gebildet, während die Gewinnrücklagen aus einbehaltenen Gewinnen entstehen (→**Rücklagen**).

Rückstellungen

Rückstellungen sind Aufwendungen des abgelaufenen Jahres, die aber erst in späteren Perioden zu Ausgaben führen. Sie sind zweckgebundene Verbindlichkeiten, wobei aber die genaue Höhe und der Fälligkeitstermin unbekannt sind.

Rückstellungen sind in der Höhe anzusetzen, die einer vernünftigen kaufmännischen Beurteilung angemessen ist (§ 253 Abs. 1 HGB). Sie sind

Handelsbilanz | **Nr. 31**

damit nicht willkürlich überhöht anzusetzen. Eine Pflicht zur Rückstellungsbildung besteht in der Handelsbilanz nach § 249 HGB (→**Rückstellungen**).

Verbindlichkeiten nach dem Höchstwertprinzip

Verbindlichkeiten aus Lieferungen und Leistungen sind die wichtigste Position unter den kurzfristigen Verbindlichkeiten. Verbindlichkeiten gegenüber Banken mit einer Laufzeit bis zu 4 Jahren zählen ebenfalls zu den kurzfristigen Verbindlichkeiten. Zu den langfristigen Verbindlichkeiten zählen solche mit einer Laufzeit von über vier Jahren, z. B. Grundschulden, Hypotheken, Schuldscheindarlehen (→**Fremdkapital**).

Verbindlichkeiten sind in der Handelsbilanz nach § 253 Abs. 1 HGB zu ihrem *Rückzahlungsbetrag* anzusetzen. Der Wert, zu dem die Verbindlichkeit eingegangen wurde, stimmt in der Regel mit dem Rückzahlungsbetrag überein. Abweichungen gibt es bevorzugt bei langfristigen Verbindlichkeiten, wo der Rückzahlungsbetrag oft höher als der Ausgabebetrag ist.

Der Differenzbetrag kann im Zeitpunkt der Entstehung der Verbindlichkeit als Aufwand verbucht werden oder aktiviert werden. Wird vom *Aktivierungswahlrecht* nach § 250 Abs. 3 Gebrauch gemacht, dann wird das *Disagio* (Damnum, Differenzbetrag) auf der Aktivseite als aktiver Rechnungsabgrenzungsposten ausgewiesen. Das Disagio ist während der Laufzeit planmäßig abzuschreiben.

Verbindlichkeiten aus Lieferungen und Leistungen werden in der Schlußbilanz zum Rechnungsbetrag angesetzt. Sind die Verbindlichkeiten in ausländischer Währung zu entrichten, dann ist das *Höchstwertprinzip* zu beachten. Die Auslandsschulden sind zu ihrem höchsten Wert anzusetzen.

Schulden sind stets zum Höchstwertprinzip zu bilanzieren. Stehen am Abschlußstichtag mehrere Werte zur Auswahl, dann ist der jeweils höhere in der Bilanz anzusetzen. Das Höchstwertprinzip ist das Gegenstück zum Niederstwertprinzip auf der Aktivseite. Es führt wie dieses zum Ausweis von nicht entstandenen Verlusten, während der Ausweis von noch nicht realisierten Gewinnen verhindert wird.

Passive Rechnungsabgrenzungsposten

Sind Zahlungen an das bilanzierende Unternehmen bereits geleistet worden, obwohl noch keine Leistung erfolgte, dann sind am Jahresende passive Rechnungsabgrenzungsposten zu bilden. Es handelt sich um Vorauszahlungen für Mieten, Zinsen usw. (→**Rechnungsabgrenzungsposten**).

| Nr. 31 | Handelsbilanz |

Die passiven Rechnungsabgrenzungsposten sind das Gegenstück zu den aktiven Rechnungsabgrenzungsposten, wo wir Zahlungen bereits geleistet haben, während die Gegenleistung erst in der nächsten Periode erfolgen wird.

→ Abschreibungen auf Forderungen → Rechnungsabgrenzungsposten
→ Abschreibungen auf Sachanlagen → Rücklagen
→ Bewertung → Rückstellungen
→ Eigenkapital → Fremdkapital
→ Finanzergebnis

❑

Handelsbuchführung

Die Handelsbuchführung erfaßt auf den Warenkonten die Einkäufe und Verkäufe. Außerdem sind Rücksendungen und nachträgliche Preisnachlässe zu buchen.

Gemischtes Warenkonto enthält zu viele Informationen

Das gemischte Warenkonto ist unübersichtlich, da auf ihm gleichzeitig erfolgen:

- Bestandsrechnung (Anfangsbestände, Schlußbestände)
- Zugänge (Einkäufe zu Einstandspreisen)
- Abgänge (Verkäufe zu Verkaufspreisen)
- Gewinnermittlung
- „Gemischte Konten" entsprechen nicht den Grundsätzen der Ordnungsmäßigkeit der Buchführung

Beispiel: Gemischtes Konto

Ein Handelsunternehmen kauft eine Ware zum Stückpreis von 40 DM ein und verkauft sie für 70 DM.

Angaben zum abgelaufenen Jahr:

Anfangsbestand: 6 000 Stück
Einkäufe: 55 000 Stück zu 40 DM
Verkäufe: 53 000 Stück zu 70 DM
Schlußbestand: 8 000 Stück

So sehen die Konten aus:

S	Gemischtes Warenkonto		H
AB 6 000 × 40 =	240 000	Abgänge 53 000 × 70 =	3 710 000
Zugänge 55 000 × 40 =	2 200 000	(= Verkäufe)	
(= Einkäufe)		SB 8 000 × 40 =	320 000
Warengewinn			
(= Rohgewinn)	1 590 000		
	4 030 000		4 030 000

Gemischtes Warenkonto in Wareneinkaufskonto und Warenverkaufskonto spalten

Das Wareneinkaufskonto (WEK) ist ein Bestandskonto, das auf die Schlußbilanz übertragen wird. Anfangsbestände, Wareneinkäufe zu Einstandspreisen und Warenendbestände werden auf diesem Konto erfaßt. Bezugskosten werden über das Wareneinkaufskonto abgeschlossen.

Einkaufspreis + Bezugskosten = Einstandspreis

Das Konto Warenverkauf (WVK), auch *Umsatzerlöse* genannt, ist ein

| Nr. 32 | Handelsbuchführung |

Ertragskonto. Der Gewinn oder Verlust erscheint auf dem Warenverkaufskonto, weil beim *Nettoabschlußverfahren* der Wareneinsatz, der Saldo des Wareneinkaufskontos, ins Soll des Warenverkaufskontos übertragen wurde. Der Wareneinsatz ist der Wert der verkauften Waren bewertet zum Einstandspreis.

Im Beispiel wurden 53 000 Stück zu einem Verkaufspreis von 70 DM verkauft, was 3 710 000 DM ergibt. 53 000 Stück zum Einstandspreis von 40 DM ergibt 2 120 000 DM.

So sehen die Konten aus:

```
       Wareneinkaufskonto (WEK)                    Warenverkaufskonto (WVK)
AB          240 000 | SB       320 000        WEK   2 120 000 | Verk.    3 710 000
Eink.     2 200 000 | WVK    2 120 000        G+V   1 590 000 |
          2 440 000 |        2 440 000              3 710 000 |          3 710 000

                        Gewinn- und Verlustkonto
                                       | WVK            1 590 000
```

Bruttoabschluß der Warenkonten

Das Bruttoabschlußverfahren, das in der Praxis meist angewandt wird, überträgt die Salden von Wareneinkaufskonto und Warenverkaufskonto auf das G+V-Konto.

So sehen die Konten aus:

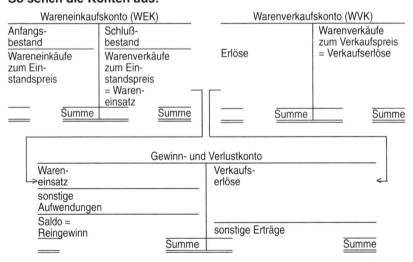

Im Beispielfall wird nach dem *Bruttoabschlußverfahren* der Wareneinsatz in Höhe von 2 120 000 DM in die Sollseite des G+V-Kontos übertragen. Entsprechend wären die Verkaufserlöse zu übertragen. Es ergibt sich dann ein Saldo von 1 590 000 DM, den man als *Rohgewinn* bezeichnet.

Werden auch die sonstigen Aufwendungen und Erträge berücksichtigt, ergibt sich der *Reingewinn*.

```
       Wareneinkaufskonto (WEK)              Warenverkaufskonto (WVK)
AB         240 000  | SB      320 000    ┌─G+V   3 710 000 | Verk.  3 710 000
Eink.    2 200 000  | G+V   2 120 000─┐  │       3 710 000 |        3 710 000
         2 440 000  |       2 440 000  │  │
                                       │  │
                      Gewinn- und Verlustkonto
   └→WEK            2 120 000  | WVK                3 710 000←┘
```

Waren, Warenaufwand und Umsatzerlöse

Das dargestellte Bruttoverfahren kann in einer etwas abgewandelten Form praktiziert werden und ist dann mehr der Industrie angenähert.

Das Wareneinkaufskonto (WEK) wird als Konto „Waren" bezeichnet. Der Entnahmevorgang von Waren für den Verkauf wird als Aufwand betrachtet und entsprechend als Warenaufwand gebucht. Das Konto „Waren" ist ein reines Bestandskonto.

Das Warenverkaufskonto (WVK) wird als Konto „Umsatzerlöse" bezeichnet. Es ist das Gegenstück zu dem im Industriekontenrahmen (IKR) geführten Konto „Umsatzerlöse", also ein Ertragskonto.

Werden die Daten des Beispielfalles zugrunde gelegt, ergibt sich folgende Darstellung:

```
                          Waren
AB              240 000  | SB                  320 000
Einkäufe      2 200 000  | Entn. für Verk.   2 120 000
              2 440 000  |                   2 440 000

    Aufwendungen für bezogene Waren              Umsatzerlöse
Entnahme für                          ┌─G+V   3 710 000 | Verk.  3 710 000
bez. Ware      │ G+V   2 120 000─┐    │
2 120 000      │                  │   │
                                  │   │
                           G+V-Konto
  └→Aufwendungen für         | Umsatzerlöse         3 710 000←┘
     bez. Waren   2 120 000  |
     Rohgewinn   1 590 000   |
```

Nr. 32	Handelsbuchführung

Buchungen mit Lieferern (= Einkaufsbuchungen)

Bei Warengeschäften ist zwischen Einkäufen und Verkäufen zu unterscheiden. Die Wareneinkäufe werden zum Einkaufspreis zuzüglich den *Anschaffungskosten* erfaßt. Die Anschaffungskosten, zu denen insbesondere die *Bezugskosten* gehören, sind in der Regel vom Käufer zu entrichten.

Bezugskosten sind Eingangsfrachten, Rollgelder, Transportversicherungen und Verpackungskosten. Sie erhöhen den Einkaufspreis und werden mit ihren Nettobeträgen auf dem Konto „Bezugskosten" erfaßt.

Praxis-Tip

Der Käufer trägt nach BGB die Transportkosten. Wird der Transport durch eine Spedition durchgeführt und der Verkäufer zahlt diese Fremdleistung, erfolgt die Verbuchung auf dem Konto „Transportkosten und Verpackung", das über das G+V-Konto abgeschlossen wird. Die Transportkosten sind als sonstige Lieferung und Leistung umsatzsteuerpflichtig. Die Umsatzsteuer ist vom Verkäufer auf dem Konto „Vorsteuer" zu erfassen.

Beispiel: Wareneinkauf mit Frachtkosten

Ein Händler erhält folgende Rechnung von seinem Lieferanten:

Listenpreis 700 Stück à 10 DM	7 000,00 DM
+ 15% Umsatzsteuer	1 050,00 DM
Rechnungsbetrag	8 050,00 DM

Die Spedition schickt für den durchgeführten Transport die folgende Rechnung, die wir bar begleichen:

Fracht	420,00 DM
+ 15% Umsatzsteuer	63,00 DM
Bruttofracht	483,00 DM

So wird gebucht:

1) Buchung des Wareneinkaufs

Wareneinkauf (WEK)	7 000 DM		
Vorsteuer	1 050 DM		
		an Verbindlichkeiten	8 050 DM

Handelsbuchführung | Nr. 32

2) Buchung der Eingangsfracht

Bezugskosten	420 DM	
Vorsteuer	63 DM	
an Kasse		483 DM

Das Konto „Bezugskosten" ist beim Abschluß auf das Konto „Wareneinkauf" zu übertragen.

3) Abschluß des Kontos „Bezugskosten"

Wareneinkauf	420 DM	
an Bezugskosten		420 DM

So sehen die Konten aus:

Wareneinkauf (WEK)		Verbindlichkeiten	
1) Verb.	7 000	1) WEK +	
3) Bezugsk.	420	Vorst.	8 050

Bezugskosten				Kasse	
2) Kasse	420	3) WEK	420	2) WEK +	
				Vorst.	483

Vorsteuer	
1) Verb.	1 050
2) Kasse	63

Praxis-Tip

Preisnachlässe, gleich bei der Rechnungsausstellung eingeräumt, werden von der Buchhaltung nicht berücksichtigt. Rabatte der verschiedensten Form werden als Sofortrabatte direkt vom Listenpreis abgesetzt und buchhaltungstechnisch nicht erfaßt. Der Listenpreis vermindert sich um den Rabatt und ergibt die Nettosumme, die die Bezugsbasis für die Umsatzsteuer ist.

Auch Skonti, die bei sofortiger Zahlung gewährt werden, erscheinen als Sofortnachlässe nicht in der Buchhaltung. Eingang bzw. Empfang der Ware und Zahlung fallen zusammen. Der Skontoabzug geschieht vorab; es gibt auch nur eine Vorsteuerbuchung. Die spätere Korrekturbuchung der Vorsteuer, wie sie üblicherweise beim Skonto durchgeführt wird, entfällt.

Nr. 32	Handelsbuchführung

Warenrücksendungen an den Lieferer

Mangelhafte Waren oder Falschlieferungen sind an den Lieferanten zurückzusenden. Warenrücksendungen werden ebenso wie nachträgliche Preisnachlässe auf der Habenseite des Wareneinkaufskontos oder einem speziellen Unterkonto „Nachlässe" oder „Preisnachlässe und Rücksendungen" gebucht.

Beispiel:	Rücksendung beschädigter Waren

Ein Händler kauft für 20 000 DM Waren zuzüglich 3 000 DM Umsatzsteuer. Waren im Wert von 1 500 DM plus 225 DM USt sind beschädigt und gehen an den Lieferanten zurück.

So wird gebucht:

1) Buchung des Wareneingangs

Wareneinkauf (WEK)	20 000 DM		
Vorsteuer	3 000 DM		
	an Verbindlichkeiten	23 000 DM	

2) Buchung der Warenrücksendung

Verbindlichkeiten	1 725 DM		
	an WEK	1 500 DM	
	Vorst.	225 DM	

So sehen die Konten aus:

Wareneinkauf (WEK)				Verbindlichkeiten			
1) Verb.	20 000	2) Verb.	1 500	2) WEK + Vorst.	1 725	1) WEK + Vorst.	23 000

Vorsteuer			
1) Verb.	3 000	2) Verb.	225

Buchungen mit Kunden (= Verkaufsbuchungen)

Rücksendungen vom Kunden vermindern die Forderungen, die Umsatzerlöse und die Umsatzsteuer. Die Minderung des Verkaufserlöses erscheint auf der Soll-Seite des Warenverkaufskontos (WVK) oder des Umsatzerlöskontos. Die nachträgliche Korrektur kann auch auf extra Unterkonten wie „Erlösschmälerungen" oder „Rücksendungen und Gutschriften" erfolgen.

Handelsbuchführung — Nr. 32

Beispiel: Kunde schickt beschädigte Ware zurück

Ein Kunde kaufte Waren für 9 000 DM plus 1 350 DM Umsatzsteuer. Waren im Werte von 500 DM (netto) waren beschädigt und kamen zurück.

So wird gebucht:

1) Buchung der Ausgangsrechnung

Forderungen	10 350 DM		
		an Umsatzerlöse	9 000 DM
		USt	1 350 DM

2) Buchung der Rücksendung

Rücksendungen und Gutschriften	500 DM		
USt	75 DM		
		an Forderungen	575 DM

So sehen die Konten aus:

Forderungen		Umsatzerlöse	
1) Ums. + USt 10 350 | 2) Rück + USt 575		2) Ford. 500 | 1) Ford. 9 000	

	USt	
	2) Ford. 75 | 1) Ford. 1 350	

Umsatzrückvergütungen an Kunden

Kundenboni sind Vergütungen des Verkäufers an seine Kunden. Sie sind vertraglich abgesprochen und von einer bestimmten Umsatzhöhe abhängig. Sie sind ein *nachträglicher Preisnachlaß*. Der Kundenbonus vermindert Forderungen, Verkaufserlöse und Umsatzsteuer.

Beispiel: Kunde erhält eine Gutschrift (Preisnachlaß)

Ein Kunde hat im letzten Quartal für 70 000 DM (netto) Waren bezogen. Am Quartalsende erhält er eine Umsatzvergütung (Bonus) von 5% in Form einer Gutschriftsanzeige.

Nr. 32	Handelsbuchführung

Umsatzvergütung
  5% von 70 000 DM Warenwert (netto) — 3 500 DM
  + 15% USt — 525 DM
  Gutschrift — 4 025 DM

So wird gebucht:

1) Buchung der Ausgangsrechnungen

Forderungen	80 500 DM		
		an Umsatzerlöse	70 000 DM
		USt	10 500 DM

2) Buchung der Gutschrift

Kundenboni	3 500 DM		
USt	525 DM		
		an Forderungen	4 025 DM

3) Konto „Kundenboni" auf Umsatzerlöse übertragen

Umsatzerlöse	3 500 DM		
		an Kundenboni	3 500 DM

So sehen die Konten aus:

Forderungen
1) Ums. + USt 80 500 | 2) Kundb. 4 025

Umsatzerlöse
3) Kundb. 3 500 | 1) Ford. 70 000

Kundenboni
2) Ford. 3 500 | 3) Ums. 3 500

USt
2) Ford. 525 | 1) Ford. 10 500

→ Einkaufsbuchungen   → Verkaufsbuchungen

Herstellungskosten

Herstellungskosten sind Bewertungsmaßstab für die im Unternehmen gefertigten Wirtschaftsgüter. Sie spielen im Industriebetrieb bei der Bewertung der Vorräte von unfertigen und fertigen Erzeugnissen und bei Gegenständen des Anlagevermögens, die vom Unternehmen selbst erstellt wurden, eine wichtige Rolle (→Anlagen im Bau).

Anschaffungs- und Herstellungskosten haben große Bedeutung im Handelsrecht und im Steuerrecht bei der Bewertung des Vermögens.

Herstellungskosten im Handelsrecht

Unfertige und fertige Erzeugnisse des Unternehmens sowie selbsterstellte Anlagen sind mit den Herstellungskosten zu bewerten. Nach § 255 Abs. 2 und 3 HGB besteht für bestimmte Aufwendungen eine Aktivierungspflicht, für andere ein Aktivierungswahlrecht und für wieder andere ein Aktivierungsverbot.

Aktivierungspflicht	*Aktivierungswahlrecht*	*Aktivierungsverbot*
● Materialkosten (= Fertigungsmaterial)	● Materialgemeinkosten	● Vertriebsgemeinkosten
● Fertigungskosten (= Fertigungslöhne)	● Fertigungsgemeinkosten	● Sondereinzelkosten des Vertriebs
● Sonderkosten der Fertigung (= Sondereinzelkosten der Fertigung)	● Verwaltungsgemeinkosten	

Praxis-Tip

Herstellungskosten ist ein Begriff des Handelsrechts und des Steuerrechts. Der Begriff „Herstellungskosten" ist nicht zu verwechseln mit den in der Betriebswirtschaftslehre und in der Kalkulation verwendeten Begriffen „Herstellkosten" und „Selbstkosten".

Die Selbstkosten ergeben sich in der Kalkulation aus den Herstellkosten zuzüglich Verwaltungskosten und Vertriebskosten. Der Verkaufspreis ergibt sich, wenn zu den Selbstkosten noch ein Gewinnaufschlag hinzugerechnet wird.

| Nr. 33 | Herstellungskosten |

Der Bilanzierende hat nach Handelsrecht ein Aktivierungswahlrecht bei den Materialgemeinkosten, den Fertigungsgemeinkosten sowie den Verwaltungsgemeinkosten.

Aktivierungswahlrecht besteht bei folgenden Kosten:

Materialgemeinkosten:	Kosten für die Lagerung von Roh-, Hilfs- und Betriebsstoffen Einkauf Rechnungsprüfung
Fertigungsgemeinkosten:	Abschreibungen auf Anlagegüter Raumkosten Kosten der Arbeitsvorbereitung Kosten des Lohnbüros
Verwaltungsgemeinkosten:	Direktion Buchhaltung, Kalkulation Finanzwesen Rechtsabteilung, Steuerabteilung
	Kosten für betriebliche Altersversorgung Kosten für Betriebsrat, Werkschutz Ausbildungswesen Kosten für freiwillige soziale Leistungen
zusätzlich:	Zinsen für fertigungsbedingtes Fremdkapital

Herstellungskosten im Steuerrecht

Unfertige und fertige Erzeugnisse sowie selbsterstellte Anlagen sind im Steuerrecht wie im Handelsrecht zu den Herstellungskosten zu bewerten. Der Bewertungsspielraum ist aber im Steuerrecht enger gezogen als im Handelsrecht.

Herstellungskosten nach Steuerrecht:

Fertigungsmaterial	Aktivierungspflicht
+ Materialgemeinkosten	Aktivierungspflicht
= Materialkosten	
+ Fertigungslöhne	Aktivierungspflicht
+ Fertigungsgemeinkosten	Aktivierungspflicht
+ Sondereinzelkosten der Fertigung	Aktivierungspflicht
= Herstellkosten	
+ Verwaltungsgemeinkosten	*Aktivierungswahlrecht*
+ Vertriebsgemeinkosten	Aktivierungsverbot
+ Sondereinzelkosten des Vertriebs	Aktivierungsverbot
= Selbstkosten	

Herstellungskosten | Nr. 33

Ein Bewertungswahlrecht besteht im Steuerrecht nur bei den *Allgemeinen Verwaltungskosten*. Der Unterschied zwischen der Untergrenze und der Obergrenze in der Bewertung ist damit in der Steuerbilanz deutlich geringer als in der Handelsbilanz, wie das folgende Beispiel zeigt.

Beispiel: Bewertungsspielraum nach Handels- und Steuerrecht

Folgende Kosten eines Industriebetriebes sind bei der Herstellung von 300 Stück angefallen:

- Fertigungsmaterial 10 000 DM, Materialgemeinkosten 15%
- Fertigungslöhne 6 000 DM, Fertigungsgemeinkosten 125%, Sondereinzelkosten der Fertigung 500 DM
- Verwaltungskosten 6 900 DM, Vertriebsgemeinkosten 4 600 DM Sondereinzelkosten des Vertriebs 700 DM

Selbstkosten nach Handelsbilanz und Steuerbilanz				
	Handelsbilanz		*Steuerbilanz*	
	Untergrenze	*Obergrenze*	*Untergrenze*	*Obergrenze*
Fertigungsmaterial + Materialgemeink.	10 000 –	10 000 1 500	10 000 1 500	10 000 1 500
= Materialkosten + Fertigungslöhne + Fertigungsgemeink. + Sondereinzelkosten	10 000 6 000 – 500	11 500 6 000 7 500 500	11 500 6 000 7 500 500	11 500 6 000 7 500 500
= Herstellkosten	16 500	25 500	25 500	25 500
+ Verwaltungskosten + Vertriebskosten + Sondereinzelkosten	– – –	6 900 – –	– – –	6 900 – –
= Selbstkosten	16 500	32 400	25 500	32 400

Der Bewertungsspielraum des Bilanzierenden für die 300 Stück liegt in der Handelsbilanz zwischen 16 500 DM und höchstens 32 400 DM. Der geringere Bewertungsspielraum im Steuerrecht führt dazu, daß 25 500 DM nicht unterschritten und 32 400 DM nicht überschritten werden dürfen.

Herstellungskosten und Erhaltungsaufwand

Herstellungskosten fallen nur bei der Herstellung, der Erweiterung oder einer wesentlichen Verbesserung eines Vermögensgegenstandes an (§ 255 Abs. 2 Satz 1 HGB).

Nr. 33	Herstellungskosten

Wichtige Beispiele von *Herstellungskosten beim Gebäude* sind:
- Kosten für den Anschluß an das Stromversorgungs- und Gasnetz sowie die Wasserversorgung
- Kosten des Hausanschlusses an das Abwassersystem
- Kosten für sanitäre Anlagen (Duschen, Badewannen, Warmwasseraufbereiter) sowie Küchenspülen
- Kosten für Fahrstuhlanlagen, Entlüftungsanlagen sowie Einbaumöbel
- Kosten für den Anschluß an die Breitbandverkabelung der Bundespost

Beiträge des Grundstückseigentümers für die Herstellung, Anschaffung und Erweiterung öffentlicher Einrichtungen und Anlagen der Gemeinde sind *Anschaffungskosten des Grund und Bodens*. Beiträge des Grundstückeigentümers zur Errichtung einer Fußgängerzone oder eine Ortsstraße sind weitere Beispiele.

Kosten für die Ausbesserung und Erneuerung am Gebäude sind *Erhaltungsaufwand*. Kosten für die Instandhaltung oder die Erneuerung von Heizungsanlagen oder Fahrstuhlanlagen sind Beispiele dafür.

→ Bewertung
→ Bilanzanalyse
→ Gewinn- und Verlustrechnung

→ Handelsbilanz
→ Steuerbilanz

Industriekontenrahmen

Die Geschäftsbuchführung des Industriekontenrahmens (IKR), der Rechnungskreis I, ist nach den Gliederungsvorschriften der Bilanz (§ 266 HGB) und der Gewinn- und Verlustrechnung (§ 275 HGB) aufgebaut. Der Rechnungskreis I umfaßt die Konten 0–8. Die Bestandskosten (Kontenklassen 0–4) sind von § 266 HGB direkt abgeleitet. Die Aufwands- und Ertragskonten (Kontenklassen 5–7) sind nach § 275 HGB strukturiert. Die Kontenklasse 9 ist für den Rechnungskreis II, die Betriebsbuchhaltung, reserviert. Sie wird getrennt vom Rechnungskreis I durchgeführt.

Ziele des Industriekontenrahmens und des Gemeinschaftskontenrahmens

Der Industriekontenrahmen (IKR) wurde vom Betriebswirtschaftlichen Auschuß des Bundesverbandes der Deutschen Industrie entwickelt. Der IKR ist wie der ältere Gemeinschaftskontenrahmen (GKR) unverbindlich. Beide sind so konzipiert, daß sie unabhängig vom Wirtschaftszweig, der Größe und der Rechtsform für die betrieblichen Kontenpläne die Grundlage sein können und auch tatsächlich geworden sind (→**Kontenrahmen und Kontenplan**).

Das Bilanzrichtliniengesetz (BiRiLiG) machte eine Neubearbeitung des Dritten Buches des HGB erforderlich. Die veränderten Gliederungsvorschriften von Bilanz und Gewinn- und Verlustrechnung machten Änderungen des 1971 herausgegebenen IKR notwendig. Der IKR 1986 berücksichtigt in vollem Umfang das Bilanzrichtliniengesetz.

Systematik des IKR

Der Industriekontenrahmen strebt zunächst wie andere Kontenrahmen eine klare Bezeichnung und Abgrenzung der verschiedenen Konten an, um die Arbeit in der Buchhaltung und bei externen Stellen zu erleichtern. Der Kontenrahmen ist Vorbild für die betrieblichen Kontenpläne, die wiederum eine Hilfe für eine übersichtliche Buchhaltung sind.

Der IKR ist nach dem Zehnersystem mit je 10 Kontenklassen aufgebaut, die sich wiederum in 10 Kontengruppen unterteilen. Jede Kontengruppe ist in 10 Kontenarten aufgeteilt. Die weitere Unterteilung in Kontenarten und Kontenunterarten im Kontenplan ist den Unternehmen freigestellt.

Nr. 34 Industriekontenrahmen

Kontenklassen, Kontengruppen, Kontenarten und Kontenunterarten:

Kontennummer	Bezeichnung	Vorgabe
einstellig (0–9)	Kontenklasse	Kontenrahmen
zweistellig (00–99)	Kontengruppe	Kontenrahmen
dreistellig (000–999)	Kontenart	Kontenplan
vierstellig (0000–9999)	Kontenunterart	Kontenplan

(→**Kontenrahmen und Kontenplan**)

Die scharfe Trennung von *Geschäftsbuchhaltung* (= Finanzbuchhaltung) sowie *Betriebsbuchhaltung* (= Kosten- und Leistungsrechnung) ist ein wesentliches Kennzeichen des IKR. Die Kontenklassen 0 bis 8 stehen der Geschäftsbuchhaltung (= Rechnungskreis I) zur Verfügung, Kontenklasse 9 ist ausschließlich der Betriebsbuchhaltung (= Rechnungskreis II) vorbehalten.

Klassen	Konten	Rechnungskreis
0	Bilanzkonten/Aktivkonten	Rechnungskreis I
1	Bilanzkonten/Aktivkonten	Rechnungskreis I
2	Bilanzkonten/Aktivkonten	Rechnungskreis I
3	Bilanzkonten/Passivkonten	Rechnungskreis I
4	Bilanzkonten/Passivkonten	Rechnungskreis I
5	Erfolgskonten/Ertragskonten	Rechnungskreis I
6	Erfolgskonten/Aufwandskonten	Rechnungskreis I
7	Erfolgskonten/Aufwandskonten	Rechnungskreis I
8	Abschlußkonten	Rechnungskreis I
9	Kosten- und Leistungsrechnung	Rechnungskreis II

Die Geschäftsbuchführung ist beim IKR streng nach dem *Abschlußgliederungsprinzip* ausgerichtet. Die Kontenklassen der Geschäftsbuchführung entsprechen in Reihenfolge, Inhalt und Benennung den handelsrechtlichen Gliederungsvorschriften zur Bilanz und Gewinn- und Verlustrechnung. Die Erstellung des Jahresabschlusses sollte ohne größere Umgruppierungen und Umbuchungen erfolgen können.

Die Geschäftsbuchführung des IKR, der Rechnungskreis I, ist nach den Gliederungsvorschriften der Bilanz (§ 266 HGB) und der Gewinn- und Verlustrechnung (§ 275 HGB) aufgebaut.

Die Kosten- und Leistungsrechnung, der Rechnungskreis II, bildet wie die Geschäftsbuchführung ein geschlossenes System. Im Bereich der

Industriekontenrahmen | Nr. 34

Kosten- und Leistungsrechnung sieht der IKR aber das *Prozeßgliederungsprinzip* vor. Die Kontengruppen sind hier entsprechend dem betrieblichen Werteflußangeordnet:

- Kostenarten
- Kostenstellen
- Kostenträger
- Leistungen
- Ergebnis

Bestandskonten

Die Bilanzkonten (Bestandskonten) der Klassen 0 bis 4 sind in Anlehnung an § 266 HGB gegliedert.

Bestandskonten (= Bilanzkonten)			
Aktivkonten (Vermögenskonten)		*Passivkonten* (Kapitalkonten)	
Kontenklasse 0:	Immaterielle Vermögensgegenstände	Kontenklasse 3:	Eigenkapital
			Rückstellungen
	Sachanlagen		
Kontenklasse 1:	Finanzanlagen	Kontenklasse 4:	Verbindlichkeiten
Kontenklasse 2:	Umlaufvermögen		passive Rechnungsbegrenzung
	aktive Rechnungsabgrenzung		

Die Kontenklasse 0 beinhaltet Immaterielle Vermögensgegenstände und Sachanlagen:

- Konzessionen, Lizenzen
- unbebaute und bebaute Grundstücke
- Betriebsgebäude, Verwaltungsgebäude
- Maschinen und technische Anlagen
- geleistete Anzahlungen auf Sachanlagen
- Fuhrpark
- geringwertige Wirtschaftsgüter der Betriebs- und Geschäftsausstattung

Diese immateriellen Vermögensgegenstände und Sachanlagen stehen dem Unternehmen langfristig zur Verfügung. Auf diesen Konten wird im Laufe des Jahres nur wenig gebucht.

Nr. 34	Industriekontenrahmen

Die Kontenklasse 1 erfaßt die Finanzanlagen:

- Beteiligungen
- Wertpapiere des Anlagevermögens
- sonstige Ausleihungen

Die Kontenklasse 2 umfaßt das Umlaufvermögen und aktive Rechnungsabgrenzungsposten:

- Vorräte (Roh-, Hilfs- und Betriebsstoffe; unfertige Erzeugnisse, fertige Erzeugnisse und Handelswaren)
- Forderungen aus Lieferungen und Leistungen
- Sonstige Vermögensgegenstände (Vorsteuer)
- Wertpapiere des Umlaufvermögens
- Flüssige Mittel (Kasse, Postscheck, Bank)
- aktive Rechnungsabgrenzungsposten

Die Kontenklasse 3 beinhaltet Eigenkapital (einschließlich Rücklagen), Wertberichtigungen (zum Sach- und Finanzanlagevermögen) und Rückstellungen (Pensionsrückstellungen und andere Rückstellungen).

Die Kontenklasse 4 ist für die Erfassung von Verbindlichkeiten und passiver Rechnungsabgrenzung vorgesehen.

Ergebniskonten

Die Ergebniskonten (= Erfolgskonten) werden in den Kontenklassen 5 bis 7 geführt. Die Gewinn- und Verlustrechnung nach der Staffelform des § 275 HGB ist das Vorbild für die Zuordnung nach Kontenklassen und Kontengruppen.

Kontenklasse 5 erfaßt alle ordentlichen oder außerordentlichen Erträge:

- Umsatzerlöse
- Bestandsmehrungen an unfertigen und fertigen Erzeugnissen
- Zinserträge
- Erträge aus der Auflösung von Rückstellungen
- Erträge aus dem Abgang von Gegenständen des Anlagevermögens

Die Erfassung von Material- und Personalaufwendungen sowie von Abschreibungen auf Sachanlagen erfolgt in der Kontenklasse 6. Aufwendungen in Verbindung mit Dokumentation, Information, Reisen und Werbung werden hier ebenfalls gebucht. Dies gilt auch für die Inanspruchnahme von fremden Dienstleistungen.

Alle übrigen Aufwendungen werden in der Kontenklasse 7 gebucht, insbesondere:

Industriekontenrahmen | Nr. 34

- Zinsen und ähnliche Aufwendungen (Vertragszinsen, Kreditzinsen, Kreditprovision, Überziehungsprovision, Diskontierung)
- Steuern (vom Vermögen, Einkommen und Ertrag sowie sonstige Steuern wie Kfz-Steuer, Verbrauchsteuern)
- Abschreibungen auf Finanzanlagen und Wertpapiere des Umlaufvermögens

Erfolgskonten (= Ergebniskonten)

Ertragskonten

Aufwandskonten

Klasse 5: Erträge

- Umsatzerlöse
- Bestandsveränderungen
- andere aktivierte Eigenleistungen
- sonstige betriebliche Erträge
- Erträge aus Beteiligungen
- Erträge aus Wertpapieren und Ausleihungen des Finanzanlagevermögens
- sonstige Zinsen
- außerordentliche Erträge

Klasse 6: Betriebliche Aufwendungen

- Aufwendungen für Roh-, Hilfs- und Betriebsstoffe und bezogene Waren
- Aufwendungen für bezogene Leistungen
- Löhne, Gehälter und soziale Abgaben
- Abschreibungen
- Aufwendungen für die Inanspruchnahme von Rechten und Diensten
- Aufwendungen für Kommunikation (Dokumentation, Information, Reisen, Werbung)
- Aufwendungen für Beiträge und Sonstiges sowie Wertkorrekturen und periodenfremde Aufwendungen

Klasse 7: Weitere Aufwendungen

- Betriebliche Steuern
- Abschreibungen auf Finanzanlagen und auf Wertpapiere des Umlaufvermögens und Verluste aus entsprechenden Abgängen
- Zinsen und ähnliche Aufwendungen
- außerordentliche Aufwendungen
- Steuern vom Einkommen und Ertrag
- sonstige Steuern
- Aufwendungen aus Gewinnabführungsvertrag

Nr. 34 Industriekontenrahmen

Eröffnung und Abschluß

Die Eröffnungs- und Abschlußkonten werden in der Kontenklasse 8 geführt:

- Eröffnungsbilanzkonto
- Schlußbilanzkonto
- Gewinn- und Verlustkonto (Gesamtkostenverfahren)
- Gewinn- und Verlustkonto (Umsatzkostenverfahren)

Rechnungskreis II

Die Kontenklasse 9 ist im IKR der Betriebsbuchhaltung, dem Rechnungskreis II, vorbehalten. Die Gestaltung dieser Klasse ist den Unternehmen überlassen, wobei sowohl branchenmäßige Gesichtspunkte als auch betriebsindividuelle Überlegungen eine Rolle spielen. Die Unternehmen können auch zwischen der buchhalterischen oder tabellarischen Darstellung der Kosten- und Leistungsrechnung wählen. Die meisten Unternehmen wählen den BAB.

Im Rechnungskreis II erfolgt auch die Trennung des *Gesamtergebnisses* in das *Betriebsergebnis* und das *Neutrale Ergebnis* (→**Kostenrechnerische Korrekturen**).

→ Kontenrahmen und Kontenplan
→ Kostenrechnerische Korrekturen

☐

Inventur und Inventar

Der Kaufmann muß beim Beginn seines Handelsgewerbes und am Schluß eines jeden Geschäftsjahres sein Vermögen und seine Schulden erfassen. Die mengen- und wertmäßige Bestandsaufnahme aller Vermögens- und Schuldposten zu einem bestimmten Zeitpunkt ist Inventur. Das im Anschluß an die Inventur aufgestellte Verzeichnis aller Vermögensteile und Schulden eines Unternehmens ist das Inventar.

Der Gesetzgeber verlangt vom Kaufmann nach § 240 HGB und §§ 140, 141 AO (Abgabenordnung) sein Vermögen und seine Schulden festzustellen, und zwar:

- zu Beginn seines Handelsgewerbes (Gründung oder Übernahme eines Unternehmens)
- am Ende eines jeden Geschäftsjahres, üblicherweise zum 31. 12.
- bei Auflösung oder Verkauf des Unternehmens.

Der Kaufmann hat in einem genauen Verzeichnis, dem Inventar, sämtliche Vermögensgegenstände und Schulden nach Art, Menge und Wert vollständig aufzuführen.

Die lückenlose mengen- und wertmäßige Erfassung des Vermögens und der Schulden des Unternehmens zu einem bestimmten Stichtag bezeichnet man als Bestandsaufnahme oder Inventur. Die Inventur ist die Grundlage für das Inventar.

Durchführung der Inventur

Große Teile des Vermögens sind körperlich vorhanden und können durch Zählen, Wiegen, Messen und Schätzen ermittelt werden. Die *körperliche Bestandsaufnahme* (= körperliche Inventur) ist ein notwendiger Bestandteil einer ordnungsmäßigen Buchführung. Sie ist aber mit einem beträchtlichen Arbeitsaufwand verbunden und kann den Betriebsablauf stören.

Bankguthaben, Forderungen und Schulden sind nichtkörperliche Wirtschaftsgüter und müssen anhand der Unterlagen (z. B. Kontoauszüge, Rechnungen) buchmäßig geprüft werden. Auch die Schulden sind Gegenstand der *buchmäßigen Bestandsaufnahme* (= Buchinventur).

Der Inventurplan und Inventuranweisungen sorgen für einen möglichst reibungslosen Arbeitsablauf der Inventur. Das Unternehmen wird in Aufnahmebereiche eingeteilt und Zuständigkeiten werden geklärt. Vorbereitete Listen und Arbeitsanweisungen sind eine wertvolle Hilfe. Die aufgenommenen Bestände sind in Stichproben von der Revision zu kontrollieren.

| Nr. 35 | Inventur und Inventar |

Inventurverfahren

Stichtagsinventur

Die körperliche Bestandsaufnahme zum Bilanzstichtag, meist dem 31. 12., erfordert umfangreiche Arbeiten. Die Erfassung der Bestände zum Bilanzstichtag ist schwierig und verursacht Betriebsstörungen, unter Umständen ist die Schließung des Betriebes sogar notwendig.

Permanente Inventur

Die Bestandsaufnahme zum Bilanzstichtag kann entfallen, wenn die Bestandsveränderungen in Form von Zu- und Abgängen in der Lagerkartei oder von der EDV geführt werden, wodurch ein buchmäßiger Nachweis über die Höhe der Bestände gewährleistet ist. Die Bestände können dann zum Bilanzstichtag buchmäßig ermittelt werden.

Die Bestände müssen aber *einmal im Geschäftsjahr* durch eine körperliche Bestandsaufnahme überprüft werden.

Verlegte Inventur

Die mengenmäßige Erfassung der Vorräte erfolgt bei der verlegten Inventur innerhalb der letzten drei Monate vor oder der folgenden zwei Monate nach Ende des Geschäftsjahres. Der Arbeitsaufwand am Bilanzstichtag wird dadurch verringert.

Stichprobeninventur

Die Stichprobeninventur wird nach mathematisch-statistischen Methoden durchgeführt und ist nach § 241 HGB erlaubt. Nur eine teilweise körperliche Bestandsaufnahme ist dann notwendig. Das Stichprobenverfahren muß aber so genau sein, daß die Abweichung höchstens 1% der körperlichen Inventur beträgt.

Inventar liefert wichtige Informationen

Das *Inventar* (lateinisch inventarium = Bestandsverzeichnis) ist das Ergebnis, die Zusammenfassung, der Inventur.

Es besteht aus drei Teilen:

A. Vermögen
B. Schulden
C. Ermittlung des Reinvermögens (= Eigenkapital)

Inventur und Inventar | Nr. 35

A. Vermögen

Das *Anlagevermögen* beinhaltet alle Vermögensgegenstände, die langfristig zur Durchführung der Betriebsaufgaben benötigt werden. Sie sind die Basis der Betriebstätigkeit:

- *Grundstücke und Gebäude*
- *Maschinen und maschinelle Anlagen*
- *Betriebs- und Geschäftsausstattung*
- *Fahrzeuge (Fuhrpark)*
- *Anlagen im Bau*

Zum *Umlaufvermögen* zählen die Vermögensgegenstände, die nur für kurze Zeit im Unternehmen bleiben. Sie werden zur Erstellung der betrieblichen Leistungen ständig verändert und umgewandelt.

Vorräte sind ein wichtiger Teil des Umlaufvermögens:

- *Roh-, Hilfs- und Betriebsstoffe sowie bezogene Fertigteile* werden in der Produktion benötigt.
- *Unfertige Erzeugnisse* befinden sich noch in Zwischenstufen der Fertigung, sie sind noch keine absatzreifen Produkte
- *Fertigerzeugnisse* sind Produkte zum Verkauf.

Im Großhandel steht an dieser Stelle die Position *Waren*.

Das Umlaufvermögen umfaßt außer den Vorräten nach § 266 HGB *Forderungen, Wertpapiere* und *liquide Mittel*.

Die Vermögensteile werden nach dem Grundsatz der *Liquidierbarkeit,* der Umwandlung zu Bargeld, aufgelistet. Das Vermögen wird in Anlagevermögen und Umlaufvermögen gegliedert und dann weiter nach dem Prinzip der Flüssigkeit aufgeteilt. Die am schwierigsten zu veräußernden Vermögensteile stehen am Anfang, am Ende die flüssigen oder liquiden Vermögenswerte.

B. Schulden

Die Schulden werden im Inventar nach der Fälligkeit, nach der Dringlichkeit der Zahlung, angeordnet:

Langfristige Schulden

- Hypothekenschulden
- Grundschulden
- langfristige Darlehen

Kurzfristige Schulden

- Verbindlichkeiten aus Lieferungen und Leistungen
- Kontokorrentschulden
- Wechselschulden

Nr. 35	Inventur und Inventar

C. Ermittlung des Reinvermögens (= Eigenkapitals)

Das Reinvermögen wird ermittelt, indem vom Gesamtwert des Vermögens alle Schulden abgezogen werden.
Es gilt folglich:

Gesamtvermögen – Schulden = *Reinvermögen (Eigenkapital)*
oder
Gesamtvermögen = Eigenkapital + Fremdkapital
Vermögen = *Kapital*
(Kapitalverwendung) = *(Kapitalherkunft)*

Beispiel: Inventar

Inventar der Maschinenfabrik Fridolin Meier & Co, Stuttgart

		Mio DM
A. Vermögen	Grundstücke und Gebäude	5
	Maschinen	6,5
	Geschäftsausstattung	0,7
	Fuhrpark	0,4
	Roh-, Hilfs- u. Betriebsstoffe	0,3
	Fertige u. unfertige Produkte	0,6
	Forderungen	1,1
	Bank, Kasse	0,3
	Summe des Vermögens	*14,9*
B. Schulden	Grundschuld der Sparkasse	3,5
	Darlehen der Volksbank	1,2
	Darlehen der Dresdner Bank	1,1
	Summe der Schulden	*5,8*
C. Reinvermögen		
	Summe des Vermögens	14,9
	Summe der Schulden	5,8
	Reinvermögen	*9,1*
	= Eigenkapital	

Praxis-Tip

Das Inventar ist die Grundlage für die Bilanz. Das Inventar und seine beigefügten Unterlagen sind 10 Jahre aufzubewahren (§§ 257 HGB, 147 AO).

Jahresabschluß

Das Dritte Buch des HGB „Handelsbücher", das die Vorschriften zur Buchführung und zum Jahresabschluß enthält, wurde in Verbindung mit dem Bilanzrichtliniengesetz geändert. Alle Kaufleute müssen eine Bilanz sowie eine Gewinn- und Verlustrechnung erstellen, wobei die Gliederungsvorschriften des HGB einzuhalten sind. Der Jahresabschluß der Kapitalgesellschaften umfaßt zusätzlich einen Anhang. AG und GmbH müssen ferner einen Lagebericht erstellen. Der Jahresabschluß von Kapitalgesellschaften und Genossenschaften unterliegt der Prüfung durch externe Prüfer.

Abschluß der Bestandskonten und Erfolgskonten

Die Geschäftsvorfälle werden während des Jahres auf den Bestandskonten und den Erfolgskonten gebucht. Am Jahresende sind *vorbereitende Abschlußbuchungen* vorzunehmen, um Unterkonten auf Hauptkonten zu übertragen und Aufwendungen und Erträge periodengerecht abzugrenzen.

Vorbereitende Abschlußbuchungen, die sich aus der Notwendigkeit des Jahresabschlusses ergeben, sind insbesondere:

- „Warenbezugskosten" auf Konto „Rohstoffe" bzw. „Hilfsstoffe" übertragen
- Konto „Erlösberichtigungen" auf Konto „Umsatzerlöse" buchen
- Konto „Vorsteuer" auf Konto „Umsatzsteuer" übertragen
- Verbuchung von Abschreibungen und Rechnungsabgrenzungsposten
- Rückstellungen bilden
- Privatkonto über Eigenkapitalkonto abschließen.

Die Salden der aktiven und passiven Bestandskonten werden in die Schlußbilanz übernommen (→**Bestandskonten**). Die Erfolgskonten, die Aufwands- und Ertragskonten, werden über das Gewinn- und Verlustkonto abgeschlossen (→**Erfolgskonten**). Das betriebliche Ergebnis, ein Gewinn bzw. Verlust, wird auf das Eigenkapitalkonto übertragen.

Die Bilanz zeigt das Vermögen des Unternehmens und die Zusammensetzung von Eigenkapital und Fremdkapital. Die Gewinn- und Verlustrechnung gibt Rechenschaft über den Erfolg im Geschäftsjahr.

Nr. 36	Jahresabschluß

Bestandteile des Jahresabschlusses

Der Jahresabschluß von *Einzelunternehmen* und Personengesellschaften besteht nach § 242 HGB aus der Bilanz und der G+V-Rechnung. Der Jahresabschluß von *Kapitalgesellschaften* umfaßt zusätzlich einen Anhang, in dem einzelne Positionen näher erläutert werden (→**Anhang**).

Kapitalgesellschaften müssen zum Jahresabschluß zusätzlich einen Lagebericht erstellen, der den Geschäftsverlauf erklären und die Lage der Gesellschaft darlegen muß. Der Lagebericht soll durch zusätzliche Informationen zum Jahresabschluß eine Gesamtbeurteilung des Unternehmens zulassen, das ein den tatsächlichen Verhältnissen entsprechendes Bild vermittelt. (→**AG: Rechnungslegung und Gewinnverwendung**, →**GmbH: Rechnungslegung und Gewinnverwendung**).

Der Lagebericht soll nach § 289 Abs. 2 HGB auch eingehen auf:

- Vorgänge von besonderer Bedeutung, die nach dem Abschluß des Geschäftsjahres eingetreten sind
- voraussichtliche Entwicklung des Unternehmens
- Forschung und Entwicklung der Kapitalgesellschaft.

Wer muß den Jahresabschluß unterzeichnen?

Der Jahresabschluß ist nach § 245 HGB vom *Kaufmann* unter Angabe des Datums zu unterzeichnen. Bei der OHG und der KG müssen *alle persönlich haftenden Gesellschafter* den Jahresabschluß unterzeichnen.

Die Geschäftsführer der GmbH und der Vorstand der AG sind zur Aufstellung des Jahresabschlusses verpflichtet. Der Jahresabschluß von Kapitalgesellschaften wird von den *gesetzlichen Vertretern* der Kapitalgesellschaft unterzeichnet.

Aufstellungsgrundsätze für den Jahresabschluß

Die Erstellung des Jahresabschlusses hat nach § 243 HGB nach den Grundsätzen ordnungsmäßiger Buchführung zu erfolgen, wobei auf eine klare und übersichtliche Darstellung Wert gelegt wird. Der Jahresabschluß ist ferner innerhalb einer *angemessenen Frist* zu erstellen.

Das HGB sieht in § 264 HGB für Kapitalgesellschaften eine Frist von drei Monaten nach Ablauf des Geschäftsjahres vor. Für kleine Kapitalgesellschaften ist eine Frist von sechs Monaten genannt. Einzelkaufleute und Personengesellschaften erstellen ihren Jahresabschluß fristgerecht, wenn dieser innerhalb von sechs Monaten erfolgt.

Die *Feststellung* des Jahresabschlusses ist von der Aufstellung zu unterscheiden, wodurch er für verbindlich erklärt wird. Dies geschieht bei der

GmbH durch die Gesellschafter (§ 46 GmbHG) und bei der AG durch den Vorstand und den Aufsichtsrat (§ 172 AktG), ausnahmsweise durch die Hauptversammlung (§ 173 AktG). Die Feststellungsfrist beträgt acht Monate und bei kleinen GmbHs elf Monate.

> **Praxis-Tip**
>
> Die Geschäftsführer der GmbH sind für die Aufstellung von Jahresabschluß und Lagebericht zuständig. Sie haben die Unterlagen zur Feststellung den Gesellschaftern vorzulegen (§ 42 a GmbHG).
> Erfolgt eine Prüfung des Jahresabschlusses durch Abschlußprüfer, dann haben die Geschäftsführer den geprüften Jahresabschluß zusammen mit dem Lagebericht und dem Prüfungsbericht des Abschlußprüfers vorzulegen. Hat die GmbH einen Aufsichtsrat, so ist auch dessen Bericht über das Ergebnis der Prüfung an die Gesellschafter weiterzuleiten (→**GmbH: Rechnungslegung und Gewinnverwendung**).

Bilanzberichtigungen und Bilanzänderungen

Bilanzberichtigungen ergeben sich bei Unternehmen häufig im Anschluß an eine Außenprüfung durch das Finanzamt. Der Prüfer hat beispielsweise festgestellt, daß ein bilanziertes Wirtschaftsgut falsch bewertet worden ist. Der falsche Bilanzansatz muß berichtigt werden.

Bilanzänderung bedeutet, einen richtigen Bilanzansatz durch einen anderen zu ersetzen. Eine Bilanzänderung kann vorgenommen werden, wenn handelsrechtlich oder steuerrechtlich ein Bilanzierungs- oder Bewertungswahlrecht besteht. Der Steuerpflichtige darf die Bilanz bis zur Einreichung beim Finanzamt ändern, andernfalls mit Zustimmung der Finanzbehörde.

Bilanzberichtigungen und Bilanzänderungen wirken sich auf die folgenden Geschäftsjahre aus. Die auf den Bestandskonten vorgetragenen Anfangsbestände sind im Rahmen der vorbereitenden Abschlußbuchungen entsprechend zu korrigieren.

Bilanzmanipulationen und ihre Folgen

Der Gesetzgeber gewährt in der Handelsbilanz und in geringerem Umfang in der Steuerbilanz Bilanzierungswahlrechte und Bewertungsspielräume, wodurch der Unternehmer Bilanzpolitik betreiben kann.

Bilanzmanipulation beginnt dann, wenn der gesetzlich zulässige Spielraum für bilanzpolitische Maßnahmen überschritten und Bilanzen manipuliert werden. Banken, Lieferanten, Kunden, Anteilseigner und das

Nr. 36	Jahresabschluß

Finanzamt können durch eine kaufmännische Bilanz, die die Vermögenslage und die Finanzverhältnisse falsch darstellt, zu Fehlentscheidungen verleitet werden. Die kaufmännische Bilanz ist für Außenstehende die wichtigste Informationsquelle über ein Unternehmen.

Die Geschädigten einer Bilanzmanipulation haben zivilrechtlich eine Anspruchsgrundlage aus unerlaubter Handlung, da durch die Bilanzmanipulation ein Schutzgesetz nach § 823 Abs. 2 BGB verletzt worden ist. Der Geschädigte muß die Verletzung des Schutzgesetzes und den ihm entstandenen Schaden nachweisen.

Eine Verletzung der Buchführungs- und Bilanzierungspflicht sowie eine spätere Überschuldung oder Zahlungsunfähigkeit sind Straftatbestände. Wer aufgrund gefälschter oder unvollständiger Bilanzen, Vermögensübersichten sowie von Gewinn- und Verlustrechnungen einen Kredit erlangt, erfüllt den Tatbestand des Kreditbetruges. Der Kreditbetrug ist ein Straftatbestand nach § 265 StGB. Urkundenunterdrückung liegt nach § 274 StGB vor, wenn der Unternehmer seine Buchführung vernichtet. Die Buchführung hat als Urkunde eine Beweisfunktion.

Die Verfolgung der Computerkriminalität wurde 1986 durch das 2. Gesetz zur Bekämpfung der Wirtschaftskriminalität und ihre Berücksichtigung im Strafgesetzbuch erleichtert. Der Tatbestand des Computerbetruges liegt vor, wenn jemand vermögensrechtliche Vorteile erlangt durch die Manipulation bei der Eingabe von Daten oder dies in der Verarbeitungsphase durch ein bestimmtes Programm erfolgt. Computerbetrug wird mit Geldstrafe oder mit einer Freiheitsstrafe bis zu fünf Jahren bestraft.

Praxis-Tip

Im Dritten Buch des HGB befinden sich in den §§ 331 bis 335 HGB spezielle Straf- und Bußgeldvorschriften für Kapitalgesellschaften. Der Vorstand der AG und die Geschäftsführer der GmbH sowie der Aufsichtsrat machen sich nach § 331 Abs. 1 HGB strafbar, wenn sie die Verhältnisse der Kapitalgesellschaft in der Eröffnungsbilanz, im Jahresabschluß oder im Lagebericht unrichtig oder verschleiert wiedergeben. Gleiches gilt für den Konzernabschluß bzw. den Konzernlagebericht (§ 331 Abs. 2 HGB). Der Kreis der geschädigten Personen ist bei publizitätspflichtigen Unternehmen besonders groß.

Jahresabschlußprüfung durch externe Prüfer

Die Prüfung des Jahresabschlusses von Aktiengesellschaften durch Wirtschaftsprüfer dient hauptsächlich dem Schutz der Aktionäre und der Gläubiger. Anhand des Jahresabschlusses wird auch die Ordnungsmäßigkeit des Rechnungswesens überprüft. Das Bilanzrichtliniengesetz

Jahresabschluß — Nr. 36

und die entsprechenden Änderungen im HGB führten auch zu einer Prüfungspflicht bei der GmbH, wovon lediglich kleine GmbHs befreit sind.

Die gesetzliche Jahresabschlußprüfung von Aktiengesellschaften erfolgt durch Wirtschaftsprüfer bzw. Wirtschaftsprüfungsgesellschaften. Das neue Handelsrecht verlangt auch eine Prüfung mittelgroßer GmbHs, läßt hier aber eine Prüfung durch vereidigte Buchprüfer bzw. Buchprüfungsgesellschaften zu.

Die Prüfung erstreckt sich auf den Jahresabschluß und den Lagebericht. Die Buchführung wird miteinbezogen, da aus ihren Daten die Bilanz und die Gewinn- und Verlustrechnung erstellt werden. Die Prüfung der Geschäftsvorfälle erfolgt auf Stichprobenbasis. Durch den zunehmenden Einsatz der EDV hat die Systemprüfung an Bedeutung gewonnen. Anhand von Testfällen kann die Wirkungsweise des Systems überprüft werden.

Praxis-Tip

EDV-Buchführungen müssen vom Prüfer ebenfalls auf die formelle und die sachliche Richtigkeit hin geprüft werden können. Manuelle Arbeiten und Abläufe im Computer werden kontrolliert. Die Abstimmung der Aufzeichnungen von den Belegen bis zur Bilanz ist der Schwerpunkt des Prüfungsansatzes bzw. der Prüfungsmethode. Die Belegprüfungen werden in Zukunft durch Prüfungen des Verfahrens erweitert.

Der Abschlußprüfer muß im Rahmen seiner Prüfung feststellen und schriftlich berichten, ob die Buchführung, der Jahresabschluß und der Lagebericht den gesetzlichen Vorschriften entsprechen (§ 321 HGB). Das Berichtswerk muß ein den tatsächlichen Verhältnissen entsprechendes Bild der Vermögens-, Ertrags- und Finanzlage vermitteln. Nachteilige Veränderungen gegenüber dem Vorjahre sind zu erläutern. Stellt der Abschlußprüfer schwerwiegende Verstöße der gesetzlichen Vertreter gegenüber Gesetz, Gesellschaftsvertrag oder Satzung fest, dann hat er darüber zu berichten. Er hat auch eine Warnpflicht, wenn eine etwaige Unternehmensgefährdung besteht (§ 321 Abs. 2 HGB).

Der Prüfer erstellt einen Prüfungsbericht, den die Vertreter der Gesellschaft erhalten. Die Erteilung oder Verweigerung des *Bestätigungsvermerks* (= *Testat*) hat große Bedeutung. Der Bestätigungsvermerk wird nicht erteilt, wenn Verstöße gegen rechtliche Normen vorliegen.

Der Prüfer erteilt den Bestätigungsvermerk, wenn keine Einwendungen erhoben werden. Der uneingeschränkte Bestätigungsvermerk lautet:

Nr. 36	Jahresabschluß

„Die Buchführung und der Jahresabschluß entsprechen nach meiner pflichtgemäßen Prüfung den gesetzlichen Vorschriften. Der Jahresabschluß vermittelt unter Beachtung der Grundsätze ordnungsmäßiger Buchführung ein den tatsächlichen Verhältnissen entsprechendes Bild der Vermögens-, Finanz- und Ertragslage der Kapitalgesellschaft. Der Lagebericht steht im Einklang mit dem Jahresabschluß."

Praxis-Tip

Der Abschlußprüfer wird auf Vorschlag des Aufsichtsrats von der Hauptversammlung bestimmt (§ 124 Abs. 3 AktG). Der Prüfungsbericht des Abschlußprüfers ist nicht öffentlich, er ist für den Aufsichtsrat bestimmt. Er unterstützt den Aufsichtsrat in seiner umfassenden Überwachung der Geschäftsführung.

Der Aufsichtsrat hat Warnungen des Abschlußprüfers hinsichtlich der fachlichen und moralischen Eignung der Geschäftsführung sowie von gefährlichen Sachverhalten und Entwicklungen sorgfältig zu prüfen. Schwerwiegende Tatsachen und Entwicklungen für ein Unternehmen sind beispielsweise:

- Kostendeckung ist nicht gewährleistet
- Liquiditätsengpässe und teure Überbrückungsmaßnahmen wurden festgestellt
- Rentabilität ist stark rückläufig
- Ausfall von wichtigen Märkten

Der Prüfer sollte auf drohende Gefahren möglichst frühzeitig hinweisen, dann sind eventuell noch Kurskorrekturen möglich.

Der Wirtschaftsprüfer – und in eingeschränkterem Maße der Steuerberater – haben eine Treuepflicht gegenüber dem zu prüfenden Unternehmen (§ 323 HGB). Sie sind zu einer gewissenhaften und unparteiischen Prüfung und zu Verschwiegenheit verpflichtet. Die bewußte Erteilung eines inhaltlich unrichtigen Bestätigungsvermerkes wird mit einer Geldstrafe oder einer Freiheitsstrafe bis zu drei Jahren geahndet (§ 332 Abs. 1 HGB).

→ AG: Rechnungslegung und Gewinnverwendung
→ Bewertung
→ Eigenkapital
→ Erfolgskonten
→ Gewinn- und Verlustrechnung
→ GmbH: Rechnungslegung und Gewinnverwendung

→ Handelsbilanz
→ Herstellungskosten
→ Personengesellschaften: Rechnungslegung und Gewinnverwendung
→ Publizitätspflichten
→ Steuerbilanz
→ Umsatzkostenverfahren

Kontenrahmen und Kontenplan

Kontenrahmen bezwecken eine eindeutige Bezeichnung und scharfe Abgrenzung der einzelnen Konten sowie eine übersichtliche Organisation der Buchführung. **Eine genaue Erfassung der Aufwendungen und Erträge ist notwendig für die Schaffung zuverlässiger Unterlagen in der Kostenrechnung und Kalkulation. Im Hinblick auf eine Kontrolle des Betriebsgeschehens ist ein geordnetes Datenmaterial erforderlich, sowohl für den innerbetrieblichen wie den zwischenbetrieblichen Vergleich.**

Kontenrahmen und die aus ihnen abgeleiteten betrieblichen Kontenpläne erleichtern die Arbeit im Unternehmen und bei externen Stellen, insbesondere den Finanzbehörden und den wirtschaftsberatenden Berufen.

Kontenrahmen und Kontenpläne werden in Kontenklassen, -gruppen und -arten gegliedert. Während die Aufteilung in Kontenklassen und Kontengruppen verbindlich ist, bleibt die weitere Untergliederung in Kontenarten und gegebenenfalls in Kontenunterarten dem Ermessen des einzelnen Unternehmens überlassen.

Es gibt verschiedene Kontenrahmen:

- Gemeinschaftskontenrahmen der Industrie (GKR)
- Industriekontenrahmen (IKR)
- Kontenrahmen für den Großhandel
- Kontenrahmen für den Einzelhandel
- Kontenrahmen für Banken
- Kontenrahmen für Versicherungen

Entwicklung der Kontenrahmen

Das öffentliche Interesse an einem geordneten und übersichtlichen Rechnungswesen führte schon vor dem Zweiten Weltkrieg zu staatlichen Initiativen. Die entscheidende Einflußnahme erfolgte durch den Regierungserlaß des Reichswirtschaftsministers über „Grundsätze der Buchhaltungsrichtlinien" vom 11. 11. 1937. Kernstück der Grundsätze war der allgemein verbindliche „Erlaßkontenrahmen", der weitgehend auf dem Schmalenbachschen Kontenrahmen basiert. Auf der Grundlage des Erlaßkontenrahmens wurden in der Folgezeit für die einzelnen Branchen Pflichtkontenrahmen erlassen.

Der „Erlaßkontenrahmen" war der Vorläufer des „Gemeinschaftskontenrahmens der Industrie (GKR)", der 1952 vom Bundesverband der deut-

Nr. 37 Kontenrahmen und Kontenplan

schen Industrie herausgegeben wurde. Der GKR mit seiner tiefen Gliederung erfaßt die komplizierten Vorgänge im Industriebetrieb. Er ist prinzipiell für alle Industriebranchen anwendbar. Der GKR hatte sich viele Jahre in der Wirtschaftspraxis bewährt und wird auch heute noch angewendet. Der GKR bildete die Grundlage für die betriebsindividuellen Kontenpläne.

Der Betriebswirtschaftliche Ausschuß des Bundesverbandes der Deutschen Industrie entwickelte den Industriekontenrahmen (IKR), der 1971 herausgegeben und veröffentlicht wurde. Der IKR hat wie der ältere GKR empfehlenden Charakter. Der IKR ist ein Generalschema, aus dem Industrieunternehmen, gleich welcher Branche, Größe und Rechtsform, ihren individuellen Kontenplan ableiten können.

Systematik des Kontenrahmens

Der Kontenrahmen ermöglicht nicht nur eine einheitliche Bezeichnung, auch jedem Begriff wird eine bestimmte Kontonummer zugeordnet. Dies gewährleistet eine genaue Erfassung der Aufwendungen und Erträge.

Der *Kontenrahmen* gliedert sich in 10 *Kontenklassen*. Kennzeichen (Symbole) der Kontenklassen sind einstellige Zahlen: 0 bis 9.

Jede Kontenklasse wird wiederum in 10 *Kontengruppen* unterteilt. Durch das Anhängen einer zweiten Kennziffer an die erste Ordnungszahl entsteht die Kontengruppe: 00–99.

Eine Kontengruppe gliedert sich in 10 *Kontenarten* (000–999). Kontenarten werden wiederum in 10 *Kontenunterarten* unterteilt (0000–9999).

Kontenklassen, -gruppen, -arten und -unterarten

Bezeichnung	Ziffern	Beispiel
Konten*klasse*	*einstellige* Ziffer	*2* Umlaufvermögen und aktive Rechnungsabgrenzung
Konten*gruppe*	*zweistellige* Ziffer	*20* Roh-, Hilfs- und Betriebsstoffe
Konten*arten*	*dreistellige* Ziffer	*200* Rohstoffe (Fertigungsmaterial)
Konten*unterarten*	*vierstellige* Ziffer	*2001* Bezugskosten (für Rohstoffe)

→ Industriekontenrahmen (IKR)
→ Großhandelskontenrahmen
→ Einzelhandelskontenrahmen

Kostenrechnerische Korrekturen

Der in der Geschäftsbuchhaltung, dem Rechnungskreis I, ermittelte Aufwand kann meistens unverändert in die Kosten- und Leistungsrechnung, den Rechnungskreis II, übernommen werden. Der Zweckaufwand der Geschäftsbuchführung ist identisch mit den Grundkosten der Kosten- und Leistungsrechnung. Aufwendungen, die keine Kosten sind, heißen neutrale Aufwendungen. Dazu zählen die betriebsfremden, außerordentlichen und periodenfremde Aufwendungen (→**Sachliche Abgrenzung**). Kalkulatorische Kosten haben nur auf die Kosten- und Leistungsrechnung Auswirkungen. Man unterscheidet Zusatzkosten und Anderskosten.

Die Abgrenzungsrechnung wird meistens tabellarisch und nicht buchhalterisch durchgeführt. Die Durchführung der Abgrenzungsrechnung erfolgt mit der Ergebnistabelle.

Sachliche Abgrenzung

Die nach dem Abschlußgliederungsprinzip des Handelsrechts aufgebauten Kontenrahmen enthalten nicht wie der Großhandelskontenrahmen und der Gemeinschaftskontenrahmen der Industrie (GKR) in der Kontenklasse 2 ein spezielles Abgrenzungskonto für neutrale Aufwendungen und Erträge (→**Großhandelskontenrahmen**).

Beim IKR ergibt sich die Notwendigkeit, zwischen Rechnungskreis I und Rechnungskreis II abzugrenzen. Aufgabe der Rechnungsabgrenzung ist es, die neutralen (= nicht betriebsbedingten) Aufwendungen und Erträge von den betriebsbedingten Aufwendungen (= Kosten) und Erträgen (= Leistungen) zu trennen. Die Abgrenzungsrechnung ermöglicht eine unverfälschte Betriebsergebnisrechnung.

| Nr. 38 | Kostenrechnerische Korrekturen |

Das aus der Abgrenzungsrechnung hervorgehende Abgrenzungsergebnis, das Neutrale Ergebnis, ergibt zusammen mit dem Betriebsergebnis das Gesamtergebnis der Unternehmung.

Abgrenzungsergebnis
(= Neutrales Ergebnis) + Betriebsergebnis = Gesamtergebnis der Unternehmung

Abgrenzung mit der Ergebnistabelle

Die Abgrenzungstabelle gliedert sich in zwei Teile:

- unternehmensbezogene Abgrenzung (Abgrenzung von Geschäftsbuchführung sowie Kosten- und Leistungsrechnung)
- kostenrechnerische Korrekturen.

Am Anfang der Abgrenzungsrechnung wird geprüft, inwieweit die Aufwendungen und Erträge der Kontenklasse 5, 6 und 7 des IKR der Gechäftsbuchführung als Kosten und Erträge übernommen werden können. Die *unternehmensbezogene Abgrenzungsrechnung* hat eine Filterfunktion, da sie die Aufwendungen und Erträge aussondert, die nicht durch die betriebliche Leistungserstellung entstanden sind. Der Saldo heißt „Ergebnis aus unternehmensbezogener Abgrenzungsrechnung" und ist mit dem „Neutralen Ergebnis" identisch.

Die *betriebsbezogene Abgrenzungsrechnung*, auch kostenrechnerische Korrekturen genannt, berücksichtigt die Anderskosten und die Zusatzkosten. Betriebliche Aufwendungen, deren Wertansätze für die Kosten- und Leistungsrechnung nicht geeignet sind, heißen *Anderskosten*. Es sind ferner Kosten bei der Preisermittlung zu erfassen, die in der Geschäftsbuchführung nicht als Aufwendung entstanden sind, die sogenannten *Zusatzkosten*.

kalkulatorische Kosten

Anderskosten	Zusatzkosten
● kalk. Abschreibungen	● kalk. Unternehmerlohn
● kalk. Miete	● kalk. Zinsen
● kalk. Wagnisse	

Kostenrechnerische Korrekturen | Nr. 38

Beispiel: Durchführung der Abgrenzungsrechnung

Das metallverarbeitende Unternehmen Albert Miller OHG weist in der Gewinn- und Verlustrechnung zum Quartalsende folgende Daten aus:

Konto-Nr.	Bezeichnung	Aufwendungen	Erträge
500	Umsatzerlöse		3 980 000 DM
52	Bestandsveränderungen (Bestandsmehrung)		45 000 DM
570	Sonstige Erträge		24 700 DM
600	Aufwendungen für Rohstoffe (inbegriffen Hilfs- u. Betriebsstoffe)	1 240 000 DM	
620	Löhne	224 000 DM	
630	Gehälter	382 000 DM	
652	Abschreibungen auf Sachanlagen	920 000 DM	
670	Aufwendungen Dritte	55 000 DM	
680	Information, Werbung	140 000 DM	
699	Periodenfremde Aufwendungen	66 000 DM	
70	Steuern	38 000 DM	
75	Zinsaufwendungen	239 000 DM	
	Gewinn	745 700 DM	
		4 049 700 DM	4 049 700 DM

Zusatzangaben:
- Die kalkulatorischen Abschreibungen betragen pro Quartal 800 000 DM.
- Kalkulatorische Zinsen in Höhe von 250 000 DM wurden für ein Quartal errechnet.
- Für die beiden Gesellschafter Albert Miller und Max Brehm ist ein kalkulatorischer Unternehmerlohn von je 120 000 DM im Jahr anzusetzen.
- Der kalkulatorische Mietwert beträgt monatlich 15 000 DM.

Nr. 38 — Kostenrechnerische Korrekturen

Ergebnistabelle

Nr.	Konto	Rechnungskreis I — Geschäftsbuchführung (Gewinn- und Verlustrechnung = Erfolgsrechnung)		Abgrenzungsbereich — Unternehmensbezogene Abgrenzungen		Rechnungskreis II — Kostenrechnerische Korrekturen		Kosten- und Leistungsbereich — Betriebsergebnisrechnung	
		Aufwendungen	Erträge	Neutrale Aufwend.	Neutrale Erträge	Aufwendung. Gesch.buchf.	Verrechnete Kosten	Kosten	Leistungen
500	Umsatzerlöse		3 980 000						3 980 000
52	Bestandsveränderung		45 000						45 000
570	Sonst. Erträge		24 700		24 700				
600	Aufwend. Rohstoffe	1 240 000						1 240 000	
620	Löhne	224 000						224 000	
630	Gehälter	382 000						382 000	
652	Abschreib. Sachanl.	920 000				920 000	800 000	800 000	
670	Aufwendungen Dritte	55 000						55 000	
680	Informat., Werbung	140 000						140 000	
699	Periodenfr. Aufw.	66 000		66 000					
70	Steuern	38 000						38 000	
75	Zinsaufwendungen	239 000				239 000	250 000	250 000	
	kalk. Unternehmerl.						60 000	60 000	
	kalk. Miete						45 000	45 000	
		3 304 000	4 049 000	66 000	24 700	1 159 000	1 155 000	3 234 000	4 025 000
	Ergebnis	745 700			41 300		4 000	791 000	
		4 049 700	4 049 700	66 000	66 000	1 159 000	1 159 000	4 025 000	4 025 000
		Gesamtergebnis + 745 700 DM		Neutrales Ergebnis − 45 300				Betriebsergebnis + 791 000	

Kostenrechnerische Korrekturen | Nr. 38

Sie müssen bei der tabellarischen Durchführung der Abgrenzungsrechnung und der Betriebsergebnisrechnung verschiedene Schritte beachten.

Erster Schritt: Zweckaufwendungen und Grundkosten übertragen

Die betrieblichen Aufwendungen und Erträge werden aus der Erfolgsrechnung der Geschäftsbuchführung in den Kosten- und Leistungsbereich übernommen: Aufwendungen für Rohstoffe mit 1 240 000 DM, Umsatzerlöse in Höhe von 3 980 000 DM.

Kostenrechnerische Korrekturen bei festen Verrechnungspreisen

Die Erfassung des Verbrauchs von Roh-, Hilfs- und Betriebsstoffen erfolgt zunächst mengenmäßig anhand von Materialentnahmescheinen. Der mengenmäßige Verbrauch ist für die Kostenrechnung in DM umzurechnen.

Materialkosten = Verbrauchte Menge × Preis je Mengeneinheit

Die Bewertung des Materialverbrauchs kann in der Kosten- und Leistungsrechnung zu *festen Verrechnungspreisen* bewertet werden.

Praxis-Tip

Die Stoffaufwendungen werden in der Geschäftsbuchführung zu Anschaffungskosten bewertet. Die Kosten- und Leistungsrechnung kann innerbetrieblich mit festen Verrechnungspreisen arbeiten, um Verbrauchsschwankungen offenzulegen. Es sind dann im Rahmen der Abgrenzungsrechnung „Kostenrechnerische Korrekturen" erforderlich.

Zweiter Schritt: Neutrale Aufwendungen und neutrale Erträge

Die neutralen Aufwendungen und die neutralen Erträge sind aus der Erfolgsrechnung der Geschäftsbuchführung in den Abgrenzungsbereich zu übertragen: Sonstige Erträge in Höhe von 24 700 DM, periodefremde Aufwendungen mit 66 000 DM.

Dritter Schritt: Anderskosten und Zusatzkosten ermitteln

Es gibt ferner Aufwendungen und Erträge in der Geschäftsbuchführung, die zwar betriebsbedingt sind, deren Höhe aber nicht den Kriterien der Kosten- und Leistungsrechnung entspricht. Diese Aufwendungen und Erträge bedürfen einer kostenrechnerischen Korrektur.

- Abschreibungen auf Sachanlagen
  Die bilanziellen Abschreibungen aus der Geschäftsbuchführung sind durch die *kalkulatorischen* Abschreibungen zu ersetzen. Es sind bilanzielle Abschreibungen in Höhe von 920 000 DM durch kalkulatorische

| Nr. 38 | **Kostenrechnerische Korrekturen** |

Abschreibungen von 800 000 DM zu ersetzen. Die bilanzielle Abschreibung von 920 000 DM wird unter Aufwendungen Geschäftsbuchführung unter Kostenrechnerische Korrekturen eingetragen.

- Kalkulatorische Zinsen
  Kalkulatorische Zinsen werden auf das investierte Kapital berechnet, auch wenn die Maschinen und Gebäude ohne Fremdkapital finanziert worden sind. Die Zinskosten müßten eigentlich von den um die Abschreibung verminderten Anschaffungskosten ermittelt werden. Die kalkulatorischen Zinsen werden oft aus den halben Anschaffungskosten bzw. dem halben Wiederbeschaffungswert ermittelt, um ungleichmäßig hohe jährliche Zinsen zu vermeiden.

  Die kalkulatorischen Zinsen werden im Beispiel aus 13 333 333 DM und einem landesüblichen Zinsfuß von 7,5% berechnet. 7,5% aus vorigem Betrag für das 1. Quartal ergeben 250 000 DM. Der in der Geschäftsbuchführung angefallene Betrag von 239 000 DM wird unter Aufwendungen Geschäftsbuchführung unter Kostenrechnerischen Korrekturen aufgeführt.

- Kalkulatorischer Unternehmerlohn
  Kalkulatorischer Unternehmerlohn ist nur bei Einzelunternehmen und Personengesellschaften zu berücksichtigen, da der Unternehmer für seine Mitarbeit im Unternehmen kein Gehalt erhält. Das Gehalt eines leitenden Angestellten in ähnlicher Position ist Maßstab für die Höhe des kalkulatorischen Unternehmerlohnes.

  Für die beiden Gesellschafter im Beispielfall wird ein monatlicher Unternehmerlohn von jeweils DM 10 000 angesetzt, was für ein Quartal insgesamt 60 000 DM ergibt.

- Kalkulatorische Miete
  Die kalkulatorische Miete ist wie der kalkulatorische Unternehmerlohn nur in der Kostenrechnung zu erfassen, da sie keine Auswirkung auf die Gewinn- und Verlustrechnung hat.

  Es wird im Beispielfall eine kalkulatorische Miete von monatlich 15 000 DM angesetzt, also von 45 000 DM im Quartal. Es ist im vorliegenden Fall kein Mietaufwand in der Geschäftsbuchführung entstanden.

Vierter Schritt: Ergebnisse ermitteln

Der Saldo der Kosten- und Leistungsrechnung, das Betriebsergebnis, sowie der Saldo aus dem Abgrenzungsbereich (Unternehmensbezogene Abgrenzungen und Kostenrechnerische Korrekturen) müssen mit dem Gesamtergebnis der Geschäftsbuchführung, dem Ergebnis der Erfolgsrechnung, übereinstimmen.

→ Kostenrechnung

Kostenrechnung

Die Kosten- und Leistungsrechnung erfolgt im Industriekontenrahmen im Rechnungskreis II in der Kontenklasse 9 buchhalterisch oder tabellarisch. Außerordentliche und betriebsfremde Aufwendungen und Erträge sind von den betrieblichen Aufwendungen und Erträgen zu trennen. Die korrekte Ermittlung des Betriebsergebnisses setzt voraus, daß Bestandsveränderungen an fertigen und unfertigen Erzeugnissen berücksichtigt werden.

Die Kosten- und Leistungsrechnung mit ihrer Dreiteilung in Kostenarten-, Kostenstellen- und Kostenträgerrechnung muß in stärkerem Umfang als die Finanzbuchhaltung die branchenspezifischen Besonderheiten berücksichtigen.

Kosten- und Leistungsrechnung im Rechnungskreis II

Die Geschäftsbuchführung, der Rechnungskreis I, wird im IKR in den Kontenklassen 0 bis 8 abgewickelt. Die Geschäftsbuchführung erstellt die Jahresbilanz und ermittelt in der Gewinn- und Verlustrechnung das Gesamtergebnis des Unternehmens. Alle Aufwendungen und Erträge – betriebsbedingte und betriebsfremde – sind in der Gewinn- und Verlustrechnung zu berücksichtigen.

Die Kosten- und Leistungsrechnung wird im Rechnungskreis II durchgeführt. Diese kann buchhalterisch in der Kontenklasse 9 des IKRs oder tabellarisch erfolgen. Die Kosten- und Leistungsrechnung, früher Betriebsbuchführung, muß die in einer Abrechnungsperiode anfallenden Kosten vollständig und exakt erfassen und den jeweiligen Leistungen (Erzeugnissen) zurechnen.

Die Kosten- und Leistungsrechnung hat verschiedene Aufgaben zu erfüllen:
- Ermittlung der Selbstkosten der Produkte insgesamt und pro Einheit
- Wirtschaftlichkeit des Betriebes überwachen
- Bewertung der Bestände an unfertigen und fertigen Erzeugnissen für die Bilanz
- Daten und Entscheidungshilfen für das Management liefern, wobei insbesondere die Deckungsbeitragsrechnung zu nennen ist.

Diese vielfältigen Aufgaben und Fragestellungen können nur erfüllt werden, wenn die Kosten- und Leistungsrechnung untergliedert wird in:

Nr. 39   Kostenrechnung

- Kostenartenrechnung
  (Welche Kosten sind angefallen?)
- Kostenstellenrechnung
  (Wo sind die Kosten verursacht worden?)
- Kostenträgerrechnung
  (Welche Produkte [Serie, Auftrag] haben die Kosten zu tragen?)

Finanzbuchhaltung erfaßt die Kostenarten

Alle betrieblichen und betriebsfremden Aufwendungen und Erträge werden in der Geschäftsbuchführung kontiert. Erträge werden in der Kontenklasse 5 erfaßt. Der Verbrauch an Produktionsfaktoren im Rahmen der Fertigung ist als Aufwand in den Kontenklassen 6 und 7 des IKR zu buchen

Kontenklasse 5:

- Umsatzerlöse für eigene Erzeugnisse und Handelswaren
- Bestandsveränderungen
- Aktivierte Eigenleistungen
- Sonstige betriebliche Erträge
- Zinsen und ähnliche Erträge
- Außerordentliche Erträge

Kontenklasse 6:

- Materialaufwendungen
- Personalaufwendungen
- Abschreibungen
- Sonstige betriebliche Aufwendungen
  (Aufwendungen für die Inanspruchnahme von Rechten und Diensten, Aufwendungen für Kommunikation, Aufwendungen für Beiträge und Sonstiges sowie periodenfremde Aufwendungen)

Kontenklasse 7:

- Betriebliche Steuern
- Abschreibungen auf Finanzanlagen und auf Wertpapiere des Umlaufvermögens und Verluste aus entsprechenden Abgängen
- Zinsen und ähnliche Aufwendungen
- Steuern vom Einkommen und Ertrag

Kostenrechnung | Nr. 39

Verbuchung der Leistungserstellung und Leistungsverwertung

Buchungssätze zur Leistungserstellung nach IKR:

Entnahme von Rohstoffen für die Produktion

600 Aufwendungen
für Rohstoffe
        an 200 Rohstoffe

Entnahme von Hilfsstoffen für die Produktion

602 Aufwendungen
für Hilfsstoffe
        an 202 Hilfsstoffe

Entnahme von Betriebsstoffen für die Produktion

603 Aufwendungen
für Betriebsstoffe
        an 203 Betriebsstoffe

Buchungssätze zur Leistungsverwertung nach IKR:

Verkauf von Erzeugnissen an Kunden auf Ziel

240 Forderungen
aus Lieferungen
und Leistungen
        an 500 Verkaufserlöse
        an 480 Umsatzsteuer

(→**Verkaufsbuchungen**)

Aufwendungen sind der gesamte Verbrauch von Gütern und Dienstleistungen im Abrechnungszeitraum. Nur die Aufwendungen und Erträge, die mit dem eigentlichen Betriebszweck, der Fertigung, in Verbindung stehen, sind in die Kosten- und Leistungsrechnung zu übernehmen. Die betrieblichen Aufwendungen erfüllen diesen Anspruch mengen- und wertmäßig, so daß sie unverändert in die Kosten- und Leistungsrechnung übernommen werden können. Die betrieblichen Aufwendungen entsprechen den *Grundkosten*.

Nr. 39 | Kostenrechnung

Geschäftsbuchhaltung	= Rechnungskreis I	
Neutrale Aufwendungen ● betriebsfremde Aufwendungen, z. B. Spenden ● außergewöhnliche Aufwendungen, z. B. Forderungsausfälle	Betriebliche Aufwendungen oder Zweckaufwendungen	
	entsprechen den Grundkosten (z. B. Fertigungslöhne, Verbrauch von Rohstoffen)	Kalkulatorische Kosten ● Anderskosten, sind höher oder niedriger als die Aufwendungen ● Zusatzkosten, z. B. kalkulatorischer Unternehmerlohn
	Kosten- und Leistungsrechnung	= Rechnungskreis II

Die *Anderskosten* sind entweder höher oder niedriger als die entsprechenden Aufwendungen, z. B. bilanzielle und kalkulatorische Abschreibungen. Die kalkulatorischen Abschreibungen sollen die tatsächliche Wertminderung der Anlagen erfassen. Die substanzielle Kapitalerhaltung steht im Vordergrund. Die Bemessung der bilanzmäßigen Abschreibung erfolgt nach steuerlichen Überlegungen.

Den *Zusatzkosten* stehen keine entsprechenden Aufwandspositionen gegenüber, z. B. kalkulatorischer Unternehmerlohn, kalkulatorische Miete, kalkulatorische Wagnisse. Unternehmen, die beispielsweise in eigenen Gebäuden produzieren, zahlen keine Miete. Sie setzen bei der Kalkulation der Fertigerzeugnisse als kalkulatorische Miete die ortsübliche Vergleichsmiete für Geschäftsräume an.

Die *kalkulatorischen Kosten* haben Auswirkungen auf das Betriebsergebnis und das neutrale Ergebnis, verändern aber nicht das Gesamtergebnis des Unternehmens. Sie werden im Soll des Kontos 91 als betrieblicher Aufwand und im Haben des Kontos 992 erfaßt.

Alle Leistungen, die zugleich betriebliche Erträge sind, kommen in Betracht:

● Umsatzerlöse, Verkauf von Fertigerzeugnissen und Handelswaren
● Bestandsmehrung an fertigen und unfertigen Erzeugnissen
● Selbsterstellte Anlagen

Kostenrechnung Nr. 39

Betriebsfremde, außerordentliche und periodenfremde Erträge sind neutrale Erträge, die nicht in die Kosten- und Leistungsrechnung übernommen werden.

Die Abgrenzungsrechnung ist die Verbindung zwischen Geschäftsbuchführung und Kosten- und Leistungsrechnung. Sie filtert die neutralen Aufwendungen und Erträge aus den gesamten Aufwendungen und Erträgen heraus. Die Abgrenzungsrechnung erfolgt meist in der tabellarischen Form der Ergebnistabelle (→**Kostenrechnerische Korrekturen**). Im Rechnungskreis II werden *neutrales Ergebnis* und *Betriebsergebnis* getrennt ausgewiesen. Ihre Summe stimmt mit dem Gesamtergebnis der Geschäftsbuchführung, dem Rechnungskreis I, überein.

> ### Praxis-Tip
>
> Im *Einkreissystem* des Gemeinschaftskontenrahmens (GKR) bilden Geschäftsbuchführung und Kosten- und Leistungsrechnung eine Einheit. Der Buchhalter ist oft gleichzeitig Kostenrechner. Er kann dann die Kostenarten laut Kontenplan kontieren und die empfangende Kostenstelle bzw. sogar den Kostenträger angeben.
>
> Geschäftsbuchführung und Kosten- und Leistungsrechnung sind im *Zweikreissystem* des Industriekontenrahmens (IKR) zwei in sich geschlossene Kreise. Rechnungskreis I und Rechnungskreis II sind oft personell und räumlich getrennt. Die Geschäftsbuchführung kontiert dann lediglich die Aufwendungen und Erträge laut Kontenplan des Unternehmens.

Kostenarten den Kostenträgern zuordnen

Einzelkosten (= direkte Kosten) lassen sich den Kostenträgern, den Produkten, unmittelbar zurechnen. So können Fertigungslöhne und Fertigungsmaterial (Rohstoffkosten) direkt dem betreffenden Produkt zugeschlagen werden. Dies gilt auch für Sondereinzelkosten der Fertigung (z. B. Konstruktionspläne, Vorrichtungen) und des Vertriebs (Vertreterprovisionen, Versandkosten).

Gemeinkosten (= indirekte Kosten) sind für alle oder mehrere Kostenträger angefallene Kosten. Die Gemeinkosten können nur indirekt über die Kostenstellen mit Hilfe von Zuschlagssätzen anteilig auf die Kostenträger umgelegt werden.

Kostenarten auf Kostenstellen umlegen

Kostenstellen sind Verantwortungsbereiche im Unternehmen, seien es Teileinheiten des Betriebes oder nur einzelne Arbeitsplätze wie in der

Nr. 39	Kostenrechnung

Platzkostenrechnung. Sie werden nach technologischen, organisatorischen und verantwortungsmäßigen Gesichtspunkten gebildet.

Während die Kostenartenrechnung im IKR im Abgrenzungsbereich 92 erfolgt, ist der Abgrenzungsbereich 93 für die Kostenstellenrechnung vorgesehen. Der IKR folgt in der Kontenklasse 9 dem *Prozeßgliederungsprinzip*, der industriellen Wertschöpfung. Kostenarten folgen Kostenstellen und Kostenträger. Am Ende stehen Leistungen und Ergebnis.

Die Kostenstellenrechnung hat zwei Hauptaufgaben:

- Das liefern von Informationen zur Überwachung der Wirtschaftlichkeit des Fertigungsprozesses
- Die Erfassung und Umlage der Kostenträgergemeinkosten

Während Kostenstelleneinzelkosten in der betreffenden Kostenstelle direkt anfallen, sind Kostenstellengemeinkosten von mehreren Kostenstellen verursacht.

Die Umlage der Gemeinkostenarten auf die Kostenstellen und deren Zurechnung auf die Kostenträger erfolgt im *Betriebsabrechnungsbogen (BAB)*. Diese werden auf die Hauptkostenstellen Materialbereich, Fertigung, Verwaltung und Vertrieb verteilt. Dann werden die Material-, Fertigungs- Verwaltungs- und Vertriebsgemeinkostenzuschlagssätze gebildet. Sie sind die Grundlage für die Verteilung der Gemeinkosten auf die verschiedenen Kostenträger.

Kostenträgerrechnung

Die *Kostenträgerzeitrechnung* ermittelt in bestimmten Zeitabschnitten die Kosten und Leistungen einzelner Produkte, von Produktgruppen oder des gesamten Betriebes. Der Gewinnbeitrag bzw. der Deckungsbeitrag einzelner Produkte bzw. von Produktgruppen wird ermittelt.

Beim Gesamtkostenverfahren werden die gesamten Kosten den Umsatzerlösen der Periode gegenübergestellt. Lagerbestandsveränderungen sind zu berücksichtigen. Beim absatzorientierten Umsatzkostenverfahren werden den Umsatzerlösen die entsprechenden Kosten zugeordnet.

Die *Kostenträgerstückrechnung* (Kalkulation) bezieht sich auf eine Einheit, ein Stück.

Bestandsveränderungen an unfertigen und fertigen Erzeugnissen

Bestandsveränderungen treten ein, wenn produzierte und verkaufte Menge an *Fertigerzeugnissen* nicht übereinstimmen, was in der Betriebs-

Kostenrechnung | Nr. 39

praxis auch der Normalfall ist. Dies gilt ebenso für die unfertigen Erzeugnisse, die es zwischen den einzelnen Fertigungsstufen in der Industrie gibt. Sie werden als Zwischenlager bezeichnet.

Lagerbestandsveränderungen an fertigen und unfertigen Erzeugnissen verändern den Periodenerfolg. Bestandserhöhungen sind ein Ertrag, Bestandsminderungen ein Aufwand. Eine Bestandserhöhung an fertigen und unfertigen Erzeugnissen wird mit den Herstellungskosten bewertet.

Beispiel: Bestandsmehrung

Produziert werden 4 000 Stück (Selbstkosten 150 DM/Stück) = 600 000 DM.
Verkauft werden 3 980 Stück (Verkaufspreis 200 DM/Stück) = 796 000 DM.

So wird gebucht:

Fertigerzeugnisse

        an Bestandsveränderungen

So sehen die Konten aus:

S	Fertigerzeugnisse	H	S	Bestandsveränderungen	H
EB	60 000	SB 63 000	Betriebserg.	3 000 Fertig.	3 000
Bestandsveränd.	3 000				

S	Betriebsergebnis		H
Herstellaufwand	600 000	Verkaufserlöse	796 000
Gewinn	199 000	Bestands.	3 000
	799 000		799 000

Ein *Haben-Saldo* auf dem Konto „Bestandsveränderungen" bedeutet ein *Ertrag*, ein *Soll-Saldo* entsprechend ein Aufwand.

Beispiel: Bestandsminderung

Produziert werden 4 000 Stück (Selbstkosten 150 DM/Stück)
= 600 000 DM.
Verkauft werden 4 040 Stück (Verkaufspreis 200 DM/Stück)
= 808 000 DM.

| Nr. 39 | Kostenrechnung |

So wird gebucht:

Bestands- veränderungen	
	an Fertigerzeugnisse

So sehen die Konten aus:

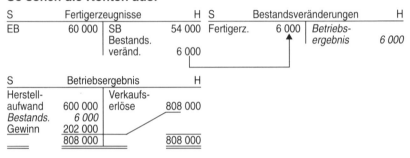

Die Berücksichtigung der Bestandsveränderungen bei den fertigen und unfertigen Erzeugnissen erfolgt im Rahmen der *vorbereitenden Abschlußbuchungen für den Jahresabschluß.*

Folgende Schritte sind zu beachten:

- Übernahme der Schlußbestände an fertigen und unfertigen Erzeugnissen in die Schlußbilanz.
- Übertrag der Schlußbestände in die Konten „Fertige Erzeugnisse" und „Unfertige Erzeugnisse".
- Bestandsmehrungen bzw. Bestandsminderungen der Konten „Fertige Erzeugnisse" ermitteln und auf das Konto „Bestandsveränderungen" übertragen.
- Konto „Bestandsveränderungen" ist in das Konto „Betriebsergebnis" zu übertragen.

→ Abschreibungen auf Sachanlagen → Gewinn- und Verlustrechnung
→ Betriebsübersicht → Kostenrechnerische Korrekturen
→ Erfolgskonten → Rechnungswesen
→ Finanzbuchhaltung → Sachliche Abgrenzung
→ Finanzergebnis → Umsatzkostenverfahren

Kreditorenbuchhaltung | Nr. 40

Kreditorenbuchhaltung

Die Kontokorrentkonten (ital. conto corrente = laufende Rechnung) wurden früher im Kontokorrentbuch geführt. Die Kontokorrentbuchhaltung, die aus Debitorenbuchhaltung und Kreditorenbuchhaltung besteht, ist eine Nebenbuchhaltung der Finanzbuchhaltung. Sie verwaltet die Personenkonten, die Konten der einzelnen Lieferanten und Kunden des Unternehmens.

Die Kreditoren sind Gläubiger des Unternehmens, da sie Waren und Leistungen gegen Kredit lieferten. Alle Rechnungen von den Lieferanten und alle Zahlungen an Lieferanten werden in der Kreditorenbuchhaltung erfaßt und gebucht.

Kreditorenbuchhaltung führt die Personenkonten der Lieferanten

Roh-, Hilfs- und Betriebsstoffbezüge sowie in Anspruch genommene Dienstleistungen werden im Konto „Verbindlichkeiten aus Lieferungen und Leistungen" erfaßt. Für jeden Lieferanten wird in der *Lieferantenbuchhaltung* ein *Personenkonto* eingerichtet. Der Lieferungs- und Zahlungsverkehr mit dem einzelnen Lieferanten wird auf dem jeweiligen Personenkonto erfaßt (→**Einkaufsbuchungen,** →**Liefererskonto**).

Die Kreditorenbuchhaltung enthält über jeden einzelnen Lieferanten bestimmte Angaben:

- Name
- Lieferantennummer
- Anschrift
- Lieferungsbedingungen
- Zahlungsbedingungen

Praxis-Tip

Die *Rechnungsprüfung* ist insofern wichtig, weil von ihr alle eingehenden Rechnungen geprüft werden. Sie stellt fest, ob die Preise von Waren, Rabatte, Provisionen, Versicherungen, Skonti, Verpackungskosten, Zölle, Frachten, Liegegelder, Gebühren, Rollgeld und Vorsteuer korrekt ermittelt sind.

Die Rechnungsprüfung ist der erste Arbeitsschritt, ihr folgen Kontierung, Buchung und Zahlung.

Nr. 40	Kreditorenbuchhaltung

Die Kreditorenbuchführung wird in der Betriebspraxis meist als *Offene-Posten-Buchführung* durchgeführt. Offene und ausgeglichene Posten mit ihren Belegen werden getrennt geordnet und aufbewahrt.

Kreditorenbuchhaltung und Hauptbuchhaltung

Über Kreditoren werden wie über Debitoren Saldenlisten erstellt. Die EDV kann täglich für jeden Lieferanten oder Kunden einen Tagesauszug ausdrucken. Die Saldensumme der Personenkonten der Lieferantenbuchhaltung muß mit dem Saldo des Hauptbuchkontos „Verbindlichkeiten aus Lieferungen und Leistungen" übereinstimmen.

Verbindlichkeiten aus Lieferungen und Leistungen

Die verschiedenen Arten von Verbindlichkeiten sind nach § 266 HGB deutlich voneinander zu trennen (→**Bilanz**).

Checkliste zur richtigen Erfassung der Verbindlichkeiten (Kreditoren)

- Ist sichergestellt, daß keine Verbindlichkeiten mit Forderungen verrechnet werden?
- Kontrolliert die Rechnungsprüfung eingehende Rechnung nach ihrer inhaltlichen und rechnerischen Richtigkeit?
- Wird Skonto in Anspruch genommen?
- Haben die Lieferanten Rechnungen angemahnt?
- Wurden Wechsel prolongiert?
- Gingen Wechsel zu Protest?
- Wurden für Verbindlichkeiten Sicherheiten geleistet?
- Werden Währungsverbindlichkeiten gesondert ausgewiesen?

Erhaltene Anzahlungen auf Bestellungen

Erhaltene Anzahlungen von Kunden sind Vorleistungen. Die Passivierung ist Ausdruck der Verpflichtung zur Gegenleistung oder zur Rückgabe.

Der Ausweis erhaltener Anzahlungen auf Bestellungen erfolgt nach § 268 Abs. 5 Satz 2 HGB grundsätzlich als gesonderter Posten bei den Verbindlichkeiten auf der Passivseite der Bilanz. Das Handelsgesetzbuch erlaubt es in § 268 Abs. 5 Satz 2 auch, daß Anzahlungen auf Vorräte vor der Position „Vorräte" ausgewiesen werden. Der Betrag der Position „Vorräte" vermindert sich dann um den Betrag der erhaltenen Anzahlungen auf Bestellungen.

→ Anlagegüter, Kauf und Verkauf → Geringwertige Wirtschaftsgüter
→ Debitorenbuchhaltung   → Liefererskonto
→ Einkaufsbuchungen   → Nachlässe
→ Fremdkapital

Kundenskonto | Nr. 41

Kundenskonto

Kundenskonti gehören ebenso wie Preisnachlässe zu den Erlösberichtigungen. Sie vermindern wie alle Erlösberichtigungen die Verkaufserlöse und erfordern damit eine Berichtigung der Umsatzsteuer (→Verkaufsbuchungen). Erlösberichtigungen sind im Soll des Erlöskontos bzw. einem Unterkonto zu buchen.

Kundenskonto führt zu geringerer Zahlungsverpflichtung des Kunden

Rechnungsbetrag		abzüglich 2% Skonto	ergibt Zahlung
netto	20 000 DM	400 DM	19 600 DM
+ Umsatzst. 15%	3 000 DM	60 DM	2 940 DM
brutto	23 000 DM	460 DM	22 540 DM

Nettoverfahren im Handel

Die Korrektur der Umsatzsteuer wird bei jeder Zahlung gleich berücksichtigt. Die Abzüge vom Nettowarenwert sind zu ermitteln, danach hat die Steuerberichtigung zu erfolgen. Es entsteht beim Kundenskonto ein Aufwand.

So wird gebucht:

Forderungen	23 000 DM	
	an Warenverkaufskonto	
	(bzw. Verkaufserlöse)	20 000 DM
	an Umsatzsteuer	3 000 DM

Buchung bei Zahlung des Kunden innerhalb der Skontofrist mit Bankscheck

Bank	22 540 DM	
Kundenskonto	400 DM	
Umsatzsteuer	60 DM	
	an Forderungen	23 000 DM

Die Konten „Kundenskonto" und „Umsatzsteuer" weisen beim Nettoverfahren immer die tatsächlichen Werte auf.

Nr. 41	Kundenskonto

So sehen die Konten aus:

Forderungen		Warenverkaufskonto (Umsatzerlöse)
1) Warenverk. + USt 23 000	2) Bank + Kundensk. + USt 23 000	| 1) Ford. 20 000

Kundenskonto	Umsatzsteuer
2) Ford. 400 |	2) Ford. 60 | 1) Ford. 3 000

	Bank
	2) Ford. 22 540 |

Das Konto „Kundenskonto" wird im Rahmen der vorbereitenden Abschlußbuchungen auf das Gewinn- und Verlustkonto übertragen.

Bruttoverfahren im Handel

Beim Bruttoverfahren wird auf dem Konto „Kundenskonto" der Bruttowert gebucht. Das Konto „Kundenskonto" enthält also Skonto inklusive Umsatzsteuer. Der im Bruttowert enthaltene Umsatzsteuerbetrag wird summarisch am Monatsende für alle angefallenen Buchungen herausgerechnet (→**Verkaufsbuchungen**) und in einer einzigen Buchung vom Konto „Kundenskonto" auf das Konto „Umsatzsteuer" übertragen.

Angenommen, die Kunden hätten Rechnungen in Höhe von 1 610 000 DM im abgelaufenen Monat gegen Banküberweisungen unter Abzug von 2% Skonto = 32 200 DM bezahlt.

So wird gebucht:

Buchungen der Kundenzahlungen während des Monats:

Bank	1 577 800 DM		
Kundenskonto	32 200 DM		
		an Forderungen	1 610 000 DM

Umbuchung am Monatsende:

Umsatzsteuer	4 200 DM		
		an Kundenskonto	4 200 DM

Buchungsmaschinen und PC-Programme der Buchführung können die Umsatzsteuer automatisch herausrechnen. Die Bruttobuchung hat deshalb in der Praxis an Bedeutung verloren.

	Kundenskonto	Nr. 41

Die Industrie bucht

Die Korrektur der Vorsteuer erfolgt beim *Nettoverfahren* bei jeder einzelnen Zahlung. Die Abzüge vom Nettowarenwert sind zu berechnen. Der Kundenskonto ist ein Preisnachlaß bzw. ein Aufwand. Die Steuerberichtigung ist vorzunehmen, da sich die Bezugsbasis durch die Skontogewährung, der Nettowert, verkleinert hat.

Beispiel: Verkauf von Fertigerzeugnissen auf Ziel

Rechnungsbetrag		abzüglich 3% Skonto	ergibt Zahlung
netto	10 000 DM	300 DM	9 700 DM
+ Vorsteuer 15%	1 500 DM	45 DM	1 455 DM
brutto	11 500 DM	345 DM	11 155 DM

So wird gebucht:

1) Buchung des Verkaufs der Fertigerzeugnisse nach IKR

240 Forderungen	11 500 DM		
		an 500 Umsatzerlöse	10 000 DM
		an 480 Umsatzsteuer	1 500 DM

2) Buchung bei Zahlung des Kunden innerhalb der Skontofrist mit Bankscheck

280 Bank	11 155 DM		
5001 Erlösberichtigung	300 DM		
480 Umsatzsteuer	45 DM		
		an 240 Forderungen	11 500 DM

3) Buchung am Ende der Geschäftsperiode (Konto „Erlösberichtigungen" wird aufgelöst)

500 Umsatzerlöse	300 DM		
		an 5001 Erlösberichtigung	300 DM

Die Konten „Erlösberichtigungen" und „Umsatzsteuer" weisen beim Nettoverfahren immer die tatsächlichen Werte auf.

Nr. 41　Kundenskonto

So sehen die Konten aus:

240 Forderungen				500 Umsatzerlöse			
1) 500 Umsatz. +		2) 280 Bank +		3) 5001 Erlösb.	300	1) 240 Ford.	10 000
480 USt	11 500	5001 Erlösb. +					
		480 USt	11 500				

280 Bank			5001 Erlösberichtigung			
2) 240 Ford.	11 155		2) 240 Ford.	300	3) 500 Umsatz.	300

480 Umsatzsteuer			
2) 240 Ford.	45	2) 240 Ford.	1 500

→ Lieferantenkonto

❏

Lagerbuchhaltung

Die Lagerbuchhaltung ist eine Nebenbuchhaltung, die Aufzeichnungen über die Beschaffung, die Lagerung und den Ausgang von Waren oder Stoffen macht. Der Materialverbrauch ist im Industriebetrieb nach Kostenstellen zu erfassen.

Für jeden Artikel eine Lagerkarte

Die Lagerbuchhaltung führt für jeden Artikel eine Lagerkarte oder Warenkarte, auf der die mengenmäßigen Zugänge und Abgänge – Stück, kg, m – erfaßt werden. Der Bestand jedes Artikels kann dadurch stets buchmäßig ermittelt werden. Sollbestand der Buchhaltung und tatsächlicher Istbestand müssen mindestens einmal jährlich durch Inventur überprüft werden (→**Inventur und Inventar**).

Die Lagerkarte enthält meist folgende Angaben:

- Artikel-Nr.
- Artikel
- Lieferant
- Lagerort
- Mindestbestand
 (= eiserner Bestand)
- Meldebestand

Manuelle und elektronische Lagerbuchführung

Lagerkarte und Lagerkartei sind Hilfsmittel der manuellen Lagerbuchführung. Die Loseblattform ist für die Lagerkartei weit verbreitet. Viele Unternehmen bedienen sich der elektronischen Lagerbuchführung. Jeder Artikel erhält dann einen Datensatz, der sich aus Stammdaten und Bewegungsdaten zusammensetzt.

Stammdaten z. B. Artikelnummer Warenbezeichnung Lieferant eiserner Bestand Meldebestand	Bewegungsdaten z. B. Datum und die dazugehörigen Wareneingänge mit Mengen Datum und die dazugehörigen Warenausgänge mit Mengen Bestand

| Nr. 42 | Lagerbuchhaltung |

Die benötigten Daten können bei der elektronischen Lagerbuchführung rasch über den Bildschirm abgerufen und mit dem Drucker ausgedruckt werden (→**Computergestützte Buchführung**).

Materialverbrauch ist Aufwand

Die Lagerbuchhaltung erfaßt im Industrieunternehmen bzw. im Handwerksbetrieb den Verbrauch von Roh-, Hilfs- und Betriebsstoffen sowie Fertigteilen bei der Herstellung der Erzeugnisse.

Wird der Materialverbrauch nicht nur mengenmäßig, sondern auch wertmäßig erfaßt, dann meldet die Magazinleitung in bestimmten Abständen z. B. wöchentlich die Höhe des Materialverbrauchs der Geschäftsbuchhaltung. Der Materialverbrauch ist aus buchhalterischer Sicht ein Aufwand.

Der Materialverbrauch wird zu *Einstandspreisen* erfaßt. Preisschwankungen werden ausgeschaltet, wenn mit festen Verrechnungspreisen gerechnet wird (→**Bewertung,** →**Handelsbilanz,** →**Kostenrechnerische Korrekturen**).

Wird der Materialverbrauch nur mengenmäßig erfaßt, dann kann der Verbrauch und damit auch der Materialaufwand nur durch Inventur ermittelt werden (→**Inventur und Inventar**).

→ Bewertung → Handelsbilanz
→ Bewertungsgrundsätze → Inventur und Inventar
→ Computergestützte Buchführung → Kostenrechnerische Korrekturen

❑

Lieferantenskonto

Lieferantenskonto vermindert wie andere Nachlässe den Wareneinkauf bzw. die Anschaffungskosten eines Anlagegutes. Der verminderte Nettowert der Ware macht eine Berichtigung der Vorsteuer erforderlich.

Lieferantenskonto führt zu geringer Zahlungsverpflichtung

Rechnungsbetrag		abzüglich 2% Skonto	ergibt Zahlung
netto	10 000 DM	200 DM	9 800 DM
+ Vorsteuer 15%	1 500 DM	30 DM	1 470 DM
brutto	11 500 DM	230 DM	11 270 DM

Nettoverfahren im Handel

Die Korrektur der Vorsteuer wird bei jeder Zahlung an den Lieferanten gleich berücksichtigt. Die Abzüge vom Nettowarenwert sind zu ermitteln und dann hat die Steuerberichtigung zu erfolgen. Es entsteht beim Lieferantenkonto ein Ertrag.

So wird gebucht:

1) Buchung des Wareneingangs im obigen Beispiel

Wareneinkaufskonto (WEK)	10 000 DM	
Vorsteuer	1 500 DM	
an Verbindlichkeiten		11 500 DM

2) Buchung bei Zahlung innerhalb der Skontofrist mit Bankscheck

Verbindlichkeiten	11 500 DM	
an Bank		11 270 DM
an Lieferantenskonto		200 DM
an Vorsteuer		30 DM

Die Konten „Lieferantenskonto" und „Vorsteuer" weisen beim Nettoverfahren immer die tatsächlichen Werte auf.

Bruttoverfahren im Handel

Beim Bruttoverfahren wird auf dem Konto „Lieferantenskonto" der Bruttowert gebucht. Das Konto „Lieferantenskonto" enthält also Skonto inklusive Umsatzsteuer. Der im Bruttowert enthaltene Umsatzsteuerbetrag

| Nr. 43 | Lieferantenskonto |

wird summarisch am Monatsende für alle angefallenen Buchungen herausgerechnet und in einer einzigen Buchung vom Konto „Lieferantenskonto" auf das Konto „Vorsteuer" übertragen.

Angenommen, Lieferantenrechnungen in Höhe von 805 000 DM wären im abgelaufenen Monat gegen Banküberweisungen bezahlt worden unter Abzug von 2% Skonto = 16 100 DM.

So wird gebucht:

Buchungen der Zahlungen während des Monats

Verbindlichkeiten	805 000 DM	
	an Bank	788 900 DM
	an Lieferantenskonto	16 100 DM

Umbuchung am Monatsende

Lieferantenskonto	2 100 DM	
	an Vorsteuer	2 100 DM

Die Bruttobuchung hat in der Praxis an Bedeutung verloren, da Buchungsmaschinen und PC-Programme der Buchführung die Umsatzsteuer automatisch herausrechnen können.

Die Industrie bucht

Die Korrektur der Vorsteuer wird beim *Nettoverfahren* bei jeder einzelnen Zahlung gleich durchgeführt. Die Abzüge vom Nettowarenwert sind zu berechnen. Der Nachlaß für Rohstoffe ist ein Preisnachlaß bzw. ein Ertrag. Die Steuerberichtigung ist vorzunehmen, da sich durch die Skontogewährung die Bezugsbasis, der Nettowert, verkleinert hat.

| Beispiel: | Rohstoffeinkauf auf Ziel |

Rechnungsbetrag		abzüglich 3% Skonto	ergibt Zahlung
netto	10 000 DM	300 DM	9 700 DM
+ Vorsteuer 15%	1 500 DM	45 DM	1 455 DM
brutto	11 500 DM	345 DM	11 155 DM

So wird gebucht:

1) Buchung der Einkaufsrechnung für Rohstoffe nach IKR

200 Rohstoffe	10 000 DM	
260 Vorsteuer	1 500 DM	
	an 440 Verbindlichkeiten	11 500 DM

Lieferantenkonto | Nr. 43

2) Buchung bei Zahlung innerhalb der Skontofrist mit Bankscheck

440 Verbindlichkeiten	11 500 DM	
an 280 Bank		11 155 DM
an 2002 Nachlässe für Rohstoffe		300 DM
an 260 Vorsteuer		45 DM

Die Konten „Nachlässe für Rohstoffe" und „Vorsteuer" weisen beim Nettoverfahren immer die tatsächlichen Werte auf.

3) Das Konto „Nachlässe für Rohstoffe" wird auf Rohstoffe übertragen mit folgender Buchung:

2002 Nachlässe für Rohstoffe	300 DM	
an 200 Rohstoffe		300 DM

So sehen die Konten aus:

200 Rohstoffe		440 Verbindlichkeiten	
1) 440 Verb. 10 000	3) 2002 Nachl. 300	2) 280 Bank + 2002 Nachl. + 260 Vor. 11 500	1) 200 Roh. + 260 Vor. 11 500

260 Vorsteuer		280 Bank	
1) 440 Verb. 1 500	2) 440 Verb. 45		2) 440 Verb. 11 155

2002 Nachl. für Rohst.	
3) 200 Roh. 300	2) 440 Verb. 300

Lieferantenbonus verändert auch die Vorsteuer

Der Lieferant gewährt dem Kunden einen *Bonus*, wenn er innerhalb eines vereinbarten Zeitabschnittes, meistens einem Kalenderjahr, einen bestimmten Gesamtumsatz tätigt. Der Bonus ist damit für den Empfänger ein nachträglicher Preisnachlaß, gleichgültig, ob er Umsatzbonus, Umsatzprämie, Jahresprämie oder Treueprämie bezeichnet wird.

Der Empfänger des Bonus bucht zunächst den vollen Einkaufspreis auf dem Konto „Waren" im Soll. Wird die vereinbarte Umsatzhöhe am Jahresende erreicht, die Gewährung des Bonus ist also sicher, dann erfolgt die Verbuchung auf dem speziellen Konto „Lieferantenboni". Dies ist ein Ertragskonto, da der Lieferant den Bonus gewährt.

| Nr. 43 | Lieferantenkonto |

Beispiel: Lieferantenbonus wird gewährt

Die Einkäufe bei einem Lieferanten betragen in einem Jahr 200 000 DM zuzüglich 15% USt. Am Jahresende wird ein Bonus von 5% gewährt.

So wird gebucht:

Buchungssätze während des Jahres:

Waren	200 000 DM		
Vorsteuer	30 000 DM		
		an Verbindlichkeiten	230 000 DM

Buchungssatz am Jahresende:

Verbindlichkeiten	11 500 DM		
		an Lieferantenboni	10 000 DM
		an Vorsteuer	1 500 DM

Praxis-Tip

Bonus hat als nachträglicher Preisnachlaß Auswirkungen auf die Mehrwertsteuer. Das Konto „Vorsteuer" beim Empfänger und das Konto „Umsatzsteuer" beim Lieferanten sind entsprechend zu kürzen.

→ Kundenskonto

Lohn und Gehalt

Die Lohn- und Gehaltsabrechnung sorgt für die ordnungsmäßige Entlohnung der Arbeitnehmer. Sie erfüllt auch wichtige Aufgaben für die Kostenrechnung, die Kalkulation und die Statistik.

Arbeitsentgelt und Lohnformen

Die Arbeitnehmer erhalten für die im Unternehmen geleistete Arbeit ein Arbeitsentgelt. Dieses muß im Interesse des Arbeitnehmers und des Arbeitgebers leistungsgerecht sein, d. h., den Schwierigkeitsgrad der Arbeit und den persönlichen Einsatz des Arbeitnehmers berücksichtigen.

Nach der Art, wie die Leistung bei der Entlohnung erfaßt wird, unterscheidet man:

- Beim Zeitlohn erfolgt die Entlohnung durch Zahlung eines gleich hohen Geldbetrages pro Zeiteinheit (Stunde, Schicht, Woche, Monat).

- Der Akkordlohn als Stückgeldakkord (= Geldakkord und als Stückzeitakkord berücksichtigt den persönlichen Einsatz des Arbeiters im Einzelfall.

- Beim Prämienlohn wird dem Arbeitnehmer zu einem vereinbarten Grundlohn für objektiv feststellbare Mehrleistungen eine Prämie gezahlt.

Vom Brutto- zum Nettoentgelt

Das Bruttoentgelt vermindert um Lohnsteuer, Sozialversicherung und andere Abzüge ergibt das Nettogehalt bzw. den Nettolohn, den der Arbeitnehmer erhält.

Die *Lohnsteuer* führt der Arbeitgeber für den Arbeitnehmer direkt an das Finanzamt ab. Die Höhe des Bruttoeinkommens (abzüglich etwaiger auf der Lohnsteuerkarte eingetragener Steuerfreibeträge) ist die Grundlage für die Berechnung der Lohnsteuer.

Arbeitnehmer, die Mitglieder einer religiösen Gemeinschaft sind, müssen *Kirchensteuer* entrichten. Sie beträgt 8 bzw. 9% der Lohnsteuer und wird ebenfalls vom Arbeitgeber direkt an das Finanzamt abgeführt.

Die Beiträge zur Sozialversicherung tragen Arbeitgeber und Arbeitnehmer je zur Hälfte. Die Beiträge berechnen sich aus der Beitragsbemessungsgrenze und dem Beitragssatz.

Nr. 44 | Lohn und Gehalt

In der Renten- und Arbeitslosenversicherung werden die Beitragssätze und die Beitragsbemessungsgrenze durch Rechtsverordnung festgesetzt. Die Beitragssätze der Krankenkassen sind individuell kalkuliert und somit von Krankenkasse zu Krankenkasse unterschiedlich. Die Beitragsbemessungsgrenze beträgt 75% der Bemessungsgrenze in der Arbeitslosen- und Rentenversicherung und ist zugleich Versicherungspflichtgrenze. Arbeitnehmer, deren Bruttoeinkommen oberhalb dieser Grenze liegt, können sich privat oder freiwillig in einer gesetzlichen Krankenkasse versichern.

Der Arbeitgeber führt für jeden Mitarbeiter in der Lohn- und Gehaltsabrechnung ein Lohnkonto mit den Personalien: Anzahl der Kinder, Steuerklasse, Religionszugehörigkeit, Steuerfreibeträge. Außerdem sind die Gemeinde, die die Lohnsteuerkarte ausgestellt hat, und das Finanzamt, in dessen Bezirk die Lohnsteuerkarte fällt, vermerkt.

Der Gehaltsnachweis zeigt dem einzelnen Arbeitnehmer die Zusammensetzung seines Gehalts sowie die vom Bruttolohn bzw. vom Nettolohn vorgenommenen Abzüge:

- vom Bruttolohn
  - Lohnsteuer
  - Kirchensteuer
  - Arbeitnehmeranteil zur Sozialversicherung
    (Renten-, Arbeitslosenversicherung, Pflichtbeiträge zur gesetzlichen Krankenversicherung)

- vom Nettolohn
  - Freiwillige Beiträge zur gesetzlichen Krankenversicherung
  - Vermögenswirksame Leistungen
  - Vorschüsse
  - Lohnpfändungen

Vom Einzelnachweis zu den Lohn- und Gehaltslisten

Die verschiedenen *Lohnbelege* sind die Grundlage für die Lohn- und Gehaltsabrechnung. Mit diesen Belegen wird die Bruttolohnsumme des einzelnen Mitarbeiters für den betreffenden Zeitraum ermittelt. Anwesenheitsnachweise wie Stechkarten beim Zeitlohn und sogenannte Arbeitsscheine beim Akkordlohn sind Beweise für geleistete Arbeitszeit.

Die Bruttolöhne und -gehälter der Gesamtbelegschaft eines bestimmten Abrechnungszeitraumes werden in *Lohn- und Gehaltslisten* festgehalten. Die Lohnliste (Gehaltsliste) ist eine Zusammenfassung aller Lohnnachweise (Gehaltsnachweise) eines Betriebes in alphabetischer oder numerischer Reihenfolge. Die Lohn- und Gehaltslisten zeigen für die Gesamtheit der Beschäftigten eines Unternehmens die Bruttolöhne und Bruttogehälter, die verschiedenen Abzüge und die auszuzahlenden Nettolöhne und Nettogehälter.

Lohn und Gehalt — Nr. 44

Der Gesamtbetrag der Arbeitsentgelte für Angestellte erscheint im Soll des Kontos „Gehälter". Bei den Löhnen wird im Industriebetrieb zwischen Fertigungslöhnen und Hilfslöhnen differenziert. Fertigungslöhne sind Einzelkosten und als solche dem Kostenträger, dem einzelnen Produkt, direkt zurechenbar. Hilfslöhne wie Löhne für Lagerarbeiter, Kraftfahrer, Putzfrauen und Pförtner sind Gemeinkosten und können einem bestimmten Kostenträger nur indirekt auf dem Umweg über die Kostenstellen zugeordnet werden.

Wird eine Verteilung der Bruttolöhne und Gehälter auf die einzelnen Kostenstellen vorgenommen, dann sind bereits wichtige Vorarbeiten für die Betriebsabrechnung durchgeführt.

Die Finanzbuchhaltung benötigt die Endsummen der Lohn- und Gehaltslisten, nicht die der einzelnen Arbeitnehmer.

Abführen der Steuern und Sozialversicherungsbeiträge

Die *einbehaltenen Abzüge* stellen für das Unternehmen eine Verbindlichkeit gegenüber dem Finanzamt und dem Sozialversicherungsträger dar. Sie sind vom Arbeitgeber bis zum 10. des folgenden Monats an das Finanzamt und die Krankenkasse abzuführen.

Die einbehaltene Lohn- und Kirchensteuer sowie die einbehaltenen Sozialversicherungsbeiträge der Arbeitnehmer sind für das Unternehmen *durchlaufende Posten*.

Der Arbeitgeberanteil an der Sozialversicherung bedeutet dagegen für das Unternehmen *zusätzliche Kosten*. Die gesetzliche Unfallversicherung des Arbeitgebers an die zuständige Berufsgenossenschaft ist auf das Konto „Beiträge zur Berufsgenossenschaft" zu buchen.

Beispiel: Verbuchen der Gehaltsliste eines Unternehmens

Bruttogehalt	776 800 DM
Lohnsteuer	153 600 DM
Kirchensteuer	7 956 DM
Sozialversicherung	142 108 DM

So wird gebucht:

1) Nettogehälter der Mitarbeiter durch Banküberweisung zahlen

Löhne und Gehälter	776 800 DM	
an Bank		473 136 DM
Sonst. Verbindlichk. Finanzamt		161 556 DM
Sonst. Verbindlichk. Sozialversicherung		142 108 DM

Nr. 44	Lohn und Gehalt

2) Arbeitgeberanteil zur Sozialversicherung

Arbeitgeberanteil Sozialversicherung	142 108 DM
	an Sonst. Verbindlichk. Sozialversicherung 142 108 DM

3) Zahlung der einbehaltenen Lohn- und Kirchensteuer sowie der Sozialversicherungsbeiträge durch Postüberweisung

Sonst. Verbindlichk. Finanzamt	161 556 DM
	an Postgiro 161 556 DM
Sonst. Verbindlichk. Sozialvers.	284 216 DM
	an Postgiro 284 216 DM

So sehen die Konten aus:

```
              Gehälter                              Bank
1) Bank +                               |                   | 1) Geh.      473 136
Sons. Verb. 776 800 |

         Arbeitgeberanteil SV              Sons. Verb. Finanzamt
2) Verb. Soz. 142 108 |           3) Postg.   161 556 | 1) Geh.    161 556

              Postgiro                    Sons. Verb. Sozialvers.
           | 3) Verb. Fin. 161 556    3) Postg.   284 216 | 1) Geh.    142 108
           | 3) Verb. Soz. 284 216                        | 2) Arbg. SV 142 108
```

Beträge an das Finanzamt, die am Bilanzstichtag noch nicht abgeführt sind, werden in der Bilanz als „Sonstige Verbindlichkeiten Finanzamt" auf der Passivseite bilanziert. Entsprechend werden auch noch nicht abgeführte Sozialversicherungsbeträge passiviert.

Zahlung von Vorschüssen

Ein gewährter Vorschuß wird mit der nächsten Lohn- und Gehaltszahlung verrechnet. Das Konto „Sonstige Forderung" bzw. „Forderung an Mitarbeiter" wird dann ausgebucht. Die übrigen Buchungen bleiben ansonsten unverändert.

Beispiel:	Mitarbeiter erhält einen Vorschuß

Der Angestellte Anton Sommer erhält am 21. April einen Gehaltsvorschuß in bar über 700 DM.

Lohn und Gehalt | Nr. 44

So wird gebucht:

Forderungen an Mitarbeiter	700 DM		
		an Kasse	700 DM

Der Gehaltsvorschuß wird mit der nächsten Lohn- und Gehaltszahlung verrechnet.

Gehaltszahlung Monat Mai
Bruttogehalt	4 080 DM
– Lohn- und Kirchensteuer	588 DM
– Sozialversicherung	680 DM
= Nettogehalt	2 812 DM
– Vorschuß	700 DM
= Auszahlungsbetrag	2 112 DM

So wird gebucht:

Gehälter	4 080 DM		
		an Bank	2 112 DM
		Sonst. Verbindl. Finanzamt	588 DM
		Sonst. Verbindl. Sozialversicherung	680 DM
		Forderung Mitarbeiter	700 DM

Der Arbeitgeberanteil wird wie bisher gebucht:

Arbeitgeberanteil Sozialversicherung	680 DM		
		an Sonst. Verbindl. Sozialversicherung	680 DM

Sachleistungen an Mitarbeiter

Sachleistungen, die ebenfalls mit dem Gehalt bzw. Lohn verrechnet werden, sind z. B. Werkswohnung, Personalrabatt beim Einkauf von Waren, Geschäftswagen, Kost und Logis.

Beispiel: Unentgeltliche Fahrzeugüberlassung

Eine GmbH gewährt ihrem Geschäftsführer neben dem Gehalt von monatlich 8 000 DM einen Geschäftswagen, den er auch für private Zwecke nutzen darf. Die GmbH hatte im Zusammenhang mit dem Pkw

Nr. 44	Lohn und Gehalt

Aufwendungen in Höhe von monatlich 2 300 DM. Der Geschäftsführer legt monatlich 1000 km zurück, von denen die Hälfte auf die private Nutzung (einschließlich Fahrten zwischen Wohnung und Arbeitsstätte) entfällt. Lohnsteuer wurde in Höhe von 1 900 DM abgeführt. Es besteht keine Sozialversicherungspflicht.

Ermittlung des steuerpflichtigen Arbeitslohns
Bruttovergütung	8 000 DM
+ Nutzungsüberlassung Pkw (50% von 2 300 DM)	1 150 DM
Gesamt	9 150 DM

Ermittlung der Umsatzsteuer
Bruttobetrag der Pkw-Überlassung	1 150 DM
− Umsatzsteuerschuld	150 DM
Entgelt	1 000 DM

So wird gebucht:

Gehälter	9 150 DM	
an Bank		6 100 DM
Kfz-Sachbezug		1 000 DM
Umsatzsteuer		150 DM
Sonst. Verbindl. Finanzamt		1 900 DM

Praxis-Tip

Gewährt der Unternehmer seinen Mitarbeitern für geleistete Dienste neben dem Barlohn noch einen Sachlohn, so unterliegt diese Sachzuwendung der Lohnsteuer und i. d. R. auch der Umsatzsteuer.

Aufmerksamkeiten und Annehmlichkeiten, die der Arbeitgeber den Mitarbeitern zukommen läßt, unterliegen bis zu einem Betrag von 30 DM nicht der Besteuerung. Kleine Geschenke sind keine steuerbaren Sachzuwendungen an die Arbeitnehmer.

❏

Mindestbuchführung

Mindestbuchführungen sind Erleichterungen für Kleinbetriebe. Die vereinfachte Buchführung der Einzelhandelsbetriebe und die Einnahmenüberschußrechnung für Freiberufler und für Nebentätigkeiten sind zu nennen.

Eine Arbeitserleichterung ist auch die Offene-Posten-Buchhaltung, wo auf eine kontenmäßige Darstellung gegenüber den einzelnen Kunden und Lieferanten verzichtet wird.

Mindestbuchführung im Einzelhandel

Alle Einzelhandelsbetriebe sind zur Buchführung verpflichtet, aber nicht alle müssen eine Buchführung nach dem Kontenrahmen durchführen. Kleinbetriebe dürfen eine vereinfachte Form der doppelten Buchführung mit weniger Konten durchführen.

Die Mindestbuchführung der Kleinbetriebe muß mindestens aufweisen:

- Das *Geschäftstagebuch* ist ähnlich aufgebaut wie das amerikanische Journal und erfaßt die Barvorgänge mit den Spalten „Kasse", „Bank" und „Postscheck". Rechnungen werden erst gebucht, wenn sie bezahlt werden. Das *einfache* Geschäftstagebuch enthält noch die weiteren Spalten „Betriebskosten", „Privat", „Waren". Die Spalte „Kasse" ist unterteilt in Einnahmen und Ausgaben, auch die Spalte „Waren" gliedert sich in Einkäufe und Verkäufe.

  Die Vorsteuer und die Umsatzsteuer werden auf gesonderten Spalten ausgewiesen. Die Spalten „Umsatzsteuer" und „Vorsteuer" sind am Monatsende zu addieren, um die Zahllast festzustellen.

  Das *erweiterte* Geschäftstagebuch berücksichtigt auch Zieleinkäufe und -verkäufe, da es zusätzlich die Spalten „Kundenforderungen" und „Liefererverbindlichkeiten" aufweist.

- Das *Wareneingangsbuch,* das alle für den Weiterverkauf eingekauften Waren erfaßt, muß der Einzelhändler führen, wenn er keine doppelte kaufmännische Buchführung betreibt. Alle für den Weiterverkauf bestimmten eingekauften Waren sind in das Wareneingangsbuch einzutragen. Die Eintragung in das Wareneingangsbuch hat zu erfolgen, wenn die Ware eintrifft.

- Der *Kassenbericht* erfaßt die täglichen Barverkäufe, im Einzelhandel als Tageslosung bezeichnet. Die täglichen Barausgaben müssen ebenfalls registriert werden.

- Das *Kontokorrentbuch,* auch Geschäftsfreundebuch bezeichnet,

Nr. 45	Mindestbuchführung

zeichnet die Forderungen und Schulden auf, die aus Zielgeschäften resultieren.

- Die jährliche Erstellung von *Inventur* und *Inventar* ist eine Pflicht, die auch ein Kaufmann mit Mindestbuchführung durchführen muß (→**Inventur und Inventar**).
- *Belege* und *Buchungsunterlagen* sind ebenfalls ordnungsgemäß aufzubewahren (→**Aufbewahrungsfristen**).

Offene-Posten-Buchhaltung

Bei der Offenen-Posten-Buchhaltung, einer besonderen Form der Kontokorrentbuchführung, wird auf die Führung von Personenkonten in der herkömmlichen Form verzichtet. Es erfolgt keine kontenmäßige Darstellung der Forderungen und Verbindlichkeiten (→**Debitorenbuchhaltung, →Kreditorenbuchhaltung**).

Die Eingangsrechnungen werden nach den einzelnen Lieferanten und die Ausgangsrechnungen nach den jeweiligen Kunden abgelegt. Das System der Offenen-Posten-Buchhaltung liegt in der geordneten Ablage der Belege, der noch nicht bezahlten Rechnungen.

Eine Durchschrift der ein- und ausgehenden Rechnungen kann chronologisch abgelegt werden, die andere Rechnungsdurchschrift wird nach den Lieferanten- oder Kundennamen oder Orten abgelegt. Die Rechnungsbeträge der ein- und ausgehenden Rechnungen sind täglich zu addieren und als Sammelbuchung auf dem Kreditoren- bzw. Debitorenkonto zu verbuchen. Die Additionsstreifen der Rechnungsbeträge sind die Grundlage für die Sammelbuchung der Zieleinkäufe und Zielverkäufe und sind 10 Jahre aufzubewahren (→**Aufbewahrungsfristen**). Die bestehenden offenen Posten sind in angemessenen Zeitabständen mit dem Kreditoren- bzw. Debitorenkonto abzustimmen.

Bezahlte Eingangs- und Ausgangsrechnungen werden mit einem Stempel versehen und in der Registratur „Ausgeglichene Posten" nach Kunden und Lieferanten geordnet abgelegt.

Praxis-Tip

Die Offene-Posten-Buchhaltung ist handelsrechtlich und steuerrechtlich im Bereich der Kontokorrentbuchhaltung anerkannt. Sie kann in eine manuelle oder eine elektronische Buchführung integriert werden.

→ Aufbewahrungsfristen → Inventur und Inventar
→ Debitorenbuchhaltung → Kreditorenbuchhaltung

Nachlässe

Im Warenverkehr fallen häufig Umsatzkorrekturen in Form von Preisnachlässen an. Nachträgliche Änderungen werden über gesonderte Konten erfaßt, da mit ihnen immer Vorsteuer- bzw. Umsatzsteuerkorrekturen notwendig werden. Sofortige Änderungen werden in der Buchhaltung nicht gesondert erfaßt.

Rabatt ein sofortiger Preisnachlaß

Der Rabatt ist ein Preisnachlaß beim Kauf einer Ware, der aus verschiedenen Gründen eingeräumt werden kann. Das Rabattgesetz regelt, welche Rabatte an den Endverbraucher gewährt werden dürfen. Es trägt zur Preisklarheit bei.

- *Mengenrabatt* – bekommt der Abnehmer einer größeren Menge. Er ist nach dem Rabattgesetz erlaubt, muß sich aber im handelsüblichen Rahmen bewegen.
- *Barzahlungsrabatt* – erhält der bar zahlende Käufer. Barzahlungsrabatte dürfen nach dem Rabattgesetz 3% nicht überschreiten.
- *Treuerabatt* – wird langjährigen Kunden gewährt, ist nach dem Rabattgesetz erlaubt.
- *Wiederverkäuferrabatt* – erhalten Wiederverkäufer wie Groß- und Einzelhändler und Letztverbraucher, sofern sie die Waren beruflich oder gewerblich benötigen (z. B. Handwerker), geregelt in § 9 RabattG.
- *Sonderrabatt* – wird den Mitarbeitern des Unternehmens gewährt. Die Mitarbeiter dürfen, wenn ein Mitarbeiterrabatt gewährt wird, damit aber nur Waren für den eigenen Bedarf kaufen.
- *Großverbraucherrabatte* – erhalten bestimmte Endverbraucher, die Großverbraucher sind, z. B. Gaststätten, Großküchen, Krankenhäuser, Behörden. Eine Vielzahl von privaten Haushalten, sogenannte Sammelbesteller, sind nach dem Rabattgesetz keine Großabnehmer.
- *Naturalrabatt* – wird in Form einer Ware gewährt, z. B. ein Stück zusätzlich.
- *Saisonrabatt* – wird bei Geschäften außerhalb der Saison eingeräumt.

Sofortrabatte werden beim Wareneinkauf und Warenverkauf nicht besonders erfaßt, sondern unmittelbar vom Rechnungspreis abgezogen.

Nr. 46	Nachlässe

Beispiel: Rabattgewährung beim Wareneinkauf auf Ziel

Ein Handelsunternehmen kauft Waren für 40 000 DM (netto) ein und erhält einen Rabatt von 7%.

Rechnungspreis	40 000 DM
– 7% Rabatt	2 800 DM
Nettopreis	37 200 DM
+ 15% USt	5 580 DM
Bruttopreis	42 780 DM

So wird gebucht:

Wareneinkauf	37 200 DM	
Vorsteuer	5 580 DM	
	an Verbindlichkeiten	42 780 DM

Bonus, ein nachträglicher Preisnachlaß

Der Bonus ist eine Art nachträglicher Rabatt, der oft bei größeren Geschäften eingeräumt wird. Er steht in der Regel im Zeitpunkt der Rechnungserstellung noch nicht fest. Die Gewährung ist im allgemeinen an bestimmte Bedingungen, z. B. Mindestumsatz oder Mindeststückzahl, gebunden. Vielfach werden die Boni nach Höhe des Umsatzes gestaffelt (Umsatzvergütung). Erhaltene Boni entsprechen einer Minderung der Anschaffungskosten.

Die periodengerechte Gewinnermittlung verlangt, daß der Anspruchsberechtigte die Boni, die ihm gewährt werden, im Jahr ihrer wirtschaftlichen Zugehörigkeit als Ertrag berücksichtigt. Am Bilanzstichtag noch ausstehende Boni sind im Rahmen des Jahresabschlusses zu erfassen, sofern sie rechtsverbindlich zugesagt sind.

Beispiel: Gestaffelte Umsatzvergütung

Ein Einzelhändler hat mit seinem Hauptlieferanten folgende Umsatzvergütung vereinbart:

Bei Abnahme von Waren innerhalb eines Kalenderjahres im Wert von
– 100 000 DM bis 149 999,99 DM	2% Bonus
– 150 000 DM bis 199 999,99 DM	4% Bonus
– 200 000 DM und mehr	5% Bonus

Im Jahr 01 hat der Einzelhändler Waren im Wert von 230 000 DM (incl. USt) bezogen.

Nachlässe | Nr. 46

So wird gebucht:

Im Rahmen der Abschlußbuchungen hat der Einzelhändler zu erfassen:

Sonstige Forderungen	11 500 DM	
	an Bonuserträge	10 000 DM
	sonstige Verbindlichk. (Vorsteuer)	1 500 DM

Die Vorsteuerkorrektur aufgrund des Bonus ist nach § 17 Abs. 1 UStG nicht im Kalenderjahr 01, sondern erst im Umsatzsteuervoranmeldungszeitraum des Zahlungseingangs vorzunehmen.

Beim Zahlungsverpflichteten sind die rechtsverbindlich zugesagten und noch zu zahlenden Boni am Bilanzstichtag als Aufwand zu behandeln. Die Forderung aus der Umsatzsteuerminderung wird ebenfalls erst im Voranmeldungszeitraum der Zahlung auf das Umsatzsteuerkonto gebucht.

So wird gebucht:

Boniaufwand	10 000 DM	
sonstige Forderungen	1 500 DM	
	an sonstige Verbindlichkeiten	11 500 DM

Praxis-Tip

Boni, die am Bilanzstichtag beim Anspruchsberechtigten noch ausstehen, sind nur dann zu aktivieren, wenn sie rechtsverbindlich zugesagt sind. Andernfalls unterbleibt ihre Aktivierung. Sinngemäß ist beim Zahlungsverpflichteten hinsichtlich der Passivierung der Boni zu verfahren.

Skonto für vorzeitige Zahlung

Skonto (italienisch sconto = Abzug) wird bei Kaufverträgen vereinbart, wenn die Zahlung des Rechnungsbetrages vor der Fälligkeit erfolgt. Es darf ein bestimmter Prozentsatz, z. B. 2%, der Rechnungssumme abgezogen werden, wenn beispielsweise innerhalb von 10 Tagen bezahlt wird. Andernfalls ist der Kaufpreis netto zu begleichen.

Wird vom Rechnungsbetrag Skonto abgezogen, vermindern sich neben dem Bruttopreis der Ware auch der Nettopreis und damit die Umsatzsteuer. Es wird eine Berichtigung der Umsatzsteuer notwendig.

Nr. 46	Nachlässe

Der DATEV-Kontenrahmen für den Handel führt Boni wie auch Skonti als Unterkonten der Warenkonten in den Klassen 3 und 8. Die Konten „Boni" und „Skonti" werden dann über Wareneingang beziehungsweise Verkaufserlöse abgeschlossen. Eine ähnliche vorgehensweise praktiziert auch die Industrie im IKR.

→ Lieferantenskonto → Kundenskonto

❏

Personengesellschaften: Rechnungslegung und Gewinnverwendung

Der Jahresabschluß von Personengesellschaften muß vollständig, klar und übersichtlich sein. Der Jahresabschluß besteht aus der Bilanz sowie der Gewinn- und Verlustrechnung, umfaßt also keinen Anhang. Das verkürzte Bilanzgliederungsschema für kleine Kapitalgesellschaften ist ausreichend.

Einzelkaufleuten und Personengesellschaften wird ein größerer Bewertungsspielraum als den Kapitalgesellschaften eingeräumt.

Jahresabschluß bei Einzelkaufleuten und Personengesellschaften

Der *Kaufmann* muß zu Beginn seines Handelsgewerbes nach § 242 Abs. 1 HGB eine Eröffnungsbilanz erstellen. Für den Schluß eines jeden Geschäftsjahres wird die Aufstellung eines Jahresabschlusses verlangt, der nach § 242 Abs. 3 aus *Bilanz* und *G+V-Rechnung* besteht. Vermögen und Kapital sind in der Bilanz darzustellen; die Aufwendungen und Erträge des Geschäftsjahres sind in der G+V-Rechnung offenzulegen.

Der Jahresabschluß muß klar und übersichtlich sein (§ 243 Abs. 2 HGB). *Einzelkaufleute* und *Personengesellschaften* erfüllen diesen Grundsatz, wenn sie die Bilanz und die Gewinn- und Verlustrechnung nach dem Gliederungsschema der Kapitalgesellschaften aufstellen. Sie können wie kleine Kapitalgesellschaften eine verkürzte Bilanz erstellen (§ 266 Abs. 1 HGB). Die Ausweiserleichterungen führen zu einer deutlich weniger tief gegliederten Bilanz (→**Bilanz,** →**Gewinn- und Verlustrechnung**).

OHG und KG sind als *Vollkaufleute* bilanzierungspflichtig (§§ 6, 105 ff., 161 ff. HGB). Die geschäftsführenden Gesellschafter sind wie alle Vollkaufleute verpflichtet, die Bücher der Gesellschaft nach den Grundsätzen ordnungsmäßiger Buchführung zu führen und Jahresabschlüsse aufzustellen (§§ 116, 242 HGB). Für die Form und Gliederung des Jahresabschlusses bestehen bei der OHG und der KG keine besonderen Regelungen.

Bei der KG werden die Kapitaleinlagen der *Komplementäre* (=Vollhafter) in der Bilanz meistens einzeln ausgewiesen. Jeder Komplementär haftet wie ein OHG-Gesellschafter nach § 128 HGB persönlich, unmittelbar

Nr. 47 | Personengesellschaften

und unbeschränkt. Die Kapitaleinlage aller *Kommanditisten* (= Teilhafter) wird in der Bilanz in der Position „Kommanditkapital" zusammen ausgewiesen.

Praxis-Tip

Für jeden OHG-Gesellschafter sowie die persönlich haftenden Gesellschafter (= Komplementäre) der KG wird je ein veränderliches Eigenkapitalkonto und ein Privatkonto eingerichtet.

Für jeden Kommanditisten der KG wird ein Konto „Kommanditkapital" geführt, unter Umständen noch ein Konto für ausstehende Pflichteinlagen. Es handelt sich hier um die noch ausstehende Einlage, die noch nicht eingezahlte Kommanditeinlage.

Das HGB verlangt auch von Einzelkaufleuten und Personengesellschaften eine fristgerechte Aufstellung des Jahresabschlusses. Dies ist gegeben, wenn der Jahresabschluß innerhalb von sechs Monaten nach Ablauf des Geschäftsjahres aufgestellt ist. Diese Frist wird den kleinen Kapitalgesellschaften gewährt (§ 264 Abs. 1 HGB).

Praxis-Tip

Für Einzelunternehmer, OHG und KG bestehen keine Offenlegung und Prüfungspflicht des Jahresabschlusses. Das Publizitätsgesetz gilt nur für sehr große Einzelunternehmen und Personengesellschaften (→**Publizitätsgesetz**).

Stille Gesellschaft und GmbH & Co. KG haben bestimmte Vorzüge

Bei der *stillen Gesellschaft* beteiligt sich jemand mit einer Vermögenseinlage am Handelsgewerbe eines anderen, der weiterhin alleiniger Unternehmer bleibt. Die Vermögenseinlage des stillen Gesellschafters geht in das Vermögen des Inhabers des Unternehmens über. Der stille Gesellschafter haftet nur mit seiner Einlage und nicht unmittelbar.

Typische und atypische stille Gesellschaft sind zu unterscheiden:

- Der *typische* stille Gesellschafter hat im Falle der Liquidation einen Anspruch auf den Wert seiner Einlage. Der typische stille Gesellschafter erzielt nach dem Steuerrecht Einkünfte aus Kapitalvermögen.
- Der *atypische* stille Gesellschafter, der auch Einfluß auf die Geschäftsführung nimmt, ist an der Wertsteigerung des Betriebsvermögens beteiligt. Er ist folglich an den Rücklagen und den stillen Reserven

Personengesellschaften | Nr. 47

beteiligt, wenn die Gesellschaft liquidiert wird oder er aus der Gesellschaft ausscheidet. Der atypische stille Gesellschafter bezieht steuerrechtlich Einkünfte aus Gewerbebetrieb.

Bei der *GmbH & Co. KG* ist üblicherweise die GmbH der Komplementär (= Vollhafter). Die GmbH & Co. KG besteht dann aus einer GmbH (= Komplementär) und einem Personenunternehmen (= Kommanditisten).

Die Haftung der GmbH ist aber auf das Gesellschaftsvermögen beschränkt, wodurch dann auch die Haftung der GmbH & Co. KG auf das Gesellschaftsvermögen der GmbH und die Einlage der Kommanditisten begrenzt ist.

Praxis-Tip

Für die Komplementär-GmbH gelten die Rechnungslegungsvorschriften für Kapitalgesellschaften, während für die KG die Vorschriften für Personengesellschaften gelten. Es ist sinnvoll, für beide Unternehmen einen einheitlichen Kontenrahmen bzw. Kontenplan zu verwenden. Der Jahresabschluß der KG sollte ebenfalls nach dem Jahresabschluß der GmbH erfolgen, da dann weniger Arbeitsaufwand anfällt.

Das Bilanzrichtliniengesetz behandelt die GmbH als Kapitalgesellschaft, während die GmbH & Co. KG den Personengesellschaften zugeordnet wird. Der EG-Ministerrat hat entschieden, die Publizitätspflichten für Kapitalgesellschaften auf die GmbH & Co. KG jeder Größenordnung anzuwenden. Ab 1995 wird die Publizitätspflicht auch für die GmbH & Co. KGs gelten. Jahresabschluß und Gesellschafterliste sind dann beim Amtsgericht (Handelsregister) einzureichen.

Personengesellschaften haben mehr Bewertungswahlrechte

Einzelunternehmer und Personengesellschaften müssen das Niederstwertprinzip für Aktiva und das Höchstwertprinzip für Passiva beachten. Im Umlaufvermögen gilt das strenge Niederstwertprinzip, d. h., von zwei möglichen Wertansätzen ist der niedrigere zu wählen (→**Handelsbilanz**).

Das Handelsrecht gestattet dem Einzelunternehmer und den Personengesellschaften unter Umständen aber auch im Umlaufvermögen ein *Wahlrecht* durch die subjektiven Begriffe „Wert nach vernünftiger kaufmännischer Beurteilung" und „Künftige Wertschwankungen vorwegnehmender Wert" (→**Bewertung**).

Nr. 47 Personengesellschaften

Beispiel: Wertansatz bei Personengesellschaften

	1. Fall	2. Fall
Anschaffungs- bzw. Herstellungskosten	9 000 DM	9 000 DM
Börsen- oder Marktpreis	6 000 DM	8 000 DM
Wertansatz in der Bilanz	7 000 DM	7 000 DM
(= fortgeführte Anschaffungs- bzw. Herstellungskosten)		
Wert nach vernünftiger kaufmännischer Beurteilung	5 000 DM	6 000 DM
Künftige Wertschwankungen vorwegnehmender Wert	4 000 DM	5 000 DM

Fall 1

Zunächst ist festzustellen, daß nach dem strengen Niederstwertprinzip der niedrigere Wertansatz zwischen fortgeführten Anschaffungs- bzw. Herstellungskosten und dem Börsen- oder Marktpreis zu wählen ist, also 6 000 DM.

Die Personengesellschaft hat mit 5 000 DM und 4 000 DM zwei weitere Vergleichswerte. Das Handelsrecht gestattet Personengesellschaften eine Unterbewertung und die Legung von stillen Reserven, wenn sie die Wertansätze 5 000 DM bzw. 4 000 DM wählen.

Fall 2

Das strenge Niederstwertprinzip verlangt jetzt die Beibehaltung der Anschaffungskosten von 7 000 DM, da der Börsen- oder Marktpreis mit 8 000 DM höher ist.

Das Unternehmen könnte den Wertansatz 5 000 DM wählen, da dann künftige Wertschwankungen vorweggenommen sind. Die Personengesellschaft hat hier ein Bewertungswahlrecht.

Kapitalgesellschaften sind diese Maßnahmen in der Bilanzpolitik untersagt, da sie nach § 279 Abs. 1 HGB den „niedrigeren Wert nach vernünftiger kaufmännischer Beurteilung" nicht wählen dürfen.

Gewinnverteilung bei Personengesellschaften

Die Gesellschafter einer OHG haften wie der Einzelunternehmer unbegrenzt mit ihrer Kapitaleinlage und ihrem Privatvermögen. Die OHG-Gesellschafter und die Komplementäre der KG haben Kapitalkonten und Privatkonten für Privatentnahmen (→**Eigenkapital**).

Personengesellschaften | Nr. 47

Die Gewinnverteilung erfolgt bei den Personengesellschaften nach *Gesellschaftsvertrag* bzw. nach der gesetzlichen Regelung (= § 121 HGB: Verzinsung der Kapitaleinlagen zu 4%, Verteilung des Restgewinns nach Köpfen; Verlust wird gleichmäßig nach Köpfen verteilt).

Beispiel: Gewinnverteilung einer OHG

An einer OHG sind E. Müller mit 200 000 DM und F. Groß mit 500 000 DM beteiligt. Im Gesellschaftsvertrag haben die beiden Gesellschafter vereinbart, daß jeder Gesellschafter für seine Arbeitsleistung vorab 50 000 DM erhält. Die Kapitaleinlagen sollen mit 5% verzinst und der Rest nach Köpfen verteilt werden. Gesellschafter Müller tätigte Privatentnahmen in Höhe von 60 000 DM, Herr Groß von 65 000 DM. Der Gewinn beträgt 165 020 DM und soll nach Berücksichtigung der Privatentnahmen auf neue Rechnung den Gesellschafterkonten vorgetragen werden.

Zuerst ist das Endkapital der beiden Gesellschafter zu ermitteln.

Gesell-schafter	Anfangs-kapital	Arbeits-leistung	5% Ver-zinsung	Verteil. nach Köpfen	Gesamt-gewinn	Privat-ent-nahmen	Gewinn-vor-trag	End-kapital
Müller	200 000	50 000	10 000	15 010	75 010	60 000	15 010	215 010
Groß	500 000	50 000	25 000	15 010	90 010	65 000	25 010	525 010
	700 000	100 000	35 000	30 020	165 020	125 000	40 020	740 020

So wird gebucht:

Gewinnanteil Müller
G+V   75 010 DM
                       an Eigenkapital Müller   75 010 DM

Gewinnanteil Groß
G+V   90 010 DM
                       an Eigenkapital Groß   90 010 DM

Privatentnahme Müller
Eigenkapital Müller   60 000 DM
                       an Privat Müller   60 000 DM

Privatentnahme Groß
Eigenkapital Groß
                       an Privat Groß   65 000 DM

Nr. 47	Personengesellschaften

So sehen die Konten aus:

Gewinn- und Verlustkonto

Aufwand	720 000	Erträge	885 020
Gewinn Müller	75 010		
Gewinn Groß	90 010		
	885 020		885 020

Privat Müller

Entnahme	60 000	Kap. Müller	60 000

Eigenkapital Müller

Privat	60 000	AB	200 000
SB	215 010	Gewinn	75 010
	275 010		275 010

Privat Groß

Entnahme	65 000	Kap. Groß	65 000

Eigenkapital Groß

Privat	65 000	AB	500 000
SB	525 010	Gewinn	90 010
	590 010		590 010

Ergänzungsbilanzen bei Personengesellschaften

Ergänzungsbilanzen vervollständigen die gesetzlich vorgeschriebenen Jahresbilanzen. Sie ergänzen die ordentlichen Bilanzen. Anders ist es bei den *Sonderbilanzen,* die aus anderen Gründen als zur Ermittlung des Jahreserfolges erstellt werden. Sie stehen mit den ordentlichen Bilanzen normalerweise in keiner Verbindung. Sonderbilanzen werden für einen Einzelfall aufgestellt, z. B. Gründungs-, Auseinandersetzungs-, Fusions-, Liquidations- und Konkursbilanz.

Ergänzungsbilanzen stehen mit einer ordentlichen Bilanz in Verbindung. Der Gewinn bzw. Verlust einer Personengesellschaft wird zwar durch Vermögensvergleich der Gesellschaft ermittelt, die Personengesellschaft ist aber nicht selbständiges Steuersubjekt.

Die von der Personengesellschaft erwirtschafteten Gewinne werden bei den einzelnen Gesellschaftern als Einkünfte aus Gewerbebetrieb erfaßt. Sondervergütungen an einen Gesellschafter sind bei der *steuerlichen Gewinnermittlung* zu berücksichtigen, z. B.

- Vergütungen des Gesellschafters für die Mitarbeit im Unternehmen
- kostenlos an den Gesellschafter überlassene Wirtschaftsgüter des Unternehmens
- Darlehenszinsen für ein an einen Gesellschafter gewährtes Darlehen

Die aus der Handelsbilanz abgeleitete Steuerbilanz bildet die Grundlage für die Gewinnermittlung. Es werden dann bestimmte positive oder negative Abweichungen erfaßt. Die Ergänzungsbilanz korrigiert den Gewinnanteil des einzelnen Gesellschafters gegenüber der Steuerbilanz der Personengesellschaften.

Personengesellschaften | Nr. 47

Der *Gesellschafterwechsel* ist ein weiterer wichtiger Anwendungsbereich für Ergänzungsbilanzen. Scheidet ein Gesellschafter aus einer Personengesellschaft aus, und überträgt er seinen Anteil an den eintretenden Neugesellschafter, liegt im Regelfall der Buchwert des Kapitalkontos niedriger als der Veräußerungspreis. Immer dann, wenn Buchwert und Veräußerungspreis nicht übereinstimmen, dann sind Ergänzungsbilanzen aufzustellen.

Beispiel: Verkauf eines Geschäftsanteils

Angenommen, Herr Schulz ist mit einem Geschäftsanteil von 700 000 DM an einer OHG beteiligt. Erzielt nun Herr Schulz durch Verkauf seines Geschäftsanteils an Frau Jung einen Veräußerungsgewinn von 300 000 DM, weil beispielsweise das Gebäude und die Maschinen unterbewertet sind, dann muß Frau Jung eine Ergänzungsbilanz erstellen.

Aktiva	Ergänzungsbilanz		Passiva
Gebäude	230 000	Mehrkapital	300 000
Maschinen	70 000		
	300 000		300 000

Die durch den Gesellschafterwechsel entstandene Ergänzungsbilanz muß Frau Jung in den folgenden Jahren weiterführen, so lange, bis sie die Mehrwerte abgeschrieben hat.

Praxis-Tip

Ergänzungsbilanzen entstehen häufig, wenn ein Gesellschafter einen Betrieb in eine Personengesellschaft einbringt.

Was wird durch eine Betriebsaufspaltung erreicht?

Bei der Betriebsaufspaltung wird ein bislang einheitliches Unternehmen in eine Besitzunternehmen und eine Betriebsgesellschaft aufgespaltet. Das *Besitzunternehmen* ist meist Eigentümer der Grundstücke, Gebäude und Maschinen. Das Besitzunternehmen verpachtet oder vermietet diese an die von ihr beherrschte Betriebsgesellschaft.

Die *Betriebsgesellschaft* (Betriebsunternehmen) wird meist in der Rechtsform der GmbH geführt. Die GmbH betreibt die laufenden Geschäfte. Zwischen den beiden Unternehmen besteht meist eine enge sachliche und personelle Verflechtung.

| Nr. 47 | Personengesellschaften |

Vielfältige Ziele können durch die *Betriebsaufspaltung* erreicht werden.

- Betriebliche Risiken können durch die Rechtsform der GmbH bei der Betriebsgesellschaft eingeschränkt werden. Das bedeutet ebenfalls weniger Haftung für das Besitzunternehmen.
- Publizitätspflichten nach dem Bilanzrichtliniengesetz können durch die Schaffung entsprechender Größenklassen verringert werden.
- Der bilanzpolitische Spielraum wird durch zwei Gesellschaften vergrößert.
- Die Aufnahme neuer Gesellschafter kann erleichtert werden, wodurch das Fachwissen und die finanzielle Basis vergrößert werden.

→ AG: Rechnungslegung und Gewinnverwendung
→ Bewertung
→ Bilanz
→ Gewinn- und Verlustrechnung
→ GmbH: Rechnungslegung und Gewinnverwendung

→ Handelsbilanz
→ Jahresbilanz
→ Publizitätsgesetz
→ Privatkonto
→ Steuerbilanz

☐

Privatkonto

Einzelunternehmen und Personengesellschaften führen das Privatkonto, um die Entnahmen oder Einlagen von Geld oder Waren korrekt zu erfassen. Privatentnahmen mindern das Eigenkapital. Sie sind aber keine Aufwendungen und damit erfolgsneutral. Auch die Privateinlagen stehen mit dem Unternehmenszweck nicht in Verbindung und sind damit keine Erträge. Privateinlagen erhöhen das Eigenkapital.
Das Privatkonto ist ein Unterkonto des Eigenkapitalkontos und wird über dieses abgeschlossen.

Privatentnahmen von Geld

Der Einzelunternehmer wie auch Gesellschafter einer Offenen Handelsgesellschaft oder einer Kommanditgesellschaft entnehmen häufig Bargeld aus dem Betrieb oder tätigen Überweisungen für private Zwecke über die Finanzkonten.

Beispiel: Privatentnahmen von Geld

1. Der Unternehmer entnimmt für den privaten Verbrauch 2 000 DM aus der Geschäftskasse.
2. Die Miete für die Zweitwohnung des Unternehmers in Höhe von 800 DM wird durch Banküberweisung beglichen.
3. Abschluß des Privatkontos auf das Eigenkapitalkonto.

Die Privatentnahme von Geld aus der Geschäftskasse vermindert den Kassenbestand, ist also auf der Habenseite des Kassenkontos zu buchen. Sie sehen auch, daß dieser Vorgang zu einer Abnahme des Vermögens und damit des Eigenkapitals geführt hat. Im Soll des Eigenkapital- bzw. des Privatkontos ist die Abnahme des Vermögens zu buchen. Entsprechend verhält es sich bei der Mietüberweisung.

Der Saldo des Privatkontos wird beim Abschluß des Geschäftsjahres auf das Eigenkapitalkonto übertragen.

So wird gebucht:

1) Privat	2 000 DM		
		an Kasse	2 000 DM
2) Privat	800 DM		
		an Bank	800 DM

Nr. 48	Privatkonto

3) Eigenkapital	2 800 DM		
		an Privat	2 800 DM

So sehen die Konten aus:

Privat				Kasse		
1) Kasse	2 000	3) Eigenkap.	2 800		1) Privat	2 000
2) Bank	800			Bank		
	2 800		2 800		2) Privat	800

		Eigenkapital	
3) Privat	2 800	EB	700 000

Sie müssen auch für Buchungen auf Privatkonten Belege vorzeigen können.

Eigenverbrauch ist umsatzsteuerpflichtig

Die Entnahme von Waren oder Erzeugnissen für den privaten Bedarf unterliegt der Umsatzsteuer (§ 1 UStG). Dies gilt auch für die Entnahme von Gegenständen des Anlagevermögens für Familienangehörige oder die Nutzung des Firmenwagens für private Fahrten. Die Inanspruchnahme von Dienstleistungen zählt ebenfalls zum Eigenverbrauch, z. B. Durchführung von Reparaturarbeiten durch Mitarbeiter des Betriebs im Wohnhaus des Unternehmers.

Die privaten Warenentnahmen werden im Handel zum Einstandspreis gebucht, also ohne Gewinn. Das Konto „Eigenverbrauch", ein spezielles Warenerlöskonto, wird in der Praxis für diese Fälle in Handel und Industrie herangezogen. Das Konto wird über das G+V-Konto abgeschlossen.

Beispiel:	Entnahme von Waren

Ein Kaufmann entnimmt aus seinem Geschäft Waren im Wert von 700 DM zuzüglich 15% Umsatzsteuer.

So wird gebucht:

Privat	805 DM		
		an Eigenverbrauch	700 DM
		Umsatzsteuer	105 DM

Privatkonto	Nr. 48

Ein umsatzsteuerpflichtiger Vorgang liegt vor, wenn Gegenstände des Unternehmens privat genutzt werden *(Leistungseigenverbrauch)*. Dabei unterliegen nur die Kosten der Umsatzsteuer, bei denen ein Vorsteuerabzug möglich war.

Beispiel:	Private Nutzung eines Geschäftswagens

Seit 1996 ist eine Schätzung des privaten Nutzungsanteils in Höhe von 30–35% der Aufwendungen nicht mehr möglich. Es ist nunmehr vorgesehen, den Wert der Nutzungsentnahme mit monatlich 1% vom inländischen Listenpreis im Zeitpunkt der Erstzulassung (zuzüglich Sonderausstattung einschließlich Umsatzsteuer) abgerundet auf volle 100 DM anzusetzen. Aus Vereinfachungsgründen kann für die nicht mit Vorsteuer belasteten Kosten ein 20-prozentiger Abschlag für die Berechnung der Umsatzsteuer vorgenommen werden.

Der inländische Listenpreis des Pkw beträgt einschließlich Sonderausstattung und Umsatzsteuer 69 089 DM.

anzusetzen 1% aus 69 000 DM x 12	8 280 DM
– Abschlag von 20%	1 656 DM
Eigenverbrauch	6 624 DM
Umsatzsteuer 15%	994 DM
Gesamtwert der Entnahme	9 274 DM

So wird gebucht:

Privat	9 274 DM		
		an Eigenverbrauch o. USt	1 656 DM
		Eigenverbrauch m. USt	6 624 DM
		Umsatzsteuer	994 DM

So sehen die Konten aus:

Privat		Eigenverbrauch ohne USt	
Eigenverbr. + USt	9 274	Privat	1 656

Umsatzsteuer		Eigenverbrauch mit USt	
Privat	994	Privat	6 624

Praxis-Tip

Sie können den privaten Nutzungsanteil auch durch Vorlage von Einzelbelegen und einem Fahrtenbuch nachweisen. Die Ausnahmeregelung ist für diejenigen interessant, die einen teuren Pkw fahren, ihn aber nur in geringem Umfang privat nutzen, z. B. Handelsvertreter.

Nr. 48 Privatkonto

Für den Pkw des Unternehmers sind im vergangenen Jahr auf den Konten „Kosten des Fuhrparks" 30 000 DM mit Vorsteuerabzug (Abschreibung, Reparaturen, Benzin usw.) und 2 000 DM ohne Vorsteuerabzug (Kfz-Versicherung, -Steuer) gebucht. Der private Nutzungsanteil beträgt laut Fahrtenbuch 10%.

So wird gebucht:

Privat	3 650 DM	
an Eigenverbrauch o. USt		200 DM
Eigenverbrauch m. USt		3 000 DM
Umsatzsteuer		450 DM

Sie können die private Nutzung des Firmenwagens auch im Haben der Konten „Kosten des Fuhrparks" erfassen. Die betrieblichen Aufwendungen werden dadurch korrigiert.

Privateinlagen

Private Einlagen des Unternehmers beziehungsweise der Gesellschafter einer OHG oder KG erhöhen das Eigenkapital des Unternehmens. Es sind sowohl Geld- als auch Sacheinlagen möglich.

Beispiel: Geldeinlage

Der Geschäftsinhaber einer Einzelunternehmung erbt 300 000 DM und zahlt den Betrag auf dem Bankkonto seiner Firma ein.

So wird gebucht:

Bank	300 000 DM	
an Privat		300 000 DM

Privateinlagen können auch direkt auf das Eigenkapitalkonto übertragen werden.

Privatentnahmen und Betriebsausgaben

Betriebsausgaben sind vom Unternehmen verursachte Aufwendungen und vermindern im Gegensatz zu den Privatentnahmen den Gewinn. Vorgänge, die den Eigentümer betreffen, aber über Geschäftskonten abgewickelt werden, sind von den Aufwendungen zu trennen. Sie sind auf dem Privatkonto zu buchen.

Aufwendungen und Privatentnahmen mindern aber die Höhe des Betriebsvermögens und damit auch des Eigenkapitals.

→ Erfolgskonten → Umsatzsteuer

Publizitätspflichten

Der Gesetzgeber verlangt von den Kapitalgesellschaften im Gegensatz zu den Einzelunternehmen und Personengesellschaften die Beachtung der Bilanzgliederung nach § 266 HGB (→Bilanzen). Der Jahresabschluß der Kapitalgesellschaften unterliegt der Prüfungs- und Offenlegungspflicht. Die Größenabgrenzung im § 267 HGB ist wichtig, da der Umfang der Prüfung und der Offenlegung des Jahresabschlusses von der Größe der Kapitalgesellschaft abhängig ist.

Das sogenannte Publizitätsgesetz (PublG) verpflichtet auch andere Unternehmen als Kapitalgesellschaften zur Offenlegung, sofern sie bestimmte Größenmerkmale überschreiten.

Rechnungslegung bei Kapitalgesellschaften

Kapitalgesellschaften müssen wie Einzelkaufleute und Personengesellschaften die für alle Kaufleute im dritten Buch des HGB §§ 238–263 geltenden Vorschriften einhalten. § 243 HGB nennt die Grundsätze ordnungsmäßiger Buchführung (GoB) sowie die Prinzipien Klarheit und Übersichtlichkeit. § 246 HGB nennt die Grundsätze der Vollständigkeit und das Verrechnungsverbot von Aktiva und Passiva sowie Aufwendungen und Erträge (→**Gesetzliche Grundlagen der Buchführung**).

Kapitalgesellschaften sind nach § 264 Abs. 1 HGB verpflichtet, ihren Jahresabschluß in den ersten drei Monaten nach Ablauf des Geschäftsjahres aufzustellen.

Der Jahresabschluß von Kapitalgesellschaften besteht aus:

- *Jahresbilanz* (§ 266 HGB)
- *Gewinn- und Verlustrechnung* (§ 275 HGB)
- *Anhang* (§ 284–288 HGB)

Der *Lagebericht* (§ 289 HGB), der die Lage und Entwicklung des Unternehmens verbal darlegt, gehört nicht zum Jahresabschluß.

Kleine, mittlere und große Kapitalgesellschaften

Umfang der Offenlegung und Prüfung des Jahresabschlusses bestimmen sich nach der Unternehmensgröße (§ 267 HGB, § 42 a GmbHG). Kleine, mittlere und große Kapitalgesellschaften werden in § 267 HGB nach den Merkmalen *Umsatz*, *Bilanzsumme* und *Arbeitnehmer* näher definiert.

Nr. 49	Publizitätspflichten

Kleine, mittlere und große Kapitalgesellschaften nach den Merkmalen Umsatz, Bilanzsumme und Zahl der Arbeitnehmer

Merkmal	kleine Kapitalgesellschaft	mittlere Kapitalgesellschaft	große Kapitalgesellschaft
Umsatz	≤ 10,62 Mio DM	≤ 42,48 Mio DM	> 42,48 Mio DM
Bilanzsumme	≤ 5,31 Mio DM	≤ 21,24 Mio DM	> 21,24 Mio DM
Arbeitnehmer	≤ 50	≤ 250	> 250

Zwei der drei Merkmale müssen jeweils erfüllt sein.

Eine *mittelgroße Kapitalgesellschaft* liegt somit vor, wenn zwei Kriterien nicht überschritten sind, z. B.:

- Umsatz 90 Mio DM
- Bilanzsumme 20 Mio DM
- Arbeitnehmer 210

Offenlegungs- und Prüfungspflichten der Kapitalgesellschaften in Abhängigkeit von der Größe

Der Jahresabschluß der Kapitalgesellschaften mit Lagebericht ist innerhalb einer Frist von drei Monaten nach Schluß des Geschäftsjahres aufzustellen (§ 264 Abs. 1 HGB). Kleine Kapitalgesellschaften im Sinne von § 267 HGB dürfen sich sechs Monate Zeit lassen und müssen keinen Lagebericht anfertigen.

Offenlegungs- und Prüfungspflichten von Kapitalgesellschaften

	kleine Kapitalges.	mittlere Kapitalges.	große Kapitalges.
Offenlegung			
Bilanz	+	+	+
G+V-Rechnung	−	+	+
Anhang	+	+	+
Lagebericht	−	+	+
Prüfungspflicht			
Bilanz	−	+	+
G+V-Rechnung	−	+	+
Anhang	−	+	+
Lagebericht	−	+	+
Buchführung	−	+	+
Hinweis: + = Offenlegungs- bzw. Prüfungspflicht − = keine Offenlegungs- bzw. Prüfungspflicht			

Die Anforderungen hinsichtlich Offenlegung und Prüfung sind bei mittleren Kapitalgesellschaften einfacher als bei den großen (§ 367 HGB). Sie brauchen die Bilanz nicht in vollem Umfang nach § 266 HGB gliedern, wie es die großen GmbHs und die Aktiengesellschaften müssen (→**Bilanz**). Auch für die Gewinn- und Verlustrechnung gibt es für mittlere Kapitalgesellschaften Erleichterungen. So brauchen mittlere Kapitalgesellschaften das Gliederungsschema des § 275 HGB nicht in allen Positionen anzuwenden (→**Gewinn- und Verlustrechnung**). Größenunabhängige Erleichterungen gibt es auch bei den Genossenschaften.

Große Kapitalgesellschaften unterliegen der *Prüfungspflicht* durch Wirtschaftsprüfer. Mittlere Kapitalgesellschaften genießen ferner Erleichterung im Umfang der Prüfungspflicht durch außenstehende Prüfer.

Publizitätsgesetz gilt für ganz große Einzelunternehmen und Personengesellschaften

Das Publizitätsgesetz (PublG) gilt für folgende Rechtsformen:

- Personenhandelsgesellschaften (OHG, KG)
- Einzelkaufleute
- wirtschaftliche Vereine
- gewerbetreibende rechtsfähige Stiftungen des bürgerlichen Rechts
- Körperschaften, Stiftungen und Anstalten des öffentlichen Rechts, die Kaufmann nach § 1 HGB sind oder im Handelsregister als Kaufmann eingetragen sind (§ 2 Sollkaufmann)

Größenmerkmale müssen erfüllt sein

Unternehmen der aufgezählten Rechtsformen fallen unter das Publizitätsgesetz, sofern sie zwei der drei folgenden Kriterien an drei aufeinanderfolgenden Abschlußstichtagen erfüllen:

- Bilanzsumme mehr als 125 Mio DM
- Umsatzerlöse mehr als 250 Mio DM
- mehr als 5 000 Beschäftigte
  (durchschnittlicher Beschäftigungsstand im Jahresverlauf)

Besondere Größenmerkmale gelten für Banken und Versicherungen. Bei Versicherungen sind die Einnahmen aus Versicherungsprämien die Bezugsbasis, bei Banken sind die Bilanzsumme plus Bürgschaftsverpflichtungen und Indossamentverpflichtungen das Entscheidungskriterium.

Rechnungslegung nach dem Publizitätsgesetz

Ein Unternehmen, das zwei der drei festgelegten Größenmerkmale erreicht, unterliegt der öffentlichen Rechenschaftslegung, wobei ähnliche Vorschriften wie im Aktiengesetz zu beachten sind (→**AG: Rechnungslegung und Gewinnverwendung**).

Nr. 49	Publizitätspflichten

Die Rechenschaftspflichten nach dem Publizitätsgesetz sehen vor:

- Aufstellung eines Jahresabschlusses (Bilanz und Gewinn- und Verlustrechnung sind nach den Gliederungs- und Bewertungsbestimmungen des PublG zu erstellen)
- Anhang zum Jahresabschluß
- Lagebericht mit Angaben über den Geschäftsverlauf und die Lage des Unternehmens
- Einreichung des Jahresabschlusses beim Handelsregister
- Veröffentlichung des Jahresabschlusses im Bundesanzeiger

Prüfung des Jahresabschlusses

Der Jahresabschluß und der Lagebericht unterliegen der Prüfung durch Wirtschaftsprüfer. Die Prüfung erfolgt nach den Vorschriften für Kapitalgesellschaften (§§ 316–324 HGB). Der festgestellte Jahresabschluß benötigt wie bei der Aktiengesellschaft den *Bestätigungsvermerk* des Wirtschaftsprüfers.

→ AG: Rechnungslegung... → Gesetzliche Grundlagen
→ Bilanz → Gewinn- und Verlustrechnung

❑

Rechnungsabgrenzungsposten

Leistung und Gegenleistung (Zahlung) erfolgen nicht immer in einer Wirtschaftsperiode. Leistungs- und Zahlungsreihe sind beim Jahresabschluß aufeinander abzustimmen.

Die Rechnungsabgrenzungsposten erfüllen diese Funktion. Sie sind im Hinblick auf eine genaue Feststellung des Vermögens und der Schulden am Bilanzstichtag sowie der Ermittlung des periodengerechten Gewinns bzw. Verlustes notwendig.

Antizipative Rechnungsabgrenzungsposten

Die Leistung ist in der alten Wirtschaftsperiode erbracht, aber noch nicht bezahlt worden. Mit Hilfe der antizipativen Rechnungsabgrenzungsposten werden die Aufwendungen und Erträge dem alten Geschäftsjahr zugeordnet.

Sonstige Forderungen

Das bilanzierende Unternehmen hat eine Dienstleistung oder sonstige Leistung erbracht, die Gegenleistung, die Zahlung, erfolgt jedoch erst in der folgenden Periode (Ertrag jetzt, Einnahme später).

Das Unternehmen hat beispielsweise ein Betriebsgrundstück verpachtet oder Firmenwohnungen vermietet. Diese Leistungen wurden noch in der abgelaufenen Wirtschaftsperiode erbracht, die entsprechenden Zahlungen gingen jedoch vor dem Bilanzstichtag noch nicht ein.

So wird gebucht:

Im alten Jahr

Sonstige Forderungen
      an Ertragskonto
      (z. B. Pacht-, Miet- oder Zinserträge)

Im neuen Jahr

Zahlungskonto
(z. B. Kasse, Bank)
      an Sonstige Forderungen

Nr. 50 Rechnungsabgrenzungsposten

Beispiel: Vermietung eines Lagers

Die Vierteljahresmiete für das letzte Quartal in Höhe von 7 700 DM für Lagerräume steht am Jahresende noch aus.

So wird gebucht:

Sonstige Forderungen	7 700 DM	
	an Mieterträge	7 700 DM

Sonstige Verbindlichkeiten

Das bilanzierende Unternehmen hat selbst Dienstleistungen in Anspruch genommen, aber noch nicht bezahlt, z. B. Anwaltsdienste.

Andere Beispiele für noch nicht bezahlte Leistungen der abgelaufenen Wirtschaftsperiode sind:

- noch nicht entrichtete Mehrwertsteuer
- Lohnsteuer
- Sozialversicherungsbeiträge
- Kfz-Steuern
- Kfz-Versicherungen
- Unfallversicherungen
- Beiträge für Zusatzversorgungskassen der Mitarbeiter

So wird gebucht:

Im alten Jahr

Aufwandskonto (z. B. Steuern, Versicherungen)	
	an Sonstige Verbindlichkeiten

Im neuen Jahr

Sonstige Verbindlichkeiten	
	an Zahlungskonto (z. B. Kasse, Bank)

Beispiel: Nachschüssige Zinszahlung

Ein Lieferant hat uns Ende September ein Darlehen von 100 000 DM gewährt. Die halbjährlich fälligen Zinsen in Höhe von 6% bzw. 3 000 DM sind *nachträglich* Ende März über die Bank zu begleichen.

Rechnungsabgrenzungsposten | Nr. 50

So wird gebucht:
Am 31. 12.

Zinsaufwendungen	1 500 DM		
	an Sonstige Verbindlichkeiten		1 500 DM

Ende März

Sonstige Verbindlichkeiten	1 500 DM	
Zinsaufwendungen	1 500 DM	
	an Bank	3 000 DM

Hinweis: Die fälligen Halbjahreszinsen verteilen sich jeweils zur Hälfte auf das alte Jahr und zur anderen Hälfte auf die Monate Januar, Februar und März des neuen Jahres.

Rechnungsabgrenzungsposten

Bei den transitorischen Rechnungsabgrenzungsposten erfolgt der Zahlungsvorgang noch im alten Jahr, also vor dem Abschlußstichtag, während die Leistung erst im neuen Wirtschaftsjahr beansprucht bzw. erbracht wird.

Aktive Posten der Rechnungsabgrenzung (AktRA)

Aktive Rechnungsabgrenzungsposten sind Ausgaben vor dem Bilanzstichtag, die Aufwand für eine bestimmte Zeit nach diesem Tag darstellen. Es handelt sich um Vorauszahlungen für Mieten, Pachten, Zinsen, Honorare, Versicherungsprämien usw.

So wird gebucht:
Im alten Jahr

AktRA	
	an Zahlungskonto (z. B. Kasse, Bank)

In der neuen Geschäftsperiode wird das Konto Rechnungsabgrenzungsposten entlastet (aufgelöst) und das entsprechende Aufwandskonto belastet.

Aufwandskonto (Miete, Zinsen usw.)	
	an AktRA

| Nr. 50 | Rechnungsabgrenzungsposten |

Häufig erfolgt ein Zahlungsvorgang für einen bestimmten Zeitraum in der alten und neuen Wirtschaftsperiode gleichzeitig. Dieser Zahlungsvorgang, z. B. eine Mietzahlung, ist, soweit er die alte Periode betrifft, normal zu verbuchen (Aufwandskonto Soll – Zahlungskonto Haben). Nur der anteilige Betrag der Mietvorauszahlung ist abzugrenzen (AktRA – Zahlungskonto Haben).

Beispiel: Mietvorauszahlung

Die Jahresmiete für die Garagen der Kundendienstfahrzeuge in Höhe von 12 000 DM wird Ende Oktober im voraus für die Zeit vom 1. 11. bis zum 31. 10. des folgenden Jahres mit Banküberweisung bezahlt. Bilanzstichtag ist der 31. 12.

So wird gebucht:

Ende Oktober

Mietaufwand	12 000 DM		
		an Bank	12 000 DM

Am 31. 12.

AktRA	10 000 DM		
		an Mietaufwand	10 000 DM

Das Mietaufwandkonto kann nicht voll in das Gewinn- und Verlustkonto übernommen werden, da nur die Monate November und Dezember das alte Jahr betreffen. Zehn Monate bzw. 10 000 DM betreffen das Folgejahr; sie sind abzugrenzen. Es handelt sich um einen aktiven Rechnungsabgrenzungsposten, das Unternehmen hat eine Vorauszahlung geleistet.

So sehen die Konten aus:

	Mietaufwand				Bank	
Bank	12 000	AktRA	10 000		Mietaufwand	12 000
		G+V	2 000			
	12 000		12 000			

	AktRA			G+V	
Mietaufwand	10 000		Mietaufwand	2 000	

Das Konto AktRA wird zu Beginn des Folgejahres wieder aufgelöst, so daß die 10 000 DM im neuen Jahr voll erfolgswirksam werden.

Rechnungsabgrenzungsposten — Nr. 50

So wird gebucht:
Anfang Januar

Mietaufwand	10 000 DM		
		an AktRA	10 000 DM

Passive Posten der Rechnungsabgrenzung (PaRA)

Die Zahlung wurde bereits für das bilanzierende Unternehmen in der abgelaufenen Wirtschaftsperiode geleistet, obwohl die Leistung erst in der kommenden Periode erfolgt (Einnahme jetzt, Ertrag später). Das Unternehmen hat Vorauszahlungen für Mieten, Zinsen erhalten, während die Leistungen erst in der nächsten Periode erbracht werden.

So wird gebucht:
Im alten Jahr

Zahlungskonto (z. B. Kasse, Postscheck)			
		an PaRA	

Im neuen Jahr

PaRA			
		an Ertragskonto (Miet-, Zinserträge)	

Beispiel: Vorschüssige Zinszahlung

Ein Darlehensschuldner zahlt auf ein Darlehen von 70 000 DM, das ihm zu einem Zinssatz von 7% p. a. gewährt wurde, die Zinsen halbjährlich Ende September und März mit Postscheck im voraus.

So wird gebucht:
Ende September

Postscheck	2 450 DM		
		an Zinserträge	2 450 DM

Am 31. 12.

Zinserträge	1 225 DM		
		an PaRA	1 225 DM

| Nr. 50 | Rechnungsabgrenzungsposten |

Die Zinsen für die Monate Januar bis März dürfen nicht in die Erfolgsrechnung des alten Jahres gelangen. Sie sind, da sie ein Ertrag des neuen Jahres sind, auf das Konto PaRA zu übertragen. Die PaRA stehen in der Schlußbilanz auf der Passivseite und haben den Charakter einer Verbindlichkeit. Sie sind zu Beginn des neuen Jahres aufzulösen.

So wird gebucht:

Anfang Januar

PaRA	1 225 DM	
	an Zinserträge	1 225 DM

Zeitliche Rechnungsabgrenzung und Zahlungsvorgang

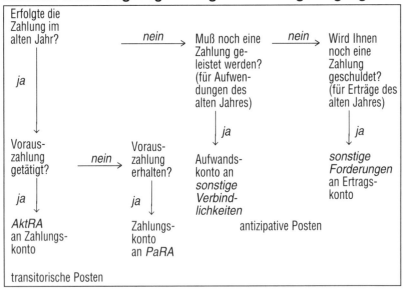

Rechnungsabgrenzungsposten nach Handelsrecht

Nach § 250 HGB sind als Rechnungsabgrenzungsposten auszuweisen:

- auf der *Aktivseite* Ausgaben vor dem Abschlußstichtag, soweit sie Aufwand für eine bestimmte Zeit nach diesem Tag darstellen (*Aktivierungspflicht* nach § 250 Abs. 1 Satz 1 HGB);

- auf der *Passivseite* Einnahmen vor dem Abschlußstichtag, soweit sie Ertrag für eine bestimmte Zeit nach diesem Tag darstellen (*Passivierungspflicht* nach § 250 Abs. 2 HGB);

Rechnungsabgrenzungsposten | Nr. 50

Dies bedeutet, daß als Rechnungsabgrenzungsposten im Handelsrecht (und auch im Steuerrecht) nur *transitorische Posten* berücksichtigt werden können. Voraussetzung ist, daß ein *Zahlungsvorgang* vor dem Bilanzstichtag erfolgt ist. Dabei ist es unerheblich, ob es sich um Bar- und Scheckzahlung, Banküberweisung oder Hingabe eines Wechsels handelt. Die zweite Voraussetzung ist, daß der Zahlungsvorgang Aufwand bzw. Ertrag in einem bestimmten Zeitraum nach dem Bilanzstichtag verursacht. Der Zeitraum einer Wirtschaftsperiode kann überschritten werden.

Transitorische Posten im weiteren Sinne, also etwa die Kosten eines Reklamefeldzuges oder Entwicklungskosten, dürfen nach § 250 HGB nicht als Rechnungsabgrenzungsposten ausgewiesen werden. Da bei einer Werbekampagne oder den Entwicklungskosten ungewiß ist, ob der beabsichtigte Erfolg eintritt, ist eine Aktivierung dieser entstandenen Aufwendungen und ihre Verteilung auf kommende Geschäftsjahre untersagt. Der Gesetzgeber hat dem kaufmännischen Prinzip der Vorsicht einen höheren Stellenwert eingeräumt als der betriebswirtschaftlichen Periodenabgrenzung.

Der Differenzbetrag zwischen Ausgabe- und Rückzahlungsbetrag von Verbindlichkeiten und Anleihen darf in den Rechnungsabgrenzungsposten berücksichtigt werden. Ein *Disagio* liegt vor, wenn der Auszahlungsbetrag einer Verbindlichkeit niedriger als der Rückzahlungsbetrag ist. Es besteht ein *Aktivierungswahlrecht*. Der Differenzbetrag kann als aktiver Rechnungsabgrenzungsposten aktiviert und durch planmäßige Abschreibungen, die auf die gesamte Laufzeit verteilt werden können, getilgt werden (§ 250 Abs. 3 HGB).

Der Gesetzgeber wollte durch die Begrenzung der Rechnungsabgrenzungsposten erreichen, daß diese nicht zu einem Sammelposten für schwierig unterzubringende Buchungen werden.

Antizipative Aktiva (zu erwartende Miet-, Pacht- und Zinserträge) sowie *antizipative Passiva* (später zu bezahlende Versicherungsprämien, Gebühren für Wasser, Gas, Elektrizität, Telefon) können als sonstige Forderungen bzw. sonstige Verbindlichkeiten erfaßt werden, dürfen aber nicht als Rechnungsabgrenzungsposten ausgewiesen werden.

Ungewisse Verbindlichkeiten sowie wahrscheinliche Verluste aus schwebenden Geschäften sind als Rückstellungen auszuweisen, ebenfalls unterlassene Instandhaltungen. Transitorische Aktiva im weiteren Sinn (Kosten einer Werbekampagne, Entwicklungskosten) dürfen weder als Rechnungsabgrenzungsposten noch auf andere Weise bilanziert werden. Eine Ausnahme besteht, wenn immaterielle Güter des Anlagevermögens (Patente, Markenrechte, Gebrauchsmuster, Warenzeichen) entgeltlich erworben worden sind, dann ist eine Bilanzierung nach § 266 Abs. 2 möglich.

255

Nr. 50	Rechnungsabgrenzungsposten

Die *Abgrenzung* der Aufwendungen und Erträge zwischen zwei Geschäftsjahren ermöglicht einen klaren Einblick in die Vermögensverhältnisse und die Ertragslage eines Unternehmens. Das bilanzierende Unternehmen muß deshalb die Rechnungsabgrenzung vornehmen, es besteht also kein Wahlrecht.

Rechnungsabgrenzungsposten nach Steuerrecht

Das Wirtschaftsjahr ist nach § 4 Abs. 1 EStG die Grundlage für die Gewinnermittlung. Der Gewinn ist die Differenz zwischen dem Betriebsvermögen am Schluß des Wirtschaftsjahres und dem am Ende des vorangegangenen Jahres. Entnahmen (Barentnahmen, Erzeugnisse) während des Wirtschaftsjahres erhöhen den durch Betriebsvermögensvergleich ermittelten Gewinn; Einlagen (Sach- und Geldeinlagen) vermindern ihn.

Rechnungsabgrenzungsposten haben die Aufgabe, Aufwand und Ertrag dem Wirtschaftsjahr zuzurechnen, zu dem sie wirtschaftlich gehören. In der Steuerbilanz können wie in der Handelsbilanz nur *transitorische Rechnungsabgrenzungsposten* ausgewiesen werden.

Die Rechnungsabgrenzungsposten werden im Steuerrecht wie im Handelsrecht gehandhabt. § 5 Abs. 4 EStG stimmt grundsätzlich mit dem HGB überein. Eine Ausnahme gibt es nur beim *Disagio*. Während das Handelsrecht in § 250 Abs. 3 ein Wahlrecht zuläßt, sieht das Steuerrecht eine *Aktivierungspflicht* vor.

Rechnungsabgrenzungsposten auch bei Minderkaufleuten

Die Buchführungs- und Bilanzierungspflicht bestimmen sich im Steuerrecht nach den §§ 160, 161 AO. Die handelsrechtlichen Bestimmungen werden dahin ergänzt, daß auch Unternehmer, die nach Handelsrecht keiner Buchführungspflicht unterliegen, aufzeichnungspflichtig sind.

Das Steuerrecht verlangt die Aktivierung von Forderungen und die Bildung von Rechnungsabgrenzungsposten auch von freiberuflich Tätigen (Architekten, Ärzten, Rechtsanwälten), obwohl für sie die handelsrechtlichen Grundsätze ordnungsmäßiger Buchführung nicht gelten, da sie nicht einmal Minderkaufleute sind.

Der selbständig Berufstätige hat für Honorare und Dienstleistungen, für die er bereits Einnahmen erzielt hat, deren Ausführung er aber erst im neuen Jahr erbringt, in der Bilanz einen Passivposten zu bilden. Der freiberuflich Tätige hat eine Forderung zu aktivieren, wenn er eine Verpflichtung aus dem Vertrag erfüllt hat.

→ Rückstellungen   → Rücklagen   → Verbindlichkeiten

Rechnungswesen

Das Rechnungswesen ist das zentrale Informations- und Dokumentationssystem im Unternehmen. In der vergangenheitsorientierten Berichterstattung für externe Kreise sind die gesetzlichen Vorschriften zu beachten.

Das Rechnungswesen soll ferner der Unternehmensleitung Informationen über die künftige Entwicklung des Unternehmens liefern. Als unternehmerisches Informations- und Kontrollsystem kann das interne Rechnungswesen ganz nach den Wünschen und Bedürfnissen der Unternehmensleitung gestaltet werden.

Finanzbuchhaltung

Die *Finanz-* oder *Geschäftsbuchhaltung* erfaßt alle Geschäftsvorfälle und erstellt am Ende der Abrechnungsperiode über die Gewinn- und Verlustrechnung die Bilanz. Die Finanzbuchhaltung ermittelt das Gesamtergebnis (Unternehmensergebnis).

Dem gesamten Rechnungswesen obliegt eine Sammel- und Ordnungsfunktion, insbesondere die Buchhaltung muß alle ökonomischen Vorgänge im Betrieb und mit Dritten in zeitlicher Reihenfolge erfassen und entsprechend der Systematik des Kontenplans ordnen.

Die Geschäftsbuchhaltung ermittelt die Höhe der Aufwendungen und Erträge und erfaßt Veränderungen beim Kapital, dem Anlagevermögen, den Beständen und den Forderungs- und Schuldverhältnissen. Die Lieferungen und Leistungen an Kunden sowie Kundenkonti, Rabatte und Rückvergütungen werden in der *Kundenbuchhaltung* gebucht, während die entsprechenden Geschäftsvorfälle mit den Lieferanten in der *Lieferantenbuchhaltung* festgehalten werden.

Betriebsbuchhaltung

Die Buchhaltung gliedert sich in die Finanzbuchhaltung und in die Betriebsbuchhaltung. Während die Finanzbuchhaltung den geldmäßigen Wertverzehr mit der Außenwelt erfaßt, hält die Betriebsbuchhaltung die innerbetrieblichen Wertbewegungen fest.

Die Betriebsbuchhaltung oder Kosten- und Leistungsrechnung muß auch die Eigenarten des jeweiligen Wirtschaftszweiges berücksichtigen. Branchenspezifische Besonderheiten haben dagegen kaum Auswirkungen auf die Finanzbuchhaltung.

Nr. 51 | Rechnungswesen

Die entstandenen Kosten werden in der Vollkostenrechnung den einzelnen Kostenträgern, den Erzeugnissen, über den Umweg der Kostenstellen zugerechnet. Die Deckungsbeitragsrechnung belastet die Kostenträger nur mit den direkt zurechenbaren Kosten, den Einzelkosten.

Betriebsstatistik

Das Zahlenmaterial der Geschäftsbuchführung sowie der Kosten- und Leistungsrechnung wird in der Statistik ausgewertet. Die Zahlen können im Rahmen des innerbetrieblichen Vergleichs mit früheren Werten des Betriebes oder mit anderen Betrieben des Wirtschaftszweiges verglichen werden (zwischenbetrieblicher Vergleich).

Planungsrechnung

Die Planungsrechnung befaßt sich wie die Finanzbuchhaltung mit der zahlenmäßigen Erfassung wirtschaftlich bedeutsamer Vorgänge, den Geschäftsvorfällen, im Unternehmen.

Die Dokumentation der Geschäftsvorfälle der Vergangenheit im Rahmen der Finanzbuchhaltung ist für alle Kaufleute gesetzlich zwingend. Die zahlenmäßige Erfassung zukünftiger Größen wie sie die Planungsrechnung durchführt, erfolgt im Interesse des Managements und ist gesetzlich nicht vorgeschrieben. Die Planungsrechnung ist auch im Gegensatz zur Finanzbuchhaltung eine Prognoserechnung.

Die Planungsrechnung oder Vorschaurechnung ist bei größeren Unternehmen Bestandteil des Rechnungswesens. Die in der Buchhaltung erfaßten Daten werden in der Planung unter Berücksichtigung der zukünftigen Erwartungen fortgeschrieben. Die Prognosewerte sind angesichts vieler Unwägbarkeiten mit Unsicherheit behaftet. Die Planungsrechnung liefert aber die Grundlagen für unternehmerische Entscheidungen wie Werbekampagnen, Investitionsentscheidungen.

Controlling

Ein aussagefähiges und aktuelles Rechnungswesen ist Voraussetzung für eine erfolgreiche Arbeit des Controllers. Der Controller befaßte sich ursprünglich mit der Kontrolle und Überwachung des Betriebsablaufes. Sein Tätigkeitsgebiet wurde um Berichterstattung, Planung, Steuerung und Lenkung erweitert (→**Controlling**).

→ Controlling → Kostenrechnung
→ Finanzbuchhaltung

❑

Rücklagen

Rücklagen sind Eigenkapital, werden aber getrennt vom Grundkapital der Aktiengesellschaft bzw. dem Stammkapital der GmbH ausgewiesen. Sie werden gebildet, um etwaige künftige Jahresverluste ausgleichen zu können. Rücklagen verbreitern die Kreditbasis und ermöglichen eine Unternehmensexpansion über offene Selbstfinanzierung.

Offene und stille Rücklagen

Offene Rücklagen werden in der Bilanz gesondert unter der Position „Eigenkapital" ausgewiesen. Sie entstehen, wenn der Jahresüberschuß nicht in vollem Umfang an die Eigentümer verteilt wird. Bei Aktiengesellschaften ist die Bildung offener Rücklagen gesetzlich vorgeschrieben (→**AG: Rechnungslegung...**).

Stille Rücklagen oder *stille Reserven* werden in der Bilanz nicht ausgewiesen, sind aber tatsächlich existierendes Vermögen und Kapital. Dies führt dazu, daß die Summe der vorhandenen Werte im Unternehmen größer ist als die Bilanzsumme.

Bildung und Auflösung stiller Rücklagen

Stille Rücklagen entstehen durch eine Unterbewertung der Aktiva oder durch eine Überbewertung der Passiva.

Entstehung von stillen Rücklagen

Unterbewertung der Aktiva

- Gegenstände des Anlagevermögens werden durch überhöhte bilanzmäßige Abschreibungen zu niedrig bewertet
- Selbsterstellte Anlagen werden nicht aktiviert
- Gegenstände des Umlaufvermögens werden zu niedrig bewertet (→**Bewertung**)

Überbewertung der Passiva

- Passiva werden in der Bilanz zu hoch ausgewiesen

Die *Auflösung* stiller Reserven erfolgt beim Verkauf der betreffenden Anlagegüter. Der Verkaufspreis des Gutes liegt über seinem Buchwert (→**Anlagegüter, Kauf und Verkauf**).

| Nr. 52 | Rücklagen |

Entstehung und Ausweis der offenen Rücklagen

Das HGB verlangt in § 266 HGB den gesonderten Ausweis der Kapitalrücklage und der Gewinnrücklagen. Während Gewinnrücklagen aus dem Ergebnis des jeweiligen Geschäftsjahres gebildet werden, entsteht die Kapitalrücklage durch „von außen" in die Kapitalgesellschaft kommende Zahlungen.

Gezeichnetes Kapital und Kapitalrücklage

Das „*gezeichnete Kapital*" wird grundsätzlich zum Nennwert ausgegeben und heißt bei der AG Grundkapital, bei der GmbH Stammkapital. Das satzungsmäßig festgelegte Eigenkapital entspricht also dem gezeichneten Kapital und hat einen fixen Charakter. Das Konto „Rücklagen" soll die Veränderungen des Eigenkapitals auffangen.

Das gezeichnete Kapital wird in voller Höhe auf der Passivseite der Bilanz ausgewiesen. Noch ausstehende Einlagen auf das gezeichnete Kapital sind gesondert in der Bilanz zu vermerken. So lange wie das Kapital nicht in voller Höhe eingezahlt ist, muß auf der Aktivseite vor dem Anlagevermögen ein Korrekturposten eingerichtet werden.

Zuzahlungen von Aktionären und bestimmte Zahlungen aus der Ausgabe von Wandelschuldverschreibungen sind der *Kapitalrücklage* zuzuführen. Sie sind damit getrennt von den Zuführungen aus dem erzielten Gewinn der Gesellschaft zu erfassen.

Werden Anteile von Aktien über dem Nennwert ausgegeben, dann entsteht ein *Agio* (= Aufgeld), das den Kapitalrücklagen zugeführt wird.

| Beispiel: | Agio bei der Ausgabe junger Aktien |

Eine AG gibt junge Aktien zum Kurs von 170% aus, der Nennwert beträgt 10 000 000 DM. Das Agio in Höhe von 7 000 000 DM wird der Kapitalrücklage zugeführt.

Rücklagen | **Nr. 52**

So wird gebucht:

Bank	17 000 000 DM		
	an	Gezeichnetes Kapital	10 000 000 DM
		Kapitalrücklage	7 000 000 DM

Nach § 272 Abs. 2 HGB sind als Kapitalrücklage auszuweisen:

1. der Betrag, der bei den Ausgaben von Anteilen einschließlich von Bezugsanteilen über den Nennbetrag hinaus erzielt wird
2. der Betrag, der bei den Ausgaben von Schuldverschreibungen für Wandlungsanrechte und Optionsrechte zum Erwerb von Anteilen erzielt wird
3. der Betrag von Zuzahlungen, die Gesellschafter gegen Gewährung eines Vorzugs für ihre Anteile leisten
4. der Betrag von anderen Zuzahlungen, die Gesellschafter in das Eigenkapital leisten.

Während bei § 272 Abs. 2 Satz 3 eine Gegenleistung von der Kapitalgesellschaft erwartet wird, handelt es sich bei § 272 Abs. 2 Satz 4 um die kostenlose Übertragung von Vermögenswerten auf die Kapitalgesellschaft durch die Gesellschafter. Die Gesellschaft erbringt im letzten Fall keine Gegenleistung.

Das Aktiengesetz spricht in § 150 AktG von *Kapitalrücklagen*. Fallen also Beträge im Sinne von § 272 Abs. 2 HGB an, dann sind sie in der Bilanz der AG als Einzelposten unter der Position „Kapitalrücklage" auszuweisen. Nach § 152 Abs. 2 AktG sind in der Bilanz oder im *Anhang* nähere Informationen zu der Position „Kapitalrücklage" zu machen, z. B.:

    Kapitalrücklage am Jahresanfang
+ Zuführungen
− Entnahmen
    Kapitalrücklage am Jahresende

Die Verwendung und Auflösung der Kapitalrücklage unterliegen nach § 150 Abs. 3 AktG Beschränkungen, solange gesetzliche Rücklage und Kapitalrücklage nicht 10% des Grundkapitals übersteigen. Sie können in diesem Falle nur zum Ausgleich eines Jahresverlustes oder eines Verlustvortrages aus dem Vorjahr verwendet werden.

Gewinnrücklagen aus dem Ergebnis des Geschäftsjahres

Gewinnrücklagen stammen aus dem Ergebnis des laufenden oder eines früheren Geschäftsjahres. Sie sind im Unternehmen selbstgebildetes Eigenkapital.

Nr. 52	Rücklagen

Das Aktiengesetz verlangt, daß jährlich mindestens 5% des Jahresüberschusses (Reingewinns) der *gesetzlichen Rücklage* zugeführt wird, bis die gesetzliche Rücklage und die Kapitalrücklage zusammen 10% des Grundkapitals erreichen (§ 150 Abs. 2 AktG). Die Hauptversammlung kann beim Beschluß über die Verwendung des Bilanzgewinns nach § 58 AktG der gesetzlichen Rücklage weitere Beträge zuführen, allerdings nicht unbegrenzt, da eine Mindestdividende von 4% gewährleistet sein muß (§ 254 AktG).

Die Gesellschafter einer GmbH können auch – wenn der Gesellschaftsvertrag nichts anderes vorsieht – den Gewinn oder Teile des Gewinns den Gewinnrücklagen zuführen oder als Gewinn vortragen lassen (§ 29 Abs. 2 GmbHG).

Eine *Rücklage für eigene Anteile* ist auszuweisen, wenn eigene Aktien und/oder Aktien eines herrschenden oder mit Mehrheit beteiligten Unternehmens auf der Aktivseite ausgewiesen werden. Die Rücklage für eigene Anteile ist teilweise oder ganz aufzulösen, wenn die betreffenden Anteile veräußert, eingezogen oder abgeschrieben wurden.

Die *freien Rücklagen* zählen ebenfalls zu den Gewinnrücklagen, da ihre Bildung ebenfalls aus dem Gewinn erfolgt. AG und GmbH können *satzungsmäßige Rücklagen* vorsehen. *Andere freie Rücklagen* sind oftmals zweckgebunden, z. B. Erneuerungsrücklage, Substanzerhaltungsrücklage. Nach § 58 Abs. 2 Satz 1 AktG können Vorstand und Aufsichtsrat bis zur Hälfte des Jahresabschlusses den anderen Gewinnrücklagen zuführen.

Zuführung zu den Gewinnrücklagen

Der Erfolg der Geschäftsperiode steht auf dem Gewinn- und Verlustkonto auf der Soll-Seite, da die Erträge die Aufwendungen übertreffen. Der Saldo wird dann auf das Konto „Jahresüberschuß" übertragen.

So wird gebucht:

Jahresüberschuß
  an gesetzliche Rücklage
      satzungsmäßige Rücklagen
      andere Gewinnrücklagen

→ Aktiengesellschaft: Rechnungslegung...
→ Eigenkapital
→ Gewinn- und Verlustrechnung
→ GmbH: Rechnungslegung...

→ Handelsbilanz
→ Personengesellschaften: Rechnungslegung...
→ Rückstellungen

Rückstellungen

Rückstellungen sind Verpflichtungen gegenüber Dritten, die dem Grunde nach gewiß sind. Unbekannt ist aber, wann und in welcher Höhe sie anfallen werden. Deshalb können sie nicht unter den Verbindlichkeiten ausgewiesen werden. Rückstellungen dienen dem richtigen Schuldenausweis.

Rückstellungen sind ungewisse Schulden

Rückstellungen werden für Aufwendungen gebildet, die dem abgelaufenen Jahr zuzurechnen sind. Die genaue Höhe und der Fälligkeitstermin stehen aber am Bilanzstichtag noch nicht fest, so daß sie geschätzt werden müssen. Eine vernünftige kaufmännische Beurteilung der Risiken ist Maßstab für die Höhe der Rückstellungen (§ 253 Abs. 1 HGB).

Diese *Ungewißheit* über Höhe und Zeitpunkt der Fälligkeit unterscheidet Rückstellungen von den *echten Verbindlichkeiten.* Dies gilt auch für die sonstigen Verbindlichkeiten im Rahmen der Rechnungsabgrenzung am Jahresende. Noch nicht gezahlte Aufwendungen des alten Geschäftsjahres dürfen nur auf dem Konto „Sonstige Verbindlichkeiten" gebucht werden, wenn die spätere Zahlung nach Höhe und Fälligkeit vertraglich bestimmt ist.

Mit der Bildung von Rückstellungen wird ein Aufwand verrechnet. Ein Aufwandskonto und das passive Bestandskonto „Rückstellungen" sind betroffen. Während man in kleinen Unternehmen ein allgemeines Rückstellungskonto für alle Rückstellungsfälle verwendet, erfolgt bei größeren Unternehmen eine genaue Bezeichnung, z. B. Rückstellungen für unterlassene Reparaturen, für Steuernachzahlungen.

Die Bildung von Rückstellungen führt in dem betreffenden Jahr zur Entstehung von Aufwand, der in der Gewinn- und Verlustrechnung ausgewiesene Gesamtaufwand wird höher. Rückstellungen dienen der *periodengerechten Erfolgsermittlung.* Der Aufwand wird der Periode zugerechnet, in der er entstanden ist.

Das HGB läßt sich in § 252 Abs. 1 Nr. 4 vom Vorsichtsprinzip leiten. Vorhersehbare Risiken und Verluste soll der Kaufmann als Aufwand berücksichtigen, hierfür Rückstellungen bilden. Wertsteigerungen soll er aber erst als Ertrag verbuchen, wenn er sie am Abschlußstichtag bereits als Umsatz realisiert hat.

Nr. 53 Rückstellungen

Gegenüberstellung von Verbindlichkeiten, Rückstellungen, Wertberichtigungen und Rücklagen

	Verbindlichkeiten	Rückstellungen	Wertberichtigungen	Rücklagen
Kapitaleigenschaft	Fremdkapital	Fremdkapital	Korrekturposten zum Anlage- und Umlaufvermögen, kein Eigen- oder Fremdkapital	Eigenkapital
Bilanzierungszeitpunkt	im Zeitpunkt der Entstehung	wenn das Risiko bekannt ist	in der betreffenden Wirtschaftsperiode	Bildung am Schluß des Geschäftsjahres
Höhe	Höhe und Zeitpunkt der Fälligkeit sind bekannt	Rückstellungen sind zu schätzen, Höhe und Fälligkeit sind ungewiß	teilweise bekannt, manchmal ist zu schätzen	Höhe wird am Ende des Geschäftsjahres bestimmt
Wahlmöglichkeit	Passivierungspflicht	zuweilen keine Passivierungspflicht	Wahlmöglichkeit, ob direkte oder indirekte Abschreibung	gesetzliche Rücklage zwingend
Erfolgswirksamkeit	keine	Aufwand entsteht bei der Bildung der Rückstellung	Aufwand entsteht bei der Bildung der Wertberichtigung	keine
Ausgabenwirksamkeit	wenn Verbindlichkeit beglichen wird	Ausgabe entsteht bei Auflösung der Rückstellung	keine	keine

Bildung und Auflösung von Rückstellungen

Rückstellungen können gebildet werden für:
- schwebende Prozesse
- Garantieverpflichtungen
- Steuernachzahlungen

Rückstellungen Nr. 53

- unterlassene Reparaturen
- Pensionsverpflichtungen

Beispiel: Schwebendes Gerichtsverfahren

Angenommen, ein Unternehmen bildet am Jahresende eine Rückstellung von 7 000 DM für einen schwebenden Prozeß.

So wird gebucht:

Am Jahresende

Prozeßkosten	7 000 DM		
		an Rückstellung für Prozeßkosten	7 000 DM
G+V-Konto	7 000 DM		
		an Prozeßkosten	7 000 DM
Rückstellung für Prozeßkosten	7 000 DM		
		an SB	7 000 DM

Die Prozeßkosten werden im alten Jahr in der Erfolgsrechnung noch erfaßt. Das Konto „Rückstellung für Prozeßkosten" wird in die Schlußbilanz übertragen und im neuen Jahr über die Eröffnungsbilanz wieder vorgetragen.

Wird der Prozeß im neuen Jahr gewonnen, dann fallen keine Prozeßkosten an. Die Rückstellung kann aufgelöst werden.

So wird gebucht:

Rückstellung für Prozeßkosten			
		an außerordentliche oder periodenfremde Erträge	7 000 DM

Periodenfremde Aufwendungen und Erträge bei der Auflösung von Rückstellungen

Möglich ist ferner, daß der Prozeß stattfindet, aber die geschätzte Höhe ist zu hoch oder zu niedrig. Beide Fälle sind entsprechend buchhalterisch

Nr. 53	Rückstellungen

zu berücksichtigen. Der geschätzte Betrag stimmt nur selten mit dem endgültigen Betrag genau überein.

Geschätzter Betrag ist zu niedrig

In unserem Beispiel wurde für den Prozeß ein Betrag von 7 000 DM angesetzt. Sind aber tatsächlich 10 000 DM angefallen, ist der Differenzbetrag von 3 000 DM über das Konto „periodenfremde Aufwendungen" (außerordentliche Aufwendungen) zu erfassen, da die bereits abgeschlossene Geschäftsperiode mit den Mehrkosten nicht mehr belastet werden kann.

So wird gebucht:

Rückstellung
für Prozeßkosten 7 000 DM
periodenfremder Aufwand 3 000 DM
       an Zahlungskonto
       (z. B. Bank)   10 000 DM

Geschätzter Betrag ist zu hoch

Die gebildete Rückstellung kann höher als die anfallende Zahlung sein. Der Differenzbetrag ist ein Ertrag, der auf das Konto „periodenfremde Erträge" (außerordentliche Erträge) zu buchen ist. Möglich ist auch die Buchung auf ein spezielles Konto, z. B. Erträge aus der Auflösung von Rückstellungen.

Angenommen, in unserem Beispiel wären Prozeßkosten von 5 000 DM angefallen, dann wäre ein Ertrag von 2 000 DM entstanden.

So wird gebucht:

Rückstellungen
für Prozeßkosten 7 000 DM
       an Zahlungskonto   5 000 DM
       periodenfremde
       Erträge   2 000 DM

Die Bildung überhöhter Rückstellungen führt zu stillen Reserven.

Umsatzsteuer erst bei der Auflösung der Rückstellung

Die Umsatzsteuer wird erst bei der Abrechnung gebucht, da vorher auch keine Rechnung vorliegt.

Rückstellungen | Nr. 53

Beispiel: Rückstellung für Instandhaltungsarbeiten

Für notwendige Instandhaltungsarbeiten am Geschäftsgebäude wird eine Rückstellung von 9 000 DM gebildet. In den ersten drei Monaten des folgenden Jahres werden die Instandhaltungsarbeiten durchgeführt und es fallen 10 000 DM plus 15% USt an, die durch Postscheck bezahlt werden.

So wird gebucht:

Im alten Jahr

Haus- und Grundstücksaufwendungen		
an Rückstellungen		9 000 DM

Im neuen Jahr

Rückstellungen	9 000 DM	
periodenfremde Aufwendungen	1 000 DM	
Vorsteuer	1 500 DM	
an Bank		11 500 DM

Passivierungspflicht und -wahlrecht von Rückstellungen

Rückstellungen *müssen* nach Handelsrecht in folgenden Fällen gebildet werden:

- für ungewisse Verbindlichkeiten § 249 Abs. 1 Satz 1
- für drohende Verluste aus schwebenden Geschäften § 249 Abs. 1 Satz 1
- für unterlassene Instandhaltungsarbeiten, die im kommenden Jahr innerhalb der ersten drei Monate nachgeholt werden § 249 Abs. 1 Satz 2
- für Abraumbeseitigung, die im nächsten Jahr nachgeholt wird § 249 Abs. 1 Satz 2
- für Gewährleistungen ohne rechtliche Verpflichtungen § 249 Abs. 1 Satz 2

Passivierungswahlrecht besteht nach Handelsrecht:

- für unterlassene Instandhaltungsaufwendungen, die *nach* drei Monaten im nächsten Geschäftsjahr durchgeführt werden § 249 Abs. 1 Satz 3

Nr. 53 | Rückstellungen

- für genau bezeichnete Aufwendungen, die dem abgelaufenen Geschäftsjahr zuzuordnen sind, die wahrscheinlich oder sicher anfallen werden, deren Höhe und Zeitpunkt unbestimmt ist, z. B. Großreparaturen, Betriebsverlegungen, Werbekampagnen.

Kleinere Unternehmen verfügen meist nur über ein allgemeines Rückstellungskonto. Das HGB sieht für mittelgroße und große Kapitalgesellschaften laut § 266 HGB folgende Gliederung der Rückstellungen vor:

- Rückstellungen für Pensionen und ähnliche Verpflichtungen
- Steuerrückstellungen
- Sonstige Rückstellungen

Praxis-Tip

Nach dem früheren Aktienrecht bestand für Pensionsverpflichtungen ein handelsrechtliches Passivierungswahlrecht. Das neue HGB sieht für alle nach dem 31. 12. 1986 eingegangenen rechtsverbindlichen Pensionsverpflichtungen die Pflicht vor, Rückstellungen zu bilden.

Rückstellungen im Steuerrecht

Der Begriff Rückstellungen wird im Steuerrecht und Handelsrecht übereinstimmend gesehen. Die Bildung von Rückstellungen ist in der Steuerbilanz nur zulässig, wenn sie auch in der Handelsbilanz aufgeführt sind.

Das Einkommensteuergesetz (EStG) nennt drei Rückstellungsarten ausdrücklich:

- Pensionsrückstellungen (§ 6 a EStG)
- Rückstellungen für Jubiläumszuwendungen, sofern eine schriftliche Zusage vorliegt (§ 5 Abs. 4 EStG)
- Rückstellungen wegen Verletzung fremder Patent-, Urheber- oder sonstiger Schutzrechte sind zu bilden, sofern der Rechtsinhaber bereits Ansprüche geltend gemacht hat oder damit ernsthaft zu rechnen ist (§ 5 Abs. 3 EStG).

Praxis-Tip

Rückstellungen für Pensionsverpflichtungen *dürfen* nach § 6 EStG in der Steuerbilanz nur geltend gemacht werden, wenn die betreffenden Personen einen Rechtsanspruch auf Pensionsleistungen vorweisen können. Die Pensionsanwartschaft darf nicht fraglich sein. Die Pensionszusagen bedürfen der Schriftform. § 6 a EStG enthält ein Passivierungswahlrecht dergestalt, daß eine in der Handelsbilanz gebildete Rückstellung für Verpflichtungen aus Pensionszusagen in die Steuerbilanz übernommen werden *darf*.

Sachliche Abgrenzung

Die sachliche oder neutrale Abgrenzung trennt die betriebsfremden und außerordentlichen Aufwendungen und Erträge von den gewöhnlichen betrieblichen Aufwendungen und Erträgen. Die wertmäßige Abgrenzung zwischen Buchhaltung und Kostenrechnung erfolgt, um das von Sondereinflüssen bereinigte tatsächliche Betriebsergebnis zeigen zu können.

Der Gesamterfolg eines Unternehmens

Die Buchführung erfaßt alle in einem Unternehmen anfallenden Geschäftsvorfälle. Diese zeigen ihre Auswirkungen in der Bilanz sowie in der Gewinn- und Verlustrechnung. Der Gesamterfolg eines Unternehmens wird in der Gewinn- und Verlustrechnung gezeigt. Er umfaßt betriebsbedingte und betriebsfremde Aufwendungen und Erträge und ist ein Maßstab für den Erfolg eines Unternehmens (→**Gewinn- und Verlustrechnung**).

Betriebsbedingte Aufwendungen und Erträge bilden das Betriebsergebnis

Die betriebsbedingten Aufwendungen und Erträge stehen in einem unmittelbaren Zusammenhang mit dem eigentlichen Betriebszweck, der Fertigung und dem Verkauf der Produkte im Industriebetrieb.

Die betriebsbedingten Aufwendungen werden im *Großhandel* als Kosten in der Kontenklasse 4 gebucht (z. B. Gehälter, Miete und Heizung für Geschäftsräume, Betriebssteuern, Werbekosten). Die Kosten werden in die Kalkulation zur Ermittlung der Selbstkosten übernommen. Der Saldo der Aufwendungen der Kontenklasse 4 und der entsprechenden Erträge der Kontenklasse 8 ist der reine *Betriebserfolg* (→**Großhandelskontenrahmen**). Da alle betriebsfremden und außergewöhnlichen Faktoren ausgeschaltet sind, zeigt der Betriebserfolg, wie erfolgreich das Unternehmen auf seinem eigentlichen Tätigkeitsgebiet war.

Neutrale Aufwendungen und Erträge sind abzugrenzen

Für die Beurteilung des Unternehmenserfolgs ist es erforderlich, die *außerordentlichen, periodenfremden und betriebsfremden Aufwendungen und Erträge* abzugrenzen. Sie werden abgegrenzt, um den „normalen", den „ohne Sondereinflüsse" entstandenen Erfolg ermitteln zu können. Für die Verbuchung der aperiodischen und außergewöhnlichen

Nr. 54	Sachliche Abgrenzung

Aufwendungen und Erträge spielt es keine Rolle, ob sie im betrieblichen oder unternehmerischen Bereich entstanden sind.

Betriebliche außerordentliche Aufwendungen und Erträge sind atypisch

Die betrieblichen außerordentlichen Aufwendungen und Erträge sind zwar durch betriebliche Vorgänge verursacht, die Vorfälle stehen aber in keiner sachlichen und zeitlichen Verbindung zur Leistungserstellung. Betriebliche außerordentliche Aufwendungen oder Erträge fallen unregelmäßig an; sie können auch einem bereits abgeschlossenen, zurückliegenden Zeitraum angehören.

Als betriebliche außerordentliche Aufwendungen gelten:

- Buchverluste bei der Veräußerung von Gegenständen des Anlagevermögens
- außergewöhnliche Forderungsverluste
- nicht durch Versicherungen gedeckte Brandschäden
- größere Kassendifferenzen

Beispiele für betriebliche außerordentliche Erträge sind:

- Gewinne aus Anlageverkäufen
- Erträge aus Versicherungen (für Feuer- und Wasserschäden, Diebstahl)
- Erträge aus der Auflösung von Rücklagen, Rückstellungen und Wertberichtigungen

Aufwendungen, die nicht durch die Leistungserstellung verursacht sind

Die betriebsfremden Aufwendungen und Erträge sind nicht betriebsbezogen; sie stehen in keiner Verbindung zur Leistungserstellung. Außer den im Konto „betriebsfremde Aufwendungen" erfaßten Buchungsfällen gehören die „Zinsaufwendungen" und die „Haus- und Grundstücksaufwendungen" hierher.

Im Konto betriebsfremde Aufwendungen sind folgende Fälle zu buchen:

- Verluste aus Wertpapierverkäufen
- Schenkungen an Betriebsfremde
- Schaden durch Blitzschlag
- Hochwasserschäden
- Strafen für Steuervergehen
- Bürgschaftsverluste
- Verluste aus Auf- und Abwertungen
- Spenden

Sachliche Abgrenzung | Nr. 54

Zinsaufwendungen beinhalten beispielsweise:

- Zinsen für Bank- und Lieferantenschulden
- Bankprovisionen
- Diskontaufwendungen

Das Konto „Haus- und Grundstücksaufwendungen" erfaßt die Kosten des Grundbesitzes:

- Grundsteuern
- Abschreibungen
- Gebäudeversicherungen
- Instandhaltungen
- Hypothekenzinsen

Betriebsfremde Erträge sind nicht bei der Leistungserstellung entstanden

Betriebsfremde Erträge sind das Gegenstück zu den betriebsfremden Aufwendungen. Sie stehen nicht mit der betrieblichen Leistungserstellung in Verbindung.

Betriebsfremde Erträge sind beispielsweise:

- Kursgewinne beim Verkauf von Wertpapieren
- empfangene Schenkungen
- Währungsgewinn (Schuld in ausländischer Währung verminderte sich infolge Abwertung der ausländischen Valuta)

Zinserträge sind:

- Zinsen aus Darlehen, aus Bankguthaben, aus Warenforderungen
- Diskonterträge

Haus- und Grundstückserträge sind der Gegenposten zu den Haus- und Grundstücksaufwendungen und beinhalten:

- Erträge aus der Vermietung und Verpachtung
- Mietwert der Geschäftsräume im eigenen Gebäude, die kalkulatorische Miete

Sachliche Abgrenzung von betrieblichen und neutralen Erfolgen innerhalb und außerhalb der Buchhaltung

Die Geschäftsbuchführung oder Finanzbuchführung erfaßt betriebliche und neutrale Aufwendungen und Erträge zusammen. Die Trennung von betrieblichen und neutralen Erfolgen kann innerhalb der Geschäftsbuchführung oder außerhalb der Geschäftsbuchführung mit Hilfe einer Abgrenzungstabelle erfolgen.

| Nr. 54 | Sachliche Abgrenzung |

Die buchhalterische Trennung von betrieblichen und neutralen Aufwendungen und Erträgen geschieht durch eine Zuordnung in unterschiedliche Kontenklassen. Das setzt einen entsprechenden Kontenplan voraus. Der Kontenrahmen für den *Großhandel* sieht für die betriebsbedingten Aufwendungen die Kontenklasse 4 vor, während die neutralen Aufwendungen in Kontenklasse 2 zu buchen sind.

Die Geschäftsbuchhaltung erfolgt nach dem *IKR* im Rechnungskreis 1 und alle Aufwendungen und Erträge, ob betrieblich oder unternehmensbezogen (neutral) verursacht, werden zusammen erfaßt. Die Trennung in betriebsbedingte und neutrale Aufwendungen und Erträge erfolgt im *Rechnungskreis 2*, z. B. in einer Abgrenzungstabelle (→**Industriekontenrahmen,** →**Kostenrechnerische Korrekturen**).

→ Einzelhandelskontenrahmen
→ Finanzbuchhaltung
→ Gewinn- und Verlustrechnung
→ Großhandelskontenrahmen

→ Industriekontenrahmen (IKR)
→ Kontenrahmen und Kontenplan
→ Kostenrechnerische Korrekturen

☐

Steuerbilanz

Die nach handelsrechtlichen Vorschriften erstellte Handelsbilanz und ihre Wertansätze sind die Grundlage für die Steuerbilanz. Der Grundsatz der Maßgeblichkeit der Handelsbilanz für die Steuerbilanz besagt, daß die Wertansätze der Handelsbilanz für die Steuerbilanz maßgebend sind, sofern die steuerlichen Vorschriften nicht eine andere Bewertung vorschreiben. Abweichende Wertansätze in der Steuerbilanz werden durch Hinzurechnungen und Kürzungen aus der Handelsbilanz gewonnen (→Handelsbilanz).

Handelsbilanz und Steuerbilanz

Kapitalgesellschaften müssen ihren Jahresabschluß veröffentlichen. Sie erstellen deshalb eine Handelsbilanz nach Handelsrecht, die veröffentlicht wird. Außerdem müssen sie eine Steuerbilanz für die Finanzbehörden erstellen.

Unternehmen, die ihren Jahresabschluß nicht veröffentlichen müssen, z. B. Personengesellschaften, erstellen in der Regel nur *eine Bilanz,* die gleichzeitig Handelsbilanz und Steuerbilanz ist. Die steuerrechtlichen Bewertungsvorschriften sind in dieser Bilanz berücksichtigt.

Bewertungsgrundsätze der Handelsbilanz und der Steuerbilanz

Die Bewertungsvorschriften der Handelsbilanz und der Steuerbilanz haben unterschiedliche Schwerpunkte. Das *Handelsrecht* schützt besonders den Gläubiger. Es schreibt deshalb für Aktiva Höchstwerte und für Passiva Mindestwerte vor. Mindestwerte für Aktiva sollen willkürliche Unterbewertungen verhindern, wodurch die Teilhaber – z. B. die Aktionäre – Schaden erleiden können (→**Bewertungsgrundsätze**, →**Bewertung**).

Die Bewertungsgrundsätze des *Steuerrechts* bestimmen in viel stärkerem Umfang als die Handelsbilanz bei den Aktiva die Bewertung nach unten. Das Steuerrecht unterscheidet:

- Vermögens-Ermittlungsbilanz zur Ermittlung der Vermögensteuer
- Erfolgs-Ermittlungsbilanz berechnet den Reingewinn und ist daher Grundlage für die Einkommens-, Körperschafts- und Gewerbeertragsbesteuerung.

Nr. 55	Steuerbilanz

Steuerbilanz aus der Handelsbilanz abgeleitet

Für die Steuerbilanz gilt der Grundsatz der Maßgeblichkeit der Handelsbilanz (→**Handelsbilanz**). Die Steuerbilanz ist damit keine selbständig aufgestellte Bilanz, sondern eine Handelsbilanz mit durch das Steuerrecht verursachten Korrekturen.

Abnutzbare und nichtabnutzbare Wirtschaftsgüter

Das Steuerrecht unterscheidet abnutzbare und nichtabnutzbare Wirtschaftsgüter.

Alle Güter des Anlagevermögens sind *abnutzbare Wirtschaftsgüter,* ausgenommen Grund und Boden, Beteiligungen sowie der Firmenwert. Abnutzbare Wirtschaftsgüter sind im Steuerrecht nach dem *gemilderten Niederstwertprinzip* zu bilanzieren. An die Stelle des Börsen- und Marktpreises des Handelsrechts tritt der „Gemeine Wert", d. h. der *objektive Normalverkaufswert.*

Der Wertverschleiß der abnutzbaren Wirtschaftsgüter des Anlagevermögens wird durch Abschreibungen (AfA) erfaßt, wodurch die *fortgeführten Anschaffungs- bzw. Herstellungskosten* entstehen.

Der Unternehmer hat unter Umständen bei abnutzbaren und nichtabnutzbaren Wirtschaftsgütern ein Wahlrecht zu einer *„außerplanmäßigen"* oder *„außerordentlichen" Abschreibung,* wenn der *Teilwert* niedriger ist. Der Teilwert, ein steuerlicher Wertansatz, ist der Betrag, den ein Erwerber für das einzelne Wirtschaftsgut im Rahmen des Gesamtpreises entrichten würde, wobei von der Weiterführung des Unternehmens ausgegangen wird.

Alle Wirtschaftsgüter des Umlaufvermögens sind *nichtabnutzbare Wirtschaftsgüter.* Grund und Boden, Beteiligungen sowie der Firmenwert sind ebenfalls *nichtabnutzbare Anlagegüter.* Nichtabnutzbare Wirtschaftsgüter sind nach dem strengen Niederstwertprinzip zu bewerten.

Der Anschaffungswert ist der Höchstwert. Planmäßige Abschreibungen sind bei den nichtabnutzbaren Wirtschaftsgütern des Anlagevermögens nicht gestattet. Nur ein niedrigerer Teilwert ist einzusetzen. Es erfolgt dann eine einmalige Abschreibung auf den niedrigeren Teilwert. Dieser ist in der Regel beim beweglichen Anlagevermögen und beim Umlaufvermögen der Tageswert.

Teilwert und Teilwertabschreibungen

Abnutzbare und nichtabnutzbare Wirtschaftsgüter des Anlagevermögens sind mit den Anschaffungs- bzw. Herstellungskosten zu bewerten. § 254 HGB bezieht sich auf die Steuerbilanz und nennt hier die Zulässigkeit von Abschreibungen auf den *Teilwert.*

Steuerbilanz | Nr. 55

Die Abschreibung auf den niedrigeren Teilwert ist aber in der Praxis nur eingeschränkt möglich, z. B. wenn das Unternehmen mit Verlusten arbeitet. Die organisatorische Einbindung eines Wirtschaftsgutes in ein Unternehmen erhöht gewöhnlich seinen Wert. Das einzelne Wirtschaftsgut hat deshalb bei einer Einbindung in ein Unternehmen meistens einen höheren Wert als einzeln losgelöst.

Praxis-Tip

Anhaltspunkte zur praktischen Handhabung des Begriffes „Teilwert"

- Zum *Zeitpunkt der Anschaffung* oder Herstellung von abnutzbaren und nicht abnutzbaren Wirtschaftsgütern wird vermutet, daß der Teilwert den gemachten Anschaffungs- oder Herstellungskosten entspricht. Dies trifft allerdings nicht bei Fehlinvestitionen zu, z. B.
  - die Bodendecke der neuen Werkshalle ist für die Installation der neuen Maschine zu schwach;
  - die gekaufte Maschine ist durch Konkurrenzprodukte technisch überholt;
  - großes und luxuriöses Verwaltungsgebäude für einen kleinen Betrieb.

  Liegt der Teilwert niedriger, wie in diesen drei Beispielen, können Teilwertabschreibungen vorgenommen werden. Dies führt zu einer Gewinnminderung und damit zu weniger Steuern.

- Zu einem *späteren Zeitpunkt* wird bei abnutzbaren Gegenständen des Anlagevermögens vermutet, daß der Teilwert dem Buchwert entspricht.

Eine Abschreibung auf den niedrigeren Teilwert ist möglich, wenn der Buchwert über dem Marktwert, dem Wiederbeschaffungswert, liegt. Die *Wiederbeschaffungskosten* sind die obere Grenze des Teilwertes eines Wirtschaftsgutes. Der *Einzelveräußerungspreis* des zu bewertenden Wirtschaftsgutes ist die Untergrenze für die Abschreibung auf den Teilwert.

Eine Teilwertabschreibung kommt auch bei *Gütern des Umlaufvermögens* in Betracht. Der Teilwert von Warenbeständen liegt beispielsweise unter den Anschaffungs- oder Herstellungskosten, wenn die Wiederbeschaffungskosten der Waren stark gefallen sind oder die Waren nur zu stark herabgesetzten Preisen verkauft werden können.

Steuerbilanz ein Instrument zur „gerechten" Besteuerung

Eine Steuerbilanz liegt vor, sobald in der Handelsbilanz die einkommens- und körperschaftsteuerlichen Vorschriften verwirklicht sind. Der Gesichtspunkt der Rechtssicherheit und der Steuergerechtigkeit ist in der Steuerbilanz vorrangig.

| Nr. 55 | **Steuerbilanz** |

Die wirtschaftliche Leistungsfähigkeit ist ein wichtiger Maßstab für die Besteuerung. Die Problematik zwischen periodengerechter Erfolgsermittlung und einer objektiven Erfolgsmessung kann die Steuerbilanz allerdings nur bedingt lösen. Das Steuerrecht hat eigenständige Bewertungsvorschriften entwickelt, um durch entsprechende Bewertungsansätze beim Vermögen und den Schulden die Steuerlast nur begrenzt schmälern zu können.

→ Bewertung
→ Bewertungsgrundsätze
→ Bilanz
→ Bilanzanalyse
→ Geringwertige Wirtschaftsgüter

→ Handelsbilanz
→ Jahresabschluß von Personengesellschaften
→ Steuern

Steuern

Steuern sind öffentliche Zwangsabgaben ohne direkte Gegenleistung. Sie sind die wichtigste Einnahmequelle von Bund, Ländern und Gemeinden.

Abgrenzung der Steuern

Steuern sind Zwangsabgaben, die der Staat ohne spezielle Gegenleistung von natürlichen Personen und Unternehmen erhebt. Zölle sind ebenfalls staatliche Abgaben, die an der Grenze für die Einfuhr oder Ausfuhr von Waren verlangt werden. Anders ist es bei den Gebühren und Beiträgen, wo für die Inanspruchnahme und Nutzung öffentlicher Einrichtungen ein Entgelt zu entrichten ist, z. B. Beglaubigung von Urkunden, Gerichtsgebühren, Erschließungsbeiträge für Grundstücke.

Steuern sind die wichtigste Einnahmequelle von Bund, Ländern und Gemeinden. Der Staat benötigt sie zur Erfüllung seiner vielfältigen Aufgaben. Steuern haben auch eine soziale Komponente, da der Staat den sozial Schwachen hilft. Über Steuersenkungen, Steuervergünstigungen und staatliche Konjunkturprogramme kann die Wirtschaftsentwicklung nachhaltig beeinflußt werden.

Arten der Steuern

Steuern können nach verschiedenen Kriterien eingeteilt werden:

- Die gebräuchlichste Einteilungsart ist die nach der *Art der Erhebung* in „direkte" und „indirekte" Steuern.

- Nach dem *Gegenstand* der Besteuerung ist zu gliedern in:
  - Besitzsteuern (Einkommensteuer, Grundsteuern)
  - Verkehrsteuern (Umsatzsteuer)
  - Verbrauchsteuern (Mineralsteuer, Tabaksteuer)

- Im Hinblick auf den *Steuerempfänger* ist in Bundes-, Länder-, Gemeinden- und Kirchensteuern einzuteilen.

- Je nachdem, ob eine natürliche bzw. juristische Person oder ein *Objekt* Bemessungsgrundlage für die Steuer ist, werden Personen- und Realsteuern unterschieden. Die persönliche Leistungsfähigkeit kann bei den Personensteuern berücksichtigt werden, aber nicht bei den Realsteuern.

Nr. 56	Steuern

Besitzsteuern

Personensteuern		
Steuerart	Erklärungen	Finanzhoheit
Lohn- und Einkommensteuer	Sie wird auf das erzielte Einkommen berechnet. Persönliche Leistungsfähigkeit wird berücksichtigt durch Familienstand, Alter, außerordentliche Belastungen und Ausgestaltung des Tarifs.	Bund 42,5% Land 42,5% Gemeinde 15%
Körperschaftsteuer	Sie ist die Einkommensteuer der juristischen Personen, insbesondere der Kapitalgesellschaften. Der einbehaltene Gewinn wird mit 50% besteuert. Ausgeschüttete Gewinne werden mit einem Steuersatz von 36% belastet.	Bund 50% Land 50%
Kapitalertragsteuer	Kapitalertragsteuer in Höhe von 25% ist auf Dividenden und Anleihen zu entrichten.	Bund 50% Land 50%
Vermögensteuer	Sie wird vom Gesamtvermögen der natürlichen und juristischen Personen berechnet.	Land

Realsteuern		
Steuerart	Erklärungen	Finanzhoheit
Grundsteuer	Die Grundsteuer wird auf den unbebauten und den bebauten Grundbesitz erhoben. Der Einheitswert der Grundstücke ist die Bemessungsgrundlage für die Grundsteuer. Die Steuermeßzahl ist ein bestimmter Promillesatz vom Einheitswert. Steuermeßbetrag = 1% Einheitswert × Steuermeßzahl Grundsteuerschuld = Steuermeßbetrag × Hebesatz	Gemeinde

Steuern — Nr. 56

Realsteuern		
Steuerart	Erklärungen	Finanzhoheit
Gewerbesteuer	Die Gewerbesteuer wird nach der Höhe von *Gewerbekapital* und *Gewerbeertrag* ermittelt. Gewerbekapital = Einheitswert des gewerblichen Betriebs + Hinzurechnungen – Kürzungen = Steuermeßbetrag Gewerbeertrag = Gewinn aus Gewerbebetrieb + Hinzurechnungen – Kürzungen = Steuermeßbetrag Gewerbesteuerschuld = Hebesatz der Gemeinde × einheitlicher Steuermeßbetrag	Gemeinde

Verkehrssteuern

Steuerart	Erklärungen	Finanzhoheit
Umsatzsteuer	Die Umsatzsteuer wird auf Lieferungen und Leistungen berechnet (beim Einkauf als Vorsteuer, beim Verkauf als Mehrwertsteuer).	Bund 65% (EG erhält einen Teil) Land 35%
Grunderwerbsteuer	Die Grunderwerbsteuer in Höhe von 2% ist beim Erwerb von Grundstücken und Gebäuden zu entrichten.	Land Gemeinde
Kraftfahrzeugsteuer	Die Kraftfahrzeugsteuer ist vom Fahrzeughalter zu bezahlen.	Land

Nr. 56 | Steuern

Verbrauchsteuern

Steuerart	Erklärungen	Finanz-hoheit
Mineralölsteuer	Die Verbrauchsteuern belasten einzelne Lebensmittel und Genußmittel. Dies hat Auswirkungen auf den täglichen Konsum. Die Verbrauchsteuern werden bei den Produzenten erhoben und von den Zollämtern verwaltet. Die Mineralölsteuer gehört zu den ergiebigsten Steuern.	Bund
Biersteuer		Land
Kaffeesteuer		Bund
Teesteuer		Bund
Zuckersteuer		Bund
Salzsteuer		Bund
Branntweinabgaben		Bund
Schaumweinsteuer		Bund
Tabaksteuer		Bund

Steuern in der Buchhaltung

Bei der buchhalterischen Behandlung der Steuern sind aktivierungspflichtige Steuern, Betriebssteuern, Steuern als „durchlaufender Posten" und Personensteuern zu unterscheiden.

Aktivierungspflichtige Steuern

Fallen Steuern wie die Grunderwerbsteuer unter die Anschaffungsnebenkosten nach § 255 HGB, dann sind sie zu aktivieren (→**Anlagegüter, Kauf und Verkauf**). Die Steuern werden auf das Konto des betreffenden Wirtschaftsgutes gebucht.

Beispiel:	Grunderwerbsteuer

Kauf eines Grundstückes für 300 000 DM und Zahlung durch Banküberweisung, später sind 2% Grunderwerbsteuer zu entrichten.

So wird gebucht:

Bezahlung des Grundstückpreises an den Verkäufer

unbebaute Grundstücke	300 000 DM		
		an Bank	300 000 DM

Steuern | Nr. 56

Bezahlung des Grunderwerbsteuerbescheids

unbebaute Grundstücke   6 000 DM

             an Bank   6 000 DM

Betriebssteuern

Die Betriebssteuern sind für das Unternehmen ein Aufwand und vermindern den Gewinn. Sie sind nach dem Steuerrecht Betriebsausgaben. Die Steuerbeträge gehen meist in voller Höhe in die Kalkulation ein und werden deshalb auch als *Kostensteuern* bezeichnet, z. B. Kfz-Steuer, Gewerbesteuer, Vermögensteuer.

Eine Ausnahme sind Grundsteuern. Sie werden zwar ebenfalls als Aufwand erfaßt, da sie aber keine Kosten sind, werden sie direkt ins G+V-Konto übernommen und nicht in der Kosten- und Leistungsrechnung berücksichtigt.

Steuern als durchlaufender Posten

Die Umsatzsteuer und die einbehaltene Lohn- und Kirchensteuer der Arbeitnehmer werden vom Unternehmen gesammelt und an die Finanzbehörden abgeführt. Die von Dritten (Kunden, Mitarbeiter) zurückbehaltenen Beträge werden an das Finanzamt weitergeleitet, wodurch auch der Ausdruck „durchlaufende Posten" kommt (→**Umsatzsteuer**, →**Lohn und Gehalt**).

Personensteuern von natürlichen und juristischen Personen

Einzelunternehmer und Gesellschafter von Personengesellschaften (OHG, KG, stille Gesellschaft) zählen zu den natürlichen Personen. Sie müssen als Steuerpflichtige bestimmte Steuern privat entrichten. Werden solche Steuern vom Unternehmen ans Finanzamt bezahlt, dann ist das jeweilige Privatkonto als Gegenkonto zu belasten (→**Privatkonto**, →**Eigenkapital**).

Die juristischen Personen AG und GmbH zahlen anstelle von Einkommensteuer die Körperschaftsteuer. Die Körperschaftsteuer beträgt für im Unternehmen belassene Gewinne 45%. Ausgeschüttete Gewinne sind mit 30% zu versteuern. Der Empfänger (Aktionär) kann vom Anrechnungsverfahren bei seiner Einkommensteuererklärung Gebrauch machen, wodurch die von der Gesellschaft geleistete Körperschaftsteuerzahlung berücksichtigt wird.

AG und GmbH müssen außer der Körperschaftsteuer auch Vermögensteuer entrichten. Diese Steuern sind getrennt von den Betriebsteuern im Kontenrahmen als „Steuern vom Einkommen und Ertrag" angeordnet.

| Nr. 56 | **Steuern** |

Da Kapitalgesellschaften über kein Privatkonto verfügen, werden die „Steuern vom Einkommen und Ertrag" zunächst als Aufwand erfaßt und über das Gewinn- und Verlustkonto abgeschlossen. Bei der Ermittlung des Jahresüberschusses werden sie dem Jahresgewinn aber wieder hinzugerechnet.

→ AG: Rechnungslegung und Gewinnverwendung → Eigenkapital → Rücklagen
→ GmbH: Rechnungslegung → Jahresabschluß → Steuerbilanz

❑

Umsatzkostenverfahren

Die Gewinn- und Verlustrechnung (G+V-Rechnung) kann nach § 275 HGB nach dem Gesamtkostenverfahren oder dem Umsatzkostenverfahren erfolgen (→Gewinn- und Verlustrechnung). Das Umsatzkostenverfahren geht von der abgesetzten Leistung der Periode aus und rechnet ihr die entsprechenden Kosten zu. Für die Verkaufserlöse werden die verursachten Kosten ermittelt.

Gesamtkostenverfahren geht von den Gesamtkosten der Periode aus

Das Gesamtkostenverfahren ermittelt die Gesamtkosten der Periode. Die Gesamtleistung wird den Gesamtkosten gegenübergestellt.

Die Gesamtleistung setzt sich aus folgenden Bestandteilen zusammen:

- Umsatzerlöse
- Bestandsveränderungen
- andere aktivierte Eigenleistungen
- sonstige betriebliche Erträge

Die Gesamtkosten bestehen aus:

- Materialkosten
- Personalkosten
- Abschreibungen
- sonstige Kosten

Die Gesamtkosten der Periode beziehen sich auf die in der Periode hergestellte Menge. Außer der abgesetzten Menge sind Bestandsveränderungen und andere aktivierte Eigenleistungen der Periode zu berücksichtigen (→**Gewinn- und Verlustrechnung**).

Umsatzkostenverfahren geht von den Erlösen der verkauften Mengen aus

Das Umsatzkostenverfahren geht von den Erlösen der verkauften Mengen der Periode aus und ermittelt ihre Kosten. Der Umsatz ist der Ausgangspunkt, ihm werden die Kosten zugeordnet. Es werden die Herstellkosten der abgesetzten Leistungen berechnet. Sind Erzeugnisse aus einer früheren Periode im Berichtszeitraum verkauft worden, dann sind diese Kosten jetzt zu berücksichtigen.

Das Umsatzkostenverfahren erlaubt den Ausbau einer kurzfristigen Erfolgsrechnung mit einer Untergliederung nach Artikeln.

Nr. 57 Umsatzkostenverfahren

G+V-Rechnung in Staffelform nach dem Umsatzkostenverfahren		
	Berichtsjahr	Vorjahr
1. Umsatzerlöse	+_____	_____
2. Herstellungskosten der zur Erziehung der Umsatzerlöse erbrachten Leistungen	−_____	_____
3. Bruttoergebnis vom Umsatz	±_____	_____
4. Vertriebskosten	−_____	_____
5. allgemeine Verwaltungskosten	−_____	_____
6. sonstige betriebliche Erträge	+_____	_____
7. sonstige betriebliche Aufwendungen	−_____	_____
8. Erträge aus Beteiligungen	+_____	_____
– davon aus verbundenen Unternehmen _____		
9. Erträge aus anderen Wertpapieren und Ausleihungen des Finanzanlagevermögens	+_____	_____
– davon aus verbundenen Unternehmen _____		
10. sonstige Zinsen und ähnliche Erträge	+_____	_____
– davon aus verbundenen Unternehmen _____		
11. Abschreibungen auf Finanzanlagen und auf Wertpapiere des Umlaufvermögens	−_____	_____
12. Zinsen und ähnliche Aufwendungen	−_____	_____
– davon an verbundene Unternehmen _____		
13. Ergebnis der gewöhnlichen Geschäftstätigkeit (= Betriebsergebnis + Finanzergebnis)	+_____	_____
14. außerordentliche Erträge	+_____	_____
15. außerordentliche Aufwendungen	−_____	_____
16. außerordentliches Ergebnis (Ergebnis vor Steuern = Betriebs- und Finanzergebnis sowie außerordentliches Ergebnis)	+_____	_____
17. Steuern vom Einkommen und Ertrag	−_____	_____
18. sonstige Steuern	−_____	_____
19. Jahresüberschuß/Jahresfehlbetrag	+_____	_____

Die Bezeichnungen und die Reihenfolge entsprechen dem Gesetzestext nach § 275 Abs. 3 HGB. Die Gegenüberstellung von Berichtsjahr und Vorjahr wird im § 275 HGB nicht vorgenommen, ist aber in den Geschäftsberichten üblich. Die Bezeichnung „Summe" sowie die vermerkten + bzw. − sind ebenfalls hinzugefügt, da so die Entstehung von „Jahresüberschuß/Jahresfehlbetrag" deutlicher nachvollzogen werden kann.

Betriebsergebnis, Finanzergebnis und außerordentliches Ergebnis

Die Gewinn- und Verlustrechnung der Kapitalgesellschaften ist in § 275 HGB geregelt. Die Staffelform nach dem Gesamtkostenverfahren oder dem in den angelsächsischen Ländern praktizierten Umsatzkostenverfahren wird verlangt.

Das Betriebsergebnis umfaßt die Posten 1 bis 7, die betrieblichen Erträge und die betrieblichen Aufwendungen. Unterschiede zwischen dem Umsatzkostenverfahren und dem Gesamtkostenverfahren ergeben sich nur im Betriebsergebnis.

Das Finanzergebnis wird beim Umsatzkostenverfahren in den Positionen 8 bis 12 gebildet. Die Erträge aus den Finanzanlagen und Abschreibungen auf Finanzanlagen sind hier erfaßt (→**Finanzergebnis**).

Betriebsergebnis und Finanzergebnis bilden zusammen das Ergebnis der gewöhnlichen Geschäftstätigkeit (= Position 13).

Außerordentliche Erträge (Position 14) und außerordentliche Aufwendungen (Position 15) bilden das außerordentliche Ergebnis (→**Gewinn- und Verlustrechnung**).

Ergebnis vor Steuern und Jahresüberschuß bzw. -fehlbetrag

Das Ergebnis der gewöhnlichen Geschäftstätigkeit und das außerordentliche Ergebnis ergeben zusammen das Ergebnis vor Steuern. Das Ergebnis vor Steuern vermindert um „Steuern vom Einkommen und Ertrag" (Position 17) sowie „Sonstige Steuern" (Position 18) ergibt den Jahresüberschuß bzw. Jahresfehlbetrag.

Umsatzkostenverfahren schwieriger als Gesamtkostenverfahren

Das Umsatzkostenverfahren ermittelt ein aussagefähiges Betriebsergebnis, wodurch es in der kurzfristigen Erfolgsrechnung oft angewandt wird. Dieses Ziel wird erreicht, wenn die angefallenen Aufwendungen sinnvoll den betreffenden Produkten zugeordnet sind.

Das Umsatzkostenverfahren weist die Umsatzerlöse als Ertrag aus, dem Verkaufsvolumen werden die entsprechenden Aufwendungen gegenübergestellt. Die umsatzbezogenen Herstellungsaufwendungen, also alle Einzel- und Gemeinkosten des Material- und Fertigungsbereiches, sind einzubeziehen. Das Umsatzkostenverfahren verlangt die laufende Erfassung und Bewertung der Bestandszugänge an fertigen und unfertigen Erzeugnissen.

Nr. 57	Umsatzkostenverfahren

Praxis-Tip

Das Umsatzkostenverfahren ist zwar kostenrechnerisch aufwendiger durchzuführen, es gibt jedoch über die Ertragslage und die Rentabilität eines Betriebes weniger Informationen preis, da u. a. die Zahlen über Bestandsveränderungen und somit eine mögliche Produktion auf Halde nicht in der Gewinn- und Verlustrechnung auftauchen.

Das Umsatzkostenverfahren liefert aber auch wichtige Informationen für die Betriebsführung. Es macht deutlich, für welche Leistungen die Kosten angefallen sind.

→ Anhang   → Gewinn- und Verlustrechnung
→ Finanzergebnis

❑

Umsatzsteuer

Die Umsatzsteuer wird auf allen Wirtschaftsstufen erhoben, die ein Produkt bis zum Endverbraucher zurücklegt. Jeder Rechnungsempfänger hat seinem Vorlieferanten die gesamte angegebene Umsatzsteuer zu entrichten. Der Endverbraucher trägt und zahlt sie wie eine Verbrauchssteuer.

Die Umsatzsteuer ist für das Unternehmen als durchlaufender Posten kostenneutral. Die Kunden des Unternehmens zahlen die auf den Ausgangsrechnungen ausgewiesenen Umsatzsteuerbeträge, die an das Finanzamt abzuführen sind. Die bei anderen Firmen bei den Einkäufen bereits gezahlte Umsatzsteuer (= Vorsteuer) wird angerechnet.

Umsatzsteuer abzüglich Vorsteuer ergibt die Zahllast.

Umsatzsteuer als Mehrwertsteuer

Der Unternehmer darf von der Umsatzsteuer seiner Ausgangsrechnungen die Vorsteuer seiner Eingangsrechnungen abziehen, wodurch die *Wertschöpfung* besteuert wird. Die eigene betriebliche Wertschöpfung, also der *Mehrwert*, liegt der Umsatzsteuer zugrunde, und diese heißt deshalb auch *Mehrwertsteuer.* Nur der Wertzuwachs wird bei der Umsatzsteuer besteuert.

Der Umsatzsteuer unterliegen Lieferungen und sonstige Leistungen, die ein Unternehmer im Inland gegen Entgelt im Rahmen seines Unternehmens ausführt (§ 1 UStG). Unternehmer nach dem Umsatzsteuerrecht ist bereits, wer eine gewerbliche oder berufliche Tätigkeit selbständig ausübt.

Die Einfuhr von Gütern in die Bundesrepublik unterliegt der Einfuhrumsatzsteuer. Importgüter werden wie im Inland hergestellte Güter behandelt.

Der Eigenverbrauch und die private Nutzung betrieblicher Vermögensgegenstände durch den Unternehmer bzw. Gesellschafter sind nach § 1 UStG umsatzsteuerpflichtig.

Solche steuerpflichtigen Umsätze sind:

- Entnahme von Waren oder Erzeugnissen für Privatzwecke
- private Nutzung betrieblicher Gegenstände, z. B. Firmenfahrzeug wird privat genutzt (→**Privatkonto**)

Nr. 58 | Umsatzsteuer

Steuersatz und Bemessungsgrundlage

Der Steuersatz für die Umsatzsteuer beträgt zur Zeit 15% des Nettobetrages, der ermäßigte Steuersatz 7%. Die Umsatzsteuer ist grundsätzlich auf der Rechnung gesondert auszuweisen.

Beispiel: Steuersatz wird vom Nettowarenwert berechnet

Lieferung eines Büroschranks (netto)	2 100,– DM
+ 15% Umsatzsteuer	315,– DM
Bruttorechnungsbetrag (brutto)	2 415,– DM

Die ausgewiesene Umsatzsteuer von 315 DM ist für das veräußernde Unternehmen eine Verbindlichkeit an das Finanzamt.

Praxis-Tip

Die in der Rechnung ausgewiesene Endsumme ist der Bruttobetrag, also Warenwert einschließlich Umsatzsteuer.

- Bei Rechnungen unter 200 DM brutto kann auf den gesonderten Ausweis der Umsatzsteuer verzichtet werden (§ 33 UStDV).
- Werden Verkäufe an den Endverbraucher (Letztverbraucher) getätigt, muß der Umsatzsteuerbetrag nicht offen ausgewiesen werden.

Erlösminderungen wie Rabatte, Skonti, Preisnachlässe oder Forderungsausfälle vermindern das Entgelt und damit die Bemessungsgrundlage für die Umsatzsteuer. Nebenkosten auf der Rechnung erhöhen das Entgelt und damit die Umsatzsteuer. (→**Verkaufsbuchungen**)

Bei Eingangsrechnungen fällt Vorsteuer an

Die Umsatzsteuer auf Eingangsrechnungen wird als Vorsteuer bezeichnet und ist eine Forderung des Unternehmens gegen das Finanzamt. Das Vorsteuerkonto steht auf der Aktivseite der Bilanz.

Beispiel: Einkauf von Waren auf Ziel

Sie kaufen Hilfsstoffe für Ihre Produktion im Wert von 70 000 DM. Die bezahlte Umsatzsteuer ist als Vorsteuer zu buchen.
So wird gebucht:

Hilfsstoffe	70 000 DM		
Vorsteuer	10 500 DM		
		an Verbindlichkeiten	80 500 DM

(→**Einkaufsbuchungen**)

Umsatzsteuer | Nr. 58 |

Bei Ausgangsrechnungen ist Umsatzsteuer zu entrichten

Die Umsatzsteuer auf Ausgangsrechnungen ist eine Verbindlichkeit des Unternehmens an das *Finanzamt*. Das Umsatzsteuerkonto steht auf der Passivseite der Bilanz.

Beispiel: Verkauf von Waren auf Ziel

Sie verkaufen Fertigwaren im Wert von 110 000 DM. Die erhaltene Umsatzsteuer ist auf das Umsatzsteuerkonto zu buchen.

So wird gebucht:

Forderungen	126 500 DM		
	an	Umsatzerlöse	110 000 DM
		Umsatzsteuer	16 500 DM

(→**Verkaufsbuchungen**)

Ermittlung der Zahllast

Die Zahllast ergibt sich, wenn die Vorsteuer von der Umsatzsteuer abgezogen wird. Der Unterschiedsbetrag, die Zahllast, ist an das Finanzamt zu überweisen.

Der Saldo des Kontos „Vorsteuer" ist auf das Konto „Umsatzsteuer" zu übertragen. Letzteres wird durch die Zahlung an das Finanzamt ausgeglichen bzw. auf der Passivseite der Bilanz als sonstige Verbindlichkeit ausgewiesen.

Beispiel: Abschluß der Umsatzsteuerkonten

Im Monat Juni sind 18 400 DM Vorsteuer und 32 000 DM Umsatzsteuer gebucht worden.

So wird gebucht:

Umsatzsteuer	18 400 DM		
	an	Vorsteuer	18 400 DM

Abführung der Zahllast an das Finanzamt

Umsatzsteuer	13 600 DM		
	an	Bank	13 600 DM

Nr. 58	Umsatzsteuer

Am Ende des Geschäftsjahres ist die Zahllast zu bilanzieren

Umsatzsteuer 13 600 DM
　　　　　　　　　　an sonstige Verbindl.　13 600 DM

So sehen die Konten aus:

```
         Vorsteuer                         Umsatzsteuer
Verb.,        | USt   18 400   Vorst.   18 400 | Ford.,
Bank usw. 18 400|               Zahl-           | Bank usw.  32 000
                                last     13 600 |
                                         32 000           32 000
```

```
    sonst. Verbindlichkeiten
              | USt    13 600
```

> **Praxis-Tip**
>
> Die Zahllast eines Monats ist bis zum 10. des folgenden Monats an das Finanzamt abzuführen.
>
> In der Regel wird die Bilanz im Monat Dezember zum 31. 12. erstellt. Die Zahllast ist dann zu passivieren, da es sich um eine (sonstige) Verbindlichkeit an das Finanzamt handelt.

Vorsteuerüberhang ist eine Forderung an das Finanzamt

Ist die Vorsteuer aber größer als die Umsatzsteuer, z. B. bei Saisoneinkäufen oder hoher Investitionstätigkeit, dann liegt ein Vorsteuerüberhang vor. Das Unternehmen hat eine sonstige Forderung an das Finanzamt.

Der Saldo des Kontos „Umsatzsteuer" ist über das Konto „Vorsteuer" abzuschließen. Der Vorsteuerüberhang wird in der Bilanz aktiviert.

So wird gebucht:

Ermittlung des Vorsteuerüberhanges

Umsatzsteuer
　　　　　　　　　an Vorsteuer

Vorsteuerüberhang wird vom Finanzamt auf Bankkonto überwiesen

Bank
　　　　　　　　　an Vorsteuer

Umsatzsteuer — Nr. 58

Vorsteuerüberhang wird aktiviert (Aktivseite der Schlußbilanz)

Sonstige Forderungen an Vorsteuer

Ausnahmen der allgemeinen Umsatzbesteuerung

Steuerbare Umsätze können steuerfrei oder steuerpflichtig sein. Auf steuerpflichtige Umsätze gibt es den allgemeinen Steuersatz von 15% und den ermäßigten Steuersatz von 7%.

- Ausfuhrlieferungen und Lohnveredelungen an Gegenständen der Ausfuhr sind steuerfrei (§§ 4, 6, 7 UStG).
- Umsätze der Seeschiffahrt und die Luftfahrt sind nach §§ 4, 8 UStG steuerfrei.
- Der ermäßigte Steuersatz von zur Zeit 7% gilt für Lebensmittel, Bücher, Zeitungen und Zeitschriften. Die Steuerermäßigung gilt aber nicht für Getränke und den Verzehr in Gaststätten.
- Käufe und Verkäufe von Grundstücken unterliegen der Grunderwerbsteuer. Der Käufer muß eine Grunderwerbsteuer von 2% entrichten.
- Die Börsenumsatzsteuer auf Käufe und Verkäufe von Wertpapieren ist seit 1. 1. 1991 abgeschafft.
- Geldübertragungen wie Barzahlungen, Überweisungen, Scheckzahlungen und die Gewährung von Krediten sind umsatzsteuerfrei. Bankzinsen unterliegen ebenfalls nicht der Umsatzsteuer.
- Einkünfte aus Vermietung und Verpachtung sind von der Umsatzsteuer befreit. Die Option auf die Umsatzbesteuerung kann beim Finanzamt beantragt werden.
- Bestimmte Leistungen – z. B. der Ärzte und Zahnärzte – sind stets umsatzsteuerfrei (§ 4 UStG). Dies gilt auch für die Leistungen des Post- und Fernmeldeverkehrs.

Umsatzsteuer ist ein „durchlaufender" Posten

Die Umsatzsteuer wird beim Verkauf dem Warenwert zugeschlagen und vom Kunden bezahlt. Die auf die Eingangsrechnungen geleistete Vorsteuer wird angerechnet. Es gilt:

Vorsteuer aus Eingangsrechnungen + Zahllast = Umsatzsteuer aus allen Ausgangsrechnungen

Die Umsatzsteuer ist für das einzelne Unternehmen als ein „durchlaufender" Posten im wesentlichen kostenneutral.

Nr. 58 Umsatzsteuer

EU-Umsatzsteuer

Innergemeinschaftliche Lieferungen sind beim Erwerber zu versteuern. Beim Lieferant bleibt der Umsatz steuerfrei. Unternehmer müssen folgendes beachten (ohne Sonderregelungen):

- Bei Rechnungsstellung muß neben der eigenen Umsatzsteuer-Identifikationsnummer (USt-ID-Nr.) die USt-ID-Nr. des Erwerbers angegeben werden. Zusätzlich ist auf die Steuerfreiheit des Umsatzes hinzuweisen. Der Lieferant benötigt einen Nachweis über die Beförderung oder Versendung.
- In der Umsatzsteuervoranmeldung sind die Gesamtbeträge der innergemeinschaftlichen Erwerbe aufzuführen. Es ist daher notwendig, diese auf ein besonderes Sachkonto zu buchen. Der Vorsteuerabzug ist im gleichen Voranmeldungszeitraum möglich, in dem der innergemeinschaftliche Umsatz besteuert wird.
- In vierteljährlichen Abständen muß eine „Zusammenfassende Meldung" abgegeben werden, in der für jeden Erwerber die Summe der Bemessungsgrundlagen der innergemeinschaftlichen Lieferungen aufgeführt werden.

Beispiel: Innergemeinschaftlicher Warenverkehr

Ein Händler kauft bei seinem französischen Geschäftspartner Waren im Wert von 50 000 DM. Im Inland wird 15% USt fällig.

So wird gebucht:

Innergemein-schaftlicher Erwerb	50 000 DM		
		an Verbindlichkeiten	50 000 DM
Anrechenbare Vorsteuer aus innergemeinschaft-lichem Erwerb	7 500 DM		
		an Umsatzsteuer aus im Inland steuerpflichtigen EU-Lieferungen	7 500 DM

Liefert der Händler an seinen niederländischen Geschäftspartner Waren mit einem Wert von 100 000 DM, bucht er wie folgt:

Forderungen	100 000 DM		
		an Steuerfreie inner-gemeinschaftliche Lieferungen	100 000 DM

❑

Unternehmensbewertung

Die Bewertung einer Unternehmung als Ganzes erfolgt auf der Grundlage von Substanzwert und Ertragswert. Substanzwert ist der Wert sämtlicher einer Unternehmung zur Verfügung stehenden Vermögensteile des Anlage- und Umlaufvermögens. Der Substanzwert hängt von den Wiederbeschaffungskosten ab, welche erforderlich wären, um das zu bewertende Unternehmen neu zu errichten (→Wiederbeschaffungswert). Der Ertragswert errechnet sich auf der Basis des gegenwärtigen oder künftigen Ertrages.

Unternehmensbewertung als Ganzes

Die Bewertung einer „Unternehmung als ein Ganzes" ist mehr als die Addition der einzelnen Vermögensteile, vielmehr ist das Unternehmen als Ganzes zu sehen. Die technischen und die finanziellen Gegebenheiten des Unternehmens, das Zusammenwirken von Management und Organisation, die Verflechtung mit den Beschaffungs- und Absatzmärkten und die Fähigkeit der künftigen Gewinnerzielung sind zu berücksichtigen.

Anlässe für Unternehmensbewertungen

Die Bewertung der Unternehmung als Ganzes erfolgt zu bestimmten Anlässen:

- Kauf oder Verkauf des gesamten Unternehmens
- dauernde Wertminderung einer Beteiligung und Notwendigkeit einer entsprechenden Abschreibung
- Ausgleichszahlungen an außenstehende Aktionäre bei Abschluß eines Gewinnabführungs- und Beherrschungsvertrages
- Austritt von Gesellschaftern bei Personengesellschaften
- Erbauseinandersetzungen
- Sachgründung und Einbringung eines bestehenden Unternehmens
- Fusion mit einem anderen Unternehmen

Durchführung von Unternehmensbewertungen

Es gibt keinen absolut objektiven Wert eines Unternehmens, was auch die Schwierigkeiten einer Unternehmensbewertung erklärt. Der Verkäufer eines Unternehmens und der Kaufinteressent haben zunächst subjektive Werteinschätzungen. Es ist in der Praxis üblich, dem potentiellen Käufer einen Einblick in das Unternehmen und in die Daten des Unternehmens zu gewähren, damit er besser informiert ist.

Nr. 59 Unternehmensbewertung

Eine Objektivierung im Entscheidungsablauf wird auch erreicht, wenn von der Fortführung des Unternehmens ausgegangen wird und die zukünftige Ertragskraft abgeschätzt wird. Erfolgsüberschüsse bzw. erzielbare Geldüberschüsse (Einnahmen minus Ausgaben) der kommenden Jahre werden abgezinst.

Bei der Bewertung eines Unternehmens als Ganzes haben Ertragswert und Substanzwert große Bedeutung.

Substanzwert ist leichter zu errechnen

Der Substanzwert ergibt sich, wenn die Tageswerte aller Vermögensgegenstände addiert und die gesamten Schulden abgezogen werden (→**Eigenkapital**). An die Stelle der Buchwerte können die Wiederbeschaffungswerte – vermindert um die Abschreibungen – treten (→**Wiederbeschaffungswert**).

Substanzwert = Tageswerte aller Vermögensgegenstände − alle Schulden

Ertragswert ist genauer

Der Ertragswert geht vom künftigen Erfolg, dem erwarteten Gewinn, aus. Der Zukunftserfolgswert entspricht dem Wert des Unternehmens. Er ist der Barwert der zukünftigen Gewinne. Die praktische Berechnung stößt aber auf große Schwierigkeiten, da es mehrere Unsicherheiten gibt:

- der Erfolg in der Zukunft
- der Kapitalisierungszinsfuß (= landesüblicher Zinssatz für Anlagen mit Risiko)
- die Lebensdauer der Unternehmung.

Der Durchschnittsgewinn der letzten Jahre (meistens von 3 Jahren) wird der Rechnung zugrunde gelegt.

Ein weiteres Verfahren beurteilt die Entwicklungstendenzen der Aufwendungen und Erträge in den nächsten Jahren. Es werden Erfolgsanalysen für einzelne Produkte und ganze Produktbereiche vorgenommen, um so die Gewinnentwicklung überschaubarer zu machen. Es wird dann die Gewinnsituation eines typischen Jahres als Bezugsbasis genommen. Das Prognoseproblem bleibt bei beiden Verfahren bestehen.

$$\text{Ertragswert} = \frac{\text{Durchschnittsgewinn} \times 100}{\text{Kapitalisierungszinsfuß}}$$

Unternehmensbewertung | Nr. 59

| Beispiel: | Ertragswertberechnung |

Durchschnittsgewinn 100 000 DM,
Kapitalisierungszinsfuß 5%, alternativ 6%

$$\text{Ertragswert} = \frac{100\,000 \times 100}{5} = 2\,000\,000$$

$$\text{Ertragswert} = \frac{100\,000 \times 100}{6} = 1\,666\,666$$

Eine Heraufsetzung des Kapitalisierungszinsfußes von 5% auf 6% senkt den Ertragswert von 2 000 000 DM auf 1 666 666 DM, was 16⅔% bedeutet.

Mittelwert aus Substanzwert und Ertragswert ist ein Kompromiß

Unterschiedliche Höhen des Kapitalisierungszinsfußes haben nachhaltige Auswirkungen auf die Höhe des Ertragswertes. Die großen Schwierigkeiten bei der Ermittlung des zukünftigen Erfolges eines Unternehmens sind der Grund, warum der Mittelwert aus Substanzwert und Ertragswert am häufigsten angewendet wird.

$$\text{Unternehmenswert} = \frac{\text{Substanzwert} + \text{Ertragswert}}{2}$$

Praxis-Tip

Die Bewertung von Häusern kann ähnlich erfolgen. Der Substanzwert entspricht den Baukosten. Die Kapitalisierung zukünftiger Erfolge, der Ertragswert, wird auf der Grundlage der Mieteinnahmen – z. B. der letzten drei Jahre – ermittelt. Der Verkaufswert anderer Objekte – z. B. von Geschäften, Gaststätten – läßt sich ebenfalls nach dieser Methode errechnen.

Prüfung der Bilanz eines Unternehmens in Verbindung mit einem Kauf

● **Herstellungskosten**
Sie sollten prüfen, ob das betreffende Unternehmen bei der Bewertung der fertigen und unfertigen Erzeugnisse Verwaltungs- und Sozialkosten sowie Zinsen für Fremdkapital in die Herstellungskosten eingerech-

Nr. 59	Unternehmensbewertung

net hat. Durch diese Maßnahmen wird die Vermögens- und Ertragslage optisch verbessert. Sie sollten zu diesem Sachverhalt die Angaben im Anhang lesen.

● **Pensionsrückstellungen**
Pensionsrückstellungen für die Mitarbeiter sind zu bilden und in der Bilanz entsprechend ausweisen. Wird im Anhang ein Betrag über „Nichtgebildete Pensionsrückstellungen" im Geschäftsjahr ausgewiesen, dann ist das ein Zeichen für eine schlechte Ertragslage.

● **Weitere Rückstellungen**
Unternehmen mit einer guten Finanz- und Ertragslage bilden jährlich „Rückstellungen für außerordentliche Risiken" oder „Rückstellungen für Großreparaturen". Werden sie nicht gebildet, dann ist dies ein Anzeichen für einen geringen Finanz- und Ertragsspielraum. Der Anhang liefert dazu Hinweise.

● **Lagerbestände an fertigen und unfertigen Erzeugnissen**
Sie sollten diese Bilanzposition mit den beiden Vorjahren und der Umsatzentwicklung vergleichen (→**Bilanzanalyse**). Rückläufige Umsätze und ein gleichzeitig starker Anstieg der Lagerbestände ist ein Anzeichen für Absatzschwierigkeiten. Vorsicht ist angebracht.

● **Ausstehende Forderungen**
Die Entwicklung dieser Position ist ebenfalls in Verbindung mit der Umsatzentwicklung zu sehen. Eine starke Zunahme der ausstehenden Forderungen bei gleichzeitig rückläufigen Umsätzen deutet auf Zahlungsschwierigkeiten bei Kunden hin.

● **Sonstige Verbindlichkeiten im Rahmen der sozialen Sicherheit**
Diese Bilanzposition müssen Sie in Verbindung mit der Position „Sozialabgaben" in der Gewinn- und Verlustrechnung sehen. Liegt die Position in der Bilanz besonders hoch, dann dürfte das Unternehmen bereits finanzielle Schwierigkeiten haben.

● **Abschreibungen**
Der Ausweis von degressiven Abschreibungen sowie von Sonderabschreibungen – vermerkt im Anhang – ist ein Zeichen für ein gutgehendes Unternehmen.

→ Bewertung   → Bilanzanalyse   → Handelsbilanz   → Wiederbe-
→ Bilanz   → Eigenkapital   → Steuerbilanz   schaffungswert

☐

Verkaufsbuchungen

Materialwirtschaft, Materialverbrauch und Absatzwirtschaft erfordern beim Industriebetrieb ganz bestimmte Buchungen. Der Verkauf der eigenen Erzeugnisse und der Handelswaren, vom Verkäufer übernommene Frachtkosten sowie Rücksendungen und Nachlässe aufgrund mangelhafter Lieferungen sind zu berücksichtigen und zu verbuchen. Die verschiedenen Unterkonten „Nachlässe" sind am Ende der Geschäftsperiode auf die jeweiligen Konten zu übertragen.

Die Debitorenbuchhaltung muß über den Zahlungsstand jedes einzelnen Kunden unterrichtet sein.

Erstellte Erzeugnisse und erbrachte Dienstleistungen

Die im Industriebetrieb hergestellten Produkte und erbrachten Dienstleistungen werden in der Kontenklasse 5 des IKR als betrieblich ordentliche Erträge gebucht.

Folgende Vorgänge sind zu berücksichtigen und entsprechend zu erfassen:

- Umsatzerlöse für eigene Erzeugnisse (Konto 500)

  Hier werden die üblichen Verkäufe gebucht, die im Unternehmen hergestellten Erzeugnisse. Erlösberichtigungen erfolgen auf Konto „5001 Erlösberichtigungen".

  Der betriebliche Kontenplan kann für jede Produktgruppe ein eigenes Umsatzerlöskonto führen, z. B. Produktgruppe A auf Konto 500, Produktgruppe B auf Konto 501, Produktgruppe C auf Konto 502 usw.

- Umsatzerlöse aus anderen Leistungen (Konto 505)

  Leistungen, die in Verbindung zu den Verkäufen stehen, werden hier erfaßt, z. B. Montagearbeiten, Wartung.

- Umsatzerlöse für Handelswaren (Konto 510)

  Handelswaren sind Produkte, die von anderen Unternehmen als Fertigerzeugnisse bezogen werden und keine Be- oder Verarbeitung erfahren. Sie haben meistens die Aufgabe, das eigene Angebot abzurunden. Der Verkauf kann dann mit einem vollständigen Sortiment am Markt auftreten. Erlösberichtigungen erfolgen auf Konto „5101 Erlösberichtigungen", das ein Unterkonto von 510 Umsatzerlöse für Handelswaren ist.

Nr. 60	Verkaufsbuchungen

- Sonstige Umsatzerlöse (Konto 519)

  Auf diesem Konto erfolgt die Verbuchung von Erlösen aus dem Verkauf von Kuppelprodukten und verwertbaren Abfällen, Vermietung von Anlagegütern, Garagenvermietungen usw.

Sofortrabatte beim Verkauf von Erzeugnissen

Sofortrabatte wie Mengen-, Wiederverkäufer- und Sonderrabatte, die gleich bei der Rechnungsausstellung gewährt werden, führen zu keinen Buchungen. Der Listenpreis wird um den Sofortrabatt gekürzt und ergibt den Nettozieleinkaufspreis. Sofortrabatte werden im Verkauf und im Einkauf nicht gebucht (→**Nachlässe**).

Verpackungs- und Versandkosten buchen

Nach BGB trägt der Verkäufer die Verpackungskosten, der Käufer die Versandkosten („Warenschulden sind Holschulden, Geldschulden sind Bring- oder Schickschulden"). Abweichende Regelungen sind vertraglich möglich.

Trägt der Verkäufer die Kosten für Verpackung, Vertreterprovision, Rollgeld und Fracht, dann sind hierfür folgende Konten vorgesehen:

- Aufwendungen für Verpackungsmaterial
- Frachten und Fremdlager (einschließlich Versicherung und andere Nebenkosten)
- Vertriebsprovisionen

Beispiel:	Verkäufer trägt anfallende Transportkosten für einen Kunden und zahlt bar

	Frachtkosten (netto)	300 DM
+	USt 15%	45 DM
=	Frachtkosten inklusive MwSt	345 DM

So wird gebucht:

Frachten	300 DM	
Vorsteuer	45 DM	
	an Kasse	345 DM

Verkaufsbuchungen | Nr. 60

Werden die Transportkosten an den Kunden weiterbelastet, dann ist zu buchen:

Forderungen	345 DM	
an Umsatzerlöse		300 DM
an USt		45 DM

Die verauslagten Transportkosten können aber auch als durchlaufender Posten betrachtet werden, und der Ausgleich erfolgt auf denselben Konten. Die Buchungen lauten dann:

Forderungen	345 DM	
an Frachten		300 DM
an Vorsteuer		45 DM

Rücksendungen führen zu Stornobuchungen

Senden Kunden Fertigerzeugnisse oder Handelswaren zurück, dann sind Stornobuchungen auf folgenden Konten notwendig:

- Forderungen
- Umsatzerlöse
- Umsatzsteuer

Beispiel: Kunde sendet Fertigerzeugnisse zurück

Ein Kunde kaufte Fertigerzeugnisse im Werte von 24 000 DM zuzüglich 3 600 DM MwSt.

Fertigerzeugnisse in Höhe von 6 000 DM plus 900 DM MwSt waren beschädigt und gingen an den Verkäufer zurück.

So wird gebucht:

Buchung der Ausgangsrechnung

Forderungen	27 600 DM	
an Umsatzerlöse		24 000 DM
an USt		3 600 DM

Buchung der Rücksendung

Umsatzerlöse	6 000 DM	
USt	900 DM	
an Forderungen		6 900 DM

Nr. 60 Verkaufsbuchungen

Nachlässe im Verkauf

Preisnachlässe im Verkauf sind:
- Preisabschlag infolge Mängelrüge
- nachträgliche Rabatte (Boni)
- Kundenskonti

Diese Preisnachlässe, sogenannte Erlösberichtigungen, werden in der Buchhaltung auf gesonderten Unterkonten der jeweiligen Erlöskonten erfaßt. Der IKR nennt das Konto „5001 Erlösberichtigungen", das ein Unterkonto von „500 Umsatzerlöse für eigene Erzeugnisse" ist. Das Konto 5001 wird am Ende der Geschäftsperiode über Konto 500 abgeschlossen.

Handelswaren werden im IKR im Konto „510 Umsatzerlöse für Waren" erfaßt. Das Konto „5101 Erlösberichtigungen" ist das entsprechende Unterkonto für Preisnachlässe beim Verkauf von Handelswaren (→**Kundenskonto,** →**Nachlässe**).

Nettoverfahren und Bruttoverfahren bei Nachlässen

Der Kunde erhält den Bonus oder die Umsatzrückvergütung auf den Nettowert der innerhalb eines gewissen Zeitraumes bezogenen Materialien. Boni und Skonti führen damit umsatzsteuerlich zu einer nachträglichen Verringerung der Bemessungsgrundlage. Die ursprünglich errechneten Vorsteuerabzüge sind deshalb im nachhinein zu berichtigen.

Das Nettoverfahren verlangt, daß bei jeder Minderung der Umsatzerlöse gleichzeitig die Umsatzsteuer entsprechend gekürzt wird. EDV-Buchhaltungsprogramme errechnen meist bei Eingabe des Bruttobetrages automatisch die anteilige Steuer heraus.

Die Steuerberichtigung erfolgt beim Bruttoverfahren am Monatsende, wenn die Zahllast berechnet wird. Der Umsatzsteueranteil wird aus der Summe Bruttonachlässe herausgerechnet und dann auf das Konto „Umsatzsteuer" gebucht.

→ Kundenskonto → Nachlässe

Wechselbuchungen

Der Wechsel als Zahlungs- und Kreditmittel

Der Wechsel ist ein Wertpapier in gesetzlich genau vorgeschriebener Form. Der gezogene Wechsel (Tratte) ist eine Zahlungsanweisung und der eigene Wechsel (Solawechsel) ein Zahlungsversprechen.

- Der Verkäufer kann den Wechsel als Zahlungsmittel verwenden, wenn er ihn beispielsweise an seinen Lieferanten weitergibt.

- Der Wechsel ist ein Kreditmittel, da die Zahlung erst zu einem späteren Zeitpunkt fällig wird. Der Verkäufer (Aussteller) sendet in der Regel dem Käufer (Bezogenen) einen Wechsel, den dieser zu akzeptieren hat. Der noch nicht vom Bezogenen unterschriebene Wechsel heißt *Tratte*. Nimmt der Bezogene den auf ihn gezogenen Wechsel durch seine Unterschrift an, dann liegt ein *Akzept* vor. Der Bezogene wird durch das Akzept zur Zahlung der Wechselsumme verpflichtet.

- Die strengen Bestimmungen des Wechselgesetzes dienen der Sicherheit des Gläubigers. Bei Nichtbezahlung tritt ein abgekürztes und verschärftes Verfahren der Geldeintreibung ein.

Wechselforderungen werden durch die Wechselurkunde nachgewiesen und in der Buchhaltung auf dem Konto „Besitzwechsel" erfaßt. Ein Besitzwechsel des Verkäufers ist für den Käufer ein „Schuldwechsel", eine *Wechselverbindlichkeit*.

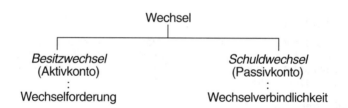

Beispiel: Wechselbuchungen beim Aussteller und beim Bezogenen

Der Verkäufer V. liefert Waren an seinen Kunden K. für 10 000 DM zuzüglich 15% USt = 1 500 DM gegen späteres Akzept. Der Ausgangsrechnung ist eine Tratte beigefügt, die von K. akzeptiert wird.

| Nr. 61 | Wechselbuchungen |

So wird gebucht:
Beim Verkäufer V.
1) Ausgangsrechnung

Forderungen	11 500 DM		
		an Verkaufserlöse	10 000 DM
		USt	1 500 DM

2) Annahme des Akzepts

Besitzwechsel	11 500 DM		
		an Forderungen	11 500 DM

Beim Käufer K.
1) Eingangsrechnung

Waren	10 000 DM		
Vorsteuer	1 500 DM		
		an Verbindlichk.	11 500 DM

2) Annahme des Akzepts

Verbindlichk.	11 500 DM		
		an Schuldwechsel	11 500 DM

Einziehung des Wechsels bei Fälligkeit

Der Wechselinhaber V. hat mehrere Verwendungsmöglichkeiten für den Wechsel. Er kann den Wechsel bis zum Verfalltag aufbewahren und dann dem Bezogenen K. vorlegen. Eine Aufbewahrung ist aber nur sinnvoll, wenn V. über entsprechende liquide Mittel verfügt.

So wird gebucht:
Aussteller V. bucht Einziehung des Wechsels

Kasse	11 500 DM		
		an Besitzwechsel	11 500 DM

Bezogener K. bucht Einlösung des Wechsels

Schuldwechsel	11 500 DM		
		an Kasse	11 500 DM

Wechselbuchungen — Nr. 61

Beauftragt V. die Bank mit dem Einzug des Wechsels, dann fallen noch Inkassospesen an, z. B. 20 DM. Die Bank würde dann den Wechsel bei der Bank von K. zur Einlösung vorlegen.

So wird gebucht:

Bank	11 480 DM
Kosten des Geldverkehrs	20 DM
an Besitzwechsel	11 500 DM

Weitergabe des Wechsel an einen Lieferanten des Ausstellers

V. kann den Wechsel über 11 500 DM an einen Lieferanten zum Ausgleich einer Rechnung weitergeben. Seine Verbindlichkeiten mindern sich entsprechend, ebenso sein Konto „Besitzwechsel".

Der Lieferant wird aber in der Regel Diskont in Rechnung stellen, da die Rechnung bereits fällig ist, der Wechsel aber erst zu einem späteren Zeitpunkt.

Angenommen, in unserem Beispiel wäre die Rechnung über 11 500 DM bereits fällig, während der Verfalltag des Wechsels erst nach 60 Tagen liegen würde. Der Lieferant läßt sich deshalb den Differenzbetrag, den *Diskont*, für 60 Tage zu beispielsweise 10% von seinem Kunden V. bezahlen.

Der Diskont unterliegt der Umsatzsteuer, da der Lieferant den Differenzbetrag in Zusammenhang mit der Lieferung fordert.

Diskont von 11 500 DM für 60 Tage zu 10%	191,67 DM
+ 15% USt	28,75 DM
= Lastschrift des Lieferanten	220,42 DM

$$\text{Diskont} = \frac{K \times p \times t}{100 \times 360} = \frac{11\,500 \times 10 \times 60}{100 \times 360} = 191{,}67 \text{ DM}$$

So wird gebucht:

Diskontaufwendungen	191,67 DM
Vorsteuer	28,75 DM
an Verbindlichkeiten	220,42 DM

Diskontierung des Wechsels bei der Bank

V. hätte den Wechsel über 11 500 DM bereits bei Erhalt bei der Bank diskontieren lassen können. Die Bank legt dann beispielsweise einen Abrech-

Nr. 61	Wechselbuchungen

nungssatz von 8% für 90 Tage zugrunde und berechnet außerdem noch 12 DM Spesen.

Wechselsumme	11 500 DM
− Diskont 8% für 90 Tage (entspricht 2% von 11 500 DM)	230 DM
− Spesen	12 DM
Barwert des Wechsels (= Bankgutschrift)	11 258 DM

$$\text{Zinsen} = \frac{K \times p \times t}{100 \times 360} = \frac{11\,500 \times 8 \times 90}{100 \times 360} = 230 \text{ DM}$$

So wird gebucht:

Bank	11 258 DM		
Diskontaufwendungen	230 DM		
Kosten des Geldverkehrs	12 DM		
		an Besitzwechsel	11 500 DM

Steuerberichtigung des Diskontabzugs

Das Entgelt des Verkäufers wird durch den Diskont ebenso wie durch den Kundenskonto vermindert. Die Umsatzsteuer kann also um $^{15}/_{115}$ des Diskonts von 230 DM = 30 DM gekürzt werden. Der Lieferer muß den Kunden informieren, damit dieser die Vorsteuer entsprechend berichtigen kann.

So wird gebucht:

Umsatzsteuer	30 DM		
		an Diskontaufwendungen	30 DM

Hinweis: Bankspesen können nicht um $^{15}/_{115}$ berichtigt werden, da sie keine Entgeltsminderung nach dem UStG darstellen.

Der Bezogene trägt üblicherweise die Kosten für den Diskont, da er ja den Kredit gewünscht hatte. Er trägt dann die Diskontaufwendungen von 200 DM zuzüglich USt von 30 DM sowie Kosten des Geldverkehrs von 12 DM.

So wird gebucht:

Forderungen	242 DM		
		an Diskonterträge	200 DM
		USt	30 DM
		Kosten des Geldverkehrs	12 DM

Wechselbuchungen | Nr. 61

Die Diskontaufwendungen und Diskonterträge gleichen sich aus.

Der Aussteller des Wechsels belastet in der Regel den Bezogenen nicht mit dem tatsächlich angefallenen Diskont sowie den Gebühren der Bank. Es wird der Diskont zwischen Ankaufstag und Verfalltag des Wechsels ermittelt, wenn der Aussteller den Wechsel am Ankaufstag diskontieren ließe. Die Hausbank rechnet mit dem Aussteller meistens zu einem günstigeren Abrechnungssatz ab als der Aussteller mit dem Bezogenen.

Buchungen des Bezogenen

Diskontbelastung durch den Lieferer

Diskontaufwendungen	200 DM	
Vorsteuer	30 DM	
	an Verbindlichkeiten	230 DM

Einlösung des Wechsels bei der Bank

Schuldwechsel	11 500 DM	
	an Bank	11 500 DM

Wechselprotest

Ein am Verfalltag nicht eingelöster Wechsel wird zum Protestwechsel.

So wird gebucht:

Protestwechsel	
	an Besitzwechsel

Portokosten werden bar bezahlt.

Kosten des Geldverkehrs	
Vorsteuer	
	an Kasse

Rückgriff mit der Wechselrückrechnung

Forderungen	
	an Protestwechsel
	Sonstige Erträge
	Zinserträge

| Nr. 61 | **Wechselbuchungen** |

Der *Vormann*, an den der Wechsel weitergereicht wird, bucht:

Protestwechsel
Kosten des Geldverkehrs
Zinsaufwendungen

                              an Verbindlichkeiten

❑

Wiederbeschaffungswert

Der Wiederbeschaffungswert umfaßt alle Ausgaben bzw. Kosten, die aufzuwenden sind, um ein bestimmtes Wirtschaftsgut des Betriebes zu ersetzen.

Anschaffungswertprinzip sichert nominale Geldkapitalerhaltung

Ein Wirtschaftsgut kann nach seinem „Wert" beim Kauf, seinem Anschaffungswert, bewertet werden. Das Anschaffungswertprinzip bezieht sich auf einen Wert in der Vergangenheit. Die Wertminderung durch Abnutzung wird durch Abschreibungen erfaßt und ergibt dann die fortgeführten Anschaffungswerte. Das Anschaffungswertprinzip folgt dem Grundsatz der nominalen Geldkapitalerhaltung.

Bei Inflation ist reale Kapitalerhaltung gefährdet

Die Anwendung des Anschaffungswertprinzips (Nominalwertprinzip) führt in Zeiten mit hoher Geldentwertung dazu, daß eine Differenz zwischen den Werten der Vergangenheit, den Anschaffungspreisen, und den gestiegenen Werten der Gegenwart, den höheren Wiederbeschaffungspreisen, entsteht. Es kommt zum Substanzverzehr, die reale Kapitalerhaltung ist gefährdet.

Substanzerhaltung durch Wiederbeschaffungswerte

Wirtschaftsgüter können zum derzeitigen Markt- oder Wiederbeschaffungswert bewertet werden, also dem Wert am Bilanzstichtag. Der Wiederbeschaffungswert ist der Wert, zu dem ein Wirtschaftsgut gegenwärtig wiederbeschafft bzw. selbst hergestellt werden kann.

Das Tageswertprinzip ist an der substanziellen Erhaltung des Kapitals interessiert. Gewinn liegt erst vor, wenn die erhöhten Wiederbeschaffungskosten in der Gewinn- und Verlustrechnung berücksichtigt sind.

Wiederbeschaffungswerte in der Kostenrechnung

Die Unternehmen müssen in der Kostenrechnung die Anschaffungspreise durch Wiederbeschaffungspreise ersetzen, wenn der Grundsatz der Substanzerhaltung erreicht werden soll. Die Kalkulation soll genaue Selbstkosten ermitteln. Bei der Berechnung von kalkulatorischen Abschreibungen und Zinsen ist vom gestiegenen Wiederbeschaffungswert und nicht vom Anschaffungswert auszugehen. In der Vorkalkulation entsteht auf der Grundlage von Wiederbeschaffungswerten ein kleinerer Gewinn bzw. ein größerer Verlust.

Nr. 62 Wiederbeschaffungswert

Preisindices des Statistischen Bundesamtes

Der Börsen- bzw. Marktpreis für ein Wirtschaftsgut empfiehlt sich als Wiederbeschaffungswert. Die vom Statistischen Bundesamt veröffentlichten Preisindices des Anlagevermögens eignen sich ebenfalls zur Ermittlung der Wiederbeschaffungswerte für die kalkulatorischen Abschreibungen und Zinsen. Die Anschaffungs- oder Herstellungskosten, beispielsweise der Maschinen, werden mit Hilfe der Indices in Wiederbeschaffungskosten für neue Maschinen gleicher Kapazität umgewandelt. Der ermittelte Wiederbeschaffungswert ist um Abschreibungen bis zum Bilanzstichtag zu vermindern.

Beispiel: **Berechnung des Wiederbeschaffungswertes einer gebrauchten Maschine und der kalkulatorischen Abschreibung**

Eine zu Beginn des Jahres 1986 gekaufte Maschine für 80 000 DM soll in 16 Jahren linear zu 6,25% abgeschrieben werden. Angenommen, der Wiederbeschaffungswert wäre in der Zwischenzeit um 56% gestiegen.

Anschaffungskosten (einschließlich Nebenkosten)	80 000 DM
+ Zuschlag 56%	44 800 DM
Wiederbeschaffungswert für eine neue Maschine dieser Art und Kapazität (Ende 1992)	124 800 DM
− Abschreibung 6,25% × 7 = 43,75% von 124 800 DM	54 600 DM
Wiederbeschaffungswert für eine Maschine mit gleichem Alter und Kapazität (Ende 1992)	70 200 DM
Wert der Maschine in der Handels- bzw. Steuerbilanz (Ende 1992) 56,25% von 80 000 DM	45 000 DM
jährliche bilanzielle Abschreibungen (80 000 DM : 16)	5 000 DM
jährlich Abschreibung auf der Basis von Wiederbeschaffungskosten 43,75% von 124 800 DM = 54 600 DM : 7 = 7 800 DM oder 6,25% jährlich von 124 800 DM	7 800 DM

Die Maschine ist im Jahre 1992 um 56% teurer als im Jahre 1985. Die kalkulatorische Abschreibung, die diese Verteuerung berücksichtigt, ist deshalb auch entsprechend höher anzusetzen als die bilanzielle Abschreibung, die nur eine nominale Kapitalerhaltung sicherstellt.

→ Kostenrechnerische Korrekturen

Anhang

– Rechnungslegung in der EU
– Rechnungslegung in den USA
– Die wichtigsten Bilanzbegriffe in 7 Sprachen
– Managertitel im Ausland
– Französische und englische Wirtschaftsbegriffe

Rechnungslegung in der EU

EU-Richtlinien verändern die Rechnungslegung in den einzelnen Mitgliedsländern

Die EU-Richtlinien zum Gesellschaftsrecht wurden von den Mitgliedstaaten in nationales Recht umgesetzt. Die nationalen Gesetze der einzelnen europäischen Staaten wurden im Hinblick auf den EU-Binnenmarkt einander angeglichen.

Die 4. EU-Richtlinie („Bilanzrichtlinie") bestimmt den Jahresabschluß bei den Kapitalgesellschaften. Die Gliederungs- und Bewertungsmethoden des Jahresabschlusses sind ebenso wie die Prüfungs- und Offenlegungspflichten bestimmt. Die Überleitung dieser EU-Richtlinie in nationales Recht in den verschiedenen Mitgliedstaaten war eine wichtige Voraussetzung für den EU-Binnenmarkt; denn über eine einheitliche Gliederung und Bewertung der Jahresabschlüsse wird eine Vergleichbarkeit der Jahresabschlüsse der Kapitalgesellschaften innerhalb der EU ermöglicht.

In den anderen EU-Staaten gibt es wie in der Bundesrepublik große Kapitalgesellschaften, deren Anteile meist an der Börse gehandelt werden, und kleine Kapitalgesellschaften, die eher den Charakter von Personenunternehmen haben.

Kapitalgesellschaften nach der Größe in bestimmten EU-Staaten

Land	Rechtsform für vorwiegend große Unternehmen	Rechtsform für vorwiegend kleine Unternehmen
Bundesrepublik Deutschland	Aktiengesellschaft (AG)	Gesellschaft mit beschränkter Haftung (GmbH)
Frankreich	Société Anonyme (SA)	Société à responsabilité limitée (Sarl)
Großbritannien	Public limited company (plc)	Private limited company (ltd)
Niederlande	Naamloze Vennootschap (NV)	Besloten Vennootschap met beperking (BV)

Die Größe einer Kapitalgesellschaft wird nach der EU-Richtlinie anhand der drei Kriterien Umsatz, Bilanzsumme und Zahl der Mitarbeiter bestimmt.

Eine große Kapitalgesellschaft liegt vor, wenn zwei der folgenden drei Merkmale erreicht sind:

Rechnungslegung in der EU

- Umsatz 42,48 Mio DM
- Bilanzsumme 21,24 Mio DM
- Beschäftigte 250

Die Gliederungsvorschriften für die Bilanz umfassen 68 Positionen, wobei für kleine und mittlere Kapitalgesellschaften ein verkürztes Bilanzschema und Erleichterungen in der Offenlegung und Prüfung bestehen. Die Gewinn- und Verlustrechnung kann nun nach dem Gesamtkostenverfahren oder nach dem in den anglo-amerikanischen Ländern üblichen Umsatzkostenverfahren erstellt werden.

Grundgedanke der EU-Rechnungslegung ist das in den anglo-amerikanischen Ländern praktizierte „true and view", wodurch „ein den tatsächlichen Verhältnissen entsprechendes Bild der Vermögens-, Finanz- und Ertragslage der Gesellschaft" zu vermitteln ist. Die willkürliche Bildung und Auflösung von stillen Reserven ist damit nicht zulässig.

Die EU-Richtlinie praktiziert auch die in Deutschland übliche Bilanzierung des Anlagevermögens zum „Anschaffungskostenprinzip", also den Anschaffungspreisen bzw. den Herstellungskosten. Die Bewertung des Anlagevermögens zu Wiederbeschaffungs- oder Tageswerten, als „Inflation Accounting" bezeichnet, ist in Deutschland im Jahresabschluß verboten. Lediglich in den Niederlanden besteht ein Wahlrecht hinsichtlich der Bilanzierung zu Wiederbeschaffungs- oder Tageswerten. Dieses Wahlrecht erlaubt in den Niederlanden eine andere Handhabung als in den anderen Ländern.

Somit ist das EU-Ziel der Vereinheitlichung der Jahresabschlüsse nicht völlig erreicht, da es noch nationale Wahlrechte gibt. Die Möglichkeit und auch tatsächliche Handhabung dieser Wahlrechte bewirken, daß eine Vergleichbarkeit nicht in vollem Umfang gewährleistet ist.

Die EU-Richtlinie verlangt ferner eine Darstellung der Entwicklung des Anlagevermögens. Die gesamten Anschaffungskosten, die kumulierten Abschreibungen und die Nettowerte sind in einer Übersicht insgesamt und nach einzelnen Bilanzpositionen im Anlagenspiegel oder Anlagegitter darzustellen.

Die 7. EU-Richtlinie knüpft an die 4. EU-Richtlinie an und befaßt sich mit der Konzernrechnung. Rechtlich selbständige Unternehmen sind beim Konzern miteinander unter einer gemeinsamen Leitung verbunden. Eine Dachgesellschaft mit Holdingfunktion übt meist die Steuerung im Konzern aus. Unterordnungskonzerne mit direkten und indirekten Beteiligungen sind der häufigere Fall, seltener sind Gleichordnungskonzerne mit wechselseitiger Beteiligung.

Das Gesamtvermögen und der Gesamterfolg eines Konzerns werden durch die Konsolidierung der einzelnen Jahresabschlüsse der einzelnen Unternehmen ermittelt. Gruppeninterne Beziehungen wie Warenlieferun-

Rechnungslegung in der EU

gen oder Darlehen sind bei der Konsolidierung zu verrechnen. Das Kapital der Beteiligungen ist mit den Anschaffungswerten hochzurechnen.

Die Konsolidierung setzt ein einheitliches Berichtswesen und gleichartige Kontenpläne bei allen Gruppengesellschaften voraus. Das Rechnungswesen und das Berichtswesen der Tochtergesellschaften ist mit der Muttergesellschaft abzustimmen, z. B. Abschlußstichtag, Bewertungsfragen.

Bei internationalen Konzernen wird in der Praxis bei den Tochtergesellschaften zunächst ein Abschluß in der jeweiligen Landeswährung und den dort geltenden Abschlußvorschriften erstellt. Dieser Abschluß wird dann in das konzerneinheitliche Berichtswesen „umgeschrieben".

Der Konsolidierungskreis umfaßt alle Gesellschaften, die von der Dachgesellschaft direkt oder indirekt kontrolliert werden. Die Kapitalkonsolidierung erfolgt in der 7. EU-Richtlinie nach der anglo-amerikanischen Methode, wonach der Anschaffungswert der Beteiligung mit dem Eigenkapital verrechnet wird. Minderheitsbeteiligungen von 20 bis 50% werden nach der Equitymethode erfaßt. Diese Gesellschaften werden entsprechend ihres Anteils am Eigenkapital in der Position „Beteiligungen" integriert und in der Gewinn- und Verlustrechnung der entsprechende Anteil am Ergebnis ausgewiesen.

Praxis-Tip

Konzernbilanz und -erfolgsrechnung verlangen bestimmte Konsolidierungsmethoden und einheitliche Bilanzierungs- und Bewertungsgrundsätze. Die kontinuierliche Anwendung dieser Grundsätze ist wichtig, um den Vergleich mehrerer Jahre zu ermöglichen.

Viele Konzerne im In- und Ausland erstellen auf freiwilliger Basis noch eine Finanzierungsrechnung, die Auskunft über die Mittelherkunft und die Mittelverwendung gibt. Diese Kapitalflußrechnung wird von der EU-Richtlinie nicht verlangt.

Rechnungslegung in Frankreich

Die EU-Richtlinien sind in der französischen Gesetzgebung berücksichtigt. Der Jahresabschluß soll ein „treues Bild" („une image fidèle") der Vermögens-, Finanz- und Ertragslage der Gesellschaft sein.

Aufbau und Gliederung der Bilanz sowie der Gewinn- und Verlustrechnung einschließlich der Bewertungsmethoden sind damit – abgesehen von der Spache – mit der deutschen Rechnungslegung vergleichbar. Im Abschnitt „Aufbau der französischen Bilanz" finden Sie auf der linken Seite die einzelnen Positionen der Bilanz einer französischen Aktiengesellschaft mit der deutschen Übersetzung daneben.

Der französische Jahresabschluß umfaßt ferner wie der deutsche einen Anhang (Annexe), in dem die Bewertungsmethoden dargestellt und nähere Angaben zu einzelnen Bilanzpositionen gemacht werden.

Eine Besonderheit von französischen Bilanzen ist oft, daß das Sachanlagevermögen auf der Aktivseite indirekt abgeschrieben wird. Das Sachanlagevermögen (brutto), also zu den Anschaffungskosten, abzüglich kumulierte Abschreibungen ergibt den Buchwert des Sachanlagevermögens.

Der *Plan Comptable Général (PCG)* bildet in Frankreich die Grundlage für die Buchhaltung und den Jahresabschluß. Aus dem PCG wurden für viele Wirtschaftszweige *Plans comptables professionnels* abgeleitet. Die einzelne Unternehmung sieht dann leichter, welche Konten des PCG für die betriebsindividuellen Erfordernisse notwendig sind.

Der PCG gliedert sich wie der deutsche Kontenrahmen in jeweils 10 Kontenklassen, -gruppen, -arten und gegebenenfalls -unterarten.

Symbol	französische Bezeichnung	deutsche Bezeichnung
Einstellige Ziffern	*Classes*	Kontenklassen
Zweistellige Ziffern	*Comptes principaux*	Kontengruppen
Dreistellige Ziffern	*Comptes divisionnaires*	Kontenarten
Vierstellige Ziffern	*Sous-comptes*	Kontenunterarten

Die Kontenklassen des PCG sind folgendermaßen strukturiert:

Bilanzkonten

Classe 1	COMPTES DE CAPITAUX (Kapitalkonten)
Classe 2	COMPTES D'IMMOBILISATIONS (Anlagevermögen)
Classe 3	COMPTES DE STOCKS ET D'ENCOURS (Vorräte)
Classe 4	COMPTES DE TIERS (Dritte)
Classe 5	COMPTES FINANCIERS (Finanzkonten)

Erfolgskonten

Classe 6	COMPTES DE CHARGES (Aufwendungen)
Classe 7	COMPTES DE PRODUITS (Erträge)

Abschlußkonten

Classe 8	BILAN D'OUVERTURE (Eröffnungsbilanzkonto)
	BILAN DE CLÔTURE (Schlußbilanzkonto)
	COMPTE DE RÉSULTAT (Gewinn- und Verlustrechnung)

Rechnungslegung in der EU

Kostenrechnung

Classe 9 COMPTABILITÉ ANALYTIQUE D'EXPLOITATION (Kosten- und Leistungsrechnung)

Die Verbindung von PCG und Bilanz sowie Gewinn- und Verlustrechnung zeigen die beiden folgenden Darstellungen

BILAN	
ACTIV IMMOBILISÉ (= Anlagevermögen)	CAPITAUX PROPRES (= Eigenkapital)
Classe 2	Classe 1
ACTIF CIRCULANT (= Umlaufvermögen)	PROVISIONS POUR RISQUES + CHARGES (= Rückstellungen) Classe 1
Classes 3, 4 (Debitoren) et 5	DETTES (= Schulden) Classes 1, 4 (Kreditoren)

RÉSULTAT	
CHARGES D'EXPLOITATION (= Aufwendungen der eigentlichen Geschäftstätigkeit) Classe 6	PRODUITS D'EXPLOITATION (= Erträge der eigentlichen Geschäftstätigkeit) Classe 7
CHARGES FINANCIERS (= Zins- und Diskontaufwendungen) Classe 6	PRODUITS FINANCIERS (= Zins- und Diskonterträge) Classe 7
CHARGES EXCEPT. (= Außergewöhnliche Aufwendungen) Classe 6	PRODUITS EXCEPTIONNELS (= Außerordentliche Erträge) Classe 7
PARTICIPATIONS DES SALARIÉS (= Gewinnbeteiligung der Arbeitnehmer) Compte 691 IMPÔTS SUR LES BÉNÉFICES (= Ertragsteuern) Compte 695	

Rechnungslegung in der EU

Die Geschäftsbuchhaltung (comptabilité générale) ermittelt den Gewinn (bénéfice) oder den Verlust (déficit) des Unternehmens. Die Kosten- und Leistungsrechnung (comptabilité analytique d'exploitation) kann in der Kontenklasse 9 erfolgen oder statistisch. Die Aufwendungen (charges) der Geschäftsbuchhaltung müssen in der Kosten- und Leistungsrechnung den jeweiligen Produkten zugeordnet werden, um die Kostenentwicklung festzustellen und die Herstellkosten zu ermitteln.

Für ein Erzeugnis gilt:
    Résultat = Ventes − Prix de revient
    (Ergebnis = Verkäufe − Herstellkosten)

Für eine Periode und alle Produkte gilt:
    Résultat d'exploitation = Total produits − Total charges
    (Betriebsergebnis = Leistungen insgesamt − Kosten insgesamt)

Aufbau der französischen Bilanz

Bilanz	Bilan
Aktiva	Actif
Anlagevermögen	Actif immobilisé
Immaterielle Vermögensgegenstände Konzessionen, gewerbliche Schutzrechte, Lizenzen	Immobilisations incorporelles Concessions, brevets, licences
Sachanlagen Grundstücke Gebäude, Bauten Betriebsausstattung Material und Werkzeuge Transportmittel	Immobilisations corporelles Terrains Constructions Installations techniques Matériels et outillage Véhicules
Finanzanlagen Beteiligungen Sonstige Wertpapiere d. Anlageverm.	Immobilisations financières Participations Autres titres immobilisés
Umlaufvermögen	Actif circulant
Vorräte Roh-, Hilfs- und Betriebsstoffe Unfertige Erzeugnisse Fertige Erzeugnisse	Stocks Matières premières et autres approvisionnements Produits en cours Produits finis

Rechnungslegung in der EU

Forderungen Forderungen aus Lieferungen Forderungen gegen verbundene Unternehmen übrige Forderungen und sonstige Vermögensgegenstände	Créances Créances comptes clients Créances sur des entreprises liées Autres actifs circulants
Flüssige Mittel	Valeurs disponibles
Rechnungsabgrenzungsposten	Compte de régularisation actif

Passiva	Passif
Eigenkapital	Capitaux propres
Gezeichnetes Kapital	Capital souscrit
Rücklagen Kapitalrücklage Gewinnrücklagen	Réserves Réserve légale et autres réserves Réserves libres
Bilanzgewinn	Bénéfice du bilan
Sonderposten	Réserves spéciales
Rückstellungen Rückstellungen für Pensionen und ähnliche Verpflichtungen Steuerrückstellungen Sonstige Rückstellungen	Provisions pour risques et charges Provisions pour pensions et obligations similaires Provisions pour impôts Autres provisions
Verbindlichkeiten Verbindlichkeiten gegenüber verbundenen Unternehmen	Dettes Dettes envers des entreprises liées
Rechnungsabgrenzungsposten	Compte de régularisation passif

Rechnungslegung in der EU

Gewinn- und Verlustrechnung	Compte de résultat
Umsatzerlöse	Chiffre d'affaires
Herstellungskosten der verkauften Erzeugnisse	Côuts des ventes
Bruttoergebnis vom Umsatz	Marge brute d'exploitation
Vertriebskosten Allgemeine Verwaltungskosten Forschungskosten Abschreibungen Andere betriebliche Aufwendungen	Frais commerciaux Frais d'administration Frais de recherche Dotation aux comptes de provisions Autres charges d'exploitation
Ergebnis der Betriebstätigkeit	Résultat d'exploitation
Beteiligungsergebnis	Résultat des participations
Zinsergebnis	Résultats financiers
Ergebnis der gewöhnlichen Geschäftstätigkeit	Résultat courant
Außerordentliche Erträge	Produits exceptionnels
Außerordentliche Aufwendungen	Charges exceptionnelles
Ergebnis vor Ertragsteuern	Résultat avant impôts
Steuern vom Einkommen und Ertrag	Impôts sur les résultats
Jahresüberschuß	Résultat de l'exercice

Fonds de roulement

Der Fonds de roulement spielt in Frankreich bei der Auswertung von Bilanzen eine wichtige Rolle. Diese Kennzahl soll zeigen, ob ein Unternehmen unter normalen Umständen seine kurzfristigen Verbindlichkeiten begleichen kann. Der Fonds de roulement entspricht rechnerisch der Differenz zwischen Eigenkapital plus langfristigem Fremdkapital abzüglich Anlagevermögen.

Der Fonds de roulement ist der Teil des langfristigen Kapitals, der nicht zur Finanzierung des Anlagevermögens benötigt wird (siehe folgende Abbildung).

Rechnungslegung in der EU

Bilan	
Actif immobilisé (= Anlagevermögen)	Capitaux permanents (= langfristiges Kapital)
Stocks (= Vorräte)	
Créances (= Forderungen, Kunden)	Fournisseurs (= Verbindlichkeiten, Lieferanten)
Valeurs disponibles (= flüssige Mittel)	Autres dettes à court terme (= sonstige kurzfristige Verbindlichkeiten)

fonds de roulement

Ein positiver Fonds de roulement ist ein Anzeichen dafür, daß das finanzielle Gleichgewicht gesichert ist. Andererseits spricht ein negativer Fonds de roulement in der Regel für eine Gefährdung des finanziellen Gleichgewichts des Unternehmens. Das Anlagevermögen muß durch langfristige Mittel finanziert sein, was eben nicht gewährleistet ist.

Die Kennzahl „Fonds de roulement" kann nur mit Sorgfalt angewendet werden, auch muß man sie stets in Verbindung zum betreffenden Unternehmen und seiner Branche sehen. Es kann sich auch trotz eines positiven Fonds de roulement eine Zahlungskrise ergeben, wenn sich die Waren nicht zügig absetzen lassen.

Der Fonds de roulement wird deshalb bei der Prüfung von Kreditanträgen durch Liquiditätskennzahlen ergänzt, wodurch sich auch erst ein abgerundetes Bild ergibt.

Die Kennzahl „ration de trésorerie" stellt die flüssigen Mittel und kurzfristigen Forderungen (ohne Vorräte) in Beziehung zu den kurzfristigen Verbindlichkeiten.

EU-Rechnungslegung und Drittländer

Die Harmonisierungsbestrebungen in der Rechnungslegung der EU-Länder wurden durch die 4. und die 7. EU-Richtlinie nachhaltig gefördert. Sie wurden allerdings durch zahlreiche nationale Wahlrechte abgeschwächt.

Rechnungslegung in der EU

Das EU-Recht zur Rechnungslegung hat beachtliche Auswirkungen auf Drittländer, wie das Beispiel der Schweiz deutlich zeigt. Die Schweiz hat seit 1.7.1992 ein neues Aktienrecht. Die Rechnungslegung wurde an internationale Gepflogenheiten angepaßt und der Handel mit vinkulierten Namensaktien an der Börse stark eingeschränkt.

Die Jahresrechnung (= Jahresabschluß) besteht in der Schweiz aus der Bilanz, der Betriebsrechnung (= Gewinn- und Verlustrechnung) und dem Anhang. Die Jahresrechnung soll den „Beteiligten einen möglichst sicheren Einblick in die wirtschaftliche Lage des Geschäftes" verschaffen.

Die Harmonisierung der Rechnungslegung in der EU hat in der Schweiz zu einer Revision des schweizerischen Aktienrechts geführt. Die Aktienrechtsreform sieht eine tiefere Gliederung der Jahresrechnung als bisher vor, auch gibt es weitere Informationspflichten im Anhang. Die Vorschriften sind aber in weniger Paragraphen als in Deutschland geregelt. Bei der Konzernrechnung gibt es eine Konsolidierungspflicht und eine Konzernprüfung. Die Konsolidierungspflicht ist stark durch die EU-Richtlinien beeinflußt.

Die Revision des schweizerischen Aktienrechts mit mehr Offenlegungspflichten für Aktiengesellschaften ist eine Annäherung an die Entwicklungen in der EU. Die Aktiengesellschaft spielt in der Schweiz auch als Rechtsform für kleinere Unternehmen eine wichtige Rolle.

Die Einführung der Mehrwertsteuer 1995 war ebenfalls ein Schritt in Richtung Europa.

Praxis-Tip

Die großen Schweizer Aktiengesellschaften erstellen ihre Konzernabschlüsse nach internationalen Rechnungslegungsgrundsätzen. Das anglo-amerikanisch beeinflußte IAS-System des International Accounting Standard Committee wird mehr als die EU-Richtlinien angewandt.

Rechnungslegung in den USA

Zeitnahe Bewertung in den USA

Der Schutz der Gläubiger steht in der Bilanzierung in Deutschland im Vordergrund. Die deutsche Rechnungslegung legt deshalb in den Bewertungsvorschriften den Schwerpunkt auf eine vorsichtige Bewertung. Eine niedrige Bewertung des Vermögens und eine möglichst hohe Bewertung von Verbindlichkeiten und Rückstellungen erreicht, daß das Haftungspotential der Gesellschaft nicht günstiger erscheint als es tatsächlich ist. Diese Ungleichbehandlung von Vermögen und Schulden entspricht auch dem Grundsatz der kaufmännischen Vorsicht.

Die Übernahme der EU-Richtlinien durch das Bilanzrichtlinien-Gesetz im dritten Buch des HGB verhindert aber die willkürliche Legung und Auflösung von stillen Reserven.

Anders in den USA, wo das Interesse der Anleger die Bilanzstandards geprägt hat. Das Anlegerschutzinteresse ist für die amerikanischen Rechnungslegungsvorschriften und die Börsenzulassungsvoraussetzungen der Maßstab. Die amerikanischen Bilanzierungsmethoden sehen deshalb eine zeitnahe Bewertung vor.

Die Bilanz und die Daten der Gewinn- und Verlustrechnung sollen Beurteilungskriterien über die Erfolgswirksamkeit unternehmerischer Entscheidungen liefern. Der Gesamtgewinn ist nach der US-Rechnungslegung nach seiner Entstehung hin aufzuteilen. Die Jahresabschlüsse sollen Zeit- und Betriebsvergleiche zulassen. Es sind deshalb auch im Gegensatz zur deutschen Bilanzierung Teilgewinnrealisierungen erlaubt. Die Abrechnung eines Großauftrages kann deshalb anteilig auf die verschiedenen Jahre verteilt werden.

Die angelsächsische Rechnungslegung unterscheidet sich von der kontinentaleuropäischen Bilanzierung durch ihr kurzfristiges Ertragsdenken. Die kurzfristige Gewinnermittlung beinhaltet eine Vergleichbarkeit der Jahresabschlüsse und damit eine Offenlegung stiller Reserven. Steht eine möglichst hohe Dividendenausschüttung im Vordergrund, dann geht das zu Lasten der stillen Reserven.

US-Bilanzgliederungsschema ist nach der Liquidität gegliedert

US-Bilanzen werden nach „allgemein anerkannten Bilanzierungsstandards", sogenannten „generally accepted accounting principles", erstellt und dann von den Wirtschaftsprüfern im Testat bestätigt. Die Bilanzen in den USA sind streng nach der Liquidität bzw. nach der Fälligkeit aufge-

Rechnungslegung in den USA

baut. Dies findet man in Deutschland, Frankreich und der Schweiz nur bei den Bankbilanzen.

Die US-Bilanz beginnt auf der Aktivseite mit dem Umlaufvermögen, den Current assets. Am Anfang stehen die liquiden Mittel, die Position Cash an Cash Equivalents, die Kasse und Bankguthaben umfaßt. Es folgen dann börsengängige Wertpapiere sowie Besitzwechsel. Forderungen bis zu einem Jahr schließen sich an. Die Vorräte stehen am Ende des Umlaufvermögens.

Das Finanzanlagevermögen („Investments") umfaßt immaterielle Werte („Intangibles") und Forderungen mit einer Laufzeit von über einem Jahr sowie Beteiligungen.

Das Sachanlagevermögen („Fixed Assets") steht am Schluß der Aktivseite. Häufig werden die Anschaffungswerte abzüglich kumulierte Abschreibungen ausgewiesen.

US-Bilanzen beginnen auf der Passivseite mit den kurzfristigen Verbindlichkeiten („Current liabilities"). Die kurzfristigen Verbindlichkeiten enthalten wie das Umlaufvermögen nur Posten mit einer Laufzeit bis zu einem Jahr. Tilgungsbeträge langfristiger Verbindlichkeiten werden ebenfalls unter den kurzfristigen Verbindlichkeiten ausgewiesen, wenn sie innerhalb eines Jahres fällig werden.

Praxis-Tip

Bei der Auswertung von US-Bilanzen spielt der Begriff „Working Capital" eine wichtige Rolle. Working Capital ist die Differenz zwischen der Summe des Umlaufvermögens und der Summe der kurzfristigen Verbindlichkeiten. Ein Verhältnis von 2 zu 1 wird in den USA als normal angesehen. Das Umlaufvermögen sollte also doppelt so groß wie die kurzfristigen Verbindlichkeiten sein.

Alle Verbindlichkeiten mit einer Laufzeit von über einem Jahr werden unter den langfristigen Verbindlichkeiten („Long Term Debts") ausgewiesen.

Die Bilanzposition „Reserves" sind vorwiegend Rückstellungen, können aber auch Wertberichtigungen sein.

Das Eigenkapital („Stockholder's Equity) steht am Ende der Bilanz. Das Eigenkapital gliedert sich in Aktienkapital („Capital Stock"), Rücklagen („Capital Surplus") und Gewinnvortrag („Earned Surplus" oder „Retained Earnings"). Der Gewinnvortrag wird in den USA nicht wie in Deutschland auf die Rücklagen übertragen. Hier liegt der Grund, warum diese Bilanzposition oft größer als das Grundkapital ist.

Rechnungslegung in den USA

US-Aktiengesellschaften geben die Zahl der ausgegebenen Aktien an, so daß der Buchwert pro Aktien bzw. der Gewinn pro Aktie leicht errechnet werden kann.

> **Praxis-Tip**
>
> Die zeitnahe Bewertung steht in den US-Bilanzen im Vordergrund, dadurch besteht die Gefahr, daß der Gewinn zu hoch ausgewiesen wird.

Die Ergebnisrechnung („Statement of Income") wird in Staffelform dargestellt. Die Aufwendungen werden nach Funktionsbereichen ausgewiesen wie Sie bei den folgenden Beispielen von DUPONT und von FORD MOTOR COMPANY ersehen können. DUPONT ist das größte Chemieunternehmen der USA. FORD MOTOR COMPANY ist weltweit das viertgrößte Industrieunternehmen und der zweitgrößte Hersteller von Personenwagen und Nutzfahrzeugen. Als Muttergesellschaft der deutschen FORD-WERKE AG besitzt die FORD MOTOR COMPANY 99,8% deren gezeichneten Kapitals.

Rechnungslegung in den USA

DUPONT-Bilanz sowie Gewinn- und Verlustrechnung
E.I. du Pont de Nemours and Company
— DUPONT —
Wilmington

Consolidated Balance Sheet Mio Dollars	1995	Konsolidierte Bilanz Mio Dollar
Assets		Aktiva
Current Assets		Umlaufvermögen
Cash and Cash Equivalents	1 455	Flüssige Mittel
Accounts and Notes Receivable	4 912	Forderungen und Besitzwechsel
Inventories	3 737	Vorräte
Prepaid Expenses	276	Aktive Rechnungsabgrenzungsposten
Deferred Income Taxes	575	Vorausgezahlte Einkommensteuern
Total Current Assets	<u>10 955</u>	*Summe Umlaufvermögen*
Property, Plant and Equipment	50 385	*Anlagevermögen*
Less: Accumulated Depreciation, Depletion and Amortization	<u>29 044</u> 21 341	Abzüglich: Kumulierte Wertberichtigungen Abschreibungen
Investment in Affiliates	1 846	*Beteiligungen*
Other Assets	<u>3 170</u>	*Sonstige Vermögenswerte*
Total	<u>37 312</u>	*Bilanzsumme*

Rechnungslegung in den USA

Liabilities and Stock-holder's Equity		Passiva
Current Liabilities		Kurzfristige Verbindlichkeiten
Accounts Payable	2 636	Verbindlichkeiten, innerhalb eines Jahres
Short-Term Borrowings and Capital Leas Obligations	6 157	Kurzfristige Ausleihungen und Leasingverbindlichkeiten
Income Taxes	470	Steuern vom Einkommen
Other Accrued Liabilities	3 468	Sonstige Verbindlichkeiten
Total Current Liabilities	12 731	Summe kurzfristige Verbindlichkeiten
Long-Term Borrowings	5 678	Langfristige Verbindlichkeiten
Other Liabilities	8 454	Übrige Verbindlichkeiten
Deferred Income Taxes	1 783	Einkommensteuerrückstellung
Total Liabilities	28 646	Summe Verbindlichkeiten
Minority Interests in Consolidated Subsidiaries	230	Anteile anderer Gesellschafter an konsolidierten Unternehmen
Stockholder's Equity		Eigenkapital
Preferred Stock	237	Vorzugskapital
Common Stock	441	Grundkapital
Additional Paid-In Capital	8 689	Kapitalrücklagen
Reinvested Earnings	9 503	Reinvestierte Gewinne
Less: Common Stock Held in DuPont Pension Trust Fund	(1 645)	Abzüglich: Grundkapital bei DuPont Pension Trust Fund
Less: Common Stock Held in Treasury	(8 789)	Abzüglich: Grundkapital beim Finanzwesen
Total Stockholder's Equity	8 436	Summe Eigenkapital
Total	37 312	Bilanzsumme

Rechnungslegung in den USA

Consolidated Income Statement Mio Dollars	1995	Konsolidierte Erfolgsrechnung Mio Dollar
Sales	42 163	Umsatzerlöse
Current Assets		Umlaufvermögen
Other Income	1 099	Andere Erträge
Total	43 262	Summe
Costs of Goods Sold and Other Operating Charges	23 499	Herstellungskosten der zur Erzielung der Umsatzerlöse erbrachten Leistungen
Selling, General and Administrative Expenses	2 995	Verkaufskosten, Allgemeine Verwaltungskosten
Depreciation, Depletion and Amortization	2 722	Wertberichtigungen und Abschreibungen
Exploration Expenses	331	Erschließungskosten
Research and Development Expense	1 067	Forschungs- und Entwicklungsaufwendungen
Interest and Debt Expense	758	Zinsen und Zinsaufwendungen
Taxes Other Than on Income	6 500	Steuern, ausgenommen Steuern vom Einkommen und Ertrag
Total	37 872	Summe
Earnings Before Income Taxes	5 390	Gewinn vor Ertragsteuern
Provision for Income Taxes	2 097	Rückstellungen für Ertragsteuern
Net Income	3 293	Jahresüberschuß
Earnings Per Share	5.61	Gewinn pro Aktie

Rechnungslegung in den USA

Ford Motor Company-Bilanz sowie Gewinn- und Verlustrechnung
Ford Motor Company Dearborn, Michigan, USA

Consolidated Balance Sheet (in millions)	Konsolidierte Bilanz (in Mio)	1995 $	1994 $
Assets	**Aktiva**		
Automotive	**Pkw und Nutzfahrzeuge**		
Cash and cash equivalents	Flüssige Mittel	5 750	4 481
Marketable securities	Marktfähige Wertpapiere	6 656	7 602
Total cash, cash equivalents, and marketable securities	Flüssige Mittel und marktfähige Wertpapiere	12 406	12 083
Receivables	Forderungen	3 321	2 548
Inventories	Vorräte	7 162	6 487
Other current assets	Sonstige Umlaufvermögen	4 392	5 745
Total current assets	Gesamtes Umlaufvermögen	27 281	26 863
Equity in net assets of affiliated companies	Anteil am Nettovermögen von verbundenen Unternehmen	2 248	3 554
Property, net	Sachanlagevermögen, netto	31 273	27 048
Other assets	Sonstiges Vermögen	11 970	11 174
Total Automotive assets	Gesamte Aktiva von Automotive	72 772	68 639
Financial Services			
Cash and cash equivalents	Flüssige Mittel	2 690	1 739
Investments in securities	Beteiligungen in Wertpapieren	4 553	6 105
Receivables and lease investments, net	Forderungen und Leasinganlagen, netto	149 694	130 356
Other assets	Sonstiges Vermögen	13 574	12 783
Total Financial Services assets	Gesamte Aktiva Financial Services	170 511	150 983
Total Assets	**Gesamte Aktiva**	243 283	219 622

Rechnungslegung in den USA

Liabilities and Stockholder's Equity	Passiva	1995 $	1994 $
Automotive			
Trade payables	Verbindlichkeiten aus Lieferungen und Leistungen	11 260	10 777
Other payables	Sonstige Verbindlichkeiten	1 976	2 280
Accrued liabilities	Rückstellungen	13 392	11 943
Income taxes payable	Steuern vom Einkommen	316	316
Debt payable within one year	Schulden zahlbar innerhalb eines Jahres	1 832	155
Total current liabilities	Gesamte kurzfristige Verbindlichkeiten	28 776	25 471
Long-term debt	Langfristige Verbindlichkeiten	5 475	7 103
Other Liabilities	Sonstige Verbindlichkeiten	25 677	24 920
Deferred income taxes	Einkommensteuerrückstellung	1 186	1 216
Total Automotive liabilities	Summe Verbindlichkeiten Automotive	61 114	58 710
Financial Services			
Payables	Verbindlichkeiten	5 476	2 361
Debt	Schulden	141 317	123 713
Deferred income taxes	Einkommensteuerrückstellungen	3 831	2 958
Other liabilities and deferred income	Andere Verbindlichkeiten und passive Rechnungsabgrenzung	6 116	7 669
Net payable to Automotive	Verbindlichkeiten an Automotive	200	677
Total Financial Services Liabilities	Gesamtverbindlichkeiten von Financial Services	156 940	137 378
Preferred stockholder's equity in subsidiary company	Vorzugskapital bei Tochtergesellschaften	682	1 875
Stockholder's equity	**Eigenkapital**		
Capital stock	Gezeichnetes Kapital	6 859	6 485
Earnings retained for use in business	Gewinnrücklagen	17 688	15 174
Total stockholder's equity	Summe Eigenkapital	24 547	21 659
Total Liabilities and Stockholder's Equity	**Gesamte Passiva**	243 283	219 622

Rechnungslegung in den USA

Consolidated Statement of Income	Konsolidierte Erfolgsrechnung	1995 $	1994 $	1993 $
Automotive				
Sales	**Umsatzerlöse (Verkäufe)**	110 496	107 137	91 568
Costs and Expenses	**Kosten und Aufwendungen**			
Costs of Sales	Herstellungskosten der Verkäufe	101 171	95 887	85 280
Selling, administrative and other expenses	Verkaufs- und Verwaltungskosten, andere Kosten	6 044	5 424	4 856
Total cost and expenses	Summe Kosten und Aufwendungen	107 215	101 311	90 136
Operating Income	**Gewinn**	3 281	5 826	1 432
Interest income	Zinserträge	800	665	563
Interest expense	Zinsaufwendungen	622	721	807
Net interest (expense)/income	Zinsergebnisse (Aufwand)/Ertrag	178	(56)	(244)
Equity in net (los) income of affiliated companies	Gewinn-/Verlustanteil von verbundenen Unternehmen	(293)	227	103
Income before income taxes – Automotive	**Gewinn vor Einkommensteuern – Automotive**	3 166	5 997	1 291

Rechnungslegung in den USA

		1995 $	1994 $	1993 $
Financial Services				
Revenues	Erträge	26 641	21 302	16 953
Costs and Expenses	**Kosten und Aufwendungen**			
Interest Expense	Zinsaufwendungen	9 424	7 023	6 482
Operating and other expenses	Laufende und andere Aufwendungen	5 499	5 082	3 196
Provision for credit and insurance losses	Aufwendungen für Kredit- und Versicherungsverluste	1 818	1 539	1 523
Depreciation	Abschreibungen	6 500	4 910	3 064
Total cost and expenses	Gesamte Kosten und Aufwendungen	23 241	18 554	12 265
Net revenue from transactions with Automotive	Nettoertrag aus Transaktionen mit Automotive	139	44	24
Income before income taxes – Financial Services		3 539	2 792	2 712
Total Company	**Gesamtunternehmen**			
Income before taxes	Gewinn vor Steuern	6 705	8 789	4 003
Provision for income taxes	Belastungen für Einkommensteuern	2 379	3 329	1 350
Income before minority interests	Gewinn vor Minoritätsinteressen	4 326	5 460	2 653
Minority interests in net income of subsidiaries	Minoritätsinteressen am Ertrag von Tochtergesellschaften	187	152	124
Net Income	Reingewinn	4 139	5 308	2 529
Income Per Share	Gewinn pro Aktie	$ 3.58	$ 4.97	$ 2.27
Cash Divide Per Share	Bardividende pro Aktie	$ 1.29	$ 0.91	$ 0.80

Rechnungslegung in den USA

Ford Motor Company ist der zweitgrößte Hersteller von Personenwagen und Nutzfahrzeugen der Welt. Das Unternehmen ist auch noch auf anderen industriellen Gebieten tätig. Die zwei Haupttätigkeitsgebiete sind die **Automotive Group** und die **Financial Services Group**. Ford Motor Company erwirtschaftete 1995 einen Gewinn von 4,1 Mrd US-$. 1994 hatte das Unternehmen sogar einen Gewinn von 5,3 Mrd US-$ erreicht.

Automotive Operations

Das weltweite Automobilgeschäft der Ford Motor Copany weist 1995 bei einem Umsatz von 110 Mrd US-$ einen Gewinn von 3,2 Mrd $ aus. Ford verkaufte 1995 weltweit 6 606 000 Fahrzeuge, 1994 wurden sogar 6 583 000 Stück erreicht. Der gesamte Weltmarktanteil von Ford bei Pkw/Lkw wird mit 13,8% angegeben.

Von den weltweit verkauften 6 606 000 Fahrzeugen in 1995 entfallen 3 993 000 auf das USA-Geschäft. Ford erreichte 1995 in Europa bei Automobilen einen Marktanteil von 12,3%. Der Marktanteil in Deutschland betrug bei Pkw 11,4%.

Financial Services Operations

Die Financial Services Group bietet den Kunden einen umfassenden Finanzservice, wozu Finanzierungsprogramme, Leasing- und Versicherungsangebote gehören. Financial Services ist auch im Bankgeschäft tätig und führt die Veräußerung von Leasinggegenständen an die Automotive Group durch.

Die Financial Services Group erzielt hohe und steigende Gewinne seit 1989. Die Erträge betrugen 1995 26,6 Mrd US-$ und der Gewinn vor Steuern 3,5 Mrd US-$.

US-Börsenaufsichtsbehörde verlangt amerikanischen Abschluß

Die EU-Staaten haben sich gegenseitig die Wertpapiermärkte geöffnet, indem sie die jeweiligen nationalen Börsenzulassungsvoraussetzungen und Rechnungslegungsvorschriften gegenseitig anerkannt haben. Auch die Schweiz und Japan haben sich diesem Verfahren angeschlossen. Für multinational orientierte Unternehmen ist so eine Mehrfachnotierung leicht möglich.

Trotz verschiedener Bilanzierungsschemas und unterschiedlicher Bilanzierungsmethoden sind amerikanische Unternehmen an den deutschen und europäischen Börsen zugelassen.

Anders die USA. Die amerikanische Börsenaufsichtsbehörde (SEC) läßt deutsche und europäische Aktien nur an einer amerikanischen Börse zu, wenn sie für die nach nationalem Recht erstellten Bilanzen auch einen

Rechnungslegung in den USA

US-Abschluß vorlegen können. Deutsche Gesellschaften, die an der Wall Street zugelassen werden wollen, müssen also einen Abschluß nach amerikanischen Publizitätsvorschriften und Bilanzierungsstandards vorweisen. Aus Kostengründen sehen deshalb die meisten Unternehmen von einer Notierung an der New Yorker Börse ab.

Die US-Wertpapieraufsichtsbehörde SEC versucht auch auf internationaler Ebene ihre Bilanzierungsstandards durchzusetzen.

International Accounting Standards (IAS) folgen der US-Rechnungslegung

Das International Accounting Standard Committee (IASC) wurde 1973 in London gegründet und strebt eine Angleichung der internationalen Standards der Rechnungslegung an. Das IASC hat die **International Accounting Standards (IAS)** entwickelt.

Der Zielkonflikt zwischen Investorinteressen und Gläubigerschutz wird in den IAS wie in der US-Rechnungslegung zugunsten des Investors am Kapitalmarkt entschieden. Der periodengerechte Erfolgsausweis ist auch bei den IAS das wichtigste Kriterium der Rechnungslegung. Ein Jahresabschluß nach US-Normen oder den IAS-Normen kann weniger manipuliert werden als ein deutscher Jahresabschluß.

Die Rechnungslegung nach IAS ist für europäische Gesellschaften wesentlich einfacher und weniger zeitaufwendig als nach den US-Normen. IAS könnten sich deshalb zum Weltstandard entwickeln.

> **Praxis-Tip**
>
> Großunternehmen in Japan, der Schweiz, in Frankreich und in Deutschland erstellen zunehmend ihren Konzernabschluß nach dem IAS-Standard, während der Einzelabschluß im Sinne der jeweils nationalen Rechnungslegung erstellt wird.

Die wichtigsten Bilanzbegriffe in 7 Sprachen

deutsch	englisch	niederländisch	französisch	italienisch	portugiesisch	spanisch
Jahr	Year	Jaar	An	Ano	Ano	Año
Bilanz	Balance sheet	Balans	Bilan	Bilancio	Balanço	Balance
Aktiva	Assets	Activa	Activ	Attivi	Ativo	Activo
Anlagevermögen	Fixed assets	Onroerend goed	Actif immobilisés	Immobilizzi	Ativo fixo	Activo inmovilizado
Grundstücke	Land	Terreinen	Terrains	Terreni	Immobilizado	Inmueble
Gebäude	Buildings	Gebouwen	Constructions	Edifici	Instalaciones	Instalaciones
Maschinen	Machinery	Machines	Matériels & outillages industriels	Macchine	Immobilisações técnicas	Plantas de produción
Umlaufvermögen	Current Assets	Vlottende activa	Actif circulant	Capital circolante	Ativo circulante	Activo circulante
Vorräte	Inventories, Stocks	Voorraden	Stocks	Scorte	Estoques	Existencias
Forderungen	Accounts receivable	Vorderingen	Créances	Credito	Devedores	Créditos
Flüssige Mittel	Cash and cash items	Geldmiddelen	Disponibilités	Liquidità, Mezzi liquidi	Disponibilidades	Disponible
Passiva	Equity + liabilities	Passiva	Passif	Passivo	Passivo	Pasivo
Eigenkapital	Shareholders' equity	Aandelenkapitaal	Capitaux propres	Capitale probrio	Capital proprio	Capital proprio
Fremdkapital	Liabilities	Schuldkapital	Capital étranger	Capitale mutuato	Exigível	Capital ajeno
Rückstellungen	Accrued liability	Voorzieningen	Provisions	Riserve improprie	Provisões	Provisiones
Verbindlichkeiten	Liabilities	Schulden	Dettes	Debiti	Exigível	Deudas
Gewinn- und Verlustrechnung	Profit and loss account	Winst- en Verliesrekening	Compte de résultat	Conto dei profitti e perdite	Demonstrativo de resultados	Comparación de resultados
Umsätze	Sales	Omzet	Chiffre d'affaires	Fatturato	Faturamento	Cifra de ventas
Aufwendungen	Expenses	Kosten	Charges	Spese	Despesas	Gastos
Gewinn	Net income	Winst	Bénéfice	Utile	Lucro	Beneficio

Managertitel im Ausland

Deutschland	Frankreich	USA
Vorstand	Directoire	Executive Board, Board of Executive Directors
Vorstandssprecher	Président du Directoire, Président-Directeur Général	Chairman of the Executive Board, Chairman of the Board of Executive Directors
Stellvertretender Vorstandssprecher	Vice-Président du Directoire, Directeur Général Adjoint	Deputy Chairman of the Board of Executive Directors
Vorstandsmitglied	Membre du Directoire	Member of the Executive Board
Stellvertretendes Vorstandsmitglied	Membre Suppléant du Directoire	Deputy Member of the Executive Board
Aufsichtsrat	Conseil de Surveillance	Supervisory Board
Aufsichtsratsvorsitzender	Président du Conseil de Surveillance	Chairman of the Supervisory Board
Stellvertretender Aufsichtsratsvorsitzender	Vice-Président du Conseil de Surveillance	Deputy Chairman of the Supervisory Board, Vice-Chairman of the Supervisory Board
Aufsichtsratsmitglied	Membre du Conseil de Surveillance	Member of the Supervisory Board
Generalbevollmächtigter	Directeur Général	General Executive Officer
Direktor	Directeur	Director
Stellvertretender Direktor	Adjoint Directeur	(Vice-)Director
Handlungsvollmacht	Fondé de Pouvoir	Assistant Manager
Geschäftsführender Gesellschafter	Associé Gérant	Partner
Unternehmensbereich, Geschäftsbereich	Branche, Division, Secteur	Division Business Group
Leiter des Geschäftsbereichs	Directeur de Branche	Division Head

Französische und englische Wirtschaftsbegriffe

Abschluß, konsolidierter	Bilan consolidé	Consolidated balance sheet
Abschlußprüfung	Révision de comptes	Audit
Abschreibung	Amortissement	Depreciation, Amortization
Abschreibung, lineare	Amortissement linéaire	Straight-line method of depreciation
Abschreibungsaufwand	Charges d'amortissement, Dotation aux comptes d'amortissements	Depreciation expense (charges)
Abschreibungsmethode	Méthode d'amortissement	Depreciation method
Abschreibungssatz	Taux d'amortissement	Rate of depreciation
Abteilung	Division	Division
Abwertung	Dévaluation	Devaluation
Abwertungsrückstellung	Provision pour dépréciation	Provision for devaluation
Abzug	Déduction	Deduction, allowance
Agio	Agio, primes	Stock discount
Aktien	Actions	Shares, stocks
Aktienausgabe	Emission d'actions	Share issue
Aktienbeteiligung	Titre de participation	Equity participation
Aktiengesellschaft	Société anonyme	Joint-stock company (Br.) Joint stock corporation (USA) Company limited by shares, Registered company (Br.)
Aktiengesetz	Loi sur les sociétés anonymes	Companies Act (Br.) Corporation Law (USA)
Aktienkapital	Capital-actions	Share capital, stock capital
Aktienpaket	Paquet d'actions	Parcel of shares
Aktienrendite	Rendement des actions	Dividend rate
Aktionäre	Actionnaires	Shareholders (Br.), Stockholders (USA)
Aktiva (Vermögen)	Actif	Assets
Amortisationsplan	Plan d'amortissement	Scheme of redemption, Redemption table

Französische und englische Wirtschaftsbegriffe

Amortisieren	Amortir	To pay back, to amortize
Anhang	Annexe	Appendix, notes
Anlage (Vermögen anlegen)	Placement	Investment
Anlage	Installation	Plant
Anlagen im Bau	Immobilisations en cours	Assets under construction, Work in progress
Anlagevermögen	Actif immobilisé	Fixed assets, real assets
Anleihen	Emprunts, obligations	Loans, bonds (USA)
Annuität	Annuité de remboursement	Annual repayment, annuity
Anschaffungskosten	Prix d'achat, prix de revient	Purchas price
Anzahlung, erhalten	Acompte reçu	Payments on account received
Anzahlung, geleistet	Acompte versé	Payments on account
Arbitrage	Arbitrage	Arbitrage
Aufsichtsrat	Conseil de surveillance	Supervisory board
Aufwand	Charges, dépenses	Expense, expenditure
Aufwand, betriebsbezogen	Dépenses opérationnelles	Operating expense
Aufwendungen	Dépenses	Expenditures, expenses
Aufwendungen, betriebliche	Charges d'exploitation	Operating expenses
Aufwendungen, betriebsfremde	Charges hors d'exploitation	Nonoperating expenses
Ausgaben, Auszahlungen	Dépenses	Expense, expenditure
Ausleihungen (langfristige)	Prêts à long terme	(Long-term) lendings, loans
Ausschüttung	Distribution, dividendes distribués	Distribution of profits
Außerordentliche Aufwendung	Charges exceptionnelles	Extraordinary expenses
Bankakzept	Acceptation de banque	Banker's acceptance
Bankdepot	Dépôt bancaire	Bank deposit
Bankguthaben	Avoirs en banque	Cash in bank, bank balances
Bankkonto	Compte en banque	Bank account
Bankschulden	Crédit en banque	Bank overdrafts
Bankspesen	Frais bancaires	Bank charges
Barkauf	Achat comptant	Cash purchase
Barliquidität	Valeurs disponibles	Liquid assets, financial liquidity
Barwert	Valeur actuelle	Cash (present) value

Französische und englische Wirtschaftsbegriffe

Basispreis	Prix de base	Basis price
Bauten	Constructions, bâtiments	Buildings
Beleg	Certificat	Certificate, bill
Besitzwechsel	Effet à recevoir	Bills receivable, notes receivable
Bestandsveränderungen an fertigen und unfertigen Erzeugnissen	Variations des stocks de produits finis et en cours	Change in inventories of finished products and work in process
Bestätigungsvermerk	Certification des commissaires aux comptes	Accountant's opinion, Auditor's statement
Beteiligung	Titre de participation	Share, investment, Shareholding
Beteiligungsergebnis	Résultat des participations	Income from investments
Betriebsaufwendungen	Frais d'exploitation	Operating expenses (costs)
Betriebsbuchhaltung	Comptabilité industrielle	Cost accounting (department)
Betriebsergebnis	Résultat d'exploitation	Profit from operations, Gross profit, Income from shareholdings
Betriebskapital	Capital d'exploitation	Working (business) capital
Betriebsorganisation	Organisation d'entreprise	Business management
Betriebsverlust	Perte d'exercice	Trading loss, operating loss
Betriebswirtschaft	Economie d'entreprise	Business economics, Industrial management
Betriebs- und Geschäftsausstattung	Matériels et outillages, Outillage et mobilier	Factory and office equipment
Bewertung	Evaluation	Appraisal, valuation
Bewertungsmethode	Méthode d'evaluation	Valuation method
Bezugsrecht	Droit d'option	Subscription right, option
Bruttowerte	Valeurs brutes	Gross values
Bilanz	Bilan	Balance sheet
Bilanz, vorläufige	Bilan provisoire	Temporary balance
Bilanzgewinn	Résultat accumulés	Net earnings, Net retained income
Bilanzstichtag	Date du bilan	Balance sheet date
Bilanzsumme	Total du bilan, actifs totaux	Balance sheet total
Bilanzverlust	Déficit résultant du bilan	Accumulated losses
Börse, Wertpapierbörse	Bourse des valeurs	Stock exchange
Börsenkrach	Crash	Crash
Börsentermingeschäft	Contrat à terme	Futures contract

Französische und englische Wirtschaftsbegriffe

Bruttogewinn	Marge brute	Gross profit
Bruttowerte	Valeurs brutes	Gross values
Buchen	Comptabiliser	To enter, to post
Buchführung, Buchhaltung	Comptabilité	Bookkeeping, accounting
Buchhalter	Comptable	Bookkeeper, accountant
Buchhalterische Übersicht	Etat comptable	Accounting statement
Buchung	Comptabilisation	Booking, posting
Buchwert	Valeur comptable, valeur nette	Bookvalue
Budget	Budget	Budget
Bürgschaften	Cautionnements	Guarantees
Coupon	Coupon	Coupon, dividend coupon
Darlehen	Prêt	Loan
Darlehen, gesichertes	Prêt cautionné	Secured loan
Darlehen, kurzfristiges	Prêt à brève échéance	Short-term loan
Darlehen, langfristiges	Prêt à longue échéance	Long-term loan
Datei	Fichier	File
Devisenkurs	Cours des devises	Exchange rates
Diskontierung	Escompte	Discounting
Diskontsatz	Taux d'escompte	Rate of discount
Dividenden	Dividendes	Cash dividends
Doppelbesteuerung	Double imposition	Double taxation
EDV	Traitement automatique des données	Data processing
Eigenkapital	Capitaux propres	Stockholder's equity, equity (capital), proprietary capital
Einkommen, steuerfrei	Revenue non imposable	Nontaxable income
Einkommen, steuerpflichtig	Revenue imposable	Taxable income
Einzahlung	Versement	Payment, inpayment
Einzelbewertung	Evaluation individuelle	Individual valuation
Einzelkosten	Frais direct	Direct costs
Einzelunternehmung	Entreprise individuelle	Sole proprietorship (USA), Single enterprise
Erfolg	Résultat	Success, business success
Erfolgsrechnung	Compte des résultats	Profit and loss account, Income statement

Französische und englische Wirtschaftsbegriffe

Ergebnis der gewöhnlichen Geschäftstätigkeit	Résultat courant	Result from ordinary operations, Result from ordinary activities
Erlös	Chiffre d'affaires, produits	Proceeds, sales, profit
Ertrag	Produits	Revenue, income
Ertrag, außerordentlicher	Profit exceptionnel	Extraordinary income
Ertragslage	Rendement	Earnings base, Profit situation
Erträge, betriebliche	Produits d'exploitation	Operating proceeds (income)
Erträge, betriebsfremde	Produits hors d'exploitation	Nonoperating proceeds
Eventualverbindlichkeiten	Engagements hors bilan	Contingencies
Familienbetrieb	Société de famille	Family business (entreprise), Closed corporation
Fälligkeit	Echéance	Due date
Fehlbetrag	Déficit	Deficit, missing amount
Fertige Erzeugnisse	Produits finis	Manufactured articles, Finished products (goods)
–Unfertige Erzeugnisse	–Produits en cours	–Partly manufactured articles, work in process
Fertigungskosten	Charges de production	Manufacturing costs
Festgelder	Avoir à terme	Bank balances
Finanzen	Finance	Finance
Finanzanlagen	Immobilisations financières	Financial assets
Finanzaufwendungen	Charges financières	Financial charges (expenses)
Finanzbuchhaltung	Comptabilité financière	Financial accounting
Finanzertrag	Produits financiers	Financial income
Finanzierung	Financement	Financing
Finanzierung, kurzfristig	Financement à court terme	Short-term financing
Finanzierung, langfristig	Financement à long terme	Long-term financing
Finanzierung, mittelfristig	Financement à moyen terme	Medium-range financing
Finanzierungsmittel	Moyens financiers	Financial resources
Finanzlage	Situation financière	Financial position
Finanzplan	Budget financier	Financial budget
Firma	Maison, firme	Business, firm, house

Französische und englische Wirtschaftsbegriffe

Fixkosten	Frais fixes	Fixed charges, fixed costs
Flüssige Mittel	Liquidités, disponibilités	Liquid assets (funds)
Forderung	Créance	Claim, account receivable
Forderung, zweifelhafte	Créance douteuse	Doubtful debt (account)
Forderungen aus Lieferungen und Leistungen	Créances résultant de ventes	Trade receivables, Accounts receivable-trade
Forderungen gegen verbundene Unternehmen	Créances sur des entreprises liées	Due form group companies, Receivables from affiliated companies
Forderungsausfälle	Amortir une créance	Bad debts
Forschungs- und Entwicklungsaufwand	Frais de recherche et développement	Research and development expense
Fracht	Cargaison, charge	Freight
Fremdkapital	Capital étranger	Borrowed capital
Fuhrpark	Véhicules	Automotive
Gebäude	Bâtiments, constructions, Immeubles	Buildings, plants
Gemeinkosten	Frais généraux	General expense, overhead costs, indirect costs
Genossenschaft	Société coopérative	Co-operative society
Gesamtkapital	Capital total	Total capital
Gesamtleistung	Total produits	Total operating performance
Geschäftsbericht	Rapport de gestion	Annual report
Geschäftsführung	Gestion	Management
Geschäftsgeheimnis	Secret d'affaires	Business Secret
Geschäftsjahr	Exercice	Financial year, fiscal year
Gesellschafter	Associé	Partner, member
Gesellschaftskapital	Capital social	Stock capital
Gesellschaftssitz	Siège de la société	Registered office of company
Gesetzbuch	Code	Code
Geschäftsausstattung	Mobilier	Office equipment
Geschäfts- oder Firmenwert	Fonds de commerce	Goodwill
Gewerkschaft	Syndicat de salariés	Trad union
Gewinn	Bénéfice, résultat	Earnings, profit
Gewinn pro Aktie	Bénéfice par action, Résultat net par action	Earnings per share, Amount earned by share
Gewinn, ausgeschütteter	Bénéfice distribué	Distribuated income
Gewinn, nicht ausgeschüttet	Bénéfice non distribué	Retained profits, retained earnings

Französische und englische Wirtschaftsbegriffe

Gewinn- und Verlustrechnung	Compte de profits et pertes, Compte de résultat	Profit and loss account, Income and surplus account, Earnings statement
Gewinnbeteiligung	Participation aux bénéfices	Profitsharing
Gewinnrücklagen	Résultats accumulés	Revenue reserves
Gewinnschwelle	Seuil de rentabilité	Break-even point
Gewinnvortrag	Report à nouveau	Carry forward, earned surplus
Gläubiger	Créancier	Creditor
GmbH	Société à responsabilité lmitée	Private limited company
Grundkapital	Capital	Capital stock
Grundstücke	Terrains	Land, properties
Gutschriftanzeige	Note de crédit	Credit note
Haben	Avoir, crédit	Credit side
Haftung	Responsabilité	Liability, responsability
Handel	Commerce	Trade, commerce
Handelsgesellschaft, offene	Société en nom collectif	Unlimited partnership
Handelsregister	Registre du commerce	Commercial register
Handelsspanne	Marge commercial	Trading margin
Handelsunternehmen	Entreprise commerciale	Commercial concern
Hauptbuchhaltung	Comptabilité générale	Financial accounting
Herstellungskosten	Prix de revient	Cost price
Herstellungskosten der verkauften Erzeugnisse	Coût des ventes	Cost of sales
Hilfs- und Betriebsstoffe	Matières consommables	Consumables and supplies
Hypothekendarlehen	Prêt hypothécaire	Mortgage loan
Immaterielle Vermögensgegenstände	Immobilisations incorporelles	Intangible assets
Immobilienvermögen	Fortune immobilère	Real estate
Infrastruktur	Infrastructure	Infrastructure
Inventar	Inventaire	Inventory
Investition	Investissement	Investment, placement, Capital expenditure
Jahresabschluß	Clôture d'exercice	Annual accounts, Financial statements
Jahresbericht	Rapport annuel	Financial annual report
Jahresbilanz	Bilan annuel	Annual balance sheet
Jahresfehlbetrag	Déficit annuel	Loss for the financial year

Französische und englische Wirtschaftsbegriffe

Jahresgewinn	Bénéfice de l'exercice	Annual profit, year's profit
Jahresüberschuß	Résultat de l'exercice, Résultat net	Net income
Kapital	Capital	Capital
Kapital, gezeichnetes	Capital souscrit	Subscribed capital
Kapitalerhöhung	Augmentation de capital	Increas of capital
Kapitalflußrechnung	Tableau de financement	Statement of changes in financial position
Kapitalgesellschaft	Société de capitaux	Company, corporation
Kapitalrendite	Rendement de capital	Capital ratio
Kapitalrücklage	Réserves statutaires et autres réserves	Capital surplus
Kapitalverlust	Perte de capital	Loss of capital
Kasse	Caisse	Cash on hand
Kaufmännische Buchführung	Comptabilité commerciale	Commercial bookkeeping
Kaufpreis	Prix d'achat	Purchase price
Kennzahlen	Point de repère, ratios	key figures, ratios
Kommanditgesellschaft	Sociéte en commandite simple	Limited partnership
Kommanditist	Commanditaire	Limited partner
Konkurs	Faillite	Bankruptcy, crash
Kontenrahmen	Plan de comptabilité	Standard chart of accounts
Konto	Compte	Account
Kontoauszug	Extrait de compte	Statement of account
Konzern	Groupe	Group
Konzernabschluß	Bilan financier consolidé	Consolidated group accounts
Konzerngewinn	Résultat net du groupe	Net earnings of the group
Kosten	Frais généraux	Expenses, charges, costs
Kostenstelle	Section homogène	Cost centre, cost center
Kostenträger	Support de côute	Cost unit
Körperschaftsteuer	Impôt sur les sociétés	Company tax, corporation tax
Kredit	Crédit	Credit
Kreditkauf	Achat à crédit	Credit purchase
Kunden	Clients	Customers
Kundenskonti	Escompte pour clients	Sales discounts
Kurs	Cours	Price, rate
Lagerumschlag	Rotation des stocks	Rate of stock return, inventory turnover
Liefererskonti	Escompte du fournisseur	Purchase discounts

Französische und englische Wirtschaftsbegriffe

Liquide Mittel	Disponibilités	Liquid assets, liquid funds
Liquidität	Liquidité	Liquidity
Lizenzen	Licences	Licenses
Lohnliste, Gehaltsliste	Bordereau de paie	Payroll
Marktpreis	Cours du marché	Market price
Maschinen	Machines de production	Machinery
Materialaufwand	Charges de matières	Material costs, cost of materials
Mehrwert	Valeur ajoutée	Added value
Mehrwertsteuer	Taxe à valeur ajoutée	Value-added tax
Miete	Location	Location, leasing
Mittel, flüssige	Liquidités, capital liquide	Available (liquid) means
Mobiliar	Mobilier	Furniture
Muttergesellschaft	Société mère	Parent company
Namenaktien	Actions nominatives	Registered shares
Nennkapital	Capital nominal	Authorized capital
Nettoumlaufvermögen	Fonds de roulement	Net current assets
Nettoumsatz	Chiffre d'affaires net	Net sales
Nettowerte	Valeurs nettes	Net values
Offenlegung	Découverte	Disclosure
Organ	Organe	Body, agency
Passiva	Passifs	Stockolders' equity and liabilities
Passivseite	Débit, doit	Liabilities, debit side
Patent	Brevet	(Letters) patent
Pensionsrückstellung	Provision pour retraite	Pension provision, Accruals for pensions
Periodengewinn	Bénéfice périodique	Profit for the period
Person, juristische	Personne juridique	Legal person
Personalaufwand	Frais de personnel	Staff costs, Personnel expenses
Personengesellschaft	Société de personnes	Partnership
Postscheckkonto	Compte chèque postal	Postal giro
Preisnachlaß	Remise (de prix)	Sales allowance
Produktivität	Productivité	Productivity
Provision	Provision, commission	Commission
Prüfung	Certification	Auditing
Prüfungsbericht	Rapport de révision	Audit report
Prüfungsbestätigung	Attestation de vérification	Audit certificate
Prüfungsgesellschaft	Société de révision	Auditing company

Französische und englische Wirtschaftsbegriffe

Publizität	Publicité, Publications	Disclosure
Quellensteuer	Retenue à la source	Witholding tax
Rabatt	Remise	Discount
Rechenzentrum	Centre de calcul	Data processing centre
Rechnung	Facture	Invoice, bill
Rechnungsabgrenzungs-posten, aktiver	Compte de régularisation actif	Accrued income deferred charges
Rechnungsabgrenzungs-posten, passiver	Compte de régularisation passif	Accrued expenses deferred income
Rechnungswesen	Comptabilité	Accounting
Reingewinn	Bénéfice net	Net profit, net income
Rentabilität	Rentabilité, Rendement	Profitability, return
Reserven, gesetzliche	Réserves légales	Statutory reserves
Revisionsbericht	Rapport de révision	Report of examination
Risikokapital	Capital à risques	Venture capital
Risikorückstellung	Provision pour risques	Reserve, provision account
Rohstoffe	Matières premières	Raw materials
Rücklagen	Réserves	Reserves
Rücklage, freie	Réserve facultative	Free reserve, voluntary reserves
Rücklage, gesetzliche	Réserve légale	Legal reserve
Rücklagen nach Satzung	Réserve statutaire	Satutory reserve
Rückstellungen	Provisions	Provisions, liability reser-ves, accruals
Rückstellungen für Pensionen	Provisions pour pensions	Pension provisions
Rückstellungen für Steuern	Provisions pour impôts	Reserve (provision) for taxes
Sachanlagevermögen	Immobilisations corporelles	Tangible assets
Sacheinlage	Apport en nature	Contribution in kind
Saldo	Solde	Balance
Saldovortrag	Report à nouveau	Carry forward
Sanierung	Assainissement	Reconstruction
Schadenersatzansprüche	Action en dommages intérêts	Claims for damages
Scheck	Chèque	Cheque, check (USA)
Schenkung	Donation	Donation, gift
Schlußbilanz	Bilan de clôture	Closing balance
Schuld	Dette	Debt, liability

Französische und englische Wirtschaftsbegriffe

Schuldner, Debitoren	Débiteurs	Debtors
Schuldwechsel	Effets à payer	Bills payable, notes payable
Selbstfinanzierung	Autofinancement	Self-financing
Soll	Doit	Debit
Sonderposten mit Rücklagenanteil	Réserves spéciales	Special reserves, special items with an equity portion
Sozialaufwendungen	Charges sociales	Contribution for employee benefits
Stammaktien	Actions ordinaires	Ordinary shares
Steuern	Impôts	Taxes
Steuern vom Einkommen	Impôts sur les résultats	Income taxes, taxes on income
Stille Reserven	Réserves cachées	Hidden reserves, Secret reserves
Storno	Ristourne	Drawback
Substanzwert	Valeur réelle	True value
Summe (insgesamt)	Total	Total
Tageskurs	Cours du jour	Quotation
Tageswert	Valeur actuelle	Actual buying value
Tara, Taragewicht	Tare	Tare
Technische Anlagen	Installations techniques	Production, plant, Technical equipment
Termingeschäft	Opération à terme	Dealing for the account
Tilgung	Remboursement	Settlement
Tochtergesellschaft	Filiale, société affiliée	Subsidiary, subcompany
Transportmittel	Moyens de transport	Means of transport
Überschuldung	Surendettement	Over-indebtedness
Umlaufvermögen	Actif circulant	Current assets
Umsatz	Chiffre d'affaires	Sales, turnover
Umsatzsteuer	Impôt sur le chiffre d'affaires	Turnover tax
Unfertige Erzeugnisse	Produits en cours	Work in process
Unternehmen	Entreprise	Company, firm, enterprise, Business
Unterschrift	Signature	Signature, hand
Urheberrecht	Droit d'auteur	Copyright
Variable Kosten	Frais variables	Variable costs
Verbindlichkeiten	Dettes, dettes financières	Liabilities, debts due, Accounts payable (USA)

Französische und englische Wirtschaftsbegriffe

Verbindlichkeiten, kurzfristig	Dettes à court terme	Current liabilities
Verbindlichkeiten, langfristig	Dettes à long terme	Long-term debts
Verbindlichkeiten aus Lieferungen und Leistungen	Dettes sur achats et presentation de service	Trade payables, Accounts payable-trade
Verbindlichkeiten gegenüber Kreditinstituten	Dettes envers des établissements de crédit	Due to banks, Liabilities to banks
Verdienst, Gewinn	Gain, bénéfice	Profit, earnings
Verfalltag	Echéance	Due date
Verjährung	Prescriptions	Prescription
Verkaufskosten	Frais de ventes	Distribution expenses
Verlust	Moins-value	Loss
Vermögen	Patrimoine, fortune	Estate, worth
Vermögen, bewegliches	Fortune mobilière	Personal estate
Vermögen, unbewegliches	Biens immeubles	Real assets
Vermögensteuer	Impôts sur le capital	Capital levy, property tax
Vermögenswerte	Biens	Assets
Verschuldung	Endettement	Borrowings
Vertrag	Contrait	Contract, agreement
Vertriebskosten	Frais commerciaux	Distribution costs, Selling expenses
Verwaltung	Administration	Board of Directors
Verwaltungskosten	Frais d'administration	Administrative expenses
Volkswirtschaft	Economie politique	Political economy, economics
Vollmacht	Délégation	Delegation
Vorräte	Stocks	Stocks, inventories
Vorsicht	Prudence	Precaution
Vorstand	Le directoire Membre du directoire	Executive board
Vorstand, Vorsitzender bzw. Sprecher	Président du directoire	Chairman
Vorzugsaktien	Actions de priorité	Preference shares
Waren (Handelswaren)	Marchandises	Goods, merchandise
Warenkonto	Compte de marchandises	Goods account
Währung	Monnaie	Currency, money
Währungssystem	Système monétaire	Monetary system
Wechsel	Lettre de change, traite	Bill of exchange, draft
Wechselakzept	Acceptation d'une lettre de change	Accepetance of a bill
Wechselkurs	Cours de change	Rate of exchange
Werbungskosten	Frais de publicité	Advertising expenses

Französische und englische Wirtschaftsbegriffe

Werkzeuge	Outillage	Tools
Wert	Valeur	Value, performance
Wertansatz	Evaluation	Valuation
Wertberichtigung	Correction de valeur	Value adjustment
Wertberichtigung für Abnutzung	Provision	Reserve (provision) for depreciation
Wertberichtigung für Dubiose	Provision pour débiteurs	Reserve for doubtful accounts
Wertpapiere	Papiers-valeurs	Securities, investments
Wertpapier, notiertes	Titre coté	Listed security
Wertpapierbestand	Portefeuille titres, Dépot de titres	Investment portfolio
Wertpapier des Anlagevermögens	Titres immobilisés	Long-term securities, Long-term investments
Wertpapiere des Umlaufvermögens	Valeurs mobilières de placement	Securities
Wertminderung	Dépréciation	Depreciation
Wiederbeschaffungswert	Valeur de remplacement	Replacement value
Wirtschaftsgüter, immaterielle	Biens immatériels	Intangible assets
Wirtschaftsprüfer	Commissaire aux Comptes	Certified Public Accountant C.P.A. (USA) Chartered Accountant C.A. (GB)
Zahlung	Paiement	Payment
Zahlungsfähigkeit	Solvabilité	Solvency, ability to pay
Zahlungsmittel	Moyens de paiement	Means of payment
Zinsen	Intérêts	Interest
Zinsergebnis	Résultats financiers	Net interest expenses, Interest result
Zinserträge	Produits financiers	Interest income
Zinseszins	Intérêts composé	Compound interest
Zinssatz	Taux d'intérêt	Rate of interest
Zweigniederlassungen	Succursales	Branches
Zwischenabschluß	Compte intermédiaire	Trial balance

Stichwortverzeichnis

Abgänge 60, 61
Abgrenzung
– Ergebnistabelle 196
– sachliche 195 ff., 269 ff.
– zeitliche 249 ff.
Abgrenzungskonten 123, 157
Abgrenzungsrechnung 195 ff., 205
– Abgrenzungsergebnis 200, 195
– Aufwendungen, betriebsbezogene 145
– Betriebsergebnis 200
– Durchführung 199
– neutrales Ergebnis 196
Abgrenzungstabelle 196
Abnutzbare Wirtschaftsgüter 19, 274
Abschlußbuchung 71
Abschlußprüfer 41
Abschlußtabelle 69 ff.
Abschreibungen 19 ff., 27 ff., 35 ff.
– arithmetisch-degressive 24 f., 27, 80
– auf Finanzanlagen 35, 100, 134, 161
– auf Forderungen 27 ff.
– auf Sachanlagen 35 ff.
– auf Wertpapiere des Umlaufvermögens 134
– Auswirkungen 19, 36
– außerplanmäßige 20, 46, 63, 78
– bilanzielle 20, 26, 57
– degressive 21 ff.
– digitale 24 f.
– direkte 20, 27 ff., 36
– erhöhte 55
– Finanzierung 26
– geometrisch-degressive 21 ff., 27, 80
– indirekte 20, 32 ff., 37
– jährliche 20, 21
– kalkulatorische 20, 26, 57
– kumulierte 36, 59, 60, 63
– lineare 21, 26 f.
– nach Leistungen 25
– optimale 23
– planmäßige 20
– Sofortabschreibung 139 f.
– Wahlrecht 24
Abschreibungsbetrag 21
Abschreibungsmethode 21
Abschreibungsplan 21 f.
Abschreibungsquote 25
Abschreibungssatz 22, 57
Abschreibungsverfahren 21, 26 f.
Absetzung für Abnutzung (AfA) 35, 57, 80
Abschlußgliederungsprinzip 121, 124, 178
Abschlußkonten 124
Abschlußprüfer 41, 191
Abweichungsanalysen 103
Agio 114
Aktien 78 f., 260
Aktiengesellschaft 39 ff.
– Abschlußprüfer 41, 191
– Aktionär 42 f.
– Aufsichtsrat 41, 192
– Bestätigungsvermerk 41
– Gewinnrücklagen 41, 43
– Gewinnverteilung 42
– Grundkapital 42, 114
– Hauptversammlung 41 f., 43, 192
– Jahresabschluß 39 f.
– Kapitalrücklagen 43, 260
– Körperschaftsteuer 43
– Lagebericht 39 f.
– Rechnungslegung 39 ff.
– Verlustvortrag 42 f.
– Vorstand 39, 41, 150
Aktiva 67 f., 125
Aktive Posten der Rechnungsabgrenzung 251 f.
Aktivierungspflicht 173
Aktivierungsverbot 160, 173
Aktivierungswahlrecht 144, 163, 173, 255
Aktivkonten 67
Aktivtausch 49
Akzept 301
Allgemeines Kreditrisiko 32
Alphabetische Übersicht 10
Anderskosten 196, 199, 204
Anfangskapital 74
Anhang 45 ff.
– Abschreibungen 45, 46
– außerordentliche Aufwendungen 47
– Fremdwährungspositionen 47
– Pflichtangaben 45 ff.
– Sonderposten mit Rücklageanteil 46
– Wahlrecht 45, 46
– zusammengesetzte Posten 47
– zusätzliche Angaben 46

349

Stichwortverzeichnis

Anlagegüter 49 ff.
− Abzüge 49
− Anschaffungskosten 49, 168, 173
− Anschaffungsnebenkosten 49
− Kauf 49 f.
− Verkauf 51 f.
Anlagenbuchhaltung 57 ff.
Anlagendatei 57
Anlagendeckung 96
Anlagenkarte 57
Anlagenkonto 122
Anlagenrechnung 57 ff.
Anlagenspiegel 59 ff.
Anlagen im Bau 53 ff.
− Anzahlungen 54, 55
− Beispiele 53
− Buchung bei Fertigerstellung 53
− Fremderstellung 53
− Herstellkosten 56, 173
− Kauf 55
− selbsterstellte Anlagen 56
Anlagengitter 58 ff.
− Abgänge 59, 62
− Abschreibungen 61, 139
− Anschaffungskosten 59, 60
− Entwicklung des Anlagevermögens 57, 58
− GWG 61
− Zugänge 59
Anlagenintensität 92
Anlagenspiegel 59 ff.
Anlagevermögen 185, 89, 96, 139
− abnutzbares 19, 139, 274
− Abschreibungen 35 ff.
− Begriff 35
− bewegliches 19, 35
− Bewertung 273
− Entwicklung 45, 57
− nicht abnutzbares 19, 274
− unbewegliches 35
Anschaffungs- bzw. Herstellungskosten 20, 35, 59, 75, 77
Anschaffungskosten des Grund und Bodens 176
Anschaffungsnaher Aufwand 38
Anschaffungsnebenkosten 49, 115, 77
Anspannungsgrad 94
Antizipative Aktiva 251
Antizipative Passiva 253
Anzahlungen
− Ausfallrisiko 27
− erhaltene 135, 210

− geleistete 27, 54 f.
Atypische stille Gesellschafter 234
Aufbewahrungsfristen 65 f.
− Buchungsunterlagen 65 f.
− Computergestützte Buchführung 65
− Inventar und Inventur 65 f.
− Jahresabschlüsse 65 f.
Aufmerksamkeiten 226
Aufsichtsrat 41, 189
Aufwandskonten 127 f.
Aufwendungen
− außergewöhnliche 47, 100, 204, 270 (außerordentliche)
− betriebliche 145, 204
− betriebsfremde 204, 270
− des Finanzbereichs 132 f.
− Definition 127, 145, 269
− neutrale 145, 204, 269
− periodenfremde 269
− sonstige betriebliche 46
Ausfallrisiko 27
Ausschüttung 281
Ausstehende Einlagen 114
Außenprüfung 102, 189
Außerordentliche Abschreibung 20, 46, 63, 78
Außerordentlicher Aufwand 47, 52, 148, 269
Außerordentlicher Ertrag 47, 52, 148, 269
Außerordentliches Ergebnis 148

Bankbilanzen 88
Bankverbindlichkeiten 136, 163
Barliquidität 94, 95, 137
Barzahlungsrabatt 229
Beiträge 176, 277
Beizulegender Wert 78
Belege 65, 129
− Eigenbelege 129
− Fremdbelege 129
− Lohnbelege 222
Beratervertrag 154
Bereitschaftskosten 108
Berichterstattung 103
Berichts- und Steuerungssystem 104
Besitzsteuern 278
Besitzunternehmen 240
Besitzwechsel 301
Bestandsaufnahme
− buchmäßige 183
− körperliche 183

Stichwortverzeichnis

Bestandskonten 67 f., 119 f., 122 f., 179, 187
Bestandsrechnung 127
Bestandsveränderungen 206 ff.
– fertige Erzeugnisse 206 f.
– unfertige Erzeugnisse 208
Bestätigungsvermerk 41, 191 f., 248
Beteiligungen 35, 79, 130, 131 f., 133
Betriebliche Weiterbildung 9
Betriebsabrechnungsbogen 155
Betriebsaufspaltung 240
Betriebsaufwand 100
Betriebsausgaben 154, 244
Betriebsbuchhaltung 124, 201, 257
Betriebserfolg 200
Betriebsergebnis 125, 131, 148
Betriebsgesellschaft 240
Betriebsstatistik 129, 257
Betriebsstoffe 120
Betriebsvergleich 89 f., 97 f.
Betriebsübersicht 69 ff.
– Abschluß 71 ff.
– Aufbau 70
– Bilanzpolitik 69
– Probeabschluß 69
– Zwischenabschlüsse 69
Betriebswirtschaftliche Einheiten 109
Betriebswirtschaftliche Steuerung 108
Betriebswirtschaftslehre 5, 9, 108
Bewegungsdaten 201
Bewertung 75 ff.
– Anlagevermögen 75 f.
– Handelsrecht 75 ff.
– Herstellungskosten 75
– Kapitalgesellschaften 76
– Personengesellschaften 76
– Steuerrecht 80, 273
– Umlaufvermögen 77 f.
Bewertung von Häusern 295
Bewertungsgrundsätze 83 ff.
– Allgemeine 83
– des Handelsrechts 84
– der Kostenrechnung 307
– des Steuerrechts 84
Bewertungskontinuität 84
Bewertungsspielräume 175
Bewertungswahlrechte 76, 81, 139, 140, 160, 235
Bewertungswahlrechte bei Personengesellschaften 76
Bezugskosten 115 f., 119, 168

Bilanz 85 ff.
– verkürzte 85
– zeitvergleich 89 f., 95, 97 f.
Bilanzänderung 189
Bilanzauswertung 89 f.
Bilanzberichtigung 189
Bilanzgewinn 42, 100
Bilanzgliederung
– für große Kapitalgesellschaften 85 ff.
– für kleine Kapitalgesellschaften 85
Bilanzidentität 83
Bilanzierungswahlrechte 81
Bilanzklarheit 142 f.
Bilanzkonten 67
Bilanzkontinuität 47, 84, 143
Bilanzmanipulation 189 f.
Bilanzpolitik 69, 81
Bilanzregel, goldene 96 f.
Bilanzstichtag 79
Bilanzstruktur 98
Bilanzsumme 92, 98
Bilanzverlängerung 49
Bilanzverlust 100
Bilanzverlustvortrag 100
Bilanzwahrheit 143
Bilanzanalyse 89 ff., 295
– Anlagendeckung 96 f.
– Anlagevermögen 91 f.
– Finanzierung 94, 295
– Gegenüberstellung Eigenkapital und Fremdkapital 93
– horizontale 96
– Kapitalaufbau 92
– Liquidität 94
– Pflichtangaben 45 f.
– Schulden 92, 295
– Umlaufvermögen 91 f.
– Vermögenslage 91, 295
– Verschuldungsgrad 94
– vertikale 96
Bilanzbegriffe in 7 Sprachen 333
Bilanzierung 5
Bilanzrichtliniengesetz (BiRiLiG) 131, 141, 177
Bonitätsprüfung 32, 112
Bonus 117, 118, 230, 231
Börsenpreis 75
Bruttoabschluß der Warenkonten 165 ff.
Bruttolohn 221
Bruttoverfahren 119, 198 ff., 212
Buchführung 5, 10 f.

351

Stichwortverzeichnis

– EDV 101 f.
– Freiberufler 227
– konventionelle 215
– Mindestbuchführung 227 ff.
– Ordnungsmäßigkeit 142 ff.
– Vollkaufleute 141 f.
Buchführungspflicht 65, 190
Buchgewinne 77
Buchhaltung 5 ff.
– Aufgaben 257
– Betriebsbuchhaltung 257
– Finanzbuchhaltung 106 f., 129, 257
Buchhaltungsprogramme 101, 118
Buchungsbelege 65
Buchwert 21, 61

Cash-flow 104
Checkliste 210
Computergestützte Buchführung 101 ff.
– Begriff 101
– Buchführungsverfahren 101
– Ordnungsmäßigkeit 101
Computerkriminalität 190
Controller 107, 258
Controlling 103 ff.
– Abweichungen 110
– Berichts- und Steuerungssystem 104
– Instrumente 104
– kurzfristige Erfolgsrechnung 107
– mittelständische Unternehmen 107 f.
– operatives 104
– strategisches 104

Darlehensforderungen 133
Darlehensschuld 79
Debitorenbuchhaltung 111 f.
Deckungsbeitrag
– I 105
– II 105 f.
– absoluter 105
– relativer 106
Deckungsbeitragsrechnung 104 ff.
Degressionsbetrag 24
Degressive Abschreibung 22 ff.
Digitale Abschreibung 24 f.
Direkte Kosten 205
Disagio
– Abschreibung 163
– Aktivierung 45, 255
– Begriff 163, 255
– im Steuerrecht 256

Diskontaufwendungen 304
Diskontierung 303
Dividende 133
Dubiose 27 ff.
DUPONT 11
DUPONT-Bilanz sowie Gewinn- und Verlustrechnung 323 ff.
Durchlaufender Posten 223, 291

EDV-Buchführung 101 f., 191
EDV-Speicherbuchführung 101 f.
Eigenkapital 113 f.
– Begriff 92, 113, 162
– Personengesellschaften 113
– Kapitalgesellschaften 114, 162
– Rücklagen 162, 114
Eigenkapitalkonto 113
Eigenkapitalquote 92
Eigenleistung
– Aktivierung 56
– aktivierungspflichtige 56
– Begriff 56
– nicht aktivierungspflichtige 56
Eigenverbrauch 242
Einbehaltene Abzüge 223
Einkaufsbuchungen
– Handel 168 ff.
– Industrie 115 ff.
– Nachlässe 117
Einkaufspreis 165
Einkommensteuer 278
Einkreissystem 155, 205
Ein-Mann-GmbH 149
Einstandspreis 165
Einzelabschreibung 162
Einzelbewertung 83, 144
Einzelhandel 121
Einzelhandel, Mindestbuchführung
– Geschäftstagebuch 227
– Kasseneingangsbuch 227
– Wareneingangsbuch 227
Einzelhandels-Kontenrahmen (EKR) 121 f.
Einzelkosten 105, 205
Einzelpläne 110
Einzelunternehmung
– Eigenkapitalkonten 113
– Eigenverbrauch 242
– Jahresabschluß 233
– Privateinlagen 244
– Privatentnahmen 241
– Publizitätsgesetz 247

Stichwortverzeichnis

Einzugsbedingte Liquidität 137
Eiserner Bestand 215
Endkapital 72
Englische Wirtschaftsbegriffe 335 ff.
Entscheidungen 5, 9, 107
Erfolgskonten 127 f., 181, 187
Erfolgsrechnung 72, 107
Ergänzungsbilanzen 238 f.
Ergebnis der gewöhnlichen Geschäftstätigkeit 131, 148
Ergebnis vor Steuern 148
Ergebniskonten 126
Ergebnistabelle 198
Erhaltene Anzahlungen 135, 210
Erhaltungsaufwand 38, 176
Erhöhte Abschreibungen 55
Erlösberichtigungen 187, 197, 297
Erlöskonten 124
Erlösminderungen 232
Eröffnungsbilanz 67, 68
Ersatzinvestitionen 26, 35
Ertragskonten 127 f.
– Beispiele 126
– Definition 127
– Verbuchung 128
Ertragslage 40, 45, 98
Ertragsteuern 48
Ertragswert 294
Ertragswertberechnung 295
Erträge
– außerordentliche 47, 52, 100, 205
– Begriff 127, 145, 269
– Beteiligungen 133
– betriebliche 46, 145, 204, 269
– betriebsfremde 271
– des Finanzbereichs 132 ff.
– neutrale 145
– ordentliche 269
– periodenfremde 269
– sonstige 100
Erzeugnisfixe Kosten 106
EU 5, 9, 11
EU-Rechnungslegung 311 ff.
EU-Richtlinien 311 ff.
EU-Umsatzsteuer 292
Eventualverbindlichkeiten 45 f., 88

Fachausdrücke 9
Fahrzeugüberlassung 225 f.
Falschbilanzierung 81
Fehlerquellen 102

Fertigerzeugnisse (= Fertige Erzeugnisse) 172
Fertigungsgemeinkosten 174
Fertigungslöhne 175
Feststellung des Jahresabschlusses 39, 41
Festverzinsliche Wertpapiere 79
Fifo-Verfahren 47, 161
Firmenwert 160
Finanzamt 102
Finanzbuchhaltung 106 f., 129 f., 257
Finanzergebnis 100, 131 ff.
Finanzkosten 122 f.
Finanzlage 40, 48
Finanzanlagen 27, 48, 131, 180
– Begriff 135, 137
– Erträge 132, 133
– Fremdkapital 135 ff.
– langfristige 27
– Selbstfinanzierung 259
– Tatbestand 160 f.
Finanzierungsaufwendungen 133, 134
Finanzierungsgrundsätze 138
Fixe Kosten 108 f.
Fonds de roulement 318 f.
Ford 12
Ford Motor Company-Bilanz sowie Gewinn- und Verlustrechnung 437 ff.
Forderungen 27 ff.
– Abschreibung 27 ff.
– allgemeines Kreditrisiko 27, 32
– aus Lieferungen und Leistungen 27, 111, 112
– Ausfall 29 ff.
– Ausfallrisiko 27
– Bestand 27, 33 f.
– Bonitätsprüfung 32
– Einzelabschreibung 29
– Einzelbewertung 29
– langfristige 27
– Teilabschreibung 29 ff.
– Umsatzsteuer 28, 30 ff.
– uneinbringliche 28 f.
– Wertberichtigungen 32 ff.
– zweifelhafte 27 ff.
Forderungsintensität 92
Formelle Bilanzkontinuität 47, 143
Fortgeführte Anschaffungs- bzw. Herstellungskosten 76
Frachtkosten 116, 168

353

Stichwortverzeichnis

Frankreich 11, 313 ff.
Französische Wirtschaftsbegriffe 335 ff.
Freie Berufe 38, 256
Freiwillige Angaben 40
Fremdbauteile 120
Fremdkapital 135 ff.
– Definition 92, 135
– Fristigkeit 92, 136 f.
– kurzfristiges 93, 95
– langfristiges 92, 95
Fremdkapitalzinsen 47
– Zuordnung einzelner Bilanzpositionen 92 f., 135

Gaststätten 229
Gebäude 176
Gebühren 277
Gehalt 221
Geleistete Anzahlungen 55
Geldeinlage 244
Gemeinkosten 205
Gemeinschaftskontenrahmen 177, 193 f.
Gemildertes Niederstwertprinzip 76
Gemischtes Warenkonto 165
Genossenschaft 142
Geometrisch-degressive Abschreibung 22 f.
Geringwertige Wirtschaftsgüter 139 f.
– Bewertungswahlrecht 139 f.
– Buchungen 140
– Sofortabschreibung 140
Gesamtkostenverfahren 146 f., 132, 283
Gesamtleistung 100, 148
Gesamtplanung 110
Gesamtvermögen 138, 186
Gesamtvertretung 150
Geschäftsanteil 149
Geschäftsbericht 40
Geschäftsbuchführung 124, 129 f., 204
Geschäftsführer
– Abberufung 149, 150 f.
– Aufstellung des Jahresabschlusses 152, 188
– Bestellung 149
– Entlastung 150
– Schadenersatzansprüche 150, 152
– Vertretung 149 f.
Geschäftsvorfälle 10, 67

Geschäftstagebuch 227
Geschäftswagen 243
Geschäftswagen, private Nutzung 243
Geschäftswert 160
Geschäftszweige 47
Gesellschafter
– GmbH 150
– Haftung 149
– oHG 233 f.
– KG 233 f.
Gesellschafterversammlung 150, 153
Gesellschafterwechsel 239
Gesellschaftsvertrag 149, 153, 237
Gesetzliche Grundlagen der Buchführung 141 ff.
– Grundsätze ordnungsmäßiger Buchführung 142 f.
– Kapitalgesellschaften 141 f.
– Kaufleute 141
Gesetzliche Rücklage 262
Gestaffelte Umsatzvergütung 230
Gewerbesteuer 279
Gewerbetreibende 38
Gewinn- und Verlustrechnung 145 ff.
– Aufwendungen 145
– außerordentliches Ergebnis 147, 148
– Betriebsergebnis 100
– Ergebnis der gewöhnlichen Geschäftstätigkeit 148
– Ergebnis vor Steuern 148
– Erträge 145
– Finanzergebnis 100
– Gesamtkostenverfahren 146 f.
– Gewinn 100, 145
– Jahresüberschuß/-fehlbetrag 100
– Kapitalgesellschaften 145
– Kontoform 128, 145
– Rohergebnis 100
– Staffelform 98, 146 f.
Gewinnrücklagen
– andere 260
– Bildung 261 f.
– gesetzliche 261
– Zuführungen 154
Gewinnsteuerung 108
Gewinnverteilung
– Aktiengesellschaft 41 f.
– Buchungen 42 f.
– GmbH 153 f.
Gewinnverwendungsrechnung 154
Gewinnvortrag 43, 92, 114
Gezeichnetes Kapital 114, 149, 260

Stichwortverzeichnis

Gläubigerschutz 84, 159
Gliederungszahlen 90
GmbH 149 ff.
– Aufsichtsrat 151
– eigene Rechtspersönlichkeit 149
– Geschäftsanteil 149
– Geschäftsführer 149 f., 152, 189
– Gesellschafter 150
– Gesellschafter-Geschäftsführer 150
– Gesellschafterversammlung 150, 153
– Gewinnrücklagen 151
– Gewinnverteilung 153 f., 237
– große 152
– Gründung 149
– Haftung 149
– Jahresabschluß 151
– kleine 152
– mittlere 152
– Offenlegungspflichten 151 f.
– Prüfungspflichten 152
– Rechnungslegung 151
– Stammeinlagen 149
– Stammkapital 149
– verdeckte Gewinnausschüttung 154
– Vertretung 149 f.
– Verwendung des Jahresergebnisses 154 f.
GmbH & Co KG 235
– GmbH als Komplementär 235
– Jahresabschluß 152, 235
– Publizität 152, 235, 247
Going-concern-Prinzip 83
Goldene Bilanzregel 96 f., 138
Goodwill 160
Großbritannien 311
Großhandel 269
Großhandelskontenrahmen 155 f.
– Aufbau 156 ff.
– Einkreissystem 155
Großverbraucherrabatte 229
Größenmerkmale 246 f.
Grund und Boden 176
Grundbuch 129 f.
Grunderwerbsteuer 279, 280
Grundkapital 42, 114
Grundkosten 195, 199, 203
Grundsätze ordnungsmäßiger Buchführung (GOB) 142 ff.
Grundsätze ordnungsmäßiger Speicherbuchführung 101

Grundsteuer 278
Grundstücke 35
Gutschrift 171 f.

Handelsbilanz 159 ff.
– Eigenkapital 162
– Finanzanlagen 160
– Forderungen 162
– Herstellungskosten 173 ff.
– Immaterielle Anlagengegenstände 159 f.
– Rechnungsabgrenzungsposten 163 f.
– Rückstellungen 162
– Sachanlagen 160
– Verbindlichkeiten 163
– Vorräte 161 f.
Handelsbuchführung 165 ff.
– Brutto- und Nettoabschluß 166 f.
– Einkaufsbuchungen 168 ff.
– Rücksendungen an den Lieferanten 170
– Rücksendungen von Kunden 171
– Verkaufsbuchungen 170 ff., 197 f.
– Warenkonten 165 ff.
Handelsrecht 173
Handelsregister 149
Handelswaren 120, 297
Handwerker 229
Hauptabschlußübersicht 69 ff.
Hauptbuch 129 f.
Hauptbuchhaltung 111, 112, 130
Hauptversammlung 41 f.
Haus- und Grundstücksaufwendungen 271
Haus- und Grundstückserträge 271
Herstellkosten 173
Herstellungskosten 173 ff.
– Aktivierungspflicht 173
– Aktivierungsverbot 173
– Aktivierungswahlrecht 173
– beim Gebäude 176
– Bewertungsspielraum 175
– nach Handelsrecht 173 f.
– nach Steuerrecht 174 f.
Hilfsstoffe
– Begriff 120
– Bezugskosten 115 f.
Höchstwertprinzip 79, 159, 163

Immaterielle Anlagegegenstände 90, 125, 159 f.

Stichwortverzeichnis

Imparitätsprinzip 84, 159
Indirekte Kosten 205
Industriekontenrahmen (IKR) 177 ff.
– Prozeßgliederungsprinzip 179
– Zweikreissystem 178
Inflation 307
Inflation Accounting 312
Innenrevision 111
International Accounting Standards Committee (IASC) 142
Inventar 183, 201
Inventur 183 ff., 201
– buchmäßige 183
– körperliche 183
Inventurverfahren 184
Investitionen 58, 63

Jahresabschluß 11, 187 ff.
– Aufstellung 39, 188
– Bestandteile 39, 188
– Einzelunternehmen 188
– Feststellung 188
– Fristen 188
– GOB 142 ff.
– Kapitalgesellschaften 39 f., 188
– Personengesellschaften 188
– Prüfung 191 ff.
– Rechnungsabgrenzungsposten 249 ff.
– Unterzeichnung 188
– Vergleichbarkeit 40
– Verrechnungsverbot 39
– Vollständigkeit 39
Jahresfehlbetrag 148
Jahresplan 110
Jahresrechnung 320
Jahresüberschuß 98 f., 148
– Aktiengesellschaft 41
– Begriff 41
– Umbuchung 42 f.
– vorläufiger 41 f.
Journal 129 f.

Kalkulatorische
– Abschreibungen 199
– Miete 200
– Unternehmerlohn 200, 204
– Zinsen 200, 307
Kapitalkonten 113 f., 122 f.
Kapitalrücklage 114
Kapitalgesellschaften
– Aktiengesellschaft 39 ff.

– Bilanzgliederung 85 ff.
– Gewinn- und Verlustrechnung 245
– große 85 ff., 246
– GmbH 149 ff.
– Jahresabschluß 39 f.
– kleine 85, 246
– mittelgroße 48, 86, 246
– Offenlegung 245
– Prüfung 190 f., 246 f.
– Straf- und Bußgeldvorschriften 190
– Wertaufholungsgebot 77
Kapitalgesellschaften in den EG-Staaten 311 f.
Kapitalrücklagen 261
Kassenbericht 261
Kassenliquidität 137
Kaufmann 141, 233
Kaufmännische Vorsicht 159
Kennzahlen 89 ff., 295
Kirchensteuer 221
KG
– Jahresabschluß 233
– Kapitalkonten 234
– Privatentnahmen 237
Klassische Regel 93
Körperschaftsteuer 276, 281
Komplementäre 233
Kommanditisten 234
Kontoform 145
Konten 67 f.
Kontenarten 121, 178, 194
Kontengruppen 121, 178, 194
Kongenklassen 121, 178, 194
Kontennummern 122, 178
Kontenplan 121
Kontenunterarten 121, 178
Kontenrahmen
– Arten 193
– Entwicklung 193 f.
– Systematik 194
Kontenrahmen für den Einzelhandel 121 ff.
Kontenrahmen für den Groß- und Außenhandel 155 ff.
Kontokorrent
Kontokorrentbuch 209
Kontokorrentbuchhaltung 130
Kontokorrentkonten 209
Konzernabschluß 142
Konzernlagebericht 142
Konzernverhältnis 131, 161
Konzernrechnung in der EG 312 f.

Stichwortverzeichnis

Kosten
- Begriff 203
Kostenarten 108, 123 f., 202 f.
- fixe 108 f.
- kalkulatorische 196, 204
Kostenrechnung 125, 201 ff.
Kostenstellen 205 f.
Kostensteuern 281
Kostenträger 105, 206
- variable 108 f.
Kosten-Center 109
Kosten des Geldverkehrs 304
Kosten- und Leistungsrechnung
 195 ff., 201 ff.
Kostenrechnerische Korrekturen
 195 ff.
- Abgrenzung mit der Ergebnistabelle
 196 ff.
- Sachliche Abgrenzung 195
Krankenkasse 222
Kreditbetrug 190
Kreditgeschäft 93
Kreditrisiko 112
Kreditorenbuchhaltung 209 ff.
- Personenkonten 209
Kundenboni 232
Kundenbuchhaltung 111 f.
Kundenforderungen 27
Kundenskonto
- Handel 211 f.
- Industrie 213 f.
Kurzfristige Erfolgsrechnung 107
Kurzfristige Verbindlichkeiten 137, 185
Kundenforderungen 112
Künftige Wertschwankungen
 vorwegnehmender Wert 235 f.

Lagebericht 39 f., 141
Lager
Lagerbuchhaltung 215
Lagerkarte 215
Land- und Forstwirte 38
Langfristige Verbindlichkeiten 137, 185
Leasing
- Bilanzierung 58
- wirtschaftlicher Eigentümer 58
Leistungen 204
Leistungsabschreibung 25
Letztverbraucher 287
Lieferantenbonus 220
Lieferantenbuchhaltung 209 ff.
Lieferantenskonto

- Begriff 118
- Handel 217
- Industrie 218 f.
Lifo-Verfahren 47, 162
Lineare Abschreibung 21 f., 26 f.
Liquidität 94
- I und II 95, 138
- Aktivseite 94
- erster Ordnung 137
Liquiditätskennzahlen 95 f.
Lohn und Gehalt 221 ff.
- Lohn- und Gehaltslisten 222
- Buchungen 224 ff.
Lohnsteuer 221
Lose-Blatt-Buchführung 228

Managertitel im Ausland 334
Marktpreis 75
Maßgeblichkeitsprinzip 84, 89, 144
Materialaufwand 139
Materialgemeinkosten 174
Materialverbrauch 203, 215, 216
Materielle Bilanzkontinuität 144
Mehrwertsteuer 287
Mengenrabatt 115, 229
Miete, kalkulatorische 200
Mietertrag 250
Mietvorauszahlung 252
Minderkaufleute 256
Mindestbuchführung 227 f.
Mitarbeiterrabatt 229
Mittelständische Unternehmen 107 f.
Monatsabschlüsse 69

Nachlässe
- im Einkauf 117, 230
- im Handel 169 ff.
- im Verkauf 171, 300
Nachschußpflicht 149
Nachträglicher Preisnachlaß 171 f.
Naturalrabatt 229
Nebenbuchhaltungen 57, 130
Nebenberuflich Tätige 140
Nennwert 28
Nettoabschluß der Warenkonten
 165 ff.
Nettobuchwerte 63
Nettolohn 221
Nettoverfahren bei Nachlässen 118 f.,
 197 ff.
Neutrale Abgrenzung 199
Neutrales Ergebnis 125

357

Stichwortverzeichnis

Niederstwertprinzip
– Begriff 76
– gemildertes 76, 159
– strenges 77 f., 161
Nichtabnutzbare Wirtschaftsgüter 19
Niederlande, Wahlrechte 312
Noch abzuführende Lohn- und Kirchensteuer 223
Nutzungsdauer 21 f., 160

OHG
– Gewinnverteilung 237
– Jahresabschluß 233
– Kapitalkonten 234
– Privatkonten 238
– Vollkaufmann 233
Offene-Posten-Buchführung 210, 227 f.
Ordentlicher Betriebserfolg 100
Ordnungsmäßigkeit der Buchführung 142 ff.

Passiva 67 f., 125
Passive Posten der Rechnungsabgrenzung 253 f.
Passivkonten 67, 179
Pauschalabschreibung 32 ff., 144
Permanente Inventur 184
Pensionsrückstellungen 268
Periodenabgrenzung 83
Periodenfremde Aufwendungen 32
Periodenfremde Erträge 31, 33
Personal Computer (PC) 101 ff.
Personengesellschaften 233 ff.
– Bewertungswahlrechte 235 f.
– Ergänzungsbilanzen 238 f.
– Gewinnverteilung 236 f.
– Jahresabschluß 233
Personenkonten 111
Personensteuern 278
Pflichtangaben
– Anhang 45 ff.
– Bilanz 45 f.
– Gewinn- und Verlustrechnung 46 f.
Plan Comptable Général (PCG) 314 f.
Plan-Ist-Vergleich 103
Planungsrechnung 258
Praxistip 10
Preisindices des Statistischen Bundesamtes 308
Preisnachlässe 117
Privatkonto 241 f.

– Eigenverbrauch 242
– Einlagen 244
– Entnahmen 241
Private Nutzung des Geschäftswagens 243
Profit-Center 109 f.
Programmierer 102
Protestwechsel 305
Prozeßgliederungsprinzip 121 f., 155, 179
Prüfer 153, 191
Prüfung 111, 142
– von Kreditanträgen 319
Publizitätsgesetz (PublG) 40, 247
Publizitätspflichten 40, 245 ff.

Rabatt 115, 117, 169, 232
Rabattgesetz 229
Realisationsprinzip 83, 144
Realsteuern 278 f.
Rechnungsabgrenzungsposten 249 ff.
– aktive 164
– Aktivierungspflicht 251
– bei Minderkaufleuten 256
– im Handelsrecht 254
– im Steuerrecht 256
– passive 163
– Passivierungspflicht 253
Rechnungskreis I, II 124 f., 177, 182, 195 ff., 205
Rechnungslegung
– Aktiengesellschaft 39 ff.
– GmbH 149 ff.
– Jahresabschluß 187 ff.
– Personengesellschaften 233 ff.
– Publizitätsgesetz 245 ff.
Rechnungslegung Ausland 5, 11
– EG 311 ff.
– Frankreich 313 ff.
– Großbritannien 321
– Niederlande 312
– Schweiz 320
– USA 321 ff.
Rechnungsprüfung 209
Rechnungswesen 129
Reinvermögen 113, 186
Restbuchwert 22 f.
Revisor 107, 132
Rohstoffe 117, 119 f.
Rücklagen 259 ff.
– Abgrenzung 259, 264
– Arten 260

Stichwortverzeichnis

– gesetzliche 114
– offene 260
– stille 93, 259
Rücklagen für eigene Anteile 262
Rücksendungen 116 f.
Rückstellungen 263 ff.
– Arten 267 f.
– Auflösungen 265 f.
– Begriff 93, 136, 162, 263, 264
– Bildung 263 ff.
– Passivierungspflicht 163, 267
– Passivierungswahlrecht 267
– Pensionen 93, 268
– Steuern 46, 93, 268

Sachanlagen 160
– Abschreibungen 35 ff.
– Bewertung 160
Sachanlagendeckung 97
Sachleistungen für Mitarbeiter 225 f.
Sachliche Abgrenzung 269 ff.
Sachkonten 111
Saisonrabatt 229
Saldenbilanz 71
Sammelbesteller 229
Schlußbilanz 44, 68, 72
Schulden 185
Schuldwechsel 301
Schweiz, Rechnungslegung 11, 320
Selbst erstellte Anlagen 56
Selbstfinanzierung 114
– offene 114, 153
– verdeckte 114
Selbstkosten 173
Selbständige 140, 256
Skonti 118, 169
Sofortabschreibung 140
Sofortrabatte 115, 298
Soll-/Ist-Vergleich 103
Sonderabschreibungen 38
Sonderbilanzen 238
Sondereinzelkosten
– der Fertigung 175
– des Vertriebs 175
Sonderposten mit Rücklageanteil 46
Sonderrabatt 115, 229
Sonstige Forderungen 249
Sonstige Verbindlichkeiten 136, 250
Sonstige Zinsen und ähnliche Erträge 133 f.
Sozialversicherungsbeiträge 223
Speicherbuchführung 101 ff.

Staffelform 146 f.
Stammdaten 201
Stammeinlagen 149
Stammkapital 149
Statement of Income 323
Steuerberater 192
Steuerbilanz 273 ff.
– Abgrenzung Handelsbilanz 273
– Rechnungsabgrenzungsposten 256
Steuern
– Arten 277
– Begriff 277
– vom Einkommen und Ertrag 46, 100, 281 f.
Steuerrecht 173
Stichprobeninventur 184
Stichtagsinventur 184
Stille Gesellschaft 234 f.
Stille Reserven 93, 139
Stornobuchungen 116 f.
Straftatbestand 190
Strenges Niederstwertprinzip 77 ff., 161 f.
Substanzerhaltung 307
Substanzwert 294
Summenbilanz 71
Systemprüfung 191
Systemrevision 102

Tagebuch 129
Tageskurs bzw. -preis 79
Tageswertprinzip 75, 76
Teilhaberschutzinteressen 84
Teilwert 80, 275
Teilwertabschreibungen 80
Testat 41, 191 f.
Tochtergesellschaften 57
Transportkosten 168
Tratte 301
Transitorische Aktiva 255
Transitorische Passiva 255
Treuerabatte 229
Treuhandgeschäfte 88
Typischer stiller Gesellschafter 234

Überbewertung 159
Überdeckung 97
Übergangszeitpunkt 23
Überschuldung 190
Umbuchungen 54, 60, 71
Umlaufvermögen 185, 89, 138
– Gegenstände 275

359

Stichwortverzeichnis

– strenges Niederstwertprinzip 87, 77 f.
– Teilwert 80
Umsatz 297
Umsatzbedingte Liquidität 137
Umsatzbesteuerung, Ausnahmen 291
Umsatzerlöse 100, 167, 297
Umsatzkostenverfahren 107, 133, 283 ff.
Umsatzsteuer 287 ff.
– Begriff 279, 287
– Buchungen 288 ff.
– EU-Umsatzsteuer 292
– Mehrwert 287
– Zahllast 290
Unbebaute Grundstücke 35
Uneinbringliche Forderungen 28 f.
Unfertige Erzeugnisse 173
Unterbeschäftigung 105
Unterbewertung 159
Unterdeckung 97
Unterkonten 117 f., 119 f.
Unternehmensbewertung 293 ff.
Unternehmensbezogene Abgrenzungsrechnung 196
Unternehmensphilosophie 103
Unternehmenssteuerung 109 f.
Unternehmensverhalten 103
Unternehmerlohn, kalkulatorischer 200, 204
US-Bilanzierungsschema 11, 321
US-Bilanzierungsstandards 321
US-Börsenaufsichtsbehörde SEC 331 f.

Variable Kosten 108 f.
Verantwortungsbereiche 110
Verbindlichkeiten 163, 264
– Abgrenzung 92
– aus Lieferungen und Leistungen 163
– Bewertung 75
– kurzfristige 93, 136
– langfristige 46, 92, 137
– Währungsverbindlichkeiten 79
Verbrauchsteuern 280
Verbundene Unternehmen 131
Verdeckte Gewinnausschüttung 154
Vereidigte Buchprüfer 191
Verfahren des gewogenen Durchschnitts 162
Vergleichbarkeit 40
Vergleichsquote 31

Verkaufsbuchungen 297 ff.
– Nachlässe 171 f.
– Rücksendungen 170 f., 299
– Transportkosten 298
– Umsatzerlöskonten 297
Verkaufspreis 173
Verkehrssteuern 279
Verlegte Inventur 184
Verlust 145
Verlustvortrag 41, 114
Vermögenslage 40, 45
Vermögensteuer 278
Verpackungs- und Versandkosten 168, 298
Verrechnungspreise 199
Verrechnungsverbot 39
Verschuldungsgrad 94
Verwaltungsgemeinkosten 175
Verweisstichwörter 10
Vollkaufleute 141, 233
Vollkostenrechnung 104
Vollständigkeit 39, 143
Vorbereitende Abschlußbuchungen 71, 187
Vorläufiger Jahresüberschuß 41 f.
Vorprodukte 120
Vorräte 161 f.
Vorratsintensität 92
Vorschaurechnung 258
Vorschüsse 224
Vorsicht, kaufmännische 83, 144
Vorstand 39, 41, 150, 191
Vorstandstantieme 42
Vorsteuerkorrektur 203

Wahlrecht
– Bewertung 173
– Personengesellschaften 235 f.
Währungsforderungen 47, 112
Warenaufwand 167
Wareneingangsbuch 227
Wareneinkäufe 115 f.
Wareneinsatz 166
Warenreingewinn 167
Warenrohgewinn 167
Warenverkäufe 167
Warenkonten
– des Einkaufs 123, 157, 166
– Bruttoabschlußverfahren 166
– Nettoabschlußverfahren 166
– des Verkaufs 158, 166

Stichwortverzeichnis

Warenrücksendungen
– an Lieferer 116 f., 170
– von Kunden 170 f.
Wechsel
– Begriff 301
Wechselbuchhaltung 130
Wechselforderung 301
Wechselverbindlichkeiten 301
Wechselbuchungen 301 ff.
– Einziehung 302
– Diskontierung 303 f.
– Weitergabe 303
– Protest 305
Werbungskosten 38
Wertaufholungsgebot 77
Wertberichtigungen 20, 34, 93, 136, 264
Wert nach vernünftiger kaufmännischer Beurteilung 76, 235
Wertansatz bei Personengesellschaften 76
Wertpapiere
– des Anlagevermögens 79, 132
– des Umlaufvermögens 79, 132
Wertschöpfung 287
Wiederbeschaffungskosten bzw. -preise 20

Wiederbeschaffungswert 307 ff.
– Berechnung 308
– Substanzerhaltung 307
– Kostenrechnung 307
Wiederverkäuferrabatte 115, 229
Wirtschaftlicher Eigentümer 58
Wirtschaftsgüter 53, 58, 76, 159, 190, 274
Wirtschaftsprüfer 41, 112, 152, 192
Working capital 322

Zahllast 289 ff.
Zeitlohn 177, 221
Zeitnahe Bewertung 321 ff.
Zeitraumrechnung 98
Zielformulierung 103
Zinsen 127, 133 f.
Zinsen und ähnliche Aufwendungen 134
Zinszahlungen 250, 253
Zugänge 60, 61
Zusatzkosten 199 f., 204
Zusätzliche Angaben 46
Zweckaufwendungen 195, 199
Zweifelhafte Forderungen 27 ff.
Zweikreissystem 205

Alle Zahlen fest im Griff

Führungsinstrument Controlling
Planung, Kontrolle und
Steuerung Ihres Betriebs

WRS Betriebs-Praxis

166 Seiten, Broschur
DM 48,00, Best-Nr. 10.04
(ÖS 375,00, SFr 46,50)

Marktorientiertes Kostenmanagement
Neue Konzeptionen, Instrumente und Techniken
zur Sicherung von Wettbewerbsvorteilen

WRS Betriebs-Praxis

207 Seiten, Broschur
DM 48,00, Best-Nr. 06.02
(ÖS 375,00, SFr 46,50)

Bilanzen
richtig lesen • besser verstehen
optimal gestalten
Bilanzanalyse und Bilanzkritik
für die Praxis

WRS Betriebs-Praxis

301 Seiten, Broschur
DM 39,90, Best-Nr. 11.33
(ÖS 311,00, SFr 38,80)

Kaufmännisches Rechnen von A–Z
Formeln, Rechenbeispiele
und Tips für die Praxis

WRS Betriebs-Praxis

298 Seiten, Broschur
DM 39,90, Best-Nr. 10.05
(ÖS 311,00, SFr 38,80)

Kosten- und Leistungsrechnung
Kosten senken • Kosten kontrollieren
Erfolgreich rationalisieren

WRS Betriebs-Praxis

132 Seiten, Broschur
DM 39,90, Best-Nr. 12.17
(ÖS 311,00, SFr 38,80)

Umgang mit Banken
Erfolgreich mit der Bank verhandeln –
Kredite, Geldanlagen, Zahlungsverkehr

WRS Betriebs-Praxis

324 Seiten, Hardcover
DM 48,00, Best-Nr. 12.13
(ÖS 357,00, SFr 46,50)

 VERLAG WIRTSCHAFT RECHT UND STEUERN

Für Ihren Erfolg
...beruflich und privat

243 Seiten, Hardcover
DM 38,00, Best-Nr. 01.92
(ÖS 297,00, SFr 37,00)

181 Seiten, Hardcover
DM 38,00, Best-Nr. 01.54
(ÖS 297,00, SFr 37,00)

240 Seiten, Broschur
DM 39,90, Best-Nr. 06.01
(ÖS 311,00, SFr 38,80)

250 Seiten, Hardcover
DM 48,00, Best-Nr. 06.03
(ÖS 375,00, SFr 46,50)

192 Seiten, Hardcover
DM 38,00, Best-Nr. 01.49
(ÖS 297,00, SFr 37,00)

734 Seiten, Broschur
DM 58,00, Best-Nr. 40.05
(ÖS 453,00, SFr 55,80)

 VERLAG WIRTSCHAFT RECHT UND STEUERN